社会福祉協議会の実態と展望

法学・社会福祉学の観点から

橋本宏子・飯村史恵・井上匡子=編著

神奈川大学法学研究所叢書30

日本評論社

序文——はしがきに代えて

I　はじめに

　本書の目的に関わることとして、社会福祉協議会に係るいくつかのことを、筆者自身の問題意識と絡めながら指摘しておきたい。

　社会福祉事業法の成立（1951（昭和26）年）は、戦後社会福祉事業の一応の総仕上げを意味するといわれているが、この社会福祉事業法において、社会福祉協議会についても若干の規定が置かれることとなった。当時の厚生官僚は、「今日の成果は、後見人（連合国軍最高司令官総合司令部　筆者注）によって与えられた接木の如きものである。確かに著（ママ）いたかの如くであるが、今後果してこれが自力によってこの国の土壌に成長し、風雪に堪えていくであろうか。……栽培の原理と方法との理解（、筆者挿入）土壌の培養、そして何よりも必要な、これを栽培していく人々の情熱。」と述べている（黒木利克『現代社会事業の展開』はしがきより）。

　この言葉は、戦後社会福祉事業一般を念頭に置いたものであるが、わが国の社会福祉協議会の過去と現在に思いを馳せるとき、ことの外深い感慨をもって受け止められる。

　では、社会福祉協議会は「どのような形で、この国の土壌のなかで成長し、風雪に堪えてきた」のだろうか。

　わが国の社会福祉協議会は、①アメリカの社会福祉協議会を念頭におきながらも、②他方では、わが国の実情に即応するように意図的に変更させながら生き延びてきたようにみえる。

　特に、1997（平成9）年から始まった社会福祉基礎構造改革において本格化するいわゆる「措置から契約へ」の流れは、市町村社会福祉協議会や都道府県社会福祉協議会のあり方にも大きな影響を与えることになった。

「措置から契約へ」の流れは、福祉五法（児童福祉法、母子及び寡婦福祉法、老人福祉法、身体障害者福祉法及び知的障害者福祉法）に係る福祉事務所の所掌事務を変容させただけでなく、生活保護の実施に関する市長等の、ひいては福祉事務所長が行う事務の内容を実質的に変容させ、そのことが市町村社会福祉協議会の「個別支援」重視の方向に拍車をかけた、ようにも窺える。

都道府県社会福祉協議会もまた、社会福祉基礎構造改革のもと、福祉サービスの契約による利用が基本となるなかで、市町村社会福祉協議会と違う意味で「修正」への手立てとして機能し、「サービス利用者と提供者の対等な関係」の背後に潜む個々人の基本的人権の保障に係る課題を担うことが期待されることになった。社会福祉法が、都道府県社会福祉協議会に対し、「福祉サービスの利用援助、福祉サービスに係る苦情の適切な解決、社会福祉を目的とする事業への支援」を期待しているのはその現われである。

振り返ってみると筆者は、社会保障法という専門分野の立場から、都道府県社会福祉協議会を中心に、市町村社会福祉協議会や全国社会福祉協議会と関わりをもってきた。なかでも、上記で触れた「福祉サービスの利用援助」との関係で、複数の都道府県社会福祉協議会で実施された「日常生活支援における地域福祉権利擁護事業（当時の名称）の位置と役割」についての検討とその報告書の作成に関与したこと、さらには運営適正化委員会の委員として、「福祉サービスに係る苦情の適切な解決」に関与したことは、社会福祉協議会への筆者の具体的な問題関心を高めることになった。

その問題関心を一言でいえば、市民との関係および自治体を含む政府との関係において、「社会福祉協議会は、どのような位置を占め、どのような役割を果たしているのか」ということにあった。そのことは、社会福祉協議会が理念として掲げる「住民主体」とはどういうことなのか、そもそも市民とは何か、市民の自立とは何か等々への問題関心とも密接に関連してくる（ここでは、住民と市民を区別することなくとりあえず同義として話を進めたい）。特に、民法等の改正により実現した「成年後見制度」における「自己決定の尊重や本人保護」の要請と民法の外で考えられるべき「公的責任」のあり方の問題、いいかえれば「法学でいう意思決定と福祉でいう自己決定」とは同じなのか、違うのかどうか。ことに「成年後見制度」と補完関係にあるとされ

た「地域福祉権利擁護事業」では、上記問題はどのように考えられているのか、考えられるべきなのか。筆者の問題関心は、福祉と法を繋ぐものを明らかにすることに、矛先が向けられていくことになる。

　上記のような問題を解明していくために、筆者は、その後、市民と協力して、神奈川県下の10市に及ぶ市町村社会福祉協議会を調査対象として、それぞれの社会福祉協議会が行っている事業と経営について調査研究を行った（かながわ自治研究会　座長　叉木京子　神奈川ネット議員有志、会員有志が参加）。その結果、市町村社会福祉協議会の組織運営や財務運営の実態はある程度明らかになったが、それによって、「社会福祉協議会とは何か」「社会福祉協議会はどうあるべきか」への疑問や関心は、かえって深まりを増すことになったのである。

II　求められてきた共同研究の必要性

　人びとの生命や生存、さらにいえば生活を抜きに社会福祉協議会を語ることはできない。人びとの生命や生存、生活に係るさまざまな課題が輻輳し、深まりや拡がりを示してきている現在、社会福祉協議会は、上記のような疑問や関心をどう受け止め、人間の生存の問題に向き合おうとしているのだろうか。このことは根底的なところで今　なぜ　社会福祉協議会なのかの設問にも通じる問題を提起しているように思う。

　こうした現状にある社会福祉協議会を理解するためには、社会保障法の視点からの概念設定や思考に依拠して研究を進めるだけでなく、行政法や法哲学といった隣接法分野の知識が必要であることを痛切に感じるに至った。また、それに留まらず、社会福祉学のような隣接する学問分野との協力関係の構築も不可避なことに思われた。

　従来の法の多くは財産の私的所有を中心核においている。これに対し社会保障（法）では、人間のニーズ（思い）を中核に置いていることから、その可変性をもつニーズをどう扱うか、いいかえればその「柔軟性」という要素を法がどのように取扱うかが基本問題のひとつとなる（本書拙稿参照）。このことは、社会保障（法）の領域のなかでも、特に生活保護や福祉に係る人

的・物的サービスにおいて顕著に指摘されるところであり、この領域は社会福祉協議会とも深い関わりをもっている。

　ここに法学のなかでの社会保障法の占める位置の特殊性があり、また社会保障法と社会福祉学の交錯が生じてくる源流がある。そのことを踏まえ、社会福祉協議会の解明に接近するには、社会保障法とその隣接法分野が、さらにその外延に社会福祉学が重層的に関わりながら研究を進めることが必要であると考えるに至った。ここに、本共同研究の発足が求められてきた所以がある。

Ⅲ　本共同研究の課題

　本共同研究の課題について、もう少し、言及しておきたい。

　社会福祉法（2000（平成12）年に改正された社会福祉事業法）は、社会福祉協議会の目的が、「地域福祉の推進」にあることを明記した。「地域福祉」という概念は、住民の主体性や自発性の発展を主要な契機とする、日本における市民社会の形成、ついで分権化といったより大きな脈略をも意識しつつ、形成されてきた概念であることが窺える（本書拙稿参照）。具体的には、ローカル・ガバナンスや協働といった概念が意味することとも関連しつつ展開されている。

　〈公的な存在〉としての〈私〉がヨコに連携して、社会という〈公〉を築き、その基礎のうえに〈政府〉をつくっていくのだというロックの思想（本書拙稿参照）を、現代において発展的に深化させていくとするなら、時代の転換点において、市民が自らの生命、自由および財産を守るために、何を手元におき、何を政府に信託するのか、の市民社会自身の新たな決定があった、つまりあらたな「社会契約」があったと考えないと論理的には辻褄があわない、ようにみえる。「新しい公共」という言葉もこういう文脈でとらえれば理解できる。

　「市民が合意にもとづいて、その道具としての『政府』に、みずから権限・財源を授権するという信託によって、市民が政府をツクル」（本書拙稿参照）ことの重要性が指摘されているが、社会保障の権利において、この理

念を現実に近づけていくためには、まさに権限だけでなく、授権した財源のコントロールが重要になってくる。例えば社会福祉法 107 条の解釈として、政府関係者は「事前・事後の両面にわたって、計画策定における手続上の住民参加を保障している」とする見解を示している（本書拙稿参照）。分権政治を踏まえた市民参加論や「ニーズ解釈の政治」が意味することを勘案しつつ、参加の意味、内実を検討し、社会保障の権利を具体化し、充実させていくことが求められている。

　ところで、社会福祉協議会は、伝統的にはコミュニティワークを実施する団体と考えられてきた。しかし現在はコミュニティソーシャルワークに関心が向けられ、そのコミュニティソーシャルワークにおいては個別支援に重点が置かれているように窺われる。その背景には、前述した「措置から契約へ」の流れが関係しているようにもみえる。社会福祉学にいわれるコミュニティワークやコミュニティソーシャルワークには、今、何が求められているのだろうか。それは、上記で触れた計画策定過程を含む広義の「行政手続」や「ニーズ解釈の政治」として表現されるものと、どのように交錯することになるのか、ならないのか。それぞれの学問分野において、今日的課題を検討する際の重要なキーワードの一環に位置づけられるこれらの言葉を、統合した形で提示することは可能なのだろうか。それによって、社会福祉協議会の活動の新しい可能性を拓くことができるのだろうか。そのためには、社会福祉協議会に望まれる機能とそれに付随した社会福祉協議会に働く職員に求められる能力の問題、いいかえればソーシャルワーカーやコミュニティワーカーといったカタカナ語で表現された用語を、社会福祉学の領域を超えて承認・定着させ、社会福祉協議会論を継続する際に必要な組織論と職員論に配慮した分析に繋げていくことも必要になってこよう。

Ⅳ　本共同研究の目的

　本共同研究の最終的の目的は、社会福祉協議会は、果たして「政府機構と市民社会を地域単位で再編ないし新たな文脈で結合させる媒介になりうるのか」、もしそれが可能であるとして、「政府機構と社会福祉協議会との関係、

市民社会と社会福祉協議会はどのような具体的仕組みで結ばれることになるのか」を、これまで述べてきたような意味での学際的な視点から追究することにある。この問題は、「社会福祉協議会とは何か」「なぜ今、社会福祉協議会なのか」の設問とも重なってくる。

　本共同研究においては、毎年度数回の研究会を行いつつ問題関心を深めてきた。その過程で、それぞれの研究者が、どのような視角からこの問題にアプローチすべきか、焦点が絞られてきた。また、社会福祉学を専門とする共同研究者を中心とする「本共同研究を含む複数の調査」に係る報告を巡って展開された質疑や議論は、それぞれの研究視角を深めるうえで、有益な時間となった。

　しかしながら、多くの共同研究者にとっては、「社会福祉協議会とは何か」「社会福祉協議会はどうあるべきか」への研究上のイメージは、研究会を重ねるにつれてかえって見えにくいものになったことも確かである。それだけ、社会福祉協議会という存在がわかりにくいということであろう。これが例えば特別養護老人ホームであるなら、施設や利用者の迷惑はさておき、「見学」することで特別養護老人ホームとはどんなところかの概略は把握できるだろう。社会福祉協議会の難しさは仮に「見学」しても、その「実態」は掴みにくい。もとより、理由はそれだけではなく、そのわかりにくさの根源は、社会福祉協議会をとりかこむ社会の状況がゆれ動いていることにあるとみて間違いないだろう。こうした思いは、これまで社会福祉協議会と相応の交流があり、上記で触れた調査の多くに同行した筆者自身のものでもある。

　こうしたことから、本共同研究は、社会福祉協議会のあるべき姿を、研究会として統一的な形で提示するには至っていない。その意味では、これからがスタートである。しかしながら本書は、法分野と社会福祉分野の研究者が合い携えて社会福祉協議会を考察した始めての本格的な試みの成果をまとめたものであり、本共同研究を通じて、それぞれの共同研究者が、各自の足元を掘り下げ、先に述べた意味での重層的な学際研究に通じる水脈を掘り当てた意義は大きいと考える。例えば太田論文は、社会福祉協議会を、社会福祉法の条文に即して、丹念に解釈することを通じて、社会福祉協議会の法的性格を位置づけることによって、本共同研究の最終目的に至る水脈を提示した

ものとなっている。こうした視点からの社会福祉協議会研究が、おそらくはじめての試みであることから、その重要性に鑑み本書では太田論文に、かなり比重を置くこととした。枚数からみた比重という意味では、拙稿についても同様のことがいえるが、これは、社会福祉協議会の現代的課題をできるだけ、幅広く提示することで、「見えにくい社会福祉協議会の姿、わかりにくい社会福祉協議会の姿」を解明する一助になればと考えてのことである。ご理解頂ければ幸いである。

　本書は、2011～2013年度JSPS科研費23530071「地域福祉における社会福祉協議会の意義と問題点—公私の役割分担の再構築に向けて」（代表者　橋本宏子）、2013～2015年度JSPS科研費26380051「社会福祉協議会の現代的意義と課題—地域福祉計画における役割を中心に」（代表者　諸坂佐利）による共同研究の成果の一部である。また本書は、神奈川大学法学研究所の出版助成によるものである。この機会を与えて下さった同研究所に対し、心からのお礼を申しあげたい。最後になってしまったが、本書の刊行をご快諾下さった日本評論社と出版にあたり格別のお世話になった上村真勝氏にお礼申しあげる。

　　2015年2月

　　　　　　　　　　　　　　　　　　　　　　　　　　橋本　宏子

目　次

序　文——はしがきに代えて　i

中間媒介組織としての社会福祉協議会へ
　—研究の視角と方向性—
　　………………………………………………………………………………………橋本宏子　1

　　Ⅰ　今なぜ社会福祉協議会なのか　1
　　Ⅱ　接木されたわが国の社会福祉協議会　13
　　Ⅲ　現状にみる社会福祉協議会の特質　24
　　Ⅳ　「中間媒介組織としての市町村社会福祉協議会」の重要性　40
　　Ⅴ　社会福祉協議会の現状分析——判例にみる社会福祉協議会の課題　49
　　Ⅵ　「個人の自立」「社会の自立」を考える
　　　　——中間媒介組織としての社会福祉協議会を支えるために　65

「地域福祉の時代」における市区町村社会福祉協議会の展望
　—住民会員制度と住民参加に関する試論—
　　………………………………………………………………………………………飯村史恵　97

　　Ⅰ　問題の所在——公私協働をめぐる基本的視座　97
　　Ⅱ　住民会員制度にみる社会福祉協議会の構造　114
　　Ⅲ　「住民参加」の実態にみる社会福祉協議会の限界と今日的課題　122
　　Ⅳ　これからの社協活動の展開に向けて　135

社会福祉法における社会福祉協議会
　　………………………………………………………………………………………太田匡彦　139

　　Ⅰ　問題の所在　139
　　Ⅱ　諸関係の中の社会福祉協議会
　　　　——社会福祉協議会を巡る諸主体と社会福祉協議会　142

Ⅲ　社会福祉協議会の組織と法定任務　153
　Ⅳ　結びに代えて——社会福祉協議会の位置　221

地域福祉計画と社会福祉協議会
……………………………………………………………………嘉藤　亮　231

　Ⅰ　はじめに　231
　Ⅱ　社会福祉法制における計画行政の仕組み　233
　Ⅲ　地域福祉計画と社協　240
　Ⅳ　地域福祉計画と社協の役割　245
　Ⅴ　結語　249

社会福祉協議会に対する政策法務的研究序説
……………………………………………………………………諸坂佐利　251

　Ⅰ　本稿における問題意識と考察の対象・方法　251
　Ⅱ　社協の組織体制について
　　　——「出向」・「天下り」人事の問題を中心に　255
　Ⅲ　社協の財源について　265
　Ⅳ　まとめ
　　　——社会福祉協議会に対する評価法務、そして立法法務的検討　287

社会福祉協議会の可能性と課題
　—公共性・公共圏に関する議論展開の中で—
……………………………………………………………………井上匡子　293

　Ⅰ　はじめに　293
　Ⅱ　公共性概念をめぐる議論の多層性と錯綜　295
　Ⅲ　公共性・公共圏をめぐる議論の展開　302
　Ⅳ　まとめにかえて
　　　——三元モデルの問題点と熟議民主主義への展開と
　　　　社協の現代的意義　311

市区町村社会福祉協議会インタビュー調査
―本来目指すべき役割とは―
....和　秀俊　315

 Ⅰ　はじめに　315
 Ⅱ　調査方法　318
 Ⅲ　調査結果・考察　321
 Ⅳ　結論　345

編者・著者一覧　350

中間媒介組織としての社会福祉協議会へ
―研究の視角と方向性―

橋本宏子

I 今なぜ社会福祉協議会なのか

1 接木されたわが国の社会福祉協議会

　わが国の社会福祉協議会は、アメリカの社会福祉協議会を接木したものである（II参照）。そのアメリカでは、社会福祉協議会は、1960年代にほぼ消滅したとみるのが大方の見解のようである。これに対し、わが国の社会福祉協議会は、その制定から60年に及ぶ歳月を生き延び、「一定の存在感」を保って現在に至っている。その理由はどこにあるのだろうか。そもそも、その「一定の存在感」とは、具体的にはどのようなものとして表現できるのだろうか。

　あえて大胆に表現すれば、日本の社会福祉協議会は、政府の意向を受けた事業を行う行政の「なんでも入れ箱」として機能してきた、ように窺える（III参照）。そして全体としてみれば、こうした社会福祉協議会の行政の「なんでも入れ箱」としての機能は、少なくとも結果的には、市民に対し、「一定のメリット」を提供してきた（している）ことは否めない。そのことは、我々が実施した調査[1]からもみてとれるところである。しかもこうした活動の多くが、意欲と熱意をもつ全体からみれば少数といえるのかもしれない社会福祉協議会関係者によって支えられていることも調査結果の示すところで

ある。

　にもかかわらず、社会福祉協議会という名称についてさえ住民一般の認識度は低く、ましてやその存在理由（「本来果たすべき役割」）が納得のいく形で、住民の間に浸透しているようには思われない。同様に、行政と社会福祉協議会の違いが明確に認識されているようにもみえない。

　こうした事実は、社会福祉協議会のもついくつかの「曖昧さ」と無関係ではないように窺える。社会福祉協議会は、民間団体でありながら行政との関係が強い特殊な団体である。社会福祉協議会は、なぜ行政と強い関係を持たなければならないのだろうか。その理由に関係することとして、社会福祉協議会は、「公共性・公益性の高い民間非営利団体」[2]であるとか、「一般の事業者に期待できない分野の事業を含む」といった説明がなされている[3]。しかし、社会福祉協議会に係る事業の公共性・公益性とは何か、行政にも一般事業者にも期待できず、社会福祉協議会でなければできない事業とはいったい何か、突き詰めて吟味されたことは少ないように窺える。

2　社会福祉協議会の効用と限界、社会福祉協議会はほんとうに必要か

　このように社会福祉協議会は、わかりにくい存在である。わが国の場合一般論としてだが、個々の組織・集団の特徴として、西欧と異なり、中空構造をもっていることが多いとの指摘がある[4]。社会福祉協議会の立ち位置を、中空構造の「空」にたとえるには、判断材料が不足している。しかし、「中空構造を維持するためには、中心の空性を保持しなければならない」が、

1　ここでいう調査とは、以下の助成を受けて行われた（行われている）調査をさす。
　　①科学研究費助成事業（学術研究助成基金助成）代表者　橋本宏子（2014年3月終了）地域福祉における社会福祉協議会の意義と問題点
　　②科学研究費助成事業（学術研究助成基金助成）代表者　諸坂佐利（今年度が初年）社会福祉協議会の現代的意義と課題
　　③神奈川大学研究助成金　代表者　江口隆裕
　　④科学研究費助成事業（学術研究助成基金助成）代表者　飯村史恵（2012年度が初年）日常生活自立支援事業研究
2　和田敏明＝齋藤貞夫編『概説　社会福祉協議会』（全国社会福祉協議会、2009年）2頁。
3　同3頁。
4　河合隼雄『対話する生と死』（大和書房、2006年）200、201頁。

「この構造は、きわめて受容的で、全体的均衡が保たれる限り、何でも受け入れる」と指摘されていることは、わが国における社会福祉協議会の継受とその変容の実態（Ⅲ参照）と重なるところが少なくない。またこうした中空均衡型は、その長所として対立する組織との共存を許すところにあるとされるが、社会福祉協議会が一方では行政との「連続性」を保ちながら、他方ではほとんどの市町村社会福祉協議会が社会福祉法人として、現業（以下「個別事業」ともいう）を展開するなかで、他の社会福祉法人と共存していることは事実であり、それを可能としているのは、接木されたわが国の社会福祉協議会が育つなかで、獲得してきた中空構造的「曖昧さ」故であるともいえるだろう。

　このような視点から、社会福祉協議会の立ち位置を捉えてみると、社会福祉協議会が果たしてきた「積極的な側面」あるいは「効用と限界」が、ある意味の「明確さ」をもってみえてくるのも事実である。

　このまま推移すれば、これからも社会福祉協議会は主には行政からの「なんでも入れ箱」として、広い意味での公的資金（補助金の他、介護報酬等に基づく事業収入を含む）に多くを依拠しつつ、他方では、一般の事業者に期待できない分野とされる地域福祉計画への支援や地域福祉活動計画づくりの推進、日常生活自立支援事業等にも関りながら、市民に対し中途半端だが「一定のメリット」を提供する、だが多くの住民にとって、その存在は、曖昧さを抱えた組織として留まり続けるだろう。現状から判断する限り、その可能性は強い。そうだとしたら、それでもなお、社会福祉協議会が存在する意味はあるのだろうか。民間の社会福祉事業経営者の参入が少ない農村部などでは、社会福祉協議会による事業展開が必要であるとの意見も多いが、その場合でも、なぜ町村が直接サービスを提供するのではなく、社会福祉協議会でなければならないのか、にまで遡ったところでの納得できる議論は積み上げられていない、ように窺える。

3　問われている課題と生存を考える視点
(1)　課題の深まりと拡がり

　人間が人間として生きていくために、考えなければならない課題は、時と

場所によって多様である。そして今、わが国では、生存に係る課題とそれを考える視点に、深まりや拡がりが求められてきている。よくいわれることだが、この20数年において、日本では急速に少子高齢化が進行してきている。またバブル経済崩壊後の1990年代を経て、2000年代を迎えても、わが国の公共政策・制度はグローバリゼーションの進展も影響して、社会や経済のドラスティックな構造変化に即応してきたとはいえ、多くの課題を山積させたまま現在に至っている。度重なる自然災害や原発被害がこうした状況に覆いかぶさる形で生じてきたことはいまさらいうまでもない。

しかも今、国民の生存・生活に最高の法的価値を認めた日本国憲法は、大きな試練にさらされ、こうした現状を支える「基軸」としての地位を揺さぶられ続けていることは見落とせない事実である。

(2) 福祉国家のゆらぎ

戦後わが国は、日本国憲法のもとで、福祉国家の姿勢を保持し、社会保障制度の整備をはじめとして、社会経済構造の矛盾調整のため、人びとの生存・生活の安定を図る相応の政策を展開してきた。しかし、「失われた20年」ともいわれる事態の進展や急速な少子高齢化のなかで、増大する財政負担への憂慮を主たる理由として、「小さな政府」あるいは「福祉国家から福祉社会」への移行を念頭においた政策展開が、広がりをみせてきている。社会保障基礎構造改革や社会福祉基礎構造改革、地域福祉への関心の高まりも、こうした流れと無関係ではないようにみえる。もっとも、「福祉国家から福祉社会」へという主張には、政府の社会保障政策に対する不信、いいかえれば「市民から政府に信託した人びとの生命・生存を守り、生活の安定を図るという政府の役割」（日本国憲法前文参照）が実質空文化しているとの認識のもと、その一部を、市民自らの手元に「奪還」しようとする、「市民社会」の側からの思いも交錯しているように窺える。「地域福祉」「新しい公共」あるいは「協働」という言葉が流布してきた背景には、こうした動きもあることは見逃せない[5]。

(3) 地域への関心

さて、人間が人間として生きることを考えようとすると、人びとが日常的に生活しているその足元から、物事をみていくことが重要になる。21世紀になって「地域福祉の主流化」が唱えられ[6]、行政による社会福祉事業を考える場合にも、地方自治へと関心が向けられてきていることは、大枠でいえば「人間が実際に生活を営んでいる、地域という小さな単位から、人間のいとなみを見つめ直そう」[7]という指摘と、重なるところが少なくないようにみえる。

(4)　問われる自然と人間の位置関係

　「地域という小さな単位から、人間のいとなみを見つめ直そう」とするとき、人々の営みを大きく規定する自然という存在との関係があらためて問われてくる。一概にはいえないが、総じてこれまでは西欧近代における自然科学の発展と結びついたところで[8]、自然と人間は対峙する関係にあるものとして理解されてきたようにみえる。しかし度重なる自然災害や原発被害を経験する中で、人間も自然の一部であるという見方が[9]、従来以上に実感され、再認識されてきているようにも感じられる。地域で生活する我々もまた、「存在するものの全体」(自然)の一部であるという認識は、観察者と観察対象である自然や他者を切り離し、客観的観察によって知見を得るという自然科学的な認識の重要性を認めつつも、それとは異なる視点からの、つまり

5　本書太田論文は、Ⅳ　結びに代えてのなかで、「社協の活動が、(公私)協働の文脈においていかに取り扱われるべきかは、…今後の課題…」と述べている（正確には、Ⅳ2「諸関係中の社会福祉協議会」参照）。また同論文は、「Ⅰ　問題の所在」において社会福祉協議会の特色を2つの視点から指摘し（I2)、「Ⅳ　結びに代えて」のなかで、社会福祉協議会を「A　公的性格を持った私的組織としての社会福祉協議会」「3　社会福祉協議会と統治団体」の視点から把握している。太田論文の流れに即していえば「協働」は、この「1」「3」のはざまの中でいかに両者を統合させるかの問題と深く関わってくる、といえようか。社会福祉協議会を行政の「なんでも入れ箱」から、市民の「なんでも入れ箱」へ転換させたいと考えている筆者にとっても今後の課題である。

6　武川正吾『地域福祉の主流化』（法律文化社、2006年）25頁参照。

7　鶴見和子「原型理論としての地域主義」鶴見和子＝新崎盛暉編（玉野井芳郎著作集第3巻）『地域主義からの出発』（学陽書房、1990年所収）259頁。

8　河合・前掲注4)214頁。

9　鶴見・前掲注7)269-271頁参照。

「自分がなかに入った物の見方」[10] の重要性にも、我々の関心が振り向けられてきていることを示唆するものではないだろうか[11]。

(5) 「社会保障法というものの考え方」

(a) 従来の法の多くは財産の私的所有を中心核においている。これに対し社会保障は、人間のニーズ（思い）を中核に置いていることから、その可変性をもつニーズをどう扱うか、いいかえればその「柔軟性」という要素を法がどのように取扱うかが社会保障法の基本問題の一つとなる[12]。ここに法学のなかでの社会保障法の占める位置の特殊性があり、社会保障法と社会福祉学の交錯が生じてくる源流がある、と考える（Ⅳ4参照）。

(b) この点に関連してもう少しだけ話を続けたい。社会保障法は歴史的に市民法原理が修正されるなかで社会法の一分野として形成されてきたが、社会福祉基礎構造改革のもとでは、社会保障法においても市民法原理を原点とするという姿勢を重視すべきことが強調されている[13]。

市民法原理は、実在の人間に付随する社会的経済的差異をいっさい捨象した自由・平等な抽象的な法的人格者概念から出発する。市民法原理のもつこうした抽象性は、資本制経済社会の進展とともに、一部で現実社会との遊離を深めてくる。こうしたなかで、この遊離を是正することを目的とした立法とそのための法理が要請され、社会法の領域が形成されてくる。社会法では、近代市民法が想定した人間像ではなく、より生活に密着した「社会的・経済的諸要素によって規定された具体的な実在の人間像」が想定されている。その人間像の典型は、孤立した個体ではなく社会のなかの人間、すなわち集合人として把握された「労働者」であろう。

---

10 河合隼雄『対話で探る「新しい科学」』（「鶴見和子さんと創造性の根は自然とのつきあいの中にある」）（講談社、2001年）122頁。
11 河合・前掲注4）214頁。
12 下山瑛二「サーヴィス行政における権利と決定」同『人権と行政救済法』（三省堂、1979年）187頁。本文(5)は「前掲書」を参考にしながら私見として構成したものである。「柔軟性」という要素を法が扱うためには、「ニーズの一種の確認手続」（前掲書188頁、191頁参照）とも呼ぶべき過程が重要になるということだろうか。
13 社会福祉法令研究会編集『社会福祉法の解説』（中央法規出版、2003年）34頁。

ところで、上記において社会保障（法）は、人間のニーズ（思い）を中核に置いていると述べた。このことは、社会保障（法）の領域のなかでも、特に生活保護や福祉に係る人的・物的サービスにおいて顕著に指摘されるところであり、この領域は社会福祉協議会とも深い関わりをもっている。

　さて、そこで言われる「ニーズ（思い）を持った個人」は、具体的な実在の人間という意味では、社会法が把握する人間像と共通している。しかし「労働者」像との比較でいえば、集合人である前に「顔をもった個々人」が、社会とのかかわりの前面に登場してくるという違いがある。そこで社会に（あるいは法に）求められていることは、思い（ニーズ）を持った個人との関りを通じて、「個人の思いの所在」を明らかにし、その充足を考えていくことである[14]。社会保障法が人間の思い（ニーズ）を中核に据えるということは、いってみれば、「労働者」の場合以上にズームアップされた個々の「顔のみえる個人」を、市民法原理を土台とする「本来抽象的な法という土俵」に掬いあげること（いいかえれば、その「柔軟性」という要素を、法がどう掬いあげるかの問題）に通じてくる。自由・平等な抽象的な法的人格者概念を基本とする法の世界に、どのような論理、または具体的手立てで、「顔のみえる個人」を復権（再構築）させるのかが、すぐれて現代的な法的課題となってきている、ともいえようか。いささか入り込んだ感があるがあえて指摘しておきたい。

　(c)　話を戻そう。先にこの間、人間が「存在するものの全体」（自然）の一部であるという認識が実感されてきていると述べた（本節3(4)参照）。このことは、社会保障の法体系についての考え方にも影響を与え、「社会保障を含む制度上の各種の人権規定は、『生存権』を確保することを基盤とした一

14　社会福祉の領域では、ニーズ（ニード）は日本語で表現すると「必要」に近いが、「必要」というべきところをニードやニーズと言い換えることについては、様々な理由から疑問が呈されている。ニードやニーズと言い換えることによって、福祉政策に関する議論を日常生活から切り離してしまうことへの懸念もその理由の一つとされる（以上については、社会福祉士養成講座編集委員会編『現代社会と福祉［第2版］』（中央法規出版、2011年）172頁参照。本文では、本稿の意図と関連させたところで、思い（ニーズ）ととりあえず表記した。また社会福祉の領域では、「必要なことは何か」を判断するためには、客観的な必要が専門性や社会通念に基づいて判定されるのに対して、主観的な必要は、サービス利用者やその家族などから自らの感じ方や考え方に基づいて判定した必要である、とされている（同172頁参照）。参考にしていきたい。

連のものとして総合的に体系化されるべきもの」という理解を深めてきている、ように窺える[15]。この点を指摘し、ひとまず本項を閉じることにしたい。

(6) 高齢者や障害をもつ人びとが存在することの重要性

さて先に述べたように、わが国は厳しい財政状況のなかで急速な少子高齢化に直面している。そのため若い世代を中心に将来の社会保障制度に対する危機感がつのり、世代間の対立感情が深まってきている、ともいわれている。こうした中で、総じて労働力としての効率性が低い高齢者や障害をもつ人々が生存することの意味を、私たちはどこに求め、またそれを納得し続けることができるのだろうか[16]。この問題を考えるとき、「死、老、病」などを社会システムから排除しようとする傾向は、近代社会が強力なものになるにつれて強められたとの指摘は、無視しがたい[17]。先に、社会保障は、人間の思い（ニーズ）を中核に置いている、と述べた。しかし現実の政策展開はどうだったろうか。資本制生産様式のもとでは、有名な「ベヴァリッジ社会保障」さえ、「老齢」や「障害」は、「貧困化」の契機としてのレベルでしか問題にされず、高齢者や障害をもつ者の生存がそれ自体として価値あるものとは、考えられにくかった、と思う[18]。

(7) 日本人の自我（考え方）の再考——近代化の多様性の視点から

「死、老、病」について考えることは、今私達が、人間が人間として生きるとはどういうことか、もっといえば「私達は、本当に他者から独立した主体性をもった存在なのか」[19]、「人間にとっての他者の存在とは何か」等々を

---

15 下山・前掲注12)187頁参照。また最近の社会保障政策では、社会保障（social security）という概念に対し、格差・排除のない社会をめざす社会的保護（social protection）や共生社会（social cohesion）という言葉が使用され、政策も福祉以外への外延に拡大してきていることが指摘されている（伊奈川秀和「最近の社会保障政策の動向」第1回高齢者法研究会における報告 2014年8月）。
16 橋本宏子「社会保障と未来社会への展望」神奈川大学評論72号（2012年）72頁。
17 河合・前掲注4)216-217頁参照。そこでは、「死、老、女、病」などを、そのシステムのなかから排除しようとする傾向を強め、と指摘される。本稿では、「死、老、病」に視点をすえたい。
18 橋本・前掲注16)68頁。
19 河合・前掲注4)213頁。

再考することに繋がるのではなかろうか。その思考過程を通じて、私達は「死、老、病」などを、社会のなかにもう一度、取り込むにはどうしたらよいかを考える機縁を得ることできるようにも思われる（Ⅵ参照）。その熟慮の過程でおそらく、これまで望ましいこと、あるいは所与の前提と考えてきた「発展」や「成長」、「近代科学の知」[20]、あるいは私達があるべき姿として追い求めてきた「自立した個人」についても、もう一度あらたな視点から考えなおすことになるのではないだろうか。

　では、求められるあらたな視点とはどのようなものだろうか。「すべての人は関係性のなかに存在すること」[21]、そして「その全体構造は、共時的に存在しており、原因と結果という継時的連鎖のみによっては把握できないこと」「人間が自己を完結（あるいは成長させていく）ことは逆説的なようだが、環境や他者との相互作用を通じて、たえず『不完全さ』を維持し続けることである」[22]といった自然観や人間観が、あらたな視点のとりあえずのイメージとして想起される（Ⅵ参照）。

　こうしたあらたなイメージは、一人ひとりが他と切れた存在として確立している、いいかえれば「自我が他から独立した主体性」をもつ[23]、「欧米人の自我」よりも、「他に開かれており、他と切り離して存在することが難しい」[24]とされる「日本人特有の意識のあり方」を再考してみることによって、具体的な拡がりをもってくることも予想される。

　もとよりこのような自然観や人間観が、これまでのヨーロッパにおいても決して存在しなかったわけではないし、最近ではその延長線上での「新しい動き」も指摘されてきている[25]。

　「日本人特有の心のあり方」に注目することは、「欧米人の自我」を否定することではなく、近代社会像や近代人間像に膨らみを持たせることであり、こうした考察のひろがりのなかに、例えば社会福祉協議会が理念として掲げ

20　河合・前掲注4）214頁。
21　河合・前掲注4）182頁。
22　橋本・前掲注16）69頁。
23　河合・前掲注4）213頁。
24　河合・前掲注4）215頁。
25　木田元『反哲学入門』（新潮社、2011年）24頁、25頁、247頁。河合・前掲注10）141頁。

る「住民主体の理念」や社会福祉協議会の活動とも関係する「死、老、病」の問題を考えていきたい、ということである。

なお、「日本人の自我」「西洋人の自我」という言葉にはいくつかの説明が必要になる[26]。この点に関ることについては、Ⅵで少し補足することとし、ここでは、①「日本人の自我」を「日本人特有の意識のもち方」とほぼ同義として理解すること、②「日本人の自我」「西洋人の自我」の差を問題にする以上、両者の間に存在する何らかの普遍性（共通部分の存在）を前提にしていることのみを付記して、話を進めることにしたい。

4　今なぜ社会福祉協議会なのか

社会福祉協議会が、社会福祉に関係する機関であることは間違いない。問題は、社会福祉とは何かということだが、これは論者によって、また学問分野によって少しずつ違いがあり、一概に論じることは難しい、と思う。しかしいずれの理解にたつとしても、人間が人間として生きていくこと、つまり人びとの生命や生存、もう少しいえば生活を抜きに社会福祉を語ることはできない。

上記3で述べてきたように今、人びとの生命や生存、生活に係る課題が、深まりや拡がりを示してきており、人間が生きるということについても柔軟な視点から考え、とらえることが求められてきている。社会福祉協議会は、上記3で述べたような課題をどう受け止め、人間の生存の問題にどのように向き合おうとしているのだろうか。このことは根底的なところで、今なぜ社会福祉協議会なのか、の設問にも通じる問題を提起しているように思う。

以上のことを念頭においた上で、以下ではもう少し具体的な視点から、今

26「われわれ人間は意識をもっている。意識は、①何かを経験することであると同時に、②判断し、体系化するという二面性をもつ。そのような経験をする主体であり、意識内容の体系の中心をなすものを『自我』と呼ぶことにする」（河合準雄『母性社会日本の病理』（講談社、1999年）190頁）とされている。なおユングは、自我を「個人の意識体系の統合の中心である」としている（河合・前掲注4）146頁）。「西洋人の自我」は、論者によって「近代自我」とも称されている。近代自体多義的であるが、ここで言われる近代について、論者の説明はないが、近代市民社会を前提にしているものと理解したい。また、論者の指摘のなかで、西洋人の自我あるいは欧米人の自我と称されることがあるが、同義として理解することにする。また、「日本人の自我」といわれる場合の「日本人」の定義についても特段の定義はみあたらない。今後、検討を重ねたい。

なぜ社会福祉協議会なのかを考えてみることにしたい。上記 3 では、「福祉国家から福祉社会」へという主張に関連して「地域福祉」「新しい公共」あるいは「協働」という言葉が流布してきていることに言及した（本節 3(2)参照）。

　社会福祉協議会は、社会福祉法（平成 12 年に改正された社会福祉事業法　以下本稿において同じ）において、社会福祉活動への住民参加を推進する事業、住民参加による社会福祉を目的とする事業を通じて、「地域福祉の推進」を図ることとされた。社会福祉法は、「地域福祉」について、「地域における社会福祉」と定義しているだけで多くを述べていないが、「地域福祉」という概念は、1960 年代 70 年代以降のわが国の社会的　経済的状況の変化と密接に関係しながら形成されてきた概念であることは間違いなさそうである。さらにいえば「地域福祉」という概念は、住民の主体性や自発性の発展を主要な契機とする、日本における市民社会の形成、ついで分権化といったより大きな脈略をも意識しつつ、形成されてきた概念であることが窺える[27]。具体的には、ローカル・ガバナンスや協働といった概念が意味することとも関連しつつ展開されている。つまり、「地域福祉」という概念に籠められた社会福祉政策の今日的課題は、政府機構と市民社会の関係を問い返し、それらの役割を再規定しようとする現代の潮流と、その方向性において密接に関連しているように思われる[28]。

　そのことはまた、社会福祉協議会についての検討も、政府機構と市民社会のあり方の検討と密接に関係していることを示唆している。社会福祉協議会は、政府機構と市民社会を地域単位で再編ないし新たな文脈で結合させることになるのだろうか。この問題は、「なぜ今、社会福祉協議会なのか」の設問とも重なってくる。

　本稿ではまず、アメリカから継受されたわが国の社会福祉協議会の足跡を辿ることにより、その特質を明らかにし、この問題を考える糸口を見出していくことにしたい。

---

[27] 武川・前掲注 6)22-43 頁参照。
[28] 山本隆『ローカル・ガバナンス――福祉政策と協治の戦略』（ミネルヴァ書房、2009 年）特に 8 頁、16 頁参照。

なお、本稿では社会福祉協議会のうち、市町村社会福祉協議会を主たる対象とし、都道府県社会福祉協議会については、一部において対象とするに留まる。全国社会福祉協議会を含む、社会福祉協議会全体の検討は、今後に委ねざるを得ないが、本稿で社会福祉協議会というときは、おおむね全国社会福祉協議会、都道府県社会福祉協議会を含め、社会福祉協議会一般をさしているものと理解されたい（地域社会福祉協議会は、判例の検討部分をのぞき、本稿の対象とはしない）。なお一部、引用文との関係で、「市区町村社会福祉協議会」という表現を用いることもある（社会福祉法107条参照）。本稿では、原則として略記は用いないこととするが、参考文献や判例からの引用がベースになっている場合等には、社会福祉協議会を「社協」と略記することがある。

また本稿は、社会福祉協議会の全容と課題をなるべく広い視野から「素描」し、それを試論として提起し、今後の研究の素材とすることを目的としている。

こうした事情もあり、本稿では関連する分野の「先行研究」や「関連研究」にかかる文献を読み込んだ上で、論旨を展開しているわけではない[29]。また、現段階では十分な調査研究に依拠した検討を踏まえているわけでもない。

鶴見和子（敬称略）は、「科学における理論」の主たる要素を指摘したうえで、そうした要素を完備していない場合を「原型理論」とよぶことを提起し、原型理論とは、「たとえばカギ概念についての定義ははっきりしている。そして記述の方法論について明確な考察があり、それにしたがって有効な記述はある。しかしまだ仮設の体系が整備されていない」場合をいうと定義している[30]。

その意味では、本稿は、「原型理論」の構築を目標にしているが、実際にはその足元にも遠く及ばない。そのことを自覚しつつ、まずは研究の第一歩を歩み始めたい[31]。

---

29 本稿では、紙数の関係から、参考文献ならびに本稿に関係する筆者自身の研究論文については、原則として、直接引用したもののみを掲載することとした。ご寛恕頂ければ幸いである。
30 鶴見・前掲注7)260-265頁参照。

Ⅱ 接木されたわが国の社会福祉協議会

1 はじめに──社会福祉協議会設立の契機

(1) 端緒となった連合国軍最高司令官総合司令部の方針

　1949（昭和24）年、厚生省は、連合国軍最高司令官総合司令部（GHQ。以下「総司令部」ともいう）より「達成すべき昭和25年度の厚生主要目標及びその期日」について、要旨次のような提案を受けた。それは次年度厚生行政の目標として、①厚生行政地区制度　②市厚生行政の再組織　③厚生省による助言と実施指導　④公私社会事業の責任と分野の明確化、⑤社会福祉協議会の設置　⑥有給専任吏員現任訓練の実施の6項目からなる「厚生行政6原則」を提示すべきとするものであった。そしてこの6原則に基づき、「公的責任転嫁禁止の原則」の視点から[32]、これまでの国、県、市町村の主導に代り、民間社会事業団体を運営指導する自発的な拠点として、社会福祉協議会が設置されることになったことが窺える。もっとも「厚生行政6原則」が、一方で「公の関与」との切断をあげつつ、他方では、自発的な社会福祉活動を担保する場として、全国的社会事業団体すなわち社会福祉協議会の招致を、厚生省に期待していたところに、わが国の社会福祉協議会の設立当初からの「危うい立ち位置」（公私間の絶ち難い「繋がり」）がすでに仄見えていたようにもみえる。

31　河合準雄（敬称略。以下同じ）は、人間という存在に対しては、ニュートン-デカルト的パラダイムがよってたつ因果律による法則が成立しない、つまり、人間を近代科学の方法論で「科学的」に研究することは不可能ではないかという疑問を提起している（河合・前掲注10)7頁）。筆者もこの視点に関心をもつものである（橋本・前掲「社会保障と未来社会への展望」参照）。鶴見和子は、前掲「原型理論としての地域主義」のなかで「科学における理論」に言及しているが、河合準雄との対談（注10参照）のなかでは、鶴見は「全体論的」な接近法を入れ込んでこそ、科学的研究は発展すると考えているように窺われ、「科学」についての理解の深さを示唆される思いである。本稿を進めるうえでも、心にとめていきたい。

32　「厚生行政6原則」が提示する④公私社会事業の責任と分野の明確化は、社会福祉事業法5条が規定する「公的責任転嫁禁止の原則」に結実することになる。小川政亮『社会事業法制概説』（誠信書房、1966年）86頁参照。

(2) 念頭に置かれた当時のアメリカの社会事業

「厚生行政6原則」は、当時のアメリカの社会事業を念頭に入れつつ作成されたものである[33]。そうした事情もあり、社会福祉事業法の制定にあたっては、総司令部の支援を得て、アメリカ社会事業について日本側の関係者による視察研究が行われている。その内実については、視察を行った日本側の関係者のいくつかの著書に著されている[34]。以下では、それらの著書の一つである黒木利克『Welfare from U.S.A』を、いくつかの参考文献で補いながら、①わが国の政策担当者が、当時のアメリカの社会事業をどのようなものとして認識したのか、またその認識をもとにわが国の政策担当者は、②「厚生行政6原則」ひいては社会福祉協議会に対し総司令部が意図したことをどのように理解したのか、さらにそのうえで、③わが国の事情をも考慮しながら、わが国の社会福祉協議会をどのように制度化するに至ったのか、その一端を垣間見ることにしたい。なお紙数の関係もあり、以下においては、黒木「前掲書」からの具体的な引用箇所の注記は省略する。ご寛恕頂ければ幸いである[35]。

---

[33] 本文で掲げた「厚生行政6原則」のうち、社会福祉協議会に、特に関係すると思われる部分について、連合国軍最高司令官総合司令部の見解をもう少し、詳細にみておきたい。

　まず、公私社会事業の責任と分野の明確化については、「4　厚生省は、全国的規模をもつ民間の社会事業団体の組織、管理並びに監督についての政府の関与に関する現行の規則及び指令を検討し、遅くとも昭和25年8月1日までに国、県、市町村において民間社会事業団体に対する如何なる公の関与からも政府をして完全に分離せしめるよう効果的措置をとらねばならない」として、民間社会事業団体への国、県、市町村の関与を禁じている。社会福祉協議会の設置については、「5　厚生省は全国的及び県の社会事業団体及び施設により自発的に行われる社会福祉活動に関する協議会を設置し、これが運営指導を行うための全国的プランを作成するに当って、その参加が必要且望ましいと認められる関係の全国的社会事業団体を招致しなければならない」としている（黒木利克『Welfare from U.S.A』（日本社会事業協会、1950年）1頁による）。

[34] 視察研究の成果は、黒木・前掲『Welfare from U.S.A』を初めとする同氏のいくつかの著書に著されている（黒木利克氏は、昭和25年2月1日現在　厚生省社会局庶務課長）が、これらの著書の目的は、「総司令部のこれ迄の指導の背景をなすアメリカ側の経験と認識を紹介するところにあった」とされている（黒木利克『現代社会福祉事業法の展開』はしがき（中央社会福祉協議会、1951年））。

[35] アメリカの社会福祉協議会に関する紹介文献は少なく、アメリカでの研究も少ないことが窺われる（宮崎昭夫「米国における社会福祉協議会の発展と衰退」福岡大学人間社会学部紀要16巻1号（2007年）2頁）。本来は、この厳しいが重要な基礎作業が不可避だが、ここではとりあえず、本文で述べたような仕儀としたい。

2 アメリカにおける社会事業の展開と「社会福祉協議会」の成立
　──注目したい日本とは異なるアメリカの状況
(1) 先駆的な民間社会事業の発展とケースワークやコミュニティオーガニゼーションの展開
　(a) 1929 年以前の民間慈善団体
　アメリカの民間社会事業においては、19 世紀末、すでに①慈善組織教会②セツルメント活動の二つの流れが形成されていた[36]。第一次大戦後には、前記①の活動は、例えば 1918 年のアメリカコミュニティオーガニゼーション協会組織の設立にむかい、また前記②の活動は、社会教育やレクリエーションに焦点を移すなど、新しい形態をとりつつ目にみえて活発化してくる。こうしたなかで 1918 年からの 10 年間に共同募金会も、18 から 230 に増加し、募金額は 1929 年度には、7600 万ドルに上ったと指摘されている[37]。

　(b) 1929 年以前の公的な社会事業の状況
　これに対しアメリカにおける公的な現代社会事業の誕生は、1929 年を端緒とする。それまでのアメリカ社会事業は、エリザベス救貧法を受けつぎ、公的扶助は怠惰防止の原則から不適当であるという主張が強く、社会事業についての各州の立法、財政、運営には大きな差があり、しかもどの州政府も急激な景気の変動に対応するには不充分な状態にあった、とされている。

(2) 金銭給付に並ぶケースワーク技術の発展
　(a) 20 世紀の初頭までは、貧困家庭への金銭扶助が中心だった民間社会事業は、1900 年代に至り民間社会事業団体が「連合会」として組織化されたことにより、財政状態が安定し金銭扶助による現状維持策だけでなく、更生に向けたケースワーク技術をも発展させることができた。その結果、貧困層だけでなく多くの人々に対し、ケースワークを通じた支援の手が差し伸べられるようになったとされている。

---

[36] 窪田暁子「アメリカにおける地域福祉」福武直＝一番が瀬康子『都市と農村の福祉』（中央法規出版、1988 年）300 頁。
[37] 同 302 頁。

(b) 世界恐慌を契機として、金銭的救済を求める個人や家庭は、公的救済を受けることができるようになっていく。その結果、民間の社会事業団体と公共救済との棲み分けがすすみ、民間の社会事業団体においては、金銭給付で解決できない問題への対応が増加することになったと指摘されている。

(3) わが国と異なる社会福祉協議会誕生の経緯

アメリカでは、民間の社会事業団体相互の給付の重複を避けるための「私的慈善事業間の連絡調整の場」として、社会福祉協議会の前身となる福祉機関協議会（社会事業施設協議会ともいわれる）が誕生し、1929年の世界恐慌以降、社会福祉協議会へと発展していったと指摘されている。このようにアメリカでは、社会福祉協議会は、市民社会の側から自発的に形成されてきたものであり、その誕生の経緯は、わが国とは異なっていたように窺われる。注目しておきたい。

(4) 共同募金との連携

(a) こうした経緯をもつ福祉機関協議会（社会事業施設協議会）が、後に共同募金との連携のもとに公的機関の参加も得ながら、福祉計画の策定をも担う存在感ある組織として発展していったとされている。なお、アメリカでは世界恐慌以降は、「計画期」とも称されることを指摘しておきたい。1917年、社会主義国家が樹立され、計画経済が唱えられるようになったが、大恐慌を経てアメリカでも、異なった意味での計画を導入する動きが見出されてくるようになってきたためである。

(b) 福祉機関協議会（社会事業施設協議会）と共同募金は一体と考えられていた。この点は、日本に影響を与え「公的責任転嫁禁止の原則」のもとで、わが国でも、社会福祉協議会と共同募金会は一体のものとして考えられるようになった、と推察される。日本に導入されたいろいろの制度の中でコミュニティ　チェスト（共同募金）[38]は、「国民性にアダプトして成功した例」と指摘されている。

---

38 コミュニティチェスト（community chest）は、アメリカを嚆矢とする共同募金のことである。

(5) 福祉機関協議会（社会事業施設協議会）の構成

　ニュヨークなど大都市と比べ、小中都市の方が会員の範囲と種類は広範であったとされる。理想は一切の市民の参加を得ることであり、個人としての参加も可能とされていた。参加の実態にもよるが、この点も、わが国の現在の社会福祉協議会の構成と比較し、注目しておきたい点である。

(6) 社会福祉協議会（本節2(3)参照）と公的社会事業の関係

　両者の関係は、社会福祉協議会が主導権をもつ「協働」関係であった、とされる。この点は、わが国の行政と社会福祉協議会の関係を考えるうえでも重要なので、詳述しておきたい。

　(a) 担当官公庁の設置は、社会福祉協議会が主導

　社会福祉協議会は、自らの調査結果に基づき「社会の明白な要求に応ずるためには、公的社会事業をさらに拡大させることが必要」と判断した結果、「公的社会事業を担当する官公庁の設置は、多くは協議会によって、提唱、育成、闘いとられ、確保されてきた」と指摘されている。

　(b) 地域が主導権（公的社会事業はその重要な一環）

　①（引用者の理解によれば、世界恐慌以降と思われるが）地域の社会事業費の半分以上は、公的施設によって使用されていた。

　②そのため大部分の都市では、新しく設けられた公的社会事業施設も社会福祉協議会の会員となっていた。

　③社会福祉協議会の仕事の大部分が、公的社会事業との協働であるか、或いはそれに関係するものであった。

　こうした社会福祉協議会と公的機関の関係は、表面的には現在の日本における社会福祉協議会と公的機関の関係に重なっているようにみえる。しかし重要なのは、そこに至る背景の相異といえそうである。少し説明を加えると、1929年の未曾有の大不況の結果、アメリカでも民間資金による援助の限界と公的責任の重要性が確認されてくるが、留意したいのは、1929年以降の

公的機関と民間社会事業の関係においては、民間社会事業団体**が**、公共機関**を**支援するものであったと指摘されている点である。本稿では、このことを絶えず念頭に置きながら、話を進めていくことにしたい。

3　わが国における社会福祉協議会の成立
(1)　社会福祉事業法の制定

1951 (昭和26) 年、社会福祉事業の全分野にわたる共通的基本事項を規定する社会福祉事業法が成立する。社会福祉事業法においては、「公的責任転嫁禁止の原則」(いわゆる公私分離の原則) をはじめ、「厚生行政6原則」を具体化する諸規定が置かれることになった[39]。では社会福祉事業法では、社会福祉協議会はどのようなものとして規定されたのだろうか。

(2)　社会福祉事業法の成立と社会福祉協議会
　(a)　社会福祉協議会と社会福祉事業法

社会福祉事業法は、都道府県単位の社会福祉協議会およびその全国団体について規定していた (74条、83条)。社会福祉事業法が規定する社会福祉協議会についての主たる内容は、以下のとおりであった。社会福祉協議会は、都道府県の区域を単位とし、社会福祉を目的とする事業についての調査、総合的企画、連絡・調整・助成・普及・宣伝の事業を行うことを目的とする団体で、その区域内の社会福祉事業または更生保護事業を経営者する者の過半数が参加するものでなければならない (74条1項)。社会福祉協議会は、社会福祉事業または更生保護事業を経営者する者または社会福祉事業奉仕者から参加の申出があった時は、正当な理由がなければ、これを拒んではならない (74条3項)。都道府県社会福祉協議会は、相互の連絡および事業の調整を行うため、全国を単位として、社会福祉協議会連合会を設立することができる (83条)。関係行政庁の職員は、都道府県社会福祉協議会または社会福祉協議会連合会の役員になることができるが、役員総数の5分の1をこえてはならない (74条2項)。

39　小川・前掲注32) 86頁。

都道府県社会福祉協議会の事業は、第2種社会福祉事業に当たる（2条5項7号）から、社会福祉協議会は社会福祉法人である必要はなく、共同募金会と違って社会福祉法人とするむねの特別の規定もないが、世帯更生資金の貸付事業などの委託を国から受けてその事業をも行うものとなれば、これは第1種社会福祉事業に当る（2条2項7号）から、都道府県社会福祉協議会も原則として社会福祉法人でなければならないことになる、と解されてきた（4条)[40]。この点は、社会福祉協議会のその後の展開と合わせ考えると重要である。

　以上指摘してきたような社会福祉事業法の規定からも、わが国が社会福祉協議会をどのようなものとして想定しようとしていたのか、もう少し具体的にいえば「一方ではアメリカの社会福祉協議会のあり様を念頭におきながら、他方ではそれをわが国の実情に即応するように、どのように変容させていったのか」を考える上でのいくつのヒントを見出すことができそうである。

　ここではとりあえず一つだけ、そもそもわが国の社会福祉協議会の「根幹」が、社会福祉事業法という法律によって（事実上、「上から」）方向づけられたことに注目しておきたい。なぜならこのことは、①「公の関与」との切断をあげ、「自発的な社会福祉活動を担保する場として社会福祉協議会を設立したい」と考えていた総司令部の方針とは矛盾しなかったのか。②アメリカの福祉について相応の知識をもっていたと思われる「社会福祉事業法立案に携わった日本側の関係者」は、このことをどのようにみていたのか、という問題に関係してくるからである。この点に関ることとして、まずは共同募金会について言及し、その上で前記の点について考えてみることにしたい。

(b)　共同募金会と社会福祉協議会
(i)　社会福祉事業法にみる共同募金会と社会福祉協議会の表裏一体関係
　社会福祉事業法が都道府県単位の社会福祉協議会について規定したのは、社会福祉協議会が共同募金会と表裏一体の関係（共同募金会の認可要件に都道府県社会福祉協議会が関係していることなど）を有するものとしてとらえられ

---

[40] 同103頁。

ていたためである、とされる[41]。

(ii) 共同募金と法の関与

アメリカの共同募金会は、「各地の共同募金会と社会福祉協議会を会員とし、これに援助を与え又各方面の運動を一体として指導するための全国的中央団体」として、会費により維持されていた。社会福祉事業法が、社会福祉協議会と共同募金会を表裏一体の関係にあるものとして位置づけた背景には、アメリカにおける両者の関係が念頭に置かれていたものと考えられる[42]。注目すべきは、わが国の場合、両者のあり様が、国の法律（社会福祉事業法）によって誘導されたことだろう。

イギリスのチャリティ法（Charity Act）の例にみるように、法が一定の範囲で慈善を奨励し、基金の流用を規制するための措置に関する規定を設ける等の形で、法が民間の活動に「関与」することは想定できないわけではない。

しかし、わが国がモデルとしたアメリカの共同募金会の「立ち位置」、さらには「厚生行政6原則」が「公の関与」との切断を主たる目標の一つとしていたこと等を思えば、共同募金と社会福祉協議会の関係を法が誘導していることは、今から考えるといささか奇異な感じがしないわけではない。

(c) 政策立案者の意識

では政策立案者は、共同募金や社会福祉協議会に係る事項を法律で規定すること、その意味で国が関与することについては、どのように考えていたのだろうか。問題はふたたびそこに戻ってくる。以下、この点にかかる政策立案者の考え方について、その要点のみを記しておくことにしたい。

(i) 法律に規定することは、必要な最小限度のもの

政策立案者は、「共同募金にしても、社会福祉協議会にしても、本来は、自主的にもりあがるべきもので、これを法律による組織とするのは適当では

---

41 社会福祉法令研究会編集・前掲注13)322頁、黒木・前掲『現代社会福祉事業の展開』166頁参照。
42 木村忠次郎『社会事業法の解説』（時事通信社、1951年）171頁。

ない」とした上で、「法律に規定することは、必要な最小限度のものにとどめられるべきである」と考えていた[43]。

(ⅱ) 法律に規定すべき必要最小限度のこととは何か

それでは、法律に規定すべき必要最小限度の事項としては、どのようなことが考えられていたのであろうか。この点については、①共同募金については、その性質を明確にする必要性　②社会福祉協議会については、公私の完全分離を前提とした上で、公私の連絡関係にともなう諸規定をもうける必要性　③表裏一体関係にある共同募金と社会福祉協議会の円滑な運営をはかる必要性の要旨3点が指摘されている[44]。アメリカと比較して経済的な余力もなく、文化的・宗教的な基盤も異なる日本においては、当初想定されたような民間社会福祉事業の自由な先駆的取組みは期待できず、必要最小限であるとはいうものの、①②③のような政府（法）の関与が求められたということであろうか。

(d) 「社会福祉協議会の実体は他にある」とされたことに関連して

「解説書」[45]によれば、①市町村社会福祉協議会の設立をどう考えるかは、社会福祉協議会の自主的な行動によって判断されるべきことであり、②社会福祉協議会の本旨は、法文の上にはあらわれておらず、社会福祉協議会の実体は、（法律が規定する以外の）他（の部分）にある、③つまり、その実体は他にあり、法律の規定することは、実体に基礎をおき、その円滑な運営をはかるに必要な最小限度のことにすぎない、と考えられていた（カッコ内は引用者のもの）。これらのことは、その後のわが国の社会福祉協議会と行政の「密接な関係」を思えば、ことの外注目される事項といえよう。

43　同166頁。詳しくは本書飯村論文（Ⅰ1）を参照。なお、本書太田論文は、「任務が法定されていること自体、社協が単純な私的組織と異なる立場に置かれていることの証左となる」とする（Ⅲ2(1)(b)）。
44　同166頁。
45　同167-168頁。

(e) 社会福祉協議会は、法によって設置を義務づけられたものではない

　前記のような考え方からみても、「社会福祉協議会は、法によって設置を義務づけられたものではない」といえる[46]。もっとも、都道府県社会福祉協議会の設置は、共同募金会の認可要件とのかかわりでは事実上「義務」づけられていたことになるので、どこまで現実味のある議論であるかはともかくとして、検討の視点としては留意すべきことであろう。

　わが国の社会福祉協議会は、①アメリカの社会福祉協議会を念頭におきつつ制度化された。しかし、②他方では、それをわが国の実情に即応するように、当初から意図的に変更させざるを得なかった部分もある。社会福祉事業法が、共同募金や社会福祉協議会に関する規定を置かなければならなかったことは、②の側面の一つのあらわれといえよう。

　では①の側面、すなわちわが国の社会福祉協議会は、アメリカ社会福祉協議会からどのような影響を受けているのか、次にその主要な点を確認しておきたい。

(3) わが国の社会福祉協議会にみるアメリカの影響
　(a) 想定されていた対等な公私関係

　社会福祉事業法では、当初、行政による社会福祉事業と民間の社会福祉事業が車の両輪のようにそれぞれの役割を果たし、社会福祉事業の増進に寄与することが期待されていた。特に民間社会福祉事業については、政府の関与を受けることなく、自由に先駆的な取組みを行うことが想定されていた[47]。

　(b) 自発的な拠点としての社会福祉協議会

　社会福祉協議会は国に代って、民間社会事業団体を運営指導する自発的な拠点として、その設置が考えられたていた。立法当時の社会福祉事業法が規定する「社会福祉協議会の行う事業」については先に述べたが（本節 3(2)(a) 参照）、そこでは、「総合的企画」という表現にみられるように、行政庁よりも社会福祉協議会が社会福祉の総本山的な規定になっていた[48]。

---

46 本書太田論文Ⅲ 1(3)(a)も参照。
47 木村・前掲注 42) 11 頁。

(c) 共同募金の導入

共同募金会と社会福祉協議会は表裏一体関係をなすものとされ、共同募金は、アメリカの制度の「最も成功した接木」と考えられていたことは前述した[48]。

(d) 現業はやらない

市町村社会福祉協議会は現業(以下、「個別」事業ともいう)をやらず、連絡協調を責務とするものと想定されていた。「もし、現業を営むならば、とかく連絡協調よりも目につきやすい施設経営に主力を注いでいく傾向になり、その結果、他施設と同列で競争したり、感情問題になったりして、対策を全町村民の立場から公正に批判する機会を失うことになる。(連絡調整という立ち位置にある、引用者注)ことにより、問題解決には他の施設・団体の協力を得なければならないという真剣味が出てくる」とされていた[50]。例外として、「市町村内に適当な施設・団体がない場合は、現業をやってもかまわないが、この場合でも適当な経営主体が現れれば、できるだけ早く切り離す」ことが提唱されていた[51]。

(e) 住民参加

特に規定はなくても、一般市民にたいしても、その参加の希望は拒否すべきでないとされていた。

(f) 公務員の参加

関係行政庁の職員の参加に係る社会福祉事業法の規定にもアメリカの影響

---

48 宮崎・前掲注35)2頁。
49 しかし、そのアメリカでも、中間支援団体の活動は市民からみえにくく、市民の金銭的支援は受けにくい。そのため一部の地域では、直接官公庁の補助金が支出されているところもあるとの指摘は注目される。黒木・前掲『Welfare from U.S.A』49頁。
50 黒木利克『社会福祉の指導と実務』(時事通信社、1956年)251頁。「はしがき」によれば、前掲書は、戦後間もなく出版された「社会福祉の指導と実務」の5年ぶりの改訂版であり、その5年間になされた市町村の行う社会福祉事業についての啓発の成果も紹介されている。
51 同。

を読み取ることができるが（本節3(2)(a)参照）、アメリカにおける社会福祉協議会と公的社会事業の関係は、社会福祉協議会を含む民間社会事業団体が、それまで蓄積してきた知識や経験を活かして公共機関を支援するものであったことは前述のとおりである。そして関係行政庁の職員も、他の施設関係者と同様、社会福祉協議会またはその連合会に、one of them として参加するという立ち位置であったことは見逃せない。これに対してわが国の場合は、関係行政庁が社会福祉協議会を支配する可能性が懸念され、その点を制御することが、社会福祉協議会と行政の関係を考えるうえでの主たる関心事とされている。1930年代のアメリカと日本の状況の相異に注目したい[52]。

以上述べたようにわが国の社会福祉協議会は、いくつかの事項において、アメリカの社会福祉協議会を継承しながらも、一部はすでに当初から実質的な変容を来たしていた。そしてその後の展開過程において、その「あり様」はさらに変容を重ねていくことになった、と考えられる。

黒木利克氏は、「今日の成果（社会福祉事業法の成立を指すものと思われる。引用者）は、云わば、後見人（「連合国軍最高司令官総合司令部」を指すものと思われる。引用者）によって与えられた接木の如きものである」[53]と述べている。接木は根づいたのだろうか。根づいたとするなら、それはどのように根づいたのだろうか。

Ⅲ 現状にみる社会福祉協議会の特質

1 現実の展開

本節では、わが国に接木された社会福祉協議会が、戦後どのように展開し

---

52 社会福祉事業法制定当時の社会福祉協議会が、「公私協働を基本としていたこと」（本書飯村論文Ⅰ1参照）は、1930年代のアメリカにおける「公私協働」のあり方と相異するだけでなく、「20世紀型の広義の福祉国家体制（「大きな政府」）を、ある程度解体して別な制度に移行させようとする動きの一環としての「協働」（名和田是彦「協働型社会構想とその制度装置」同編著『社会国家・中間団体・市民権』法政大学現代法研究所 2007年）162頁とも異なったものとして理解すべきだろう。こうした歴史的背景を踏まえずに、社会福祉協議会を公私協働論の視点から把握することは難しいことが窺える。
53 黒木・前掲注34）『現代社会福祉事業の展開』はしがき。

ていったのかを概観することによって、そこから浮かび上がってくる「社会福祉協議会の姿」を見出していくことにしたい。とはいうものの、ここでは紙幅や資料の制約もあり、この問いに十分な検討を加えることはできない。以下では、その要点と思われることを記述して、今後の本格的な検討の素材としたい。

(1) 国の「下請け機関」化してきた社会福祉協議会

まず、指摘されなければならないことは、社会福祉協議会は、制定当初想定されたような「行政(政府)から独立した存在」ではなく、行政(政府)と密接な関係をもって運営されてきたことであろう。厳しくいえば国の「下請け機関」化してきたのが実態である。この点については、後記2において補足することにしたい。

(2) 拡大してきた法の関与

(1)で述べたことの結果として、社会福祉協議会への法の関与も最小限のことではなくなってくる。市町村社会福祉協議会の法制化(1983(昭和58)年の社会福祉事業法の一部改正によって市町村社会福祉協議会の目的、構成員、事業内容等が定められたことを指す)は、その比較的早い時期の一例といえよう。最近では、社会福祉法において、社会福祉協議会の目的が「地域福祉の推進」にあることが明確にされ、あわせて社会福祉協議会に係るより詳細な規定が置かれるようになったことがあげられよう。また社会福祉法では、都道府県社会福祉協議会についても、あらたに法律上特別な位置づけがなされることとなったことは後述のとおりである(本節(9)参照)[54]。

---

54 本書太田論文Ⅲ2(3)(b)定められた時間的順序も参照。なお、太田論文の以下の指摘は重要である。社会福祉法は、一般的任務またはそれに密接に関連する具体的任務の中から国が特に重要性を認めた事務を社協の具体的任務として義務づけている(太田論文Ⅲ2(3)(a)(vii))。具体的任務の内容(関与のあり方)それ自体も、後に付加された任務になるにつれて深化しているといえよう(同Ⅲ2(3)(b)(iii))。

(3) 現業の拡大と社会福祉協議会の対応

当初は例外とされた現業に、市町村社会福祉協議会は、時代を追うごとに積極的に取り組むようになり、現状では現業の方がむしろ主流になってきているようにみえる。「概説」は、1990（平成2）年の「老人福祉法等8本の法律改正において、市区町村社会福祉協議会が本格的な直接サービス事業に取り組む条件が整えられたことは、社協が在宅福祉サービスなどの事業の実施主体として、法的に明確にされたという点で歴史的意味をもつものであり、これまでの在宅福祉サービスへの取り組みが評価されるとともに、サービス供給主体の多元化のなかで、社協への役割期待が高まったことによる」（要旨）と記して、現業化への社会福祉協議会側の積極的な姿勢を示している[55]。

(4) 現業の拡大と社会福祉法人化

市町村社会福祉協議会が、現業を行うことになったことが大きく影響しているものと考えられるが、現在では市町村社会福祉協議会のほとんどが、社会福祉法人である。社会福祉法人であることの是非については、本節の末尾で少し言及することにしたい。

2　国の「下請け機関」としての社会福祉協議会の「発展」

以下では、表題1のような経緯を辿ることとなった要因と考えられるいくつかの点について、簡単に確認しておきたい。

(1) 上から創られたわが国の社会福祉協議会

わが国の社会福祉協議会は、アメリカのように自発的に生成してきたものではなく、「上から創られたもの」であったこともあり、その後の活動も、住民の自主的な活動にはなりにくかった。1960（昭和35）年の全国社会福祉協議会主催の会議においても、その行政依存の傾向が反省され、住民の立場に立った自主的活動を推進する必要性が確認されている[56]。

---

[55] 和田ほか編・前掲注2)51頁。
[56] 同44頁。

(2) 社会福祉協議会の「下請け機関」化の契機となった行政管理庁勧告

　表題(2)のことについて、「概説」は以下のように述べている[57]。重要なので、そのままを引用しておきたい。「昭和42（1967）年、共同募金への行政管理庁勧告によって、社協の事務費、人件費に共同募金を使用することが禁じられることになった。これにより社協は、事務費、人件費に使用できる制度的民間財源を失ってしまった。この行政管理庁の勧告は、民間福祉活動の発展に大きくマイナス影響を与えた。社協は結局、行政の補助金・委託金の拡大によってしのいだが、受け身の事業が多く、社協が下請け団体化し、社協の存在意義を見失わせる事態を惹起することになった。この勧告が社協機能や体制に与えた影響は甚大であった」。

(3) 行政からの人件費補助の根拠となった「行政も社協の構成員の一員」——アメリカの実態からの変容

　時代を追うにつれ市町村は、市町村社会福祉協議会に対し、「福祉活動専門員」の設置に対する補助金を交付し、さらには基幹職員の人件費や社会福祉協議会運営費に対して補助をするようになっていく。こうした補助金交付の正当性を裏付ける根拠となっているのが、「地方政府も社会福祉協議会の構成員である」という考え方である。表面的にみると、そこにはアメリカの考え方との類似性がみてとれるが（Ⅱ2(6)参照）、アメリカのように、地方政府も事業の実施主体として、民間事業者と同様に社会福祉協議会の会員として会費を納めるという事実に留まらず、「行政も社協の構成員の一員」であることが、市町村が社会福祉協議会に補助金を交付する根拠となっているようにみえるところに[58]、アメリカとの相異が感じられる。

(4) 政府からみた社会福祉協議会の存在価値とその背景

　ところで、社会福祉協議会が「上から創られたもの」であっても、政府にとって「存在価値」がなければ、社会福祉協議会は早晩、その存在価値を失ったはずである。しかし現実はそうはならなかった。その理由はどこにある

---

57 同46頁。
58 同168頁参照。

のだろうか。ここではこの点について詳しく考察する余裕はない。要約すれば、高度経済成長政策のもたらした「ひずみ」、さらには人口の高齢化を背景として、「新しい貧困」という言葉が示唆するように、1960年代 特に70年代以降の人々の生活上の課題が、所得保障に留まらない政策の充実を必要としてきたこと、またこうしたなかで生じてきた70年代後半の経済政策の転換が、在宅福祉や地域への関心を、様々な意味あいをもって高めてくることになったことが関係しているものと考えられる。

(5) 呼応する社会福祉協議会

　全国社会福祉協議会は、1962（昭和37）年「社会福祉協議会基本要項」を制定し、社会福祉協議会の性格を「一定の地域社会において住民が主体となり、地域の実情に応じて、住民の福祉を増進することを目的とする自主的な組織」と規定し[59]、1979（昭和54）年には、全社協・在宅福祉サービスのあり方研究委員会が、「在宅福祉サービスの戦略」を報告している。こうした動きをみる限り、社会福祉協議会は、前述のような社会的、経済的背景の変化の中で、政府によって提示されてきた在宅福祉や地域に係る政策に呼応する形で、社会福祉協議会を存続させるべく努力していたことが窺われる。前述した市町村社会福祉協議会の法制化が「制定当初からの悲願」と表現されていることも、こうした社会福祉協議会の姿勢とあわせ考えるとよりよく理解できそうである。

(6) 社会福祉基礎構造改革と求められた「幅広い需要に応える多様な主体の参入促進」

　1980年代後半すでに指摘され始めていた「措置から契約へ」の流れは、1997（平成9）年から始まった社会福祉基礎構造改革において本格化していく。規制緩和の流れや市場主義とも密接に関連すると考えられる社会福祉基礎構造改革のもとでは、「幅広い需要に応える多様な主体の参入促進」[60]が求められることになっていくが、市町村社会福祉協議会もその流れの一環に組み入れ

---

59 同45頁。
60 社会福祉法令研究会編集・前掲注13)36頁。

られていったと考えられることは後述のとおりである（後記(7)～(9)参照）。

(7) 徹底した市場主義とその「修正」への手立て

　社会福祉基礎構造改革が結果した「措置から契約へ」の方向は[61]、イギリスはいうまでもなく、アメリカと比較してもより徹底した市民法原理に基づく制度であったと考えられる。この徹底した市民法原理を何らかの形で「修正」する手立てを政府は暗黙のうちに必要とした、とはいえないだろうか。例えば、市町村社会福祉協議会が介護保険事業者として、あるいはその他の「現業」の担い手として「サービス市場」に参入することは、サービス量の拡大だけでなく、サービスの質を保証する意味でも徹底した「市場化」をある程度「修正」し、比較的に安全性の高い事業を提供する手立ての一つとして、政府によって歓迎、要請されたとはいえないだろうか。市町村社会福祉協議会が介護保険事業を実施する場合、その対象となる利用者には他の介護保険事業者が敬遠する「困難ケース」が多いという話も、社会福祉協議会関係者の間からはよく聞かれるところである。

(8) 社会福祉協議会の「存在理由」を支える現業

　社会福祉基礎構造改革のもとで進んできた市町村社会福祉協議会の現業化への流れは、社会福祉協議会が制定以来模索してきたその「存在理由」、もっと現実的にいえば社会福祉協議会の「存続の可能性」（いいかえれば収入源の確保）を求めて奮闘してきた社会福祉協議会にとっても、歓迎されるべきもの（少なくとも向き合わざるをえないもの）であったように窺える[62]。

　念のため付記すれば、市町村社会福祉協議会の中には介護保険事業を実施

---

61 同34頁参照。
62 2014年9月15日の朝日新聞（朝刊）は、「報われぬ国」第2部において、社会福祉協議会を取り上げている。そのなかで、①区からの委託が主な事業となっている東京都23区のある区社会福祉協議会と②介護報酬が、収入総額の80％以上を占める関西のある市社会福祉協議会を比較している。①、②のことは、本文(8)の指摘を裏付けている。もっともⅱの市社会福祉協議会を、独自財源で「住民目線」の社会福祉協議会として紹介していることについては、同意できない。社会福祉協議会の抱える課題は、そのような簡単なものではないことは、本文で述べているとおりである。

していない市町村社会福祉協議会もあるが、そのような市町村社会福祉協議会も、国の個別の補助事業を通じて「幅広い需要に応える多様な主体」の、ある意味での要となってきたのではなかろうか。

(9) 「修正」への手立てと都道府県社会福祉協議会

本稿では、社会福祉協議会についての具体的記述は、市町村社会福祉協議会を中心に扱うこととしている。しかし前述した「徹底した市民法原理を何らかの形で事実上『修正』する手立て」としての視点を補強する必要性から、ここでは都道府県社会福祉協議会について少し言及しておきたい。都道府県社会福祉協議会もまた、社会福祉基礎構造改革のもと、福祉サービスの契約による利用が基本となるなかで、市町村社会福祉協議会と違う意味で「修正」への手立てとして機能し、「サービス利用者と提供者の対等な関係」の背後に潜む個々人の基本的人権の保障に係る課題を担うことが期待されることになったと考えられるからである。社会福祉法が、都道府県社会福祉協議会に対し、あらたに「福祉サービスの利用援助、福祉サービスに係る苦情の適切な解決、社会福祉を目的とする事業への支援」[63]をすることになったのはその現われといえよう。しかしながら、その「あり様」については、本稿の問題意識からするといくつかの疑問もある。以下、その論点について指摘しておきたい[64]。

 (a) 都道府県と運営適正化委員会の関係

社会福祉法は「福祉サービスに関する利用者等からの苦情を適切に解決するため、都道府県社会福祉協議会に運営適正化委員会を置くものとする」(83条参照)としており、その規定の仕方からは、国や都道府県と運営適正化委員会の関係はみえにくい。運営適正化委員会を設置するのは、都道府県社会福祉協議会なのか、それとも都道府県なのだろうか。社会福祉法の制定に関った政府関係者の説明によれば、この見えない「主語」は、都道府県という

---

63 社会福祉法令研究会編集・前掲注13)336頁参照。注54で挙げた太田論文の指摘箇所も参照。
64 詳細は、橋本宏子「福祉サービスと苦情解決 補論二『苦情解決と公的責任の連携』」神奈川法学42巻3号(2009年)参照。

ことである[65]。もしそうであるならば、社会福祉法83条はなぜ「都道府県は、福祉サービスに関する利用者等からの苦情を適切に解決するために、都道府県社会福祉協議会に運営適正化委員会を置く」と明確に規定されなかっ

---

[65] 1、ポイントは、運営適正化委員会を設置する主体は、都道府県社会福祉協議会なのか、都道府県なのかの問題である。

　念のため付記すれば、苦情解決事業の実施主体は運営適正化委員会である（社会福祉法令研究会編集・前掲注13）548頁）。

　運営適正化委員会は、都道府県社会福祉協議会に置かれることから、通常の行政組織の場合と同様に考えれば、それが置かれるところの都道府県社会福祉協議会の機関と位置づけることもできよう（江野尻正明＝橋本宏子「事例⑩社会福祉協議会と補助金の使用」〈社会保障法における事例研究の試み　第二部　事例研究〉神奈川法学45巻1号（2013年）365, 366頁）。社会福祉法81条のような「主語がない」規定の仕方は、行政組織規定でしばしばみられる。行政権は、行政主体としての国家・地方公共団体及びそれ以外の団体（公法人）の組織を通じて行使されるとされていることを念頭におき、社会福祉協議会の「公法人」的側面に関心を向け、特別行政主体論の視点から、運営適正化委員会を考えることもできるのかもしれない。こうした分析視角は、「公私協働」の論とも親近性をもつものであろう。

　しかし、社会福祉法81条は、都道府県知事に対する通知義務を、都道府県社会福祉協議会ではなく運営適正化委員会に課している。そして運営適正化委員会については、事務局を都道府県社会福祉協議会に置くものの、その組織・運営については相対的独自性が保たれている（社会福祉法令研究会編集・前掲注13）293頁）。

　このようにみてくると、都道府県社会福祉協議会に、「運営適正化委員会」を設置しているのは誰か、さらにいえばそこにおいて都道府県社会福祉協議会と「運営適正化委員会」はどのような関係にあるのか、ということに深入りせざるを得なくなってくる。社会福祉事業法制定の経緯、ひいては日本国憲法25条との関りで考えると、通常の行政組織の場合と同様なものと理解して、社会福祉法81条を解釈することには慎重でなければならないようにみえる（前掲注64）167-8頁、注53参照）。

　2、本文でも触れたとおり、社会福祉法の制定に関した政府関係者は、この点について「運営適正化委員会を設置する主体は、都道府県である」と述べている（本注後記5参照）。もっとも、政府関係者の説明からは、「都道府県が、運営適正化委員会を都道府県社会福祉協議会に置く」ことについて、「都道府県と社会福祉協議会」を繋いでいるもの（例えば、「委託契約」に類するものの存在）についての納得できる説明はなかった。この点についての筆者の質問に対しては、福祉サービス利用援助事業と対比させたところで、後述のような説明を受けた（本注後記5参照）。しかし回答は、今にして思うと社会福祉事業法81条、84条との関係で、都道府県社会福祉協議会が自ら福祉サービス利用援助事業を実施せずに、市町村社会福祉協議会等がそれを実施する場合を念頭においてなされたものではないかと考えられる。

　3、本書太田論文は、「運営適正化委員会の活動自体については、法律により義務付けられている」とする（正確には、Ⅲ3(3)(b)(i)(ウ)②参照。同様のことは、Ⅲ2(3)(a)(iii)、Ⅲ2(3)(a)(vii)からも窺われる）。前記のことからみる限り、太田論文は、国は、行政組織法上の行政機関に対すると同様の意味で、社会福祉協議会に運営適正化委員会が「設置」されているものと解し、そのことに一定の理解を示しているようにも読める。今後の共同研究において、筆者の不十分な理解について教示を得て、なお研鑽を重ねたい。

たのだろうか。また都道府県と都道府県社会福祉協議会との間では、事前に前記の点に係る法関係を構築・規律するために、その内容を協議し、契約を締結する等の対応について話しあうことはなかったのだろうか（注69で言及

4、筆者の補足意見

運営適正化委員会の活動を都道府県社会福祉協議会の任務と考えることと、その任務が誰の責任に基づくものであるのかは別の問題と考える。市民から政府に信託した人びとの生命・生存を守り、生活の安定を図ることが政府の役割であるとすれば、人々の福祉サービスに係る苦情の解決に係る最終的な責任は、地方公共団体を含む政府にあるはずである。

本注後述のように、政府関係者が福祉サービスに関する苦情解決の仕組みは、「重層構造」をとっていると述べていることや、社会福祉法86条が、「運営適正化委員会から都道府県知事への通知」について規定していることは、その意味で重要である。運営適正化委員会による苦情解決は、「公としての市民社会における中間媒介組織」としての苦情解決であり、「公としての政府」の役割はそれとは別にあると理解すべきだろう。ここでの問題は、「公としての市民社会」の役割と「公としての政府」の役割の差異と関連の問題を具体的に提起しているといえるだろう。

都道府県社会福祉協議会に置くものとされている「運営適正化委員会」が、行政（地方自治体）とどのような関係を持ちながら、今後そこに収斂されない自律性を保ち「苦情解決」の一端を担っていくことの可能性を検討していきたい。例えば、社会福祉法86条との関連でいえば、通知を受けた都道府県側の対応の法的整備の問題とともに（注64）185頁参照）、通知に対する都道府県側の対応が不十分な場合に、とるべき運営適正化委員会の対応についても検討する必要があろう。その場合、運営適正化委員会が通達等に対し、運営適正化委員会等が職務命令的に拘束されることはありえない（注69）参照）ことが、筆者には注目すべきことに思われる。

5、政府関係者へのヒアリング

2000（平成12）年の社会福祉事業法改正に係わった政府関係者にヒアリングを行った際の説明では、本文で述べたように「このみえない主語は都道府県」ということであり、その理由として以下のような説明を受けた。福祉サービスに関する苦情解決の仕組は、三層からなる入れ子形式になっており、「申出の内容により、①事業者段階 ②運営適正化委員会 ③直接監査のいずれかを選択して解決を図ることができる」。つまり、直接　監査を選択することも可能であることに示されているように、最終権限は都道府県にあるということであった（社会福祉法令研究会編集・前掲注13)289頁の図をもとに説明を受けた）。運営適正化委員会は、一種の審査会なので、事務局を置かないわけにはいかない、運営適正化委員会に関する賠償責任の主体は都道府県である、という説明であった。

福祉サービス利用援助事業が委託の形をとっているのに、本件が委託の形態をとらなかった理由については、前述の政府関係者の説明からすると、前者が社会福祉事業法2条3項に規定する第二種社会福祉事業であるのに対し、後者は同法2条に規定する社会福祉事業にあたらないことにあるように理解された。

本来であれば、都道府県が出資して、苦情解決の機関を民法法人（第三者機関）として設立するのが望ましかったが、当時は国にその設立にあてる交付税等を増やす余裕がなかった。都道府県が直接苦情対応を行うことは考えていなかった。民・民の問題は、民間で解決するのが、有料老人ホームの苦情解決の例や介護保険の苦情解決が国民健康保険連合会に置かれている例（時期的にまとまらなかったので条文化はされていないが）をみても筋と考えている、という説明を受けた。以上は、ヒアリングの内容を、橋本の責任で纏めたものである。

する「スコットランド協定」についての記述参照)。先に述べたように、社会福祉事業法制定当初においては、「社会福祉協議会は、本来は自主的にもりあがるべきもので、これを法律による組織とするのは適当でない」と考えられていた。このことが現在でも尾を引いていて、政府が社会福祉協議会に、その責務に係る仕事を課すことには「ためらい」があったのだろうか。そのことが「ものとする」という書きぶりにもつながったのだろうか。それとも社会福祉協議会は、国の事実上の「下部機関」であるという意識のもとに、特段の疑問がもたれなかった、ということなのだろうか[66]。疑問はつきない。

(b) 気になる法律上の特別な位置づけ

都道府県社会福祉協議会は、社会福祉法において、福祉サービスに係る苦情の適切な解決等、先に触れた三つの事業について、法律上特別な位置づけがなされるに至ったと解説されているが[67]、このことも前述のような制定当初の社会福祉協議会の位置づけから考えると当然には肯首しがたい。国は、いかなる根拠に基づき、本来自主的な組織であるはずの都道府県社会福祉協議会に、社会福祉法上特別な位置を付与することができるのだろうか。しかも実態は、国の「要綱」を通じて、社会福祉協議会が事実上国の組織であるかのように対処されている[68]。

(c) 公的責任を考える

基本的人権の保障に係る公的責任は、最終的には政府にあるはずである。しかしながら、社会福祉基礎構造改革のもと都道府県社会福祉協議会に付さ

---

[66] この研究の過程で、何人かの社会福祉協議会の関係者にヒアリングを行ったが、社会福祉法83条の書きぶりについて、かねてから疑問や関心をもっていた、という人は皆無であった。また運営適正化委員会を設置するのが、都道府県社会福祉協議会なのか、都道府県なのかについて、あらためて尋ねたところ、その考え方も様々で、根拠もあまり明確ではなかった。もっともなかには、あらためて検討の上、自身の見解を提示下さった社会福祉協議会の関係者もあったことを、感謝を籠めて付記しておきたい。
[67] 社会福祉法令研究会編集・前掲注13)336頁。
[68] 橋本・前掲注64)参照。運営適正化委員会に関する多くのことを国法で定めていることは問題であり、通達等に対し、運営適正化委員会等が職務命令的に拘束されることはありえないと考える。本書太田論文Ⅳ1(a)末尾の指摘からもこのことは示唆されるのではなかろうか。

れることになった「法律上の特別な位置」と政府が果たすべき公的責任との関係は必ずしも明確ではない、と筆者は考える[69]。以上述べてきた3点は、Ⅳで言及することになる、切断されるべき「曖昧さ」の話にも関連してくる。

3 国の「下請け機関」としての社会福祉協議会から見えてくるいくつかのこと

(1) 社会福祉協議会は、なぜ「市民の生活」に介入できるのか

社会福祉協議会は、本来自発的な組織である。とすれば、例えば社会福祉協議会が、個々の市民の生活に「介入」する根拠や「正当性」は、どこに求められることになるのだろうか。いいかえれば、社会福祉協議会に付与された「法律上の特別な位置」に対する市民の側の「実質的な承認」はどのようにして得られている、といえるのだろうか[70]。後述するベクトル①にも関連

---

[69] 同。またこの点に係る問題は、注65の4で述べた「公としての市民社会」の役割と「公としての政府」の役割の差異と関連の問題にかかわってこよう（この点を考えるうえでは、名和田・前掲注52）162頁から171頁における国家と市民社会に係る記述が参考になる）。

また、両者の関係を考えるうえでのイメージを構築するためには、かつての「スコットランド協定」がとりあえずの参考になろう。同協定は、日本の市民活動セクターに該当する「ボランタリー・コミュニティセクター」（セクターは、「有償・無償のメンバーによるサービスの提供組織、政策提言組織、キャンペーン組織」を含み、セクターの代表は、常に複数の連合組織や代表者によって構成される）とスコットランド政府の間でされたものである。イギリスでは、サッチャー保守党政権以後、ボランタリー・コミュニティセクターは、「福祉市場」による「契約文化」の影響を大きく受けることになったが、ブレア労働党政権のもとで、「契約文化」は、「パートナーシップ文化」に転換し、「パートナーシップ」を強調することによって、政策策定過程と政策実施過程におけるボランタリー・コミュニティセクターの重要性が増すことになった、といわれている。ここでのパートナーシップの議論は、公共政策における政府の役割を相対化するものであり、「政府からガヴァナンス（多様な担い手による政治と自治）へ」の転換を意味するものと考えられている。もっとも、政府とボランタリー・コミュニティセクターの将来の関係については、消極的な見方も提起されていることも無視できない（セクターについての以上の記述は、坪郷實『市民活動セクターと自治体の間の市民自治基本協定』をつくる」〔横田克巳『市民セクターをつくるⅣ〔改定版〕』（（特非）参加型システム研究所発行、2004年）所収〕における指摘を、筆者の責任で要約したものである）。加えて、わが国の社会福祉協議会に即して、「パートナーシップ文化」を具体化していくためには、いくつかの媒介項が必要となることはいうまでもない。

[70] 今回の調査でヒアリングをしたある市からは、かつて「インフォーマルなサービスとフォーマルなサービス両方を総合的に調整する中間支援のNPO」が作られたことがあったが、他の市民団体から、「なぜ同じ市民団体に指図されるのか」といった声があがりうまくいかなかったという話をきいた。運営適正化委員会が行う調査についても、類似の問題がありそうである（橋本・前掲注64）180-181頁参照）。

する問題として、今後解明していきたい点の一つである。

(2) 社会福祉協議会の自立を支える市民の「バックアップ」の欠如と現業への傾斜

　社会福祉協議会は、その制定から60年に及ぶ歳月を生き延びてきた。にもかかわらず、社会福祉協議会が何をするところなのかはもとより、その名称についてさえ、市民の認識度は決して高くない[71]。その理由はどこにあるのだろうか。まず考えられることは、制度的に曖昧であるために何をしているのかがわかりにくい、ということだろう。その「わかりずらさ」が「社会的な承認の不確定さ」（市民から関心をもたれていないこと、みつめられていないこと）に通じているようにも窺える。このことは、見方をかえれば社会福祉協議会が、その本来の役割について主体的に考え、具体化させていくうえで不可避の市民の実質的な「バックアップ」を欠いてきたことを意味している、とはいえないだろうか。そのことは、市町村社会福祉協議会が国の「バックアップ」を受けて、いわば「受動的」に現業へと舵をきってきたことの裏返しのようにもみえる。この点を関係者がどのように認識してきたのかは明らかではない。しかしいずれにせよ、市町村社会福祉協議会が現業（個別事業）へと大きく舵を切ったことは、市町村社会福祉協議会が、自らその本来の役割について考える「契機」をますます奪う方向に作用したのではないかと思われるが、どうだろうか。

(3) わかりやすい事業者としての「立ち位置」

　社会福祉協議会が、制定当初想定された「連絡協調を責務とする中間支援組織」（Ⅱ参照）として存在し続けるためには、社会福祉協議会自らが「中間支援組織の中身」を具体化し、それを市民に納得のいく形で提示していく「過程」と「努力」が求められてくる。これに対し、市町村社会福祉協議会の介護保険の事業者としての「立ち位置」は、市民目線を意識した場合、

---

[71] 活動が活発な市町村社会福祉協議会やマスコミにも取り上げられるような全国的には知名度の高い市町村社会福祉協議会の場合でも、今回の調査での経験に依拠する限り、タクシーの運転手がその存在や所在地を知らなかったり、市民に場所を尋ねてもわからないことがある。

「中間支援組織」としての社会福祉協議会の「立ち位置」よりもわかりやすいことは否めない。国の補助事業を実施する市町村社会福祉協議会の「事業者としての立ち位置」についても、介護保険事業者の場合とほぼ同様なことがいえるだろう。そこには市町村社会福祉協議会の「立ち位置」の明確化を、できれば手早く図りたいという関係者の潜在的意識も影響していた、といったらいいすぎだろうか。

4　確認　社会福祉協議会の姿——様々なところで見え隠れする「曖昧さ」

(1)　「なんでも入れ箱」としての社会福祉協議会

アメリカの社会福祉協議会の接木であるわが国の社会福祉協議会は、社会福祉基礎構造改革以降、その徹底した市民法原理を「修正」する手立て（場）の一環に組み入れられ、「成長」してきているように窺える。社会福祉協議会自身もまた、そうした国の意向を容認し、あるいはそれを要請してきたようにみえる。以上がこれまでの結論である。本稿では、分析の視角を明確化する意味で、そのような「場」となっている社会福祉協議会の「曖昧さ」を、行政の「なんでも入れ箱」として、とりあえず表現してきた。

(2)　市町村社会福祉協議会の事業と公的事業の関係

現在、市町村社会福祉協議会が実施している個別事業のほとんどは、介護保険事業も含め、多くが国や地方自治体が実施する事業と関係している。当初、期待された「社会福祉協議会の自主性に基づく自発的活動」は、長期的展望と目的意識をもった体系的な形ではあまり実施されているようにみえない[72]。自発的活動が少ない理由の一つとして「社会福祉協議会の自主財源が少ないこと」[73] が挙げられるが、共同募金等に基づく事業についても、調査で知りえた限りでは独創的なものは少ないように窺える。

(3)　多様なサービスの供給主体との軋轢

介護保険事業のように、市町村社会福祉協議会が実施する個別事業が、社

72　本書飯村論文には、社会福祉協議会が実施してきた独自事業についての丁寧な紹介がある。
73　民間財源の種類と性格については、和田ほか編・前掲注2)166-168頁参照。

会福祉法人やNPO法人等、その他の民間団体が実施する事業と競合する場合も少なくない。こうした場合、「人件費」等を補助されている市町村社会福祉協議会の立ち位置がその他の民間団体の間であらためて問題視され、社会福祉協議会との間に軋轢を生み出す要因となり、ひいては「社会福祉協議会とは一体何なのか」が問われるところとなっていることは見逃せない。

⑷　なりえていない市民社会における市民自治、市民参加を基本とした市町村社会福祉協議会

　これまでみてきたことからすると、市町村社会福祉協議会自体の「自発性」や「創造性」は十分には発揮されていない、ようにみえる。このことは「市民社会における市民自治を基本としながら、現代固有の巨大な官僚機構を予防する分節政治の一環である社会分権（多様な集団自治）」（Ⅳ参照）という視点からすると、市町村社会福祉協議会は、その意味での「多様な集団自治のひとつ」にはなりえていないことを予想させる。この点に関連し、社会福祉協議会が、その本来の役割について主体的に考え、具体化させていくうえで不可避な市民の実質的な「バックアップ」を欠いてきたという前記の事実があらためて想起される。

⑸　官僚機構の末端としての市町村社会福祉協議会
　社会福祉協議会が「多様な集団自治」の場となることを妨げている大きな要因として、社会福祉協議会には、国や地方自治体からの「天下り人事」が行われてきたことも指摘しないわけにはいかないだろう。そして少なくとも、こうした人々の一部が、事実上国や地方自治体と（本来自発的な組織であるはずの）社会福祉協議会を繋ぐ事実上のパイプ役となり、社会福祉協議会を政府施策の「受け皿」として機能させる上で、重要な役割を果たしてきたのが実態といえそうである[74]。その「天下り人事」を通じた関係行政庁とのパイプ役の存在は、社会福祉協議会にとっても、一面で「生存のための絆」とな

---

[74] ここでいう「天下り」とは、都道府県や市町村を定年退職した公務員が、社会福祉協議会に再就職することを指す。「天下り」のほとんどは、都道府県と都道府県社会福祉協議会、市町村と市町村社会福祉協議会の間の問題であるように窺われる。

ってきたことは否めず、結果として市町村社会福祉協議会自体の「自発性」や「創造性」の欠如をもたらす大きな要因の一つとなっている、と考えられる。その意味では、市町村社会福祉協議会は、官僚機構の防波堤ではなく、その末端を担っているといえるだろう（Ⅳ参照）。

(6) 社会福祉協議会の行う事業に係る規定の「曖昧さ」

　社会福祉協議会が、行政の「なんでも入れ箱」となることを可能としている一つの理由として、社会福祉協議会の行う事業に係る規定の文言が抽象的で、その意味で「曖昧」であることも指摘しないわけにはいかない（例えば社会福祉法107条1項参照）。ということは、それだけ行政からみれば、必要となった福祉政策課題の多くを社会福祉協議会が行う事業と解釈して、社会福祉協議会に「投げ入れる」ことができるからである（注54で掲げた太田論文参照）。

(7) 補助金や人脈を背景とした曖昧な関係

　社会福祉協議会を行政の「下部組織」として遇し、必要となった施策を「投げ入れる」関係は、政府と社会福祉協議会の間に結ばれる協定や契約によって形成される「対等な関係」に基づくものではなく、主として補助金や人脈を背景とする曖昧な関係を通じて形成されてきている（Ⅴ参照）。

(8) 関係者の矛盾した曖昧な意識

　社会福祉基礎構造改革、突き詰めていえば「措置から契約へ」の流れは、社会福祉協議会の多くの関係者によって賛同されてきたように見受けられる。しかし、その同じ人々によって、多様なサービス供給主体の中にある社会福祉協議会の「準公的機関としての位置づけ」が強調されるのも事実である。こうした曖昧な関係者の意識が、アンビバレントな社会福祉協議会のあり方を是認する一因となっている、といってはいいすぎだろうか。

(9) 望まれる職員の俯瞰する力

　市町村社会福祉協議会は、数は少ないが努力を惜しまず人びとを支援する

熱意ある職員によって支えられていることが多い。さりながら調査からみる限り、こうした職員の多くが個別支援に埋没し、全体の状況を十分に俯瞰できない状況にあることは残念なことである[75]。社会福祉協議会、特に市町村社会福祉協議会における正規職員数は減少し、時代を追ってみれば公的事業との関りも減少してきている。こうした中で、「社会福祉協議会の関係者」の多くが現状を俯瞰する余裕もないまま、当面の活動に専念しなければならない状況にあることはよくわかるが、このままでよいのだろうか。

(10) 市民は、社会福祉協議会の管理・運営に参加しているのか——財団法人と社団法人の谷間でゆれる社会福祉協議会

　市区町村社会福祉協議会は、地域の幅広い関係者を会員（構成員ともいう）として位置づけている[76]。社会福祉協議会は、会員の参加、協力をもって運営することによって、公益性を担保するものとされ、その意味では、社会福祉協議会は「社団法人」的性格をもつともいわれている[77]。しかし現状では、99.1％の市区町村社会福祉協議会が、社会福祉法人である[78]。社会福祉法人は、財団法人の流れに通じる組織であることから、社会福祉協議会の会員は、社団法人における「社員」とは性格を異にし、地域における福祉のまちづくり等の活動を賛助・支援するものにすぎないのが実態である。このようにみてくると、社会福祉協議会の社会福祉法人化は、社会福祉協議会の組織運営への住民の参加を考えるうえでは、マイナスに作用しているようにみえるが、どうだろうか。前記のように、社会福祉協議会が、その本来の役割について主体的に考え、具体化させていくうえで不可避な市民の実質的な「バックアップ」を欠いてきたことをあわせ考えると、この点は無視できないことのように思われる。

---

75 福祉の関係者には、現場（高齢者や児童等との関り）が好きで、現場を離れたがらない人が多いといわれている。その結果、「組織論を考えない、経営マネジメント能力がない、俯瞰する能力がない」とも言われるところとなっている。
76 和田ほか編・前掲注2)144頁。会員については、本書太田論文（Ⅲ3(3)(b)）、特に（Ⅲ3(3)(b)(ii)）参照。また本書飯村論文Ⅱ1～3もあわせ参照。
77 同145頁。
78 同30頁。

5　橋は架かるのか

　政府と民間機関の「一般的なあり方」と比較しても、社会福祉協議会の場合には、行政との曖昧な関係が、特に色濃くみえるのはなぜなのだろうか。そのことは、突き詰めれば、社会の自立、市民の自立とは何かという究極的な問題に関係している、ようにも窺える。だとすれば、こうした社会福祉協議会の現状を改革し、その存続をはかるためには、改革を意識した改良ための「媒介項」が必要となろう。社会福祉協議会、特に市町村社会福祉協議会の関係者が、上記(9)で指摘したような矛盾した意識をもっているということは、それだけ関係者が現状に一種の「いごこち」の悪さを感じ、すこしずつだが、何かを模索し始めていることをも示している。この点は、この間継続してきた、そして現在も継続中の調査においても感じられるところである（注190参照）。今後に期待したい。

Ⅳ　「中間媒介組織としての市町村社会福祉協議会」の重要性

1　市町村社会福祉協議会の今後を考える

　Ⅲで述べてきたような社会福祉協議会の現状を打破し、その改革を考えるとするなら、その可能性はどこに求められることになるだろうか。その可能性は、突き詰めれば、社会の自立、市民の自立とは何かという究極的な問題に関係している、ようにも窺える。そのことはまた、Ⅰで述べた「果たして市町村社会福祉協議会は、政府機構と市民社会を地域単位で再編ないし新たな文脈で結合させることになるのか、もしそれが可能であるとすれば、その契機はどこに求められるのだろうか。」という課題にも通じてくる。

　こうした問題意識をふまえて、ここでは「日本国憲法」に立ち戻り、政府機構と市民社会の関係を少し基本的な視点から検討しておくことにしたい。「日本国憲法」前文にみられる「国政は国民の厳粛な信託による」という表現は、ロックの政治権力の信託の法理に由来している[79]。古典がたえず再生しうる射程距離の長い理論[80]だとすれば、社会福祉協議会に係る前述の課題

---

[79] 下山瑛二『人権の歴史と展望』（法律文化社、1974年）36頁。
[80] 松下圭一『ロック「市民政府論」を読む』（岩波書店、2014年）248頁。

を検討していくためには、ロックの市民政治理論や人権論から示唆されることも少なくないのではと考えるからである。以下では、識者の見解を参考としながら、本稿に必要な範囲でかつ紙幅の許す範囲で、ロックの理論の現代的意義を確認しておきたい。

2 ロックの市民政治理論と社会福祉協議会

(1) ロックの理論の現代に繋がる古典的意義

(a) ロックの今日的意義の第一は、ロックが市民人間型として、自由・平等・独立の理性ある〈個人〉を定型化したことであり、このことがロックの「理論としての近代」の基礎となる、とされる所以となっている。

(b) ついで、政府の「機構」としての手段性を明確にした社会と政府の二層論の提起があげられる。これは〈市民社会〉における〈市民自治〉を基本とする考え方で、そこで社会と政府の領域は区別すべきと指摘されていることは、公私協働論に多くの関心がむけられている今日では、ことの外重要な視点と考える。

(c) ロックの現代につながる古典的意義の最後にあげられるのは、政府正統論(社会の政府に対する主導性)・政府機構論(社会における政府の道具性)・政府変動論(社会による政府の可変性／改革)という三理論領域の構成である。このロックの三理論領域は、個人ないし社会の自立を設定して初めて可能になると指摘されていることに留意したい[81]。

(2) 〈現代〉の中核問題である官僚機構、必要とされる「分節政治」をふまえた市民参加理論

20世紀に入り、欧米における〈都市型社会〉の成立を反映して「市民社会」観念は、「大衆社会」「組織社会」へと変容していく。この「大衆社会」「組織社会」の成立とともに、社会政策的分野ついで大きく経済諸関係に行政が介入するようになり、膨大な官僚組織の存在がいわば「必要悪」として増大してくる。その結果、理性ある自由・平等・独立の個人によってつくら

---

81 本文(1)の記述は、松下・同 251-252 頁に依拠するものである。

れるというロックの「市民社会」観念は、〈都市型社会〉のもとでも、市民をめぐって普遍性・規範性をもつものの、〈現代〉の中核問題である官僚機構を集権型から〈分権型〉へ、ついで統治型から〈市民型〉へ再編していくために、現代では「個人と全体」、「社会と政府」の中間領域の設定による〈多元・重層〉の「分節政治」をふまえた市民参加理論が重要になってくる[82]。そして、市民参加を実質化するための市民の成熟の条件は、教養と余暇の拡大により、市民活動・政治参加による〈市民訓練〉をもちうるようになっていくことだと考えられている[83]。現代における「分節政治」の必要性とそれを支える「市民の成熟」の問題は、本稿の問題意識とも関連するところなので特に指摘しておきたい。

3 「生存権」を起点とするロックの人権論

　ロックの人権体系は、「生存権」を起点として、自由権・財産権の存在事由と限界を把握しようとしたものであり、政治権力の存在事由もまたこのような人権を保障するためにのみ認められると指摘されている[84]。このことは、生存権を確保されずに自由はありえない[85]ことを意味し、「人間が人間とし

82　本文(2)の記述は、松下・同 231-250 頁に依拠するものである。
83　松下・同 246 頁。「多くの日本人が求める望ましさや欲望は常に言語化される前に選ばれている」「具体的な問題を丹念に洗い出し、政治の言葉を成熟させていくしかない」という指摘は、本稿の課題を考える際にも重要である（以上は、朝日新聞　1915 年 1 月 7 日　朝刊における水無田気流（敬称略以下同じ）の発言を要約したもの。この指摘からは柳田国夫のいう「常道の中から生み出される言語化されない色や音に体現される言葉」も想起される）。
84　本文でも述べたようにロックは、人間は生まれながらにして自由であり、平等であるとする。そしてかかる自由を保持するために政治社会を形成するわけだが、ロックにあっては、その自由は「自己保存」のための自由であり、ロックはこの自己保存権をしばしば「財産プロパティ」を保存するためとしている（下山・前掲注 79）38 頁）。財産プロパティとは「生命・自由・財産（狭義の概念としての財産）」とされ、生命・自由・財産が統一的に把握されている。そして重要なことは、人間の「生存権」保障の見地から、その私有が生ずるのであり、「生命・身体の自由」から、その占有物の自由が由来してくる、とされていることである（この点についてのロックの記述は、松下・前掲注 80）153 頁に引用されている）。
　さらに銘記すべきことは、財産（狭義の概念としての財産）は、各自が本来所有する「身体」を働かすこと、すなわち、「労働」（下山・前掲注 79）44 頁、157 頁）により、その生命・身体を維持するに必要な限度で認められる、と指摘されていることである（下山・前掲注 79）40 頁、松下・前掲注 80）160 頁）。ロックの人権体系は、「生存権」を起点として、自由権・財産権の存在事由と限界を把握しようとしたものという本文の指摘は、こうした脈絡のなかで論じられている。

て生きる権利」というのは、「生存権」を基盤とし、それとの関連で自由権・財産権が確保されることを要求する権利であるという理解に繋がってくる[86]。この点に関連し、自由権を中心とする人権体系は、アジア・アフリカ社会においてはその起源を見出すことができず、近代西欧社会の所産物であると指摘されていることは[87]、本稿での考察を進めるうえでことの外示唆深い。

4 求められてきた「あらたな信託」

前述のように、「大衆社会」「組織社会」の成立とともに、社会政策分野ついで大きく経済諸関係に行政が介入するようになる。そして1929年の世界恐慌を契機に、Ⅱでふれたアメリカをはじめ先進資本主義国においては「夜警国家」から「福祉国家」へとその体制が移行していく。社会保障とのかかわりでいえば、この時期から第二次世界大戦後にかけて各国政府は、全国民的規模での総合的生活保障政策を打ち出してくることになる。ロックの理論と関連させて捉えれば、多くの国において政府は、「固有権を守るための手続権力」[88]だけではなく、その社会の成員の生命、自由および財産を守るより積極的な政策の実施を、新たに社会から信託されるに至った（義務を負うことになった）ことになる[89]。つまり現代では、政府が、その社会の成員の

---

85 下山・前掲注79)17頁。

86 同16頁。

87 同22頁、23頁。

88 「生命・自由・財産」の総称としてのプロパティを、松下圭一（敬称略）は「固有権」（基本権）と訳している。固有権は、実質自然なるがゆえに政府にはわたされない。社会の信託によって政府にわたされるのは、「手続権力」としての自然権のみである（松下・前掲注80)157頁)。ロックの政治権力への信託物の内容は、民事裁判権と処罰権である（下山・前掲注79)37頁)。

89 産業革命が進み、手工業から機械工業へと発展するにともない、手工業者も労働者となっていくことによって、失業問題は構造化し、貧困問題も広範化し深刻化してきたことはよく知られている。この過程において、生命・自由・一定の財産は、「自己保存」ないし〈個人〉の生活の基礎としての実質的な意味を喪失してくることはみのがせない。「生命・自由・財産」の総称としてのプロパティ、いいかえれば「固有権」（基本権）が、「『自己保存』ないし〈個人〉の生活の基礎足りうるものではない」となれば、政府がその社会の成員の、生命、自由および財産を守るためには、固有権を補足する別の手立てが必要だということになってこよう。ロックが想定したように、社会が政府に対し「固有権を守るための手続権力」を信託するだけでは、その社会の成員の生命、自由は守れなくなってきた、ということである（前掲注88参照）。政府は信託にとも

生命、自由および財産を守るという義務を果たすためには、サービスの提供や虐待のような生命・生存にかかわる危険な行為を事前に防止するために、行政が積極的に市民生活に介入することが必要とされる時代に入った、ということになる（なお、注14参照）。

このように、政府の機能が積極行政へと拡大し、「行政権の拡大強化」が顕著になってくると、その活動がほんとうに市民の生命・生存を保障する方向に動いているのか否か。いないとすれば、どこに改善の余地があるのかを見極めることが難しくなってくる。いいかえれば信託したことの内容が、膨大であり複雑であることから、その全体像を正確に把握し、その構造を明らかにすることが難しくなってきている、ということになる。

5　中間項としての市町村社会福祉協議会の必要性

先に述べてきたことに即して考えれば（本節2(2)参照）、社会福祉協議会もまた、社会内部の多様な「中間項」[90]の一つであり、その意味で、国の政府による官僚統制・大衆操作の拡大を阻止し、市民活力の発生源を拡大する「分節政治」という方向を担う社会内部での多様な集団自治の一組織として機能しうる「可能性」をもつ、ととりあえず整理することができるだろう（実情についてはⅢ4(5)参照）。社会福祉協議会の仕事は、人々の生命・生存の保障に直接・間接に関りをもっているが、前述のように現代では、政府に信託された権限や財源が、市民の生命・生存を保障に寄与しているのか、その見極めが難しくなっている[91]。そして今、わが国の現状をかえりみると、

　なう合目的機構にすぎないから、「～その社会の成員の、生命、自由および財産を守る外には、何ら目的または基準をもつことはできないのである～」と、ロックは述べていたという。それでは、資本主義社会の進展に伴い、政府はその社会の成員の、生命、自由および財産を守るどのような具体的手立てを、社会からあらたに信託されることになったと観念されるのだろうか。このことを念頭に置きながら、しばらく本文の記述を続けたい。

90　松下・前掲注80)256頁。
91　「市民が合意にもとづいて、その道具としての『政府』に、みずから権限・財源を授権するという信託によって、市民が政府をツクル」ことの重要性が指摘されているが（松下・前掲注80)9頁）、社会保障の権利の実現においては、まさに権限だけでなく、授権した財政（国や地方自治体が管理するお金）のコントロールが重要になってきている。例えば社会福祉法107条の解釈として、政府関係者は「事前・事後の両面にわたって、計画策定における手続上の住民参加を保障している」とする見解を示している（社会福祉法令研究会編集・前掲注13)324頁）。しかしほん

「人間」が人間として生きるための要求の現れ方は拡がりと深みを加えてきている（Ⅰ3(1)参照）。

こうした現状は、ロックの人権論を受けとめ（本節3参照）、上記のような課題に向き合う「中間項」の必要性（存在）を求めているようにみえる。そして今、市町村社会福祉協議会にこそ、言葉の正確な意味での「中間項」としての役割が求められているのではないだろうか。

ふりかえれば、①制定当初の社会福祉協議会は中間支援団体として想定されていたのであり、また現状では②市町村社会福祉協議会は、市町村を単位としてそれぞれに設置されるのが本来の姿とされている[92]。

6　「中間項」（中間媒介組織）としての市町村社会福祉協議会の構図

(1)　想定される「立ち位置」の具体的構図

人々の生命・生存にかかる思い（ニーズ）を具体化するために、市町村社会福祉協議会がなすべきことは、どのようなものとして想定できるだろうか。ここでは、この問題を以下の3点から考えていくことにしたい。

注）本図と本書の和論文における図「地域福祉マネジメント」との整合性については、今後の検討課題としたい。

①市民社会内部での解決→ベクトル①
②政府（行政）による解決→ベクトル②

とうにそうなっているだろうか。分節政治を踏まえた市民参加論や「ニーズ解釈の政治」（注94参照）が意味することを踏まえて、参加の意味、内実を社会保障の権利の特徴を具体化、充実させていくことが期待される。デンマークの「コンセンサス会議」をはじめ、欧米には市民が議論に参加し、民意を練り上げて「見える文化」にする取り組みがあるという（朝日新聞　2015年1月6日　朝刊）。わが国において、人々の思いや考えをどう測り、どのように統合して意思決定に繋ぐのかは今後の課題である（Ⅵ参照）。なお、「地域福祉計画」と社会福祉協議会の関係については本書嘉藤論文を参照されたい。

92　社会福祉法令研究会編集・前掲注13)332頁。

③その土台となる「言説の資源」が実質的に確保できるように市民を支援
　　していくこと

(2) 想定される二つのベクトルとその中間項（中間媒介組織）としての市町村社会福祉協議会

　上記のことに少し説明を加えておこう。人々の生命・生存にかかる思い（ニーズ）の保障のための手立てのベクトルは、大別すると、①市民社会内部での解決、②政府（行政）による解決、とのふたつに向うことになろう。この場合、市町村社会福祉協議会は、この二つのベクトルの間にある中間項、正確には中間媒介組織（詳しくは後述）となっていくことが考えられる（注69)で言及した「ボランタリー・コミュニティセクター」参照）。

　ベクトル①は、市民社会内部での動きとして、地域の生活者がかかえる様々な思い（ニーズ）を掘りおこし、生活者相互の自治的活動をつなぎあわせて媒介し、地域での問題解決の力を組織化、共通する課題（アジェンダ）にまとめあげること[93]。ベクトル②は、①の組織化を基礎に、市民社会（地域社会）と政府（市町村）の間にたち、課題の実現に向けて調整をはかっていく組織、ということになる[94]。ベクトル②は、市民法原理を土台とする

93　〈公的な存在〉としての〈私〉がヨコに連携して、社会という〈公〉をあらたにつくっていくのだというロックの思想（松下・前掲注80）145頁参照）を、現代において発展的に深化させていくとするなら、時代の転換点において、市民が自らの生命、自由および財産を守るために、何を手元におき、何を政府に信託するのか、の市民社会自身の新たな決定があった、つまりあらたな「社会契約」があったと考えないと論理的には辻褄があわない、ようにみえる。「新しい公」という言葉もこういう文脈でとらえれば理解できる（名和田・前掲注69）165頁における「新しい公共」についての理解は重要である）。こうした理解は、ベクトル①市民社会内部での解決　に関連して、社会福祉協議会が「中間媒介組織」となるという意味を深めていくためには、特に必要なことに思われる。

94　本文(2)で述べたことの多くは、近年公共性論の視点から指摘されてきている「ニーズ解釈の政治」と重なるところが多い、ようにみえる。「ニーズ解釈の政治」においては、「生命のニーズをどう解釈し、どう定義するかを検討していくことは、公共空間における言論のテーマ」であり、「ニーズ解釈の政治は、私的なものと公共的なものとの境界線をめぐる最も重要な抗争のひとつ」とされている（齋藤純一『公共性』（岩波書店、2010年）64頁）。

　「ニーズ解釈の政治」を本稿に即して理解するとするなら、社会福祉協議会は一つに、この抗争の場において私的なものと公共的なものを繋げる「中間媒介組織」としての役割を果たすことになろう。例えば都道府県が、運営適正化委員会から虐待に関する「通知」（社会福祉法86

「本来抽象的な法という土俵」のもとで、「顔のみえる個人」への復権（再構築）を図っていく一つの「手立て」としての意味をもつものでもある（Ⅰ3(5)参照）。本書の井上論文が、最後の部分で「具体的な公共性や公共圏を作り出す契機」の視点から社会福祉協議会の機能に着目していることは、「ニーズ解釈の政治」(注94)参照）の契機の具体的な一例を示すものといえよう。

(3) 市民の「言説の資源」に係る社会福祉協議会の役割

　人々の生命・生存にかかる思い（ニーズ）が、ベクトル①②を通じ保障されていく過程への住民の関りをより実質的なものとするために、③その土台となる「言説の資源」が実質的に確保できるように市民を支援していくことが、社会福祉協議会、特に市町村社会福祉協議会に期待される第三の役割となろう。言説の資源は、「解釈とコミュニケーションのための社会文化的な手段」ともいわれている[95]。

　　条）を受け、何らかの「対応」をしたとしよう。その場合の問題は、いつ、どのような状態になれば「解決」したことになるのだろうか。「生命・生存に係るニーズ」の保障（解決）のためには、ホローアップが不可欠である（橋本・前掲注64)77頁参照）。「ニーズ解釈の政治」は、「公共的に対応すべき生命のニーズをどう解釈し、どう定義するか」の視点から述べられているが、「人権保障の視点からの行政のコントロール」を実質的なものにするためには、「解決」後のホローアップもまた「ニーズ解釈の政治」の一環とみなければならないのではないだろうか。さらにいえば社会福祉法85条1項に基づき、運営適正化委員会が受け付ける苦情の中には、提供されるサービスの絶対量の不足が、直接　間接に「苦情」に大きくかかわっている案件も散見される。しかし「運営適正化委員会」の場合、苦情を政策提言や政策の変更に繋げていく手立てを、社会福祉法に見出すことはできない（橋本・前掲注64)89頁参照）。アメリカのLTCオンブズマンは、施設居住者の権利と幸福に関る既存の或いは提案されている法律・規則・他の政策や行為に関し、審査し、必要があればコメントすることができるとされている（橋本宏子「ナーシングホームと法」神奈川法学32巻3号（1999年）65頁）。媒体としての社会福祉協議会の役割はこれらの点にも関ってくる。そこでは、ベクトル①と②は、事実上交錯してくることになろう。（注69)で言及した「スコットランド協定」についての記述も参照されたい）。

[95] 齋藤・前掲注94)63頁。「言説の資源は、公共性へのアクセスを根本から左右する。というのも、公共性におけるコミュニケーションは、ほかでもなく言葉というメディアを用いておこなわれるからである」（同10頁）。「言説の資源は、第一に①人々がどのような語彙をもっているか　第二に②言葉をどのように語ることができるかという言説のトーン（語り方　書き方）は、重要な資源のひとつである　第三に公私の区別をわきまえ、公共の場に相応しいテーマを語らなければならないという暗黙の規範的要求の問題である。この問題が重要なのは、『公共的なもの』は、何を『個人的なもの』『私的なもの』として定義するかによって反照的に定義されるからである」（以上は、同11-12頁の要約である）。

(4) 中間媒介組織について

 最後に、ここでいう中間媒介組織について少し補足しておきたい。市民社会は、独自の地域的個性をもついくつかの生活圏を基礎に、村、町、都市という狭域・広域の重層的な地域空間の重なりを包含していく構造として考えられる[96]。intermediate という言葉は、ただ中間にあるというだけでなく、異なる次元の間にあって、相互を媒介するという意味をもつ。ここでいう中間媒介組織は、こうした重層的な地域での生活者の様々な活動領域を媒介し、つなぎあわせる組織であると同時に個人あるいは「市民」と政府の間に入り込み、両者の関係をつなぎ調整し、社会と政府の関係を動態的に捉えなおす組織でもある[97]。

7 本稿がこれから念頭におくことになるいくつかのこと

 (a) 中間媒介組織への転換―求められる人々の生命・生存にかかる思い(ニーズ)の「なんでも入れ箱」(取り入れ口)に

 ①まず市町村社会福祉協議会を改革していくためには、市町村社会福祉協議会を、行政の「なんでも入れ箱」から、人々の生命・生存にかかる思い(ニーズ)の「なんでも入れ箱」(取り入れ口)に転換させ、人びとの思い(ニーズ)を充足させるための「中間媒介組織」へと変えていくことが重要である。

 ②これまで行政は、社会福祉協議会の行う事業内容が茫漠としているが故に、必要とされてくる福祉政策課題の多くを社会福祉協議会に「投げ入れる」ことができた。これからは逆に、人びとがその多様で茫漠とした思い(ニーズ)を社会福祉協議会に「投げ入れる」ことができるようにすることである。

---

96 鶴見・前掲注7)263頁。
97 中間媒介組織についての理解は、鶴見・前掲注7)274頁に依拠している。そこでいわれる中間媒介組織の理解と重ねあわせながら、「〈現代〉では、「個人」と「全体」、「社会」と「政府」の中間領域の設定による〈多元・重層〉の「分節政治」を踏まえた市民参加論からの出発となる」とする指摘(松下・前掲注80)254頁)を考えていきたい。なお、社会福祉協議会自身も、「社協とほかの福祉団体の相違点」の一つとして、「仲介・媒介機能」をあげている(和田ほか編・前掲注2)5頁)。

③重要なのは、思い（ニーズ）のもつこの茫漠さは、切断されるべき「曖昧さ」ではなく、社会福祉協議会がこれからも維持すべき「曖昧さ」である、ということである（Ⅵ2⑴(a)参照）。

(b) 「中間媒介組織」としての目的を達成するために、市町村社会福祉協議会に求められること

①社会福祉協議会と行政との関係については、その関係を対等な当事者関係として確立していくこと。そのためには、まず双方の「曖昧な関係」を切断することから出発することである。

②前記のことに関連することとして、行政との対等な関係が、社会福祉協議会の場合には浸透せず、曖昧な関係が持続してきたのはなぜなのか、を考えることである。そのことは、突き詰めれば、わが国における社会の自立、個人の自立とは何かの問題にゆきつくことになる、と思われる（注69）で言及した「スコットランド協定」についての記述参照）。

わが国における社会の自立、個人の自立の問題については、Ⅵで若干の検討を試みることとし、ここではひとまず、Ⅴへと論を進めたい。

Ⅴ　社会福祉協議会の現状分析──判例にみる社会福祉協議会の課題

1　はじめに

本節の本来の目的は、①これまで筆者が研究してきたことや判例を素材として、社会福祉協議会の現状の姿と課題を具体的に提示するとともに、②この間実施してきた調査をもとに、Ⅳで触れたベクトル①、ベクトル②に係る市町村社会福祉協議会の動きを例示し[98]、「中間媒介組織」としての市町村社会福祉協議会への発展の契機の一端を提示することにあった。

しかしながら紙数の制約から、本文では社会福祉協議会に係る一つの判例のみをとりあげ、市町村社会福祉協議会の抱える課題の一端を提示することに留まらざるをえない。多くは、他日に委ねることとしたい。

98　この点については、本書に掲載された和秀俊論文並びに本稿Ⅵ（注190）をとりあえず参照されたい。

2 判例の紹介

(1) 本件事案の概要

(a) 事実関係

U市は、F地域社会福祉協議会(以下「本件地域社協」ともいう)に対し、社会福祉法人U市社会福祉協議会(以下「本件市社協」ともいう)及びV区社会福祉協議会(以下、「本件区社協」ともいう)を通じて、本件地域社協が実施する高齢者食事サービス事業(以下「本件事業」ともいう)に係る補助金(以下「本件補助金」という)を交付している(図参照)。

```
                          国
        都道府県

                          U市（U市高齢者食事サービス事業補助金交付要綱）
              ①交付申請          ③本件補助金交付
              ②事業報告等

                          U市社協→社会福祉法１０９条１項参照

                    ④                  ⑦

                          V区社協→同法１０９条２項参照

                    ⑤          ⑥報告書
                    F地域社協

                          F地域社協代表者会長Q
                          食事サービス委員会（本件委員会）
```

(b) 訴訟の概要

本件は、U市住民(第一審原告)が、F地域社会福祉協議会(第一審被告補助参加人)が、本件補助金の一部を目的外に支出し、又は違法に保有しており、U市は、本件地域社協(第一審被告補助参加人)およびその代表会長で

あるQ（第一審被告補助参加人）に対する不当利得返還請求権又は損害賠償請求権を有するのに、U市市長（第一審被告）はそれらの行使を怠っており、これは地方自治法242条1項の財産の管理を怠ることに当たるなどと主張して、同法242条の2第1項4号に基づき、U市市長に対し、〈1〉本件地域社協に対しては、不当利得返還請求権又は（一般社団法人及び一般財団法人に関する法律78条に基づく）損害賠償請求として、〈2〉Qに対しては、不法行為に基づく損害賠償請求として、金員（金額　略）の支払請求をすることを求めた住民訴訟である（本件では、第一審被告、第一審被告補助参加人F地域社協、第一審被告補助参加人Q並びに第一審原告U市市長いずれもが控訴した）。

(c) 本件地域社会福祉協議会とはどのようなものか

本件地域社会福祉協議会は、U市a区内にある地域社会福祉協議会（U市内においておおむね小学校区ごとに設立された地域福祉活動推進事業等を行う権利能力なき社団）の一つであり、本件市社会福祉協議会及び本件区社会福祉協議会に参加している。

(2) 裁判所の判断

(a) 地方裁判所の判断

裁判所は、厨房改修工事半額支払については、「本件要綱が、給食設備費等の対象から工事費用を明確に除いていることから、本件補助金からの支出の対象にはならない」として、U市住民（第一審原告）側の主張を認めた[99]。

(b) 高等裁判所の判断

地方裁判所の前記認容部分も含め、U市住民（第一審原告）側の請求をすべて棄却した[100]。地方裁判所、高等裁判所については、以下「地裁」「高

---

[99] 本稿では、紙数の関係から事件の内容について詳細に述べることができない。本件地裁判決については、「事業補助金支出に係る損害賠償請求控訴事件」判例地方自治354号（2012年）68-83頁参照。

[100] 本件高裁判決については、「事業補助金支出に係る損害賠償請求控訴事件」判例地方自治354号（2012年）58-68頁参照。本件については上告受理申立がなされている。

(3) 裁判所の考え方
　(a)　地方裁判所の考え方
　①本件事業補助金は、本件地域社協に交付される。
　U市は、本件市社協及び本件区社協を通じて、本件地域社協に対して本件事業補助金を交付している。
　②本件事業補助金を補助の対象に含まれる経費以外の使途に使用した者（本件地域社協）は、U市に対し不当利得返還義務を負う。
　③Q（本件地域社協の代表会長）は、本件事業補助金等の使途について責任をもつべき地位にありながら、故意又は過失に基づいて本件事業補助金を目的外に支出しており、その違法な行為によってU市に損害を与えたものというべきであり、U市に対する損害賠償義務を免れない。Qの行為は、本件地域社協の代表者会長として行ってきたものであるから、本件地域社協もU市に対し損害賠償義務を負う。
　④本件区社協と本件地域社協の間で補助金の確定手続があったとの記載はあるが、高裁のように公法上の贈与契約という理解は示していない。

　(b)　高等裁判所の考え方[101]
　①U市は、本件市社協に対して本件事業補助金を交付している[102]。

---

[101] 高等裁判所の判断枠組みは、以下のとおりである。
　①　本件地域社協とU市との間に直接の契約関係はない。したがって、請求権としては、不当利得か不法行為に基づく損害賠償となる。
　②　U市の本件事業補助金が元になっている本件地区社協から本件地域社協への本件事業補助金支出には、法律上の原因（公法上の贈与契約）がある。
　③　事実認定の問題として、一審原告らの主張する目的外支出や保有があっても②の判断は左右されない。
　④　本件区社協と本件地域社協の間で、不当利得返還請求権が発生するのは、U市による本件事業補助金の本件市社協に対する交付決定の一部取消、本件市社協による本件地区社協に対する交付決定の一部取消がなされるのと同様に、本件区社協の本件地域社協に対する本件補助金の交付決定の一部取消がなされることが必要となる。
　⑤　本件では④の事実はない。
　⑥　（前記④、⑤のことから）U市のF地域社協に対する不当利得返還請求権は「当然に」発

本件事業の実施主体は、本件区社協及び本件地域社協であるが、U市は、それらの事業主体へ本件事業に係る補助金を直接交付するのではなく、本件市社協に対して本件補助金を交付した。
　②U市は、本件市社協に対して本件補助金を交付したのであるから、Qは、U市との関係でU市の権利又は法律上保護すべき利益を侵害して違法

生しない。
　⑦　Qの不法行為との関係では、U市の損害、Qの権利侵害行為及びその両者（損害と権利侵害行為）の因果関係が問題になるが、本件では前記②③のことから、U市の損害とQの権利侵害行為の両方がなかったと認定されるから、不法行為にもとづく損害賠償請求権は発生しないことになる。

102「U市は、本件市社協に対して本件事業補助金を交付している」という高裁の考え方を理解する手がかりとして以下のようなことが参考になるかもしれない。
⑴国と間接補助事業者の当事者関係
　1）国が、地方公共団体に施設整備費補助金を交付し、地方公共団体が補助金交付要綱に基づき、間接補助事業者にたいする当該補助金の交付に係る決定をしている場合に、間接補助事業者になろうとする者が国に対して補助金交付の申請をした事案で、裁判所は、国と間接補助事業者等が交付申請の当事者となることは予定されていないと判断している（碓井光明『社会保障財政法精義』（信山社、2009 年）494 頁注23）。
　2）前記1）の譬にならえば、本件区社協、本件地域社協は、U市からみると間接補助事業者となり、その結果「U市と本件区社協、本件地域社協の間には交付申請の当事者関係はない」とする表題のような理解に繋がることになるのだろうか。
　3）QとU市は、直接の当事者関係にない、という高裁の考え方も、その延長線上にあるということなのだろうか。
⑵実態からみた判断—高裁が、「本件地域社協ではなく本件市社協に交付」という理由
　高裁は、本件事業補助金の運用に関して、次のような事実を認定している。こうした実態把握も、表題⑵の結論を導きだすことに影響を与えているのかもしれない。
　1）本件事業補助金の内容
　大きく⑴本件事業のための経費と⑵本件市社協が、区社協及び地域社協の指導育成を行うための経費に分かれ、前記⑴は、本件市社協から区社協に交付され、区社協からさらにその区内の各地域社協に交付されることが予定されていることから、その交付申請額は各地域社協ごとの内訳で計算された。つまり、まとめてみると
　〈1〉本件事業のための経費→地域社協ごとに異なる申請額と決定についての区社協の裁量
　　①本件市社協から区社協に交付され、区社協からさらにその区内の各地域社協に交付される
　　②その交付申請額は各地域社協ごとの内訳で計算
　　③区社協から地域社協への配分割合は、区社協ごとに異なる。区社協の裁量で決まる
　〈2〉本件市社協が、区社協及び地域社協の指導育成を行うための経費→市社協の手元に残る
　2）本件事業補助金の交付手続と本件市社協の役割
　　前述のように、本件事業補助金のうちの大部分をしめる〈1〉本件事業のための経費は、本件市社協から区社協へ交付されることが予定されている。当該経費については、本件市社協は、本件事業を実施しうる区社協及び地域社協を審査の上で承認・不承認を決定し、不適当な事情

となることはない。

③ U市と本件市社協の間、本件市社協と本件地区社協の間、本件区社協と本件地域社協の間には、それぞれ公法上の贈与契約が結ばれている。

⑷ 本稿が本判決に着目する理由と課題

本節の究極の目的は、本稿が提示したいと考えている問題の一端を、本判決を糸口として検討していくことである。しかしながら紙数等の制約から、ここでは問題解決の方向性を示すために、できる範囲でこの事件の内容を提示するに留まらざるをえない。詳細な検討は今後の課題としたい。とりあえず、ここでの着眼点を明示しておこう。

(a) 裁判所は、補助金の交付に関連して、市と市社会福祉協議会、地区社会福祉協議会（社会福祉法107条2項参照）、地域社会福祉協議会の関係をどのように捉えているのだろうか。その理解は、本稿がこれまで提示してきた「社会福祉協議会の姿」とどのように交錯するのだろうか、あるいはしないのだろうか。裁判所の考え方を読みとる過程で、我々もまた、わかりにくい社会福祉協議会の実態、特に市と市社会福祉協議会、地区社会福祉協議会、地域社会福祉協議会の関係について、さらに具体的なイメージをもつことができるだろう。

(b) 本件高裁判決へのコメントとして、「U市から市社協に対する不当利得返還請求権等の不行使の違法を争点とする訴訟であれば、問題とならないところ、本件は、あえて、本件地域社協およびその代表会長であるQへの請求権として構成された特殊な事例である」とし、「本件判決では、補助金の返還請求のためには、交付決定の取消しを要することにも触れているが、この点も市社協に対する訴訟であれば、取消行為を怠ることを違法と構成することによって解決できると考えられ」る[103]とするものがある。実態と関

が生じた場合には、上記承認を取消すことができる。本件市社協が必要と認めたときは、本件事業の実施主体の代表者から事業の概要及び実績等の提出を求め、事業の内容について指導できることが定められていた（事業主体が地域社協であるときは、区社協が指導する）ことが定められていた、と高裁は認定している。前記⟨2⟩の本件市社協が、区社協及び地域社協の指導育成を行うための経費は、そのために想定された経費と考えられる。

103 前掲判例地方自治354号61頁参照。

連させて考えてみたいところである。

　(c)　地域社会福祉協議会は、社会福祉協議会という名称がついてはいるが、「個別事業」（本件でいえば「高齢者食事サービス事業」）を実施する「市民団体」の一つとみることもできよう。その意味では、本稿がベクトル①において想定する「中間媒介組織」としての市社会福祉協議会（ここでは区社会福祉協議会を含む）と個々の「市民団体」の姿を思い描きながら、本件を考えてみることができるかもしれない。

　(d)　現在、福祉にかかる事業を実施する様々な「市民団体」が、市民社会の内部で自発的に形成されてきている。そのなかにあって、地域社会福祉協議会の占める位置はどのようなものなのだろうか。本件では、この点について裁判所はまったく関心を示していないが、本稿の問題関心からすれば、今後考えていきたい点のひとつである。

　(e)　本稿では、市町村社会福祉協議会が「中間媒介組織」としての目的を達成するためには、社会福祉協議会と行政の関係を対等な当事者関係として確立していくことが不可避であると考えてきた。この立場は、補助金の交付を巡る「社会福祉協議会と行政の関係」を考える場合においても例外ではない[104]。しかし、判例や学説にみる補助金の考え方と社会福祉協議会を含む「民間団体」が、地方自治体等から「補助金」を得て個別事業を実施していく際の「両者のあり方」の間には、何か「隔たり」も感じられる。どこにどのような違いがあるのだろうか。

(5)　前提となる確認事項と若干のコメント

　上記(4)のこと、特に(e)の問題を考えるためには、いくつかの事項について、共通の理解をもっておくことが必要だろう。以下、簡単な整理を試みながら、あわせて関連する若干のコメントを提示しておきたい[105]。

---

[104] 市町村社会福祉協議会を中間媒介組織として捉える本稿の立場からすると、個別事業に係る本判決を取り上げることには疑義も出てこよう。ここでは、①現業の実施主体が、地域社会福祉協議会であること、②現状では市町村社会福祉協議会が、多くの現業を行っていること　③市町村社会福祉協議会を中間媒介組織として捉えた場合でも、補助金交付を巡る「社会福祉協議会と行政」の関係を整理しておくことは重要と考えられること等から、本判決に注目したい。
[105] 本稿Ⅴ、特に(5)(a)～(d)のあたりに関連するところとして、本書諸坂論文を参照されたい。

(a) 補助金交付の形式

補助金[106]の交付には、行政行為形式の補助金交付と契約形式の補助金交付があると考えられている。

(b) 契約形式の補助金交付

①上記(a)の点を補足すると、現在のわが国の補助金交付は、補助金適正化法等の補助金に関する法令が行政処分たる交付決定の導入等の公法的拘束を課していない限り、私法上の(負担付)贈与契約関係であり、その法律関係には、すべて私法原則・私法規定が適用されると考えられている[107]。

②公法上の贈与契約

本件において高等裁判所は、補助金交付を「公法上の贈与契約」[108]とみている(後記(d)も参照)。

(c) 行政行為形式の補助金交付

①地方公共団体が条例を制定し、条例自体において交付申請と交付決定を定めている場合には、交付決定の行政処分性が肯定できるとされている[109]。規則により定めている場合の扱いについてもこれを肯定する方向での解釈論がなされている[110]。地方公共団体の補助金交付要綱による交付決定は、行

---

106 「『補助金』が実定法上定着した概念であると述べたが、厳密にいえば必ずしもそうではない。ただその場合でも一般的に補助金という用語の概念要素は、行政主体が行政客体の一定の行為を遂行することを奨励ないし促進するために行政客体に与える現金的給付という点にあることは前提としてよい。ここには、行政客体の側における返還義務の伴わない資金の交付(いわゆる補助金)と返還義務を伴う資金の交付(いわゆる財政投融資を中心とする貸付金)の双方が含まれている」とされる(塩野宏『行政過程とその統制』(有斐閣、1989年)40頁)。

107 石井昇『行政契約の理論と手続』(弘文堂、1987年)20-21頁では、塩野宏(敬称略)の見解に依拠し、本文のような整理がなされている。因みに石井昇(敬称略)の見解はこれとは異なる(注108参照)。

108 石井昇は、「一般的にいって、行政契約・公法契約たる補助金契約への民法上の規律・理論の類推適用は肯定することができるが、場合によっては、公共性・公正性・平等性を重視して、私人間の利害の調整を目的としている民法上の規律・理論を修正する必要のある場合もあると解される」(石井・前掲注107)291頁)としている。高裁のいう「公法上の契約」との関連性が注目される。

109 碓井・前掲注102)494頁参照。

政処分とはいえないとする裁判例がある[111]。

　(d)　「公法上の贈与契約」「交付決定」と高等裁判所の理解
　①本件においては、U市は平成18年補助金等施行規則を制定している（実施は、同年4月1日）。本件で原告側は、「平成10年度から平成20年度までに本件地域社協がした支出」には、本件補助金の趣旨に適合しないものが含まれている等と主張している。
　②すなわち本件補助金の交付は、規則制定の前後にまたがっている。平成18年以前は、「本件要綱」のみが根拠規定である。なお「本件要綱」とは、本件補助金の交付に係る申請、決定等について必要な事項を定めた「U市高齢者食事サービス事業補助金交付要綱」をさす。
　③前記(c)で述べたことからすると、U市が補助金等施行規則を定めた平成18年（施行は同年4月1日）以降と以前では、補助金交付の形式に違いが出てくることにもなりそうである。
　④しかし高等裁判所は、上記③の点を考慮せず、「本件要綱」のみに依拠する場合であっても、交付決定の行政処分性を認めているように読める。他方、前述のように高等裁判所は、補助金の交付を「公法上の贈与契約」としている。このことからすると、高裁は「処分性」を認めていることの限りで、行政上の契約の公共的性質を考えており、その結果として、U市とU市社会福祉協議会の間の契約を「公法上の贈与契約」とみているようにも読める。
　⑤もっとも高等裁判所は、本件市社協と本件区社協の間の契約ならびに本件区社協と本件地域社協の間の契約も、「公法上の贈与契約」であるとしている。また、本件市社協、本件区社協、本件地域社協に関するところでも「交付決定の取消し」という表現を用いている。行政処分が、行政機関の行う行為を意味するものであることからすると、高裁が社協に関するところで使用している「交付決定の取消し」とはどのような意味をもつものなのだろうか。本節(4)(a)とも関連させて、その意味するところを考えてみる必要がありそうだが、ここでは指摘するに止めたい。

110　同495頁参照。
111　同494頁参照。

(e) 社会福祉協議会要綱の意味と位置

①「本件市社協要綱」とは、「本件市社協が作成した高齢者食事サービス事業実施要綱」をいう。

②本件の場合、補助金の交付に関係して、本件市社協要綱はどのような意味をもっているのだろうか。本件市社協要綱にはどのようなことが定められているのだろうか[112]、あるいは定められるべきなのだろうか。

③本件市社協要綱の位置と内容について、裁判所はほとんど関心を示していない。

④しかし制度上は、全国社会福祉協議会、都道府県社会福祉協議会、市町村社会福祉協議会、区社会福祉協議会、地域社会福祉協議会は、それぞれ別の独立した組織である[113]。だとすれば、本件市社協と本件区社協、本件区社協と本件地域社協の間には、(高裁判決がいうような公法上の契約かどうかはともかく)何らかの契約関係があると考え、その契約内容はどのようなものなのかを考えないわけにはいかないように思われる。

⑤ひいては、それぞれの契約内容と本件補助要綱や本件市社協要綱の関連性も気になるところとなる。つまり、本件市社協要綱(あるとすればだが本件区社協要綱、本件地域社協要綱)と本件市要綱との関係、さらには市の補助金事業における市社協要綱(あるとすれば本件区社協要綱、本件地域社協要綱)のもつ意味や位置を検討することが重要なことに思えてくる。

⑥高裁判決にも、本件要綱が年間活動費及び年間運営費の具体的な使途を明示していなかったこと等を理由に、「本件地域社協は、本件区社協に対して残金を返還すべきという認識を欠いていた」と判断している下りがある[114]。

---

112 高裁の事実認定によれば、
　① 本件市社協要綱には、「利用者等から徴収する利用料については材料費相当額を負担する」と明確に定められていた。
　② また本件市社協要綱には、本件事業の実施及び運営について必要な細目が定められていた、とされる。
113 本書太田論文の右記の頁参照。(Ⅲ1(4)、Ⅲ1(5)(c)、Ⅲ2(2)(f)、Ⅲ3(3)(c)(ⅰ)、Ⅲ3(3)(c)(ⅲ)、Ⅲ3(5))。
114 ① 高裁は、本件要綱が年間活動費及び年間運営費の具体的な使途を明示していなかったこと等を理由に、「本件地域社協は、本件区社協に対して残金を返還すべきという認識を欠いていた」と判断している。そして「U市との関係では、違法になることはないが、仮に違法になるとしても、前述のような理由で、故意過失はなかった」と判断している。このように高裁判決は、

「U市は、本件市社協に対して本件補助金を交付した」とする高裁判決が、契約の内容を解釈するように、本件要綱を解釈・適用することによって、本件地域社協とQの行為を判断していることには疑問が残るが、本件要綱が本件地域社協や本件区社協をも事実上「拘束」している実態が、思わず顔をのぞかせたということだろうか。あらためて検討してみたい。

⑦民間団体であるそれぞれの社会福祉協議会の主体性を考えれば、少なくとも、市と市社協の間の契約内容には、例えば契約の附款という形で「本件要綱＋本件市社協要綱」の両方が包摂され、同様に本件市社協と本件区社協の契約内容には、「本件要綱＋本件市社協要綱＋アルファの部分」が包摂され、同じく本件区社協と本件地域社協の間の契約内容には、「本件要綱＋本件市社協要綱＋本件区社協要綱＋アルファの部分」が包摂されているものと

仮に、違法行為と評価されるとしても、平成20年の改正前の本件要綱における本件事業補助金交付の対象となる経費の定め方は定額であったことや慣行ならびに他の地域社協のあり方などからして、地域社協及びQには、故意・過失を認定することができないから、不法行為に基づく損害賠償権は生じないとしている。高裁判決が、どのような理由で「本件要綱がそれぞれの段階での契約内容に包含されている」とみているのかは明確ではないが、上記をみる限り、高裁は、市は本件要綱を通じて、それぞれの段階での契約方式に規制を加えている、いいかえれば本件要綱は「それぞれの段階での契約内容に包含されている」とみているようにもみえる。それとも単に、高裁自身その「判断枠組み」(注101参照。特にU市と事業の実施主体である地区社協や地域社協との関係が切断されてしまうことに、無意識にせよ「落ち着きのなさ」を感じ、思わず筆がすべったにすぎないのだろうか。

② 社会福祉法人等が公的資金の助成を受けて福祉施設を整備する場合に社会福祉法人が、間接補助事業を行なうために締結する契約においては、国は通知を通じてその契約方式に規制を加えていることが多いと指摘されている（碓井・前掲注102）496頁）。こうした実態も考慮して考えを進めると、高裁判決も、本件要綱は、市社協と区社協、市社協と区社協、それぞれの間での契約方式への規制の態様として、「それぞれの段階での契約内容に包含されている」とみているということになりそうである。そして高裁判決は、本件要綱が一つの縛り（解除事由）となる贈与契約という意味で、公法上の贈与契約とみているのだろうか。「公法上の贈与契約」に係る高裁の判断の論拠については、色々に考えられるが検討していきたい。

③ 本件要綱が、「それぞれの段階での契約内容に包含されている」と判断するなら、事業の実施主体及びその関係者が、本件補助金の目的外使用や保有に関っていたとする場合には、U市は本件事業に係る補助金を交付した者として、その侵害に対しては不法行為に基づく救済を受けるに値する利益を有するとはいえないだろうか。このように考えた方が、地方自治法221条2項とも平仄が合うようにみえるがどうだろうか。勉強してみたい。因みに地方自治法221条2項では、地方公共団体の長は、予算の執行の適正を期するため、交付金の交付を受ける者（当該交付金の終局の受領者を含む。）に対して、その状況を調査し、又は報告を聴取することができるものとされている。ここでいう交付金には補助金的なものも含まれると解されている。

考えたいところである。いいかえれば、U市と本件市社協等との間の契約内容においては、本件要綱に反映された市の意向だけでなく、市社協等の側の意向が「＋アルファの部分」として、本件市社協要綱等に具体化され、結果として契約内容に盛り込まれていることが重要なのではないだろうか。

⑧もっとも長期的な視点で考えれば、社会福祉協議会に対する「補助金交付」の法構成は、上記⑦に拘泥することなく、より広い視野から検討されるべき課題といえよう（後記(f)ならびに注69)で言及した「ボランタリー・コミュニティセクター」参照）。

(f) 本来の社会福祉協議会の姿と実態との乖離
①本件市社協と区社協等の位置関係

高裁の事実認定によれば、本件要綱には「本件市社協が必要と認めたときは、本件事業の実施主体の代表者から事業の概要及び実績等の提出を求め、事業の内容について指導できること」と定められており、本件市社協が区社協や地域社協を指導育成するための経費も当該補助金額に組み込まれているのが実態のようである[115]。

②上記①で指摘した高裁の認定に従えば、「市町村から社会福祉協議会への補助金交付の関係においては、市町村社会福祉協議会と区社会福祉協議会や地域社会福祉協議会との間には、指導を通じた『上下関係』『指揮命令関係』が生じてきている」ようにもみえる。

③しかしすでに述べたように、社会福祉協議会は、それぞれ別の独立した組織である。そうした制度上の位置づけを前提とするなら、本件市社協は、どのような場合に本件区社協や地域社協の業務に介入し、指導育成を行うのかについて、対等な立場での議論がなされた上で、その内容が明確に定められ、当事者の間でそれが合意されていることが本来となる（前記(e)の④参照）。

④しかし本件をみる限り実際には、上記③のような「仕組み」が構築されていたようにはみえないし、その「必要性」についての認識が関係者の間に存在したようにもみえない。そのことは、本件高裁判決が、本件市社協要綱

---

[115] 注102参照。

を問題とせず、(おそらく贈与契約であることを前提としていることの結果と思われるが) 本件要綱のみに依拠して、「本件地域社協及び Q には、故意・過失はなかった」と認定していることからも窺われるところである[116]。この点は、裁量の幅が大きい本件要綱の文言[117]が、故意・過失を認定する上でのバリアとなっている実態を示している、という意味でもみのがせない。

⑤確かに高裁判決のように、「市は、本件市社協に対して本件事業補助金を交付している」とし、その余のことは「社会福祉協議会内部の問題」と考えることもできないわけではない。むしろ、社会福祉協議会の制定当初の「立ち位置」からすると、その方が理に適っているともいえそうである。問題は、現状ではこのように考えることができるほどの「社会福祉協議会内部の自治」が確立されていないことにある。

⑥高裁判決は、補助金の交付先を本件市社協としている。そうすると、本件のように、地方自治体からの補助金が、「当該補助金が目的とする事業を実施する者」に対して、何段階かを経て交付される場合には、その不当な支出に対し、市民として直接争うことが困難になってしまう[118]。

⑦こうした現状を顧みれば、現状分析というより、「望見」ともいうべき態度をとる高裁判決に対し、原告の請求原因を基本的に認めた地裁判決は、結果として妥当といわざるをえない。

⑧コメント (本節 2(4)(b)参照) のように、補助金の交付先を市社協として訴訟を構成することも、実務の立場からすれば一考となろう。その場合には、社会福祉協議会を一体としてとらえ、「U 市から (法律上の原因があって金銭を取得した) 市社協に対する不当利得返還請求権等の不行使の違法を争点とする訴訟」として構成し、それを取り返す法理を、原告の請求原因事実に依拠し、因果関係論の限界を克服すべく努力することになるのだろうか。

⑨しかし実務を離れ、すでに言及したような本来の社会福祉協議会の姿に即して法理の構築を考えようとすると、話は少し違ってくるように思われる。

---

116 注114①参照。
117 地裁判決は、「補助金の交付については公益上の必要性の判断に加え、精算の要否も含め、被告の合理的な裁量に委ねられている」としており、高裁もその考え方を否定していない。
118 江野尻＝橋本・前掲注65)359-363頁参照。

(6)「社会福祉協議会に対する補助金の交付のあり方」を考える

(a)「プロポーザル方式」による受託事業

最近では、事業について自治体が公募し、それに応募する複数の民間団体がプレゼンテーションを行い、選考ののち受託が決定される「プロポーザル方式」による受託事業も散見される。「プロポーザル方式」の場合には、応募した事業者が、プレゼンテーションによって提示した「事業内容」の実施を、主たる内容とする対等な契約関係が当事者間に構築されていると考える余地がありそうである（注120)参照）。

(b) 負担付贈与契約

現在のわが国の補助金交付は、基本的には私法上の（負担付）贈与契約と考えられていることは、前述のとおりである（(5)(b)①参照）。私法上の（負担付）贈与契約については、負担の価値が贈与者の出捐の価値に等しいか又は大であるときは負担付贈与ではなく、その意味では無償・片務の契約であることを前提とした上で、受贈者と贈与者の間には実質的な対価関係があると考えられているようである[119]。このようにみてくると、本件事業のような場合に、私法上の（負担付）贈与契約の考え方を、あえてあてはめる必要性はあるのだろうか、という疑問がわいてくる。贈与契約という考え方を、本件のような福祉に関する事業にあてはめてみても、これまでみてきたような本件事業をめぐる当事者間の関係を是正し、例えば「プロポーザル方式」が理念とするような「対等な当事者関係の構築」へと繋げていくための「発展の契機」は、そこからは見出しにくいようにみえるが、どうだろうか。「地方公共団体の私人に対する資金的助成行政は、特殊の問題点を有していること、或いは別個の考慮を必要とする場合もある」ことが指摘されている[120]。こ

---

[119] 返還義務のない金銭給付の形態での補助金契約であっても、負担付贈与契約と解する余地は十分にあると思われる。負担付贈与では、負担の範囲内で受贈者と贈与者は実質的に対価的関係にあると解せられ、民法553条により、双務契約に関する規定が負担付贈与に適用される（以上については、石井・前掲注107)97頁）。

[120] 塩野・前掲注106)41頁。「平成26年度 社会福祉振興助成事業」（社会福祉法人等を助成対象者とし、高齢者・障害者の自立した生活を支援することを助成目的として、独立行政法人福祉医療機構が実施したもの）は、「応募、審査、内定、助成決定、助成金の交付、事業の実施、事業

うした指摘を参考に、本判例のような問題を考える場合には、あえて典型契約に拘泥せずに、契約の性質を考えていくことが必要なのではないだろうか。

(c) 社会福祉協議会の自立と市の監督責任の関係

社会福祉協議会が、その本来の「立ち位置」を貫徹させるためには、市から補助金交付を受ける際の要件として、社会福祉協議会の側が、あらかじめ「補助金を適切に運用するためのルール」を提起し、市は、その「ルール」が適切であると判断する場合には、その「ルール」に依拠して監督責任を行使する手続が確立され、実質化されていることが重要と考える[121]。そして

の完了」という「手続」にそって実施されている。このような「あり方」からみて、同事業はプロポーザル方式の一種と考えられるが、この事業には「補助金等に係る予算の執行の適正化に関する法律」（以下「適正化法」という。）が適用されるということである。因みに独立行政法人が行う金銭補助の決定は、各省庁の長の委任により、適正化法の適用をうけることがあるが（適正化法施行令16条）、そうでなければ、独立行政法人には適正化法は適用されない。ところである政令市が実施する「福祉領域以外の分野でのある事業」においては、プロポーザル方式による事業者選定が行われたのちに、当該事業者との間で、特定された提案内容に基づき、随意契約の協議が行われている。この事業の延長線で考えれば、本文で述べたような「典型契約に拘泥しない契約関係の構築」を考えることもできそうに思われる。筆者は、そこに注69)で言及した「スコットランド協定」のイメージを重ねている。

121 本件でいえば、サービスを実施する上でのルール、例えば「補助金を厨房改修工事費にあてるかどうか」といったことの決定は、社会福祉協議会（この決定を市社会福祉協議会、地区社会福祉協議会、地区社会福祉協議会のどこで行うかは今後の課題である）が独自に決定できる「事業の内容・方法」の一環に位置するものとして、U市への補助金の申請にあたり提出される「サービス実施計画」の一環に、その具体的なルールが組み込まれて提示されるのが、本来の姿となろう。U市としては、そのルールが、基本的な目的の達成にとって支障がなければ、当該ルールを含む計画を承認することになろう。U市は、社会福祉協議会が、当該ルールに違反すると判断される場合にのみ、社会福祉協議会を規制することができるが、ルールの範囲内であれば、社会福祉協議会は自由に管理・運営をすることができる、ということになるのではなかろうか。本節2(5)(b)契約形式の補助金交付の項もあわせ参照されたい。こうした考え方は、少なくとも理念的には、公費を支出する市のタックスペイヤーに対する責任とサービスの自主的な運営を調和させるものであり、わが国で公の支配に関連する指摘として注目されている「執行統制説」とも通じるものがあるようにも窺える。また国家の統治は、「統治の統治」ともいうべき形態を取り始めている、という指摘（齋藤・前掲注94)79頁）とも関連するものが感じられるが、どうだろうか。なお前述した「この決定を市社会福祉協議会、地区社会福祉協議会、地区社会福祉協議会のどこで行うか」に関連することとして、「関係者間の契約・協定といった行為法によって対応する」以外に、組織として合意を図っていく組織法に基づく方法は考えられないだろうか（宇賀克也＝大橋洋一＝高橋滋編『対話で学ぶ行政法』（有斐閣、2003年）第4章行政行為、特に67頁参照）。

市は、社会福祉協議会がその「ルール」に違反した場合、補助金の交付を取消してその返還を求め、その返還要求を市が怠る場合には、市民は地方自治法242条の2の2号による行政処分の取消しを求めることになるが、重要なことは、それを有効に機能する下地が確立されていることである。「プロポーザル方式」を発展させていくと、そのような方式も可能なように考えられるがどうだろうか（本節2(5)(e)④参照）。

　(d)　実施するサービス内容に対する社会福祉協議会の決定権の少なさ

本件事業は、「U市高齢者食事サービス補助金交付要綱」に基づくもので、本件市社会福祉協議会が承認した区社会福祉協議会又は地域社会福祉協議会がボランティア等の協力を得て実施することが、予め想定された事業であるが、その事業内容はU市によって予め決定されている。本件事業には、事業内容の決定やサービスの管理・運営のあり方を決定する過程に、社会福祉協議会ひいては市民が参加する仕組みが「制度化」されているようにはみえない。つまり最大の問題は、社会福祉協議会が関係する事業において、社会福祉協議会がその計画過程に参加し、その計画にそったところで、サービスを自主的に管理、運営していく「仕組み」が構築されていないことにある（注69）、注94)参照)。まさに、行政の「なんでも入れ箱」としての社会福祉協議会の姿を髣髴させるものがある。

そしてこうした実態が、社会福祉協議会に補助金を交付している行政に対する市民のコントロールをいっそう難しくしているといえるだろう[122]。市町村社会福祉協議会が関与して締結する「市との補助金交付に係る契約」に、地域社会福祉協議会も当事者として参加し、実施主体である地域社会福祉協議会が自主的に遵守事項を定め、その遵守事項との関係で市の監督義務を定めていくことが必要だろう[123]。高齢者食事サービス事業にボランティアと

---

[122] 現在、いくつかの市区町村社会福祉協議会で、「個別外部監査報告書」が提示されている。報告書からみえる「問題点」を析出するとともに、監査のあり方を検討することも、今後の課題である。

[123] ここでは紙数の関係でとりあげることができなかったが、この点から注目される別の判例もある。この訴訟では、H町社会福祉協議会は、H町に、補助金交付予算見積書を提出し、町の担当課が、「団体運営費補助金交付団体の状況」と題する書面を作成するなどして、上記要求内容を

して協力した市民は、高齢者のニーズ把握にも寄与できると思うが、そのことを「ニーズ解釈の政治」[124]に繋げていく制度の構築も今後の課題である。

Ⅵ 「個人の自立」「社会の自立」を考える
――中間媒介組織としての社会福祉協議会を支えるために

1 これまでの要約

(1) 本稿ではまず、アメリカの社会福祉協議会の継受と変容の過程を確認し、その「特性」を把握した。社会福祉協議会、特に市村社会福祉協議会における「変容の姿」をひとことで表現すれば、政府の「何でも入れ箱」としてのそれであったといえよう。

(2) それでは、今後の社会福祉協議会の展望はどのようなところに求められるだろうか。本稿における展望への視角は、(a)社会福祉協議会が、地域福祉の担い手と位置づけられていることに着目し、社会福祉協議会を政府機構と市民社会のあり方とのかかわりで検討すること　(b)わが国おける生命と生存に係る課題の拡がりと深まりに対し、社会福祉協議会に求められていることは何か　の2点に置かれた。

(3) 前述の検討にあたっての手がかりを得るために、ロックの市民政治理論や人権論を通じて、ロック理論の現代的意義について確認した。これを受けて本稿では、市町村社会福祉協議会の今後の方向性を、人々の生命・生存そして生活に係る課題の解決に係る「中間項」、正確には「中間媒介組織」として位置づけてみた。具体的には、市町村社会福祉協議会を、人々の生命・生存にかかる思い（ニーズ）の保障の手立てとなる二つのベクトルの「中間

調査し、控訴人がH町の財政状況、補助の必要性等を判断し、補助金額を査定、内示を行っている。そして予算案可決（平成11年3月16日）後に提出された本件補助金申請について、改めて審査及び調査をしていないことが問題とされている。しかし、本稿の問題関心からすると、より本質的な問題は、H町社会福祉協議会が、取り組むべき主な事業計画を自ら策定し、補助金申請の根拠としていないことにあるように窺える案件である（「社会福祉協議会補助金住民訴訟事件　札幌高裁平成16年7月15日判決　損害賠償請求控訴事件　平成14年（行コ）第2号　判決原審旭川地裁平成14年1月29日判決。判例自治265号31-42頁）。

[124]「ニーズ解釈の政治」については、注94参照。

媒介組織」として想定した。また市町村社会福祉協議会が、(「解釈とコミュニケーションのための社会文化的な手段」とされる)「言説の資源」が確保されるように人々を支援していくことが、その第3の役割であると指摘した。

2 「個人の自立」「社会の自立」と問題の所在

Ⅳの末尾において、社会福祉協議会の場合、行政との対等な関係が、浸透せず、曖昧な関係が持続してきたのはなぜなのか、そのことは、突き詰めれば、日本における個人の自立、社会の自立とは何かの問題にゆきつくことになろう、と指摘した。もっとも正確に捉えれば、本稿で個人の自立、社会の自立の問題をとりあげなければならない理由は、Ⅳの末尾で指摘した点だけでなく、もう少し多岐にわたる。上記1、で触れた本稿のこれまでの流れを念頭におきながら、まずはその複数に及ぶ理由を確認しておくことにしたい。

(1) ベクトルの構図の具体化と「個人の自立」「社会の自立」

(a) 「中間媒介組織」としての市町村社会福祉協議会の役割は、まずは人びととの関りを通じて、「人びとの思い(ニーズ)の所在」を明らかにしていくことである。しかし人びとの思い(ニーズ)は、十分に表現されなかったり、状況によって変化する、という意味で「曖昧」である。先に、思い(ニーズ)のもつこうした茫漠さは、切断されるべき「曖昧さ」ではなく、社会福祉協議会がこれからも維持すべき「曖昧さ」である、と述べた。しかしこうした人びとの「思い」(ニーズ)のもつ「曖昧さ」は、「個人の自立」や「主体性」との関りでは、どのように理解されるべきものなのだろうか。ここに一つの問題があるように思われる。

(b) さて、上記(a)のような過程を経て、明らかにされた思い(ニーズ)は、「中間媒介組織」である市町村社会福祉協議会を通じて、ベクトル①、ベクトル②の方向を辿ることになる(Ⅳ参照)。ベクトル①においては、「中間媒介組織」としての市町村社会福祉協議会から提示された課題を市民社会内部で解決していくことになる。しかし、わが国における「社会の自立」は、実際のところ存在するのだろうか。仮にある、としてそこでいう「社会の自立」とはどういうことなのだろうか。確認あるいは再考の余地がありはしな

いだろうか。

(c) ベクトル②の発想の根底には、(i)社会福祉協議会と政府との間をいったん切断し、(ii)社会福祉協議会を、「社会福祉協議会が政府を支援する」という本来の姿への転換させたい、という思いがある。しかしながら、ロックの二層論や三理論領域、特にロックの三理論領域が指摘するように、その「転換」は、個人ないし社会の自立を設定して初めて可能になるものであろう。果たして、日本における個人ないし社会の自立とは何か、ここでも課題は、「個人の自立」「社会の自立」の問題に戻ってくる。

(d) 「中間媒介組織」としての市町村社会福祉協議会の第3の役割、すなわち「言説の資源」に係るその役割は、突き詰めていえば市町村社会福祉協議会が行う「個人（住民）の主体性」の確立に向けた支援であろう。それは、わが国における「個人の主体性」の内実を、具体的に理解することなしには、不可能である。この点は、Ⅳで触れた分節政治の理論において、官僚機構を統治型から〈市民型〉へ再編していくためには、「市民としての成熟と訓練」が前提条件となる、と考えられていたこととも関連してこよう。

(2) 社会福祉協議会と住民主体の原則

社会福祉協議会は、その理念として「住民主体の原則」を掲げてきた[125]。しかしその理念が実質的に定着しているようにはみえない。定着しない背景に、社会福祉法人としての社会福祉協議会の構造が影響していることは否定できないだろう。しかし、より根底にある問題として、日本人において「個人の自立」はあるのか、あるとすればその自立はどのようなものなのかをもう一度考えなおしてみることが必要であり、住民の「主体性」の問題もそれとの関りのなかで具体的に把握していくことが求められてきているように思われる。社会福祉協議会が、これまで「住民主体の原則」を唱えるとき、「住民の主体性」は所与のものとして、いいかえれば「すでにそこに現存しているもの」として捉えてきたように窺えるがどうだろうか。

---

125 和田ほか編・前掲注2)45頁、52頁。

(3) 地域福祉の主たる担い手としての社会福祉協議会と市民社会の自立——ローカル・ガバナンスや協働の理解に関連して

　社会福祉協議会は、地域福祉の主たる担い手として位置づけられている。Ⅰで述べたように、「地域福祉」という概念は、日本における市民社会の形成、分権化といった脈略をも意識しつつ、さらには、ローカル・ガバナンスや協働といった概念が意味することとも関連しつつ展開されている。ローカル・ガバナンスや協働との関りで、社会福祉協議会の位置を確認していくためには、ここでもロックの二層論や三理論領域、特にロックの三理論領域が、個人ないし社会の自立を設定して初めて可能になると指摘されていることを考えてみないわけにはいかなくなる。

(4) 社会福祉協議会を「転倒」させたものは何か

　わが国における社会福祉協議会の「継受と変容」の事実は、「個人の自立」「社会の自立」について考える必要性をもっとも端的に示している、ようにみえる。「社会福祉協議会が、政府を支えた」とされるアメリカの社会福祉協議会は、わが国に接木される過程で、政府の「なんでも入れ箱」へと変身し、「政府が、社会福祉協議会を支える」形に、いわば転倒した。その背景となる経緯については、Ⅲにおいて縷々述べたところではあるが、こうした方向への転換を根底で支えたものとして、くり返しになるが、わが国における「個人の自立」「社会の自立」の問題を考えないわけにはいかないように思われる。

3　若干の考察——「個人の自立」「社会の自立」を考えるために

　わが国における「個人の自立」「社会の自立」の現状を認識し、もしそれぞれの意味での「自立」が不十分であるとするならその理由は何なのか、その問題を克服し、充実の方向性を見出す契機はどこに求められるのだろうか。これらの問題を考えることなしには、社会福祉協議会を「中間媒介組織」として想定する本稿の意図は、宙に浮いてしまうことになる。

　以上のような理由から、その重要性が確認される「個人の自立」「社会の自立」の問題であるが、本稿においてこの問題を正面から全面的に展開する

力量はない。ここでは、その手がかりになりそうなことをいくつか指摘し、今後の研究の素材としたい。

(1) 問題の所在——「日本人の自我」と「西洋人の自我」
　(a) 社会福祉協議会の転倒と中空構造
　先に指摘してきたいくつかのこと、なかでも、わが国に接木されたアメリカの社会福祉協議会が、その展開過程において、なぜ政府の「なんでも入れ箱」へと変身し、「政府が、社会福祉協議会を支える」形に、いわば転倒してしまったのか、この点の検討は無視できない。そして、その転倒を根底で支えたものとして、Ⅰで触れた「中空構造」さらにそれに密接に関係しているとされる「日本人の自我」のあり様を無視することはできないようにみえる。この問題を考えるには材料が不足していることはⅠでも指摘したとおりだが、このことを自覚した上で、以下では「日本人の自我」との対比を明確にするために、まず「西洋人の自我」について簡単にみておくことを糸口として、少しだけ考えを進めてみたい（本節では、「日本人（西洋人）の自我」を「日本人（西洋人）特有の意識のもち方」とほぼ同義として話を進めたい。なお注26参照）。

　(b) 西洋近代が確立した「西洋人の自我」
　個人主義の柱である近代自我（「西洋人の自我」引用者注）は、自我を他から明確に分離し、自立した主体を確立しなければならない、とされる[126]。こうした「近代自我」は、世界の精神史のなかで重要な意味をもつ、と指摘されている[127]。「世界の精神史のなかで」と述べられていることからすると、西洋の近代が確立した「自我」の観念は、人間の歴史のなかで必ずしも普遍性をもつものではないことが窺われる[128]。また重要な意味という言葉は、そのような近代自我が、他を対象化して把握する力によって、自然現象を観察し、解明して自然科学をつくりあげてきたことを示唆している[129]。「進歩」とか「発展」の観念が重視されてくるのは近代になってからであり、そ

126　河合・前掲注4) 284頁。
127　同145頁。

の理由は自然科学の発展と密接に関係していることにも注目しておきたい[130, 131]。

(c) 社会福祉協議会の「転倒」を支えた？「日本人の自我」

上に述べたような「西洋人の自我」に対して、「日本人の自我」は常に他に対して開かれた存在であり、自分の置かれた「場」のなかに「ところを得る」ことによって存在していくことができる、と指摘されている[132]。他に対して開かれている結果、「日本人の自我」には、察したり、堪えたりすることが求められてくる[133]。「他にひらかれている」「すべてのものを包摂する」「バランスをとる」「場のなかにところを得る」「察する、堪える」といった特性をもつ「日本人の自我」は、「西洋人の自我」のように「明確な理念や力によって統合するものではないため[134]、きわめて受容的で、全体的均衡が保たれる限り、何でも受け入れる」傾向をもつことになる。こうした「日本人の自我」の特性が、Ⅲで指摘したような社会的経済的背景の中で、社会福祉協議会、特に市町村社会福祉協議会を転倒させていく方向を、根底のところで支えたとはいえないだろうか。

---

128 この点に関連して、「西洋という文化圏の特殊さ」（木田元『反哲学入門』（新潮社、2011年）22-26頁）「哲学についての誤解」（同43-47頁）「超自然的思考様式の近代的更新」（同158-160頁、25頁、43頁、159頁）参照。人間の本源的自然的欲求としての、自覚的主体的人間の生存のための権利主張（普遍的要素）と特殊近代西欧において確立した人権体系（歴史的限定的要素）の背理を意識する研究視角が、あらためて注目される（下山・前掲注79)30頁参照）。

129 河合・前掲注4)145-146頁。

130 橋本・前掲注16)66-67頁参照。

131 ①「ロックは理論における近代を創り上げた」という点について、松下・前掲注80)20頁、75頁参照。
　②「自然と哲学」について、木田・前掲注128)25頁、43頁、159頁参照。
　③「ニーチェ以前と以後」について、木田・前掲注128)204頁、217頁、223-230頁、247頁、273頁、289頁、302頁参照。
　④ロックの思想の背景について、松下・前掲注80)19頁、21頁参照。
　⑤原子的機械的思考方法とフィクションについて、松下・前掲注80)152、154頁参照。

132 河合・前掲注4)284頁。川島武宜『日本社会の家族的構成［第24版］』（日本評論社、1972年）12頁も合わせ参照されたい。

133 河合・前掲注4)285頁。

134 同205頁。

(d) 日本人における「個」と「主体」のあり様——わが国における「個人の自立」「社会の自立」を考えるために
(i) 日本人の意思決定のあり方

前述した「中空構造」は、日本人の意思決定にも関連し、個人の意思決定においても、また集団としての意思決定においてもよく似た現象を示すと指摘されている[135]。個人の場合でいうと、個人の心のあり方は西洋流の中心統合型[136]になっていなくて、何かを決定する際に、自分の心の「中心」が決定する、というよりは、むしろ、自分の心を「空」にして、できるだけ他人の意見を入れこませようとする[137]。あるいは、自分の意見をある程度もっているにしろ、それを明確なかたちにして打ちだすのを躊躇する傾向にある、と指摘されている[138]。

これに対し、中心統合型をとる西洋人の場合には、自我が他と切れた存在として定立され、自我が他から独立した主体性をもつ、という考えのもとに出発している[139]。したがって西洋人の場合には、自分をとりまく環境との関係において、まず自我を主体として立てていくことになる[140]。これに対し、日本人の場合には（1人称の私が、俺等々と変化することにも示されるように）、自分をとりまく環境との相異によって自我（主体 引用者）を変化させているとも考えられる[141]。日本人の場合、与えられた「場」を壊さないことに心を使い、自己主張をしない[142]こともこのことに関連しているようにみえる。

---

[135] 同 201 頁。
[136] 先に「中空構造」（中空均衡型）の特徴を、「きわめて受容的で、全体的均衡が保たれる限り、何でも受け入れる」傾向をもつと要約した。これに対し「中心統合型」は、「明確な理念や中心にある絶対的な力によって統合されている構造」と説明されている（河合・前掲注4) 198 頁、205 頁）。
[137] 河合・前掲注4) 201 頁。
[138] 同。
[139] 同 213 頁。
[140] 同 215 頁。
[141] 同。
[142] 同 220 頁。

(ⅱ) 「日本人の自我」の特徴

うえの指摘をふまえ、日本的「自我」の特徴を整理すればつぎのようである。

(ｱ) 日本人の自我は、常に自分をとりまく環境との相互関連のなかで存在し、「個」として確立されたものではない[143]。つまり個としての弱さをもつ[144]。

(ｲ) 日本人の自我は、「個」として確立されたものではないため、自分をとりまく環境と対峙する場合に、自分が主体として関るという構造をとりにくい。

ⅲ (ⅱのことを少し専門的な形で表現すれば) 日本人の自我は、自我 (ここでは「個人の意識体系の統合の中心」を指す。引用者注) という主体性をもち、それによってすべてを知り、自分の意思によって行動する (自分の心の「中心」が決定すると言い換えられようか。引用者注) という形をとっていない[145]、ということになる。つまり、主体性をもたないということになる。

(ｳ) したがって「日本人の自我」は、西洋流にいえば「自我」とはいえない。より正確にいえば、自我の働きをおこなっていない、ということになる。

(ⅲ) 検討にあたり、あらかじめ確認しておきたいこと

(ｱ) 日本における「個人の自立」「社会の自立」を考える場合、「日本人の自我」が、①「個」として確立されたものではない、②自分をとりまく環境と対峙する場合に、自分を主体として関るという構造をとりにくい、という側面をもつことを認識することは重要と考える。例えば日本の会議について指摘される「根まわし」[146] は、このような「日本人の自我」の特徴を示すものであろう。また、戦後まもなく執筆された論文「日本社会の家族的構成」では、「日本の社会は、家族および家族的結合から成りたっており、そこで支配する家族的原理は民主主義とは対立的のものである」[147] と指摘されてい

---

143 同 226 頁。
144 同 229 頁。
145 同 146 頁。
146 河合・前掲注 4) 203 頁。
147 川島・前掲注 132) 22 頁。なお、同書 (第 1 版は昭和 25 年) に収められた論文「日本社会の家族的構成」は、1947 年 3 月に書かれたものである。また、同書の「はしがき」(昭和 23 年 1 月 10 日付) では、改正民法はすでに施行され、客観的情勢も民衆の意識においても、すでに少なから

る。もとより、現時点でのわが国の家族のあり方は、当時と比べ大きな変貌を遂げてきている。しかし同論文で指摘されていることのなかには、現時点での「日本人の意識の特性」を考えるうえでなお示唆に富む点も少なくないようにみえる[148]。

(イ)　しかし(ア)で述べたことは、「日本人に自我がない」ことを意味するものではない。「日本人には自我がない」という指摘は、西洋近代の自我を唯

ぬ発展乃至変化が見られることが指摘されている。しかしながら現時点での「日本人の意識」を考えるうえで、同論文が述べていることは、本文で述べた「日本人の自我」についての指摘と関連する部分もあるように窺える。前掲論文の要旨は以下のとおりである。詳しくは、同論文を参照されたい。

1、わが国の「民主化」を考えるうえで、家族制度を見逃すことはできない。

2、問題は、家族制度が民主主義とどのような関係に立つのかということである。そこで支配する家族的原理は民主主義の原理とは対立的のものである。

3、わが国の「家族制度」は、明らかに以下の二つの類型が存在し、二つの類型が、しばしば混りあいまた浸透しあって、われわれの生活を構成している。

　　①武士階級的＝儒教的家族制度（改正前の民法に規定されている家族制度はその一部。以下、「①の家族制度」という）

　　②農民や漁民やまた都市の小市民の家族制度（以下、「②の家族制度」という）

4、日本の「民主化」にとっての課題は、現実の日々の生活においてひろく民衆をとらえている「②の家族制度」の批判反省こそ、最大問題である。

5、「①の家族制度」における社会関係の基本原理である権威と恭順について。

6、「②の家族制度」における社会関係の基本原理について。

7、家族制度の生活原理は、その外部においても、自らを反射する。

8、「家族制度」は決して「仲よくすること」一般を意味するのではなく、また、「仲よくする」ただ１つのしかたではない。

148 例えば、川島・前掲『日本社会の家族的構成』では、以下のようなことが述べられている。関連箇所のみの摘出なので、詳しくは、同論文を参照されたい。

1、元来、民主的な社会関係の特質は、人が自らの行動について自主的に判断し決定することと、その必然的な他の一面としての人間人格の相互的な尊重とであるが、ここ（武士階級的＝儒教的家族制度のこと。注147参照　引用者）にはこのような原理は存在しない。「個人的責任」という観念がそこでは存在しえない。

2、そこでは、服従者は自らを独立の価値ある主体者として意識することはできない。かれの行為はつねに他者によって規定され、かれは自ら判断し自ら行動することはありえないしまたその能力もない。

3、かれに対する権力者もまた「責任」をおうことはない。かれは、義務をおうことなく、ただ「権力」のみをもつ支配者であり、かれは責任をおうべき何びとをももたない。

4、（小市民の家族制度のもとでは　引用者注。なお注147参照）たがいにむつみあう横の協働関係が１つの権威となっている。権威は１つのあたかも人情的情緒的雰囲気のなかにあり、だからそれは同時に協働体的意識をともなっている。

一の正しい自我のあり方と考えた場合のことである[149]。

(ウ) 本稿では、これまで、「日本人の自我」と「西洋人の自我」を比較対称する形で論を進めてきた。しかし正確にいえばそれは、「日本人の自我と西洋人の自我の間に共通部分が多い」という認識を前提としたうえで、異なるところを明確に認知していくという視点に依拠している。

(エ) 両者のちがいの確認は、むしろ、両者の間に何らかの普遍性が存在することを探す新たな動機となるのかもしれない[150]。西洋においても、「無意識」の重要性への指摘がなされ[151]、さらには「中心統合型」の思考方法への問題提起[152]や「超自然的原理」に基づく思考様式への批判とそれを乗り越えようとする考え方[153]も生まれてきていること、こうしたことをあわせ考えると「近代社会像や近代人間像において何が個別で何が普遍なのか」についてはさらなる検討が必要ということになる。

(オ) 日本国憲法は、西欧型の人権体系を採用している。その意味でいえば、日本国憲法は、明らかに「西洋人の自我」を前提にして人権体系を構築している。したがって、我々の意識のなかには戦後、日本国憲法を通じて形成されてきた西欧型の人権意識が浸透してきている。その結果といえようが、これまで①日本人が、個人としての意見をもたないことや②日本人の他人志向性や無責任性の事実については、主として日本国憲法を通じて形成されてきた西欧型の人権意識の「脆弱性」「希薄性」の視点から把握されてきた。

(カ) しかし、日本人の人権意識の「脆弱性」「希薄性」として捉えられてきたことは、「日本人特有の意識のあり方」とも少なからず関係しているようにみえる。だとすれば、(日本人の人権意識の「問題点」を、日本人の人権意識の「脆弱性」「希薄性」の視点から把握するだけではなく)日本人の自我の特性から考え直してみることも意味のあることのように思われる。

(キ) (カ)で述べたことは、「脆弱性」「希薄性」として捉えられてきた「日本

---

[149] 同215頁。
[150] 同211頁。
[151] 同217頁。
[152] 同146頁。
[153] 木田・前掲注128)204頁以下参照。

人特有の意識のあり方」に光をあて、それを積極的に評価し、見直してみることといってもよいだろう。それによって（西欧型の人権意識の「脆弱性」「希薄性」が違う形で克服され、結果として）日本人の人権意識のより一層の成熟がはかられることを期待したい[154]。しかしながらこのことは、専門家の知見を得て今後さらに見極めていかなければならない大きな課題である。

(ク)　さしあたり我々には、「西欧型の人権意識」（西洋人の自我）と「日本人特有の意識」（日本人の自我）、この二つの自我の働きを、必要に応じて自覚的に使い分けていく（力点の置き方を変える）ことが求められてきている、ということだろうか。

(ケ)　Ⅳにおいて、今後市町村社会福祉協議会には、人々の生命・生存にかかる思い（ニーズ）の「なんでも入れ箱」（取り入れ口）へと転換していくことが求められてくるとしたうえで、そこでいわれる思い（ニーズ）のもつ茫漠さは、社会福祉協議会がこれからも維持すべき「曖昧さ」であるとしながら、他方で社会福祉協議会と行政との関係については、双方の「曖昧な関係」を切断すべきであると指摘した。この指摘は、ⅷで述べた「必要に応じて自覚的に使い分けていく〈力点の置き方を変える〉こと」の必要性を示す一例と考える。

(コ)　さて、上記 i のことと表裏一体をなす問題として、「日本人の自我」のもとでは、個人としての責任と主体性を身につけることが難しいということが指摘されている[155]。（西洋人のように）個の倫理に従うときは、個人の責

---

[154] 川島・前掲注132)では、家族的原理は民主主義の原理とは対立的のものであり、「長をとり、短をすてる」という生やさしいことで、社会生活の民主化をなしとげることはできない、と述べられている。

　論文の結びの部分では、民法の族法の改正は、民主的家族生活の形成に対する障碍を除くという消極的意義をもつだけであり、問題なのは、生活の現実において非民主的な家族形態・その原理をなくすことであると述べられている。

　そしてそのための手立てについて触れた後に、問題はこれにつきるものではなく、非近代的な家族意識の否定という主体的条件の確立が必要になるが、その主体的条件の自発的成熟を待つことは許されず、ここにもっとも困難な課題があるという趣旨のことが述べられている。

　本稿本文で述べた「日本人の自我」の評価は、川島論文では「それを待つ余裕はない」と考えられていたようにも窺える。本稿では「主体的条件の自発的成熟」を促す諸条件を考えるために、「日本人の自我」にもう一度、光をあててみる作業、と一応整理することができようか。

[155] 河合・前掲注4)285頁。

任とか契約を守るとかの態度を身につけなければならないが、(日本人のように) 場の倫理によるときには、場にいれてもらうために、おまかせする態度を必要とするからである[156]。つまり、①個人としての意見をもたない[157] ②他人志向性や無責任性[158]が、日本人の自我の欠点として指摘されてくる。同様のことは、㈩で触れた「日本社会の家族的構成」でも形を変えて指摘されている。特にわが国の個々の組織・集団の一般的な特徴とされる中空均衡型(注136参照)の場合、最悪の状態になるのは、重要な意思決定が行われたにもかかわらず、それに参加した成員が明確な責任意識をもたない、ということが生じることである、とされる[159]。これらの指摘は、社会福祉協議会が唱える「住民主体」を考える場合にも見落とせないことに思われる。

㈵ ㈰の問題は、viiでも指摘した個としての日本人の弱さ[160]をどう克服するのか、「日本人の自我」の特徴に即した形で、いかにその主体性を確立させることができるのか　の問題に帰することになりそうである。

以下(2)では、「近代自我」に係る最近の問題提起について述べておくことにしたい。そこで言われていることは、上記㈵で要約した課題の検討とも関連しているように思われるからである。以下本節では、(2)(3)の記述を経て、前記(d)の課題に、もう一度戻っていくことにしたい。

(2)　最近の問題提起――「人間を考えること」と「近代自我」の思考方法

156　河合隼雄『母性社会日本の病理』(講談社、1999年) 29頁。
　　この点については、川島・前掲『日本社会の家族的構成』における指摘も重要である。そこでは、「ひとは、自分の意識や行動についていちいち自分に納得させる必要はなく、したがって自分の行動のために合理的理由を考えたり、またそれを話題とすることは許されない。『理屈』をいうこと、『ことあげ』することは禁物である。そこには、近代的な、契約の自発的履行の義務意識、他人の所有権の自発的な尊重の意識はなく、ただ担保や手付けが交付されることにより義務が外面化された場合のみ、人はそれを尊重せざるをえぬ外部的必然性に基づき尊重する」と述べられていることに注目したい (注147をあわせ参照)。
157　河合・前掲注4)204頁。
158　同226頁。
159　同205頁。また川島・前掲注132)における「個人的責任」の記述もあわせ参照されたい(注148参照)。
160　同228頁。

(a) 自然科学と人間の理解

　近代自我が、自然科学の発展に寄与してきたことはすでに述べたとおりである。しかし、このように「自分と対象を切り離し、対象（他者）を観察するという態度」で人間を把握することには一定の限界があるのではないか、という指摘がなされてきている[161]。人間を理解するためには、「対象とのつきあいかたのなかに、自分が入っていること」[162]が重要となるからである、との指摘は興味深い（Ⅰ3(4)参照）。

(b) 近代自我と「死、老、病」

　「死、老、病」などをそのシステムから排除しようとする傾向は、近代社会が強力なものになるにつれて強められたと指摘されていることについては、Ⅰで言及した。その理由が、上に指摘した「近代自我の他を対象化して把握する力」や「近代自我がめざした進歩と発展」にかかわっていることは間違いなさそうである。詳細は省くが[163]、他から、いったん切れて存在する近代自我にとって、死を自分のなかに受け入れることは難しいことが指摘されている。そのことは、人間の「死」や「健康でない生命」に対する恐怖となり、できる限り「健康な生命」として生存し続けたいとする「老」や「病」への姿勢にも繋がってくる。こうした「老」や「健康でない生命」への姿勢は、さらに「近代自我がめざした進歩と発展」と結びつき、高齢者や障害をもつ人びとの生存がそれ自体として価値あるものとする人びとの考え方を希薄にする方向に作用してきた、といえないだろうか。財政事情が緊迫し、人口が急速に高齢化しているなかでのわが国の社会保障政策の現状をかえりみても、こうした考えを否定できるだけの「他者の生存に対する思い」を人び

---

[161] 同240頁。
[162] 同240頁。
[163] この点に関ると思われる指摘として以下のものをあげておきたい。
　①河合・前掲注4)284頁。
　②河合隼雄『「老いる」とはどういうことか』（講談社、2001年）101頁。
　③河合隼雄＝谷川俊太郎『魂にメスはいらない』（講談社、2000年）306頁。
　④河合隼雄『源氏物語と日本人』（講談社、2003年）10頁、11頁。
　⑤河合隼雄『心の声をきく』（新潮文庫、1997年）216頁、221頁。
　⑥河合隼雄『こころの最終講義』（新潮文庫、2013年）217頁。

とのなかに定着させることは、ますます難しくなってきているようにみえる[164]。

　正確を期していえば、こうした近代自我の思考や議論の方法は、それがめざした「進歩と発展」が示唆するように、「いかに生きるか」を考えるうえで強力であったために、その延長線上で「死、老、病」を論じることが難しくなっているということだろう[165]。それに対して、現在では、「いかに死ぬか」への問いへの回答も求められてきており、そのためには「死、老、病」という「対象」（自然）を、自分を自分のなかに入れ込んで考える見方も取り入れていくことが求められてきている。現代社会に生きる人々にとって、この葛藤のなかで生きることは、避けがたい課題となっている[166]。

(c) 注目される「複雑性」や「不完全さ」
(i) 「完結」（あるいは「成長」）の条件である「複雑性」や「不完全さ」

　人間は、環境や他者からの働きかけで自己を自己たらしめていく。つまり個としての人間（ひいては生物）は、自らの生命・生存条件を自らの力で確立するわけではなく、環境や他者との関りを通じて、「不完全な状態」の中で活動を展開し、自己を「完結」させていく。一見矛盾するようだが、重要なことは、個々人が、1人の人格をもった自己として、「完結」していく条件として必要なのは、「不完全さ」であり、環境の多様性や複雑さが失われることは、その「不完全さ」を失うことを意味する。人間が自己を「完結」（あるいは「成長」）させていくためには、環境や他者との相互作用を通じて、たえず「不完全さ」（フレキシビリティ）を維持しつつ、開かれたスタンスを獲得していくことが必要となる、という指摘は重要である。このような意味での「不完全さ」（フレキシビリティ）を重視することは、「西洋近代自我がめざした進歩と発展」とは異なる視点を提起するもの、といえるだろう。

(ii) 「完結」（あるいは「成長」）の条件としての多様な「個性」をもつ人々の存在

164　橋本・前掲注16)65-66頁。
165　河合・前掲注4)223頁、224頁。
166　同224頁。

環境や他者との相互作用のあり様は、人々が潜在的にもつ多くの可能性を引き出すためには、人間の他者や環境への関り方が均一ではなく、多様かつ複雑であり続けることが重要であることを示している。いいかえれば、多様な「個性」をもつ人々の相互作用（交歓）が、人間を「完結」（成長）させていく不可欠な条件であることをそれは示唆している。

(ⅲ) 「自分と世界の関係の複雑性をもう一度取りこむ」ために必要なこと

(ア) 「規定しないこと」の重要性

こうした関係性をふまえ、今私達に求められているのは、「自分と世界の関係の多様性、複雑性を自覚的に取りこむ」ことであり、そのために重要なことは、この相互性を一つの観点から「規定しないこと」である、といえそうである。

(イ) 「対象に自分も入っていく」視点

こうした意味での複雑性を把握することは、最初に自己と世界をいったん切り離し、原因と結果を一義的に表現する自然科学的発想では難しい。複雑性を把握するためには、「対象（他者・自然）は、自分と切り離されているのではなく、対象とのつきあいの中に個（自分）はいっている」という視点から、自我（主体性）を再構成していくことが必要になるだろう。対象の内側に自分も入っていく視点がここでも注目されている。「そうやって、関係性を構築するなかで、複雑性を取り込んでいくと、自己もまたそういう意味で豊かな状態になれる」という指摘は、本来の「人間の生命活動としての労働」のもつ豊かさを他面から表現したものといえるだろう[167]。

(ⅳ) 個と他者―全体的関係性について

客観的な観察者と、観察される現象とを明確に区別して考えることが不可能であることは、現代の理論物理学においても指摘されている[168]。観察者も現象のなかに組みこんで全体的関係性を問題にしなくてはならなくなってきているということだろう[169]。では全体的関係性とはどのようなことだろ

---

167 同241頁。なお、本稿本文(c)で述べていることは、河合・前掲注10)に所収されている清水博（敬称略）との対談における清水の発言から触発されたことである。また、橋本・前掲注16)68-69頁もあわせ参照頂ければ幸いである。

168 河合・前掲注4)183頁。多田富雄＝鶴見和子『邂逅』（藤原書店、2003年）192-193頁参照。

うか。それは、個人が個人として独自でありながら、そのなかにすべての人を含み、すべての人との関係性のなかに個人が存在している、ことを意味する、とされる[170]。そして重要なことは、このような全体構造が共時的に存在しているということであり、人間の生命・生存を、原因と結果という継時的な連鎖だけで認識しない、ということである[171]。共時性については、さらなる説明が必要となるが、ここではこの程度の指摘に止めたい。

(3) 最近の問題提起と社会福祉協議会の関り

上記(2)で記した最近の問題提起は、Ⅰで指摘した「わが国における生存に係る課題の拡がりと深まり」が、「個と自然あるいは個と他者の関係のあり様」について、提起している課題とも関係するところが少なくない、ようにみえる。同様にそれは、市町村社会福祉協議会の役割を考える上でも無視できないものを含んでいるように窺える。どのように関係しているのだろうか。少し見ておきたい。

(a) 市民のニーズ把握との関係

市町村社会福祉協議会の役割は、まずは人びととの関りを通じて、「人びとの思いの所在」を明らかにしていくことである。市町村社会福祉協議会が、人びとの思い（ニーズ）を把握することは、他者とかかわること、いいかえれば、他者とのつきあいかたのなかに自分を入れ込んでいくことであり、サービスを供給する対象者として他者を観察することではない、といえるだろう。

(b) ベクトル①との関係

市町村社会福祉協議会によって、ニーズとして把握された「人びとの思いの所在」は、ベクトル①との関係では、市民社会内部において、その思い（ニーズ）の充足が諮られていくことになる。その過程では、「思いを抱く個

---

169 同 182 頁。
170 同。
171 同。

人」と他者の関係が重要な意味をもってくる。つまり「思いを抱く個人」のニーズの充足に関る多くの他者が、その「関り」を強制された義務としてではなく、「（個々人の生存にとって不可欠な存在としての）他者をいたわる権利（広々とした義務）」あるいは「ケアの倫理」として表現される意識[172]、もっといえば、他者である「ニーズをもつ個人」が、「ケアする自分」と繋がっているという全体的関係性のなかに位置づけていると考えられることであろう。

(c) ベクトル②との関係

ベクトル②の過程は、市町村社会福祉協議会が、「人びとのニーズとして把握したもの」を、政府政策へと醸成していく過程といえるだろう。つまりベクトル②は、市民法原理を土台とする「本来抽象的な法という土俵」のもとで、「顔のみえる個人」への復権（再構築）を図っていくための一つの「手立て」としての意味をもつものでもある（Ⅰ3(5)、Ⅳ6(2)参照）。もっともこの場合、政府と社会福祉協議会との関係については、近代自我が確立した「個と個の関係」いいかえれば、政府と社会福祉協議会の「切断」が求められることになる。この「切断」は、市民社会で生きる個々人の生命・生存にかかる思い（ニーズ）をつなぐ「中間媒介組織」になるための不可欠の手続といえる。

(d) 個にとっての他者の存在

高齢社会のなかで、人びとの生命や生存そして生活に直接・間接に関る社会福祉協議会にとって、「個としての不完全さ」、さらには個と他者との間の「複雑性」や「多様性」の重要性を理解したうえで、「個々人の生存や持続可能な社会の発展」のもつ意味をあらためて自覚することが重要になってきて

---

172 ①「他をいたわる権利（ひろびろとした義務）」については、橋本宏子『老齢者保障の研究』（総合労働研究所、1981年）264頁参照。
　②「ケアの倫理」については、井上匡子「フエミニズムの政治理論」川崎修＝杉田敦編『現代政治理論』（有斐閣、2006年）205頁、219-216頁参照。
　③関連するところとして、齋藤・前掲注94)104頁もあわせ参照されたい。

いると考えられる（本節3(2)(b)及び(c)ならびに(3)(b)参照）。

(e)「中間媒介組織」としての市町村社会福祉協議会の「立ち位置」

自己と世界の関係の複雑性を取りこむために、この相互性を一つの観点から規定しないことは、社会福祉協議会の市民社会のなかでの「立ち位置」を考えるうえでも、さらには「社会の自立」を考えるうえでも重要なことに思われる。社会福祉協議会が、けっして逆説的ではなく、市民社会に浮かぶ島として「ゆらぐ存在」であり続けることが求められているのではないだろうか[173]。

(4) 最近の問題提起と「日本人の自我」

(a)「日本人の自我」への積極的「評価」

先に指摘したこと、例えば「対象に自分も入っていくこと」や「規定しないこと」との関りでみた場合、これまでどちらかというと否定的な側面だけが強調されてきた「日本人特有の心のあり方」（「他にひらかれている」「すべてのものを包摂する」「バランスをとる」「場のなかにところを得る」「察する、堪える」等々）について、もう一度光をあててみることの重要性がみえてきそうな気がする。このことは、Ⅰで触れた「生存に係る課題」が今提起してき

---

[173] (1)ある市民団体の活動

ある市民団体が10周年を記念して発行した冊子では、「高いミッションを持ち、活動している市民団体が活動を続ける中で、ミッションに縛られ、組織が硬直したり、自閉的になり、燃え尽きるといった例もままありがち」であるのに対し、この市民団体の場合は、「活動する中で、目標がみえてきた」という活動スタイルであったため、「優柔不断と思われるかもしれないほど柔軟にいろんな課題に対処してきたように思います」と述べられている。

(2)市民社会に浮かぶ島、ゆらぐ社会福祉協議会の重要性

社会福祉協議会の場合も、熱心な市町村社会福祉協議会ほど、その活発な活動のなかで、関係者が状況を俯瞰する余裕のないまま、「組織が硬直したり、自閉的になり、燃え尽きる」という残念な結果に陥る傾向もほのみえてきているところである。活動が活発であり、その結果として行政との絆も強い社会福祉協議会ほど、こうした傾向に陥りやすいともいえるだろう。

社会福祉協議会が、前述のような弊害に陥らないためにも、活動する中で、目標がみえてきたという活動スタイルをとる上記の市民団体のような「柔らかな組織」とも連携をとりながら、社会福祉協議会が、できることなら市民社会の中心にありつつなお市民社会に浮かぶ島として、ゆらぎのなかでの「立ち位置」を確認できる組織であり続けることが重要なのではなかろうか。

ていること、あるいは上述してきた「社会福祉協議会の今後のあり方」を考えるうえでも、意味あることに思えるがどうだろうか。事実、近年ではこうした「日本人特有の心のあり方」が、自己治癒力を促進する人間関係としては望ましいものとして評価もされてきている、という[174]。

(b) 確認しておきたいこと

①「日本人の自我」への一定の評価をふまえたところで、個としての日本人の弱さをどう克服するのか、「日本人の自我」の特徴に即した形で、いかにその主体性を確立させることができるのか、問題はふたたびそこに戻ってくる（本節3(1)(d)(iii)参照）。

②前記①の課題を考えていくうえで、忘れてはならないのは、「近代の普遍性と個別性」に係る問題である。そしておそらくこのことが、日本における「個人の主体性」「社会の主体性」を考えていく上で、「日本人の自我」の特性を、適切に位置づけることができるかどうかのポイントの一つになるものと思われる。

(c) 普遍性と個別性

先に、「日本人の自我と西洋人の自我」の差を論じる前提として、両者の間に共通する「何らかの普遍性」に言及した（本節3(1)(d)(iii)(エ)参照）。ここでは、近代化の国際比較の方法への視角として論じられている「個別性と普遍性」についての記述の中から、いくつかの点を極めて限定的ではあるが箇条書きで指摘しておきたい[175]。できることならそれによって本稿での視角が、より深められることを願ってのことである。

---

[174] 河合・前掲注4)227頁。

[175] 鶴見和子「国際比較における個別性と普遍性——柳田国男とマリオン・リーヴィー」思想の科学124号（1971年）59頁、60頁参照。
　前掲論文では、近代化の国際比較が、西欧諸国の近代化の過程におこった共通な経験のみを抽象して普遍性の型を設定していることに対して疑問が投げかけられている（前掲論文58頁）。このことからして、著者が近代社会像や近代人間像（前掲論文59頁）というときの「近代」には、複雑性を承認すべきとの発想がこめられているようにも思う。参考にしていきたい。

(i) 近代化の国際比較の方法への視角から――指摘しておきたいこと

(ア) これまでは、近代化の国際比較の理論は、西欧社会の近代化のプロセスにもとづいて構築された。

(イ) 提案は、西欧世界が普遍であるというのは一つのフィクションであったことをはっきり認めることから出発することである。

(ウ) だが((イ)の提案は)これまで使いなれてきた西欧近代の普遍型を捨てようと提唱しているのではない。もしそれが仮構であるならば、その他の近代化像もまた、仮構として普遍であると設定できるだろうし、様々な仮構としての普遍型を用いて、国際比較を行ってみようという提案なのである。

(エ) 「近代化された社会の類型」を近代化の普遍型ではなく、西欧近代に固有の型と考えれば、それと対比して、他の社会の近代化がどのように共通した、また異質のパターンを辿るかを明らかにすることができるだろう。

(ii) 本稿との関りで考える「普遍性と個別性」

以上に指摘されていることは、「西洋人の自我」との対比において、「日本人の自我」を把握しようとする本稿に対しても、大枠で捉えれば、極めて適切な視角を提起しているようにみえる。

(ア) 「顔のみえる個人」

例えば本稿では、Ⅰにおいて、個々の「顔のみえる個人」について言及し、それと対比する形で、市民法原理に体現された「ロックの理論がイメージする個人(生命・自由・財産の主体であるとともに、相互に自由・平等・独立の理性主体たる個人)」は、顔のみえない抽象的な個人であることを示唆した。この抽象的な個人の析出は、くりかえしになるが、社会と政府の領域を区別し、政府機能の意義を定礎するうえで重要であった。しかしそのことを前提にして、現代社会に問われている問題は、「顔のみえるリアリティをもった個人」であり、その思い(ニーズ)は、それぞれの生命・生存にかかる個々のリアリティをもった思い(ニーズ)をいかに解決するかということである。今日、社会福祉協議会が大切にしなければならないのは、まさにこの課題である(さしあたり本節(3)参照)。さらに、個々の「顔のみえる個人」あるいは顔のみえるリアリティをもった個人のニーズを、市民法原理を土台とする

「本来抽象的な法の土俵」のにどのようにして掬いあげるかは、社会保障法学の現代的課題の一つとなっている（Ⅰ参照）。こうした問題意識は、西欧型の人権体系を採用している日本国憲法のもとにおいて、「日本人の自我」の特性をどのように落としこむかの課題設定問題にも通じてくる。

(ｲ) 「顔のみえる個人」との関りで考える「普遍性と個別性」

表題(ｲ)のような問題意識に関連するところでも、近代的自我をめぐる普遍性と個別性の問題は有効な示唆を与えているものと考える。例えば、近代化の推進主体である個人を、「行為者」または「役割遂行者」という抽象化された概念で把握するマリオン・リーヴィの把握と「常民」という具体的な人間の集団を準拠枠とする柳田国男の社会変動論は、人間を把握する視点の多様性や本来の意味での共助に係る本稿の課題を考えるうえでも極めて示唆的であるようにみえる[176]。しかし詳細は今後の検討に委ねざるをえない。

---

[176] 鶴見・前掲注 175) では、近代的人間の類型について、マリオン・リーヴィと柳田国男を対比している下りがある。論文の計算された緻密な論理構成を無視して、表題の問題のみを唐突に取り上げることには躊躇もあるが、本稿に直接関ることと考えるのであえて取り上げてみたい。以下は、その一部の記述である。

　ⅰ　マリオン・リーヴィにおいては、近代化の推進主体である個人は、（このような意味での社会体系を準拠枠とする）「行為者」または「役割遂行者」という抽象化された概念である、とされる（カッコは引用者のもの）。ここで、「このような意味での社会体系」といわれる社会体系は、大小様々な集団内の関係を含むものであり、社会体系の最大単位は国家である、といった程度の説明に止めたい。ここでのポイントは、近代化の推進主体である個人が、「行為者」または「役割遂行者」という抽象化された概念として把握されていることである（前掲論文 65 頁参照）。

　ⅱ　これに対して、柳田国男の社会変動論は、「常民」という具体的な人間の集団を準拠枠としている、と指摘されている。

　ⅲ　柳田の社会変動論は、日本社会に固有のものと柳田が考えた特徴に準じてあみ出されたものであり、それは近代と前近代のあいだに切れ目をもたない社会である（前掲論文 66 頁）と指摘されている。見落とせないことは、断絶よりも連続を強調して社会変動を観察した柳田の方法は、近代化の全過程において、前近代に育まれた伝統の賦活力をみとめ、それがどのような場合に、どのように働くかを仔細に調べることによって、リーヴィの方法がとりおとしがちな、近代化の多様性を、より有効に説明することができる、と指摘されていることである。また、それぞれの社会が、これからどのように変わっていくかを、個別的に予測するためにも、柳田の方法は有効であろう、と指摘されている（前掲論文 67 頁）。

(5) 個としての日本人の弱さをどう克服するか、どのようにしてその主体性を確立するか

(a) 現代の困難

表題の問題を検討していくためには、以下のような指摘もまた、あらためて確認されなければならないだろう。箇条書きに留まらざるをえないが、指摘しておきたい。

①民主主義一般の要素を盛り込む日本国憲法のもとで、西欧型の人権体系は、わが国においてその希薄性が指摘されながらも、一定の基盤を確立してきている。こうしたなかで、一方では、西欧型の人権保障の脆弱性、人権意識の希薄性を克服することの重要性を認識しつつ、他方では、日本人に特有の心のあり方を踏まえた人権保障の充実が必要とされるとするなら、それはどのようにして可能なのだろうか。すでに形を変えて述べてきたことだが、重要なのでもう一度確認しておきたい。

②中空均衡型は何でも取り入れられそうにみえるが、中心統合型をそのなかにとり入れることはできない、と指摘されている[177]。だとすれば、①の問題はどのように対応されることになるのだろうか。

③おそらく、現代は単純なモデルを考えることによって、物事を解決することが困難な時代[178]であり、まずは、単純に他を批判したり、無批判に肯定したりせず、他を真に理解できるようになること[179]だという当然だが、重要な事実を踏まえることから出発しなければならないだろう。

(b) 日本人の自我の特徴が要請する「成熟に至る過程（流れ）」

問題は、日本人の自我の特徴にどのように向き合いながら、日本人における「個」の確立や「主体性」の確保を考えていくのかということある、といえるだろう。

（ⅰ） 重要な「成熟に至る過程（流れ）」

---

177 河合・前掲注4)209頁。
178 同。
179 同。

先に述べたように、日本人の自我は①「個」として確立されたものではない、②自分をとりまく環境と対峙する場合に自分を主体として関るという構造をとりにくい、という特徴をもつ。

　このことは、「自我を主体としてたてていく」西洋人の心のあり方と違って、日本人の場合には「共通の場にいる二人として、場のほうから関係」をつくっていくことが多いことを意味している。そこでは、譬えていえば、西洋人の場合のように「確立された自己決定」から出発するのではなく、「確立されない」あるいは「無意識」の思いが、他者との関りのなかで、一定の形をもつものとして「醸成」されてくる、ということであろう。

　このことは、日本人における個の確立や主体性の確立においては、成熟に至る過程（流れ）、制度的にいえば手続が重要であることを意味している。本稿が、市町村社会福祉協議会を人々の生命・生存にかかる思い（ニーズ）の保障の手立てとなる二つのベクトルの「中間媒介組織」として想定したのは、この点を意識してのことでもある。もっとも、ここでいう「成熟に至る過程（流れ）」については、いくつかのことを確認しておく必要がある。以下、この点について簡単に指摘しておきたい。

　(ⅱ)　いくつかの確認事項
　(ア)　まず、この「成熟に至る過程（流れ）」が丁寧に行われれば、日本人における「個」の一定の確立や「主体性」の一定の確保が可能となると想定されることをあらためて指摘しておきたい[180]。

---

180 ①「クライエントの自己決定を尊重し、それを促すこともワーカー（ソーシャルワーカーのこと　引用者）の専門職としての重要な任務である。援助関係から考えれば、ワーカーはクライエントが決定するまで待つのではなく、自分の力で決定するまでのプロセスにかかわり、寄り添うこと、それが援助である。しかし、クライエントの選択・決定する行為自体が自己決定であると誤解されている向きがある」社会福祉士養成講座編集委員会編『相談援助の理論と方法　Ⅰ［第2版］』（中央法規出版、2011年）75頁。
　　相談援助についてのこのような指摘と、本稿本文で述べたような考え方を「統合」し、精査することが今後の課題といえようか。
　　②「相談援助の最初の時期は、このラポールの形成に意識と時間が割かれる。バイステック（F. P. Biestek）はこのラポールを『水路』と表現している。そして『この水路を通して、個人の能力と地域の資源は動員されるのであり、ケースワークの面接、調査、診断、治療それぞれの過程もこの水路に沿って進められるのである』」社会福祉士養成講座編集委員会編『相談援助の

(イ) 前記(ア)のことは、その裏返しとして、この「成熟に至る過程（流れ）」を通じて、日本人の責任感も一定程度醸成されてくる可能性を示唆している[181]。

(ウ) しかし、前記(ア)、(イ)が可能となるためには、「成熟に至る過程（流れ）」において、少なくとも以下の3点が確認されていることが必要となろう。

①まず、人びとの思考のプロセスが言語化されていることが重要となる。

②上記①によって、自分の立ち位置が確認でき、必要に応じて「立ち位置」を変える、あるいは考えの視点を変えてみることが可能となるからである。

③そして必要ならば、西欧的な「個と個の関係」に戻れることが重要となる。そこでは、これまでも指摘されてきたような意味での「日本国憲法のもとでの人権保障の脆弱性、人権意識の希薄性の克服」が望まれるところとなる。

少しだけ説明を加えておこう。重要なのは、「場のほうから関係」をつくっていくような人間関係のありかたについて、本人がどの程度意識しているか、そして必要なときには個対個の人間関係を結ぶことができるかどうか、である。そのためには、場のなかにいる本人の「思考のプロセスが言語化」され、「思い」を「自覚的な意識」へと昇華させる　とともに、「その立ち位置」が確認されることにより、必要なら「その立ち位置」を修正し、場合によっては、意識的に西欧的な「切断された個と個の関係」に戻れる力が醸成されることが重要となる。こうした内面の課題を経ることで、日本人の自立や主体性ひいては責任や決定の問題は、本人にも他者にも、よりわかりやすいものとなるのではなかろうか。

基盤と専門職［第2版］』（中央法規出版、2011年）96頁。本文と直接関係するものではないが、人間の関り方を考えるうえで共通するものも感じられる。参考にしていきたい。

181 「自己決定には、自分で決定した結果に対して責任を負うという意味合いが含まれている。社会福祉士は自己責任をクライエントの自己決定の前提条件だと考えず、自己決定を可能にする環境へのはたらきかけを行うべきである」前掲『相談援助の基盤と専門職』108頁。ここには、責任と「人びとの思い」の乖離を繋ぐ「ひとつの手がかり」が示唆されているようにもみえる。

こうした関係性の構築のために、今私達に求められているのは、「自分と世界の関係の複雑性をもう一度取りこむ」[182]ことであり、大事なのは、これもくりかえしになるが、この相互性を一つの観点から「規定しないこと」である、といえそうである。

(エ) 支援の重要性——「成熟に至る過程（流れ）」を支える他者の存在

個々人の自立・責任・決定に係る人びとの意識を醸成していくためには、その「成熟に至る過程（流れ）」において、人びとに寄り添い、前記(ウ)で提示した3点を本人とともに確認していく他者の役割は大きいものとなろう。「個」や「主体性」の成熟の過程におけるこうした支援は、市町村社会福祉協議会に課せられた第3の役割である（「解釈とコミュニケーションのための社会文化的な手段」とされる）「言説の資源」の「言葉の正確な意味での提供」を意味することになるのではなかろうか。そしてその支援（提供）は、「対象の中に自分もはいっていく」という形をとって行われることになると考えられる。

(オ) 市場における人々の相互関係においては、総じて「西欧型の個と個の関係」が要請されることになるだろう。しかし、福祉の領域において、「具体的な顔をもつ、リアルティをもった個人」として現れる人々における「個」の「確立」や「主体性」を考える場合には、「成熟に至る過程（流れ）」の視点から、それを把握することの重要性にも配慮すべき、ということである。

(カ) 「成熟に至る過程（流れ）」を通じて顕在化し、一定程度確立されたようにみえる「個」の「確立」や「主体性」は、実は不完全であり、さらなる「成熟に至る過程（流れ）」へと通じていくことになる（本節3(2)(c)参照）。

この点に、「日本人の自我」の特性（個としての弱さ、主体性のなさ）を、「西洋人の自我」との対比で論じるだけでなく異なった視点（「成熟に至る過程（流れ）」）から把握するより積極的な意義があると考える。その意味では、ここでいう異なる視点は、より広い世界を包摂する普遍的なものになりうる

---

182 「自分と世界の関係の複雑性をもう一度取りこむ」という発想には、免疫の意味論や複雑系から示唆されることが多い（河合・前掲注10)所収の「清水　博さんと『何が起こるかわからない』ことを科学する」参照）。

ものであるのかもしれない。さらに検討していきたい。

(c) 西洋人と日本人において異なる契約や対話の位置づけ

すでに述べてきたように、西洋人の意識には、個人主義の柱である近代自我の特徴が反映されている。そこでは、個人と個人が関係をもつことになるので、一応切断された個と個が、対話や契約によって、あらたな関係を作っていくことになる[183]。西洋人において対話とは、相手と対決することだという指摘[184]は強烈だが、切断された場面にあらたな関係を構築することの重要性と厳しさを思えば、むしろ当然のこともいえるだろう。この姿勢は、契約においても貫かれているとみるべきだろう。

わが国においても、契約自由の原則は、私的自治の原則の柱の一つとされている。このことからしても、市場における契約においては、原則として欧米と同様の「立ち位置」が、関係者に要請されているとみるべきだろう。

周知のように、近年では、福祉サービスの利用者と提供者の間でも「対等な関係」の確立が求められてきている。しかし、福祉サービスの領域において、欧米と同様の契約における「立ち位置」だけを、利用者に求めることが可能だろうか。必要だろうか。どれほど、実質的な意味をもつものだろうか

「日本人の自我」の特徴とされていることからすると、他と切断された個と個の間を繋ぐ契約関係を形成する前に、「共通の場にいる二人として、場のほうから関係」をつくっていくような関り方が、当事者の間に存在することになる。「場のほうから関係」をつくっていく過程には、「察する」「他に心を開く」といった意識も働くので、契約が締結されても、当事者の意識のなかでは、契約は「人びとの思い」とは離れたものとして存在する可能性を含んでいる。契約が守られない、責任がないといわれる背景の一つとして、契約の内容と「人びとの思い」との間に乖離があることも関係している、とはいえないだろうか。

契約の問題だけでなく対話においても、日本人の場合には、一般に個と個の間を繋ぐような「真摯な対話」は少ない。その理由の一つとして「察する

---

[183] 河合・前掲注4)172頁。
[184] 同229頁。

ことで事足りる」日本人の意識のあり方がここにも関係している、ようにも窺える。

　成年後見制度や日常生活支援事業と市町村社会福祉協議会の関りを思えば、上記のことは、市町村社会福祉協議会にとっても無視できないところではないだろうか。いささか飛躍した言い方になるが、成年後見制度や日常生活支援事業を少なくとも補完するものとして、「成熟に至る過程（流れ）」の検討が求められてきているようにみえる[185]。

(d)　若干の検討——西欧近代を系譜とする日本国憲法と「日本人の自我」について

①わが国の憲法に反映された西欧の人権体系は、前近代的制度の「身分」的拘束からの「自由・平等」を、人間の「生存」のために獲得する闘争の過程でうち出されたイデオロギーにもとづいて確立されたものである[186]。

　しかしながら人びとが人間として、すなわち一市民として生きるために必要な自由・平等の自然的要求は、資本主義社会の発展とともに、「身分」的拘束からの「自由・平等」への要求からかけ離れ、時代によって異なってきている。

　しかしこれらの「異なってきた要求」も、少なくともその一部は制度に包摂され現代に至っている。日本国憲法も例外ではないが、資本主義社会における法は、その制度の特質として、時代によって異なる人間の自然的欲求を包摂するという「相対的独自性」をもっている、と考えられる。前述のことはこのことを示唆するものといえよう。このようにみてくると、「人びとの自立や主体性が成熟していく過程（手続）」の保障は、自由・平等・独立の理性ある〈個人〉であることの保障と表裏一体の関係にあるものとして位置づけ、日本国憲法のもとでの「確立された規範」化を考えることは、不可能なことではないようにみえるが、どうだろうか[187]。専門家の知見も踏まえ、

---

185 「ここで重要なことは、判断能力に支障があるクライエントに対しても自己決定を行う権利があることを再認識することである。そしてそれを可能にする支援を行うことである」。前掲『相談援助の基盤と専門職』10頁。

186 下山・前掲注79）276頁。

今後検討を重ねていきたい。

②「人びとの自立や主体性が成熟していく過程（手続）」の重要性が、法との関わりで直接に問題となるのは、ベクトル②（曖昧な思い（ニーズ）を、政策として醸成していく過程）との関係においてである（注91も参照）。例えば、市町村地域福祉計画のような「広義の行政手続」における住民参加の問題は、本来は「人びとの自立や主体性が成熟していく過程（手続）」の視点を意識して考えられるべきものといえよう。さらにいえば、ベクトル②との関わりで把握される「この過程（手続）」は、Ⅳでふれた「ロックの三理論領域の構成との関り」や、「分節政治」をふまえた市民参加理論の重要性からしても、日本国憲法が想定する民主主義の人権体系の本流にかかわる問題でもあることを付記しておきたい。地域福祉計画と地域活動計画の関係が示すように、社会福祉協議会は、福祉に係る計画の策定と少なからず関係している（注91参照）。

4 まとめに変えて——社会福祉協議会に引き寄せて

本節では、「個人の自立」と「社会の自立」に焦点をあて、検討を重ねてきた。

その大きな理由の一つに、アメリカから接木された社会福祉協議会を、「社会福祉協議会が政府を支える」という本来の姿から、「政府が社会福祉協議会を支える」という立ち位置に「転倒」させたものは何かへの問題関心があげられる。そしてその「転倒」を根底において支えたものとして、本稿では、「西洋人の自我」と対比される「日本人の自我」に着目した。「日本人の自我」の特性を踏まえることなく、日本における「個人の自立」と「社会の自立」を考えることはできないと考えてのことである。「西洋人の自我」と「日本人の自我」の対比については、「個別性と普遍性」を始めとするいくつかの留意事項があるが、ここでは繰り返さない。

そして本稿では、「日本人の自我」の特性を①「個」として確立されたものではない、②自分をとりまく環境と対峙する場合に、自分を主体として関

---

187 本文での記述については、下山・前掲注79)から示唆を受けたことが多いが、文責は筆者にある。

るという構造をとりにくい、という側面をもつものとして把握し、日本人の「個」の確立、主体性の確立には、「成熟に至る過程（流れ）」が重要となり、またそこにおける他者の支援が不可避であることを指摘した。

本稿では、市町村社会福祉協議会を、人々の生命・生存にかかる思い（ニーズ）の保障の手立てとなる二つのベクトルの「中間媒介組織」として把握した。また、また「言説の資源」の視点からの個々人への支援が、「成熟に至る過程（流れ）」との関りにおいて重要な市町村社会福祉協議会の第3の役割となると指摘した。

このいずれの役割からみても、日本における「個人の自立」と「社会の自立」を考えることなしに、社会福祉協議会がその課題を遂行していくことは難しいだろう。もともと社会福祉協議会は、「住民主体」を理念として掲げる組織である。「住民の主体」の確立なくして、社会福祉協議会の自立、ひいては「社会の自立」を考えることはできない（Ⅲ4(2)参照）。協働や共助・互助の問題も、日本における「個人の自立」と「社会の自立」の問題と切り離したところで考えることはできない。協働の問題でいえば、①（社会福祉協議会を含む）市民社会が政府を支えるという「位置づけ」が明確であること（注93)参照) ②その「立ち位置」を支える「社会の自立」が持続的に存在することが必要であり、そのためには、〈公的な存在〉としての〈私〉の他人志向性や無責任性が改善され、参加した成員が明確な責任を感じない、という事態が減少していくことが重要である ③そのためには、ひとりひとりの住民の個の確立や主体性の確立に向けた「成熟に至る過程（流れ）」とその過程における他者による言葉の正確な意味での「言説の資源の提供」が重要となろう。共助・互助に関連していえば、本来は、社会という〈公〉における市民相互の「助け合い」は、「市民が、市民である他者をいたわる権利（広々とした義務）」に基づくものであるはずである（本節3(3)(b)参照）。現状を顧みると、「福祉国家」からの方向転換を唱える主張とも関連して、公助、共助、互助、自助の分類のもとに、「あいまいな共助概念や互助概念」が広く流布されてきている[188]。「家族制度」は決して「仲よくすること」一般を意味するのではなく、また「仲よくする」ただ一つのしかたではないという指摘[189]は今、形を変えてふたたび重要性を帯びてきている。こうした

流れに留めをさし、本来の意味での共助（注172参照）を、ベクトル①の根底に根づかせるためには、公人である私人相互における言葉の正確な意味での共助が、（あえていえば、新しい「社会契約」として）承認されていることが前提条件である（注93参照）。少なくとも、共助という概念には、こうした高邁で厳しい意味が籠められていることが認識されるべきだろう。

　これまでのわが国の社会福祉協議会の姿が、中空構造の「空」（カラ）であったとするなら、今社会福祉協議会には、「中間媒介組織」としての「空」をいかなる形で埋めるか、あえていえば、そこに向っての無窮の運動が求められてきているのではなかろうか[190]。

188　自助、共助、公助の概念は、「社会保障国民会議」で使用されたが、そこでは、それぞれの定義はない。その後の展開では、自助、共助、公助の他に互助（費用負担が制度的に裏付けられていないもの）が導入され、共助はそれとの関係で、税金と保険料の両方が挿入されている社会保険等をさすものになってきている。
189　川島・前掲注132）23頁。
190　この間、執筆と平行しながら社会福祉協議会等でのヒアリングを続けてきた。そこから学んだことのなかには、本稿で述べたことを補い、今後の研究の方向性を提示していると思われることが少なくない。ここではそのいくつかについて要点のみを指摘しておきたい。橋は架かりそうな気もしてきている（Ⅲの終わり参照）。

1　中間媒介組織としての市町村社会福祉協議会の視点から
1）「市民社会が政府を支える」ということ、あるいは「ニーズ解釈の政治」に関連して
　①　例えばA市では、A市社会福祉協議会と連携し、身近なエイリアであがってきた生活課題のうち、特に解決が困難なものについては市全体で話しあえる組織(A)が設定され、別途市が作成する行政計画（地域福祉計画）との整合性にも注意しながら、協働して解決を目指していく試みがなされている。そしておそらく場(A)を実質的に支えている組織として(B)が、A市社会福祉協議会のバックアップのもとで、A市社会福祉協議会の外に形成されている。組織(B)は市民参加型なので、肩書きをはずしての個人参加であるが、そこには行政の関係者も参加しているという。
　②　A市社会福祉協議会は、組織(B)での活動を通じて、様々な経験を通じた市民のなかから、やがてA市社会福祉協議会の理事や評議員が選出され、A市社会福祉協議会に新しい風が吹き込まれることを期待しているようにも感じられた。組織(B)が、あえてT市社会福祉協議会の外に形成されている所以であろう。
2）関係性のなかで「当事者の思い」を支える仕組み
　B市社会福祉協議会の重度障害者施設は、重度障害者と当事者（重度障害者）をよく知る複数の人々との関係性を通じて、「当事者はどう思っていると思うか」を考えるなかで、「当事者の思い」に近づき、それを具体化することを考えてきた長い歴史をもつ。今回のヒアリングでは、この仕組みの詳細を知り、この仕組みの重要性をあらためて実感させられた。措置から契約へと変わり、成年後見制度が導入されるなかで、この仕組みは実質的にどこまで継承されているのだろうか。本稿Ⅵで述べてきたこととも重ね合わせながら今後なお検証していきたい。

本稿の執筆にあたっては、大矢野修龍谷大学教授より、多くの適切な助言を頂いた。また、田中幹夫弁護士、江野尻正明弁護士からは、法実務からみた社会福祉協議会について貴重なご意見を頂いた。

---

3) 相談支援活動の統合化
　上記1)で述べた組織Bの活動や2)の活動を通じて、相談支援活動の統合化への道筋が具体的に形成されつつあるようにもみえる。今後に期待したい。

2　黒子としての市町村社会福祉協議会
　市町村社会福祉協議会の役割が、中間媒介組織にあるとすれば、それは、市町村社会福祉協議会が黒子に徹することを意味する。上記1、で述べたようなことが根づいていくためには、行政と市民を繋ぐキーパーソンであり、かつ黒子である市町村社会福祉協議会の「力量」が問われることになる。

3　市町村社会福祉協議会を支える市民と他者との関り
　上記1のＡ市の場合、組織Ｂを支え、市町村社会福祉協議会やＡ市をも巻き込んでいく市民の存在が大きいように窺える。こうした市民の「存在感」が、Ａ市をはじめいくつかの市にだけ、「強く感じられるのはなぜなのだろうか。組織Ｂを支える市民は、あえていえばロックの想定した「自由・平等・独立の理性ある〈個人〉」のようにもみえる。しかし、組織Ｂを支える市民は、他者との繋がりに関心をもつ市民でもある。Ａ市社会福祉協議会の職員が、市民との「対立」を超えて、市民と一つの「問題」をともに克服したとき、初めて市民と対等に向き合えたと感じるといっていたことが印象深い。本稿では、市民に「言説の資源」を提供することが、市町村社会福祉協議会に期待される役割の一つと述べてきたが、市町村社会福祉協議会は、また市民によって育てられる存在でもある　という自然な事実をそれは示している。本稿Ⅵで述べてきたこととも重ね合わせながら今後なお検証していきたい。

4　市民活動事業を支える市町村社会福祉協議会　ベクトル①に関連して
　この間の調査をみる限り、市民意識が高い地域ほど、市民が様々な福祉活動事業を展開するようになってきている。こうしたなかで、市町村社会福祉協議会には、個々の福祉活動事業に長期的に関り、その活動の軌跡を確認し、総じて採算性に乏しいこれらの事業がもつ「様々なリスク」への対応に協力しながら、他方では、地域が全体として求めているサービスに対し、個々の福祉活動事業が果たしている役割と限界を認識し、その間隙への対応を検討するうえでの要となっていくことが期待されてきているようにも感じられる。

5　市町村社会福祉協議会と個別事業
　Ｂ市社会福祉協議会の重度障害者施設もその一例だが、Ａ市社会福祉協議会も個別事業を行っている。そのいずれもが現状では、制度の谷間を埋める側面をもっている。その意味では、これらの事業は、福祉の特性（流動性や迅速性）に対応する制度や資金のあり方を再検討する「実験場」である。「完結」していく条件として必要なのは、「不完全さ」である（本節3(2)(c)参照）、だからこそ、市町村社会福祉協議会には、市民社会に浮かぶ島として「ゆらぐ存在」であり続けることが求められてくる（本節3(2)(e)参照）。こうした視点を踏まえて、市町村社会福祉協議会

大矢野教授、江野尻弁護士には、研究会にも参加頂いた。そのことは、本書の執筆者全員にとっても有意義なことであったと考える。しかし特に本稿との関りで、格別にお世話になったことを思い、この場を借りて、3人の方々に心からのお礼を申しあげたい。

　を中間媒介組織として位置づけた場合の個別事業の位置を考えていきたい。

「地域福祉の時代」における市区町村社会福祉協議会の展望
―住民会員制度と住民参加に関する試論―

飯村史恵

I　問題の所在――公私協働をめぐる基本的視座

　社会福祉協議会（以下社協という）は、創設以来、「民間団体」でありながら、行政による強い影響力を受け、自発的に独自の活動展開を行うことが極めて難しい状況に置かれてきた。組織の人事・財政・事業内容各方面に対する行政の強い関与は、個々の社協で程度の差はあれ、その後も現在まで連綿と続いている現実があり、社協の唱える「民間性」「先駆性」「開拓性」等々は、長年に渡り、常に"課題"とされてきた。近年の社会福祉基礎構造改革と称される戦後体制の再構築に当たり、「地域福祉」が社会福祉法に明記され、社協は、それを推進する中核的存在として位置づけられたとされている。しかし、地域福祉を推進するための財源調達等基盤整備が必ずしも進んでいない状況下[1]で、多様な主体が地域福祉に参入することにより「地域福祉が

---

[1] 例えば、平野方紹「地域福祉推進のための計画と財政」社会福祉研究 99 号（2007 年）44-50 頁、稲葉一洋「地域福祉の推進と住民参加――コミュニティ政策からの転換」人間の福祉 26 号（2012 年）1-14 頁。稲葉の論文には、地域福祉推進の鍵を握る「住民参加」の仕組みづくりに、財源を配分できずにきた従来の政策の問題点が指摘されており、同時に、住民参加の成果を提示する必要性についても述べられている。

主流化する時代というのは、ある意味では、地域福祉が社協の手から離れる時代でもある」[2]との指摘もあり、社協の「混迷」——あるべき姿と実態との乖離——は深まるばかりである。

　深刻化の度合いを増す社会問題が山積し、社協を取り巻く内外の環境が大きく変化する中で、従来と同様の状態のまま活動を展開するには限界があり、再度社協の存在意義と固有の活動内容及びそれを支える組織の構造問題を明確にし、多少なりとも解決に向けた道筋を示す必要性に迫られている。

　本稿では、社協の歴史を辿りつつ、法律の位置づけと組織に焦点を当て、社協と活動の主体となる地域住民の意思が乖離状態にある実態を明らかにすることを目的とする。特に今日、社協に一層問われている自律性及び主体性の確保という観点から、社協組織の基本を構成する住民会員制度並びに住民参加に焦点を当て、考察を試みたい。ここでは、地域住民に最も身近な存在である市区町村社協[3]を中心に議論を進めることとする。

　本書は、法学研究者と社会福祉学に基礎を置く者が、各々の専門的観点に基づき、社協について研究を行った成果物である。このことから、本稿における基本的視座は、法律からは読み取れない事実から、あるいは、法学的アプローチと異なる視点から、社協の「見えにくい」実相に迫り、しかも現実に地域社会で生活する地域住民の立場を見据えつつ、地域福祉を推進する団体としての社協の変遷と今後の姿を一定程度明らかにすることにあると言える。

1　公私分離の原則と社会福祉協議会の創設

　社協の創設は、第二次世界大戦直後に遡る。日本の民主化政策を進めたGHQの影響を受け、厚生省の強力な関与によって誕生した組織であることは、ほぼ間違いない。

　GHQ覚書「救済並福祉計画の件」（SCAPIN404: 1945. 12. 8）では、生活困窮者に必要な救済を、国家責任により、無差別平等に実施することを求め、

---

[2] 武川正吾『地域福祉の主流化——福祉国家と市民社会Ⅲ』（法律文化社、2006年）41頁。
[3] 市区町村社協には、政令指定都市における行政区の社協を含める。除く場合は、市町村社協という。

現行法令の調整と共に、既存団体の整理統合を求めていた。日本側からの回答には、官民一体による救済策が示されたが、GHQは民間団体である戦災援護会に多額の公費が流れること、方面委員が第一線に立つ協力者として位置づけられていることに疑問を呈した。そのため、戦災援護会は軍人援護会と合併して同胞援護会を設立し、方面委員令は民生委員令に改められた。続いてGHQは、「社会救済」（救済福祉計画に関する覚書）（SCAPIN775: 1946. 2. 27）で、いわゆる公私分離原則を命じた。さらに、1946（昭和21）年3月15日「政府の施策に協力する自発的民間団体に対し、これを援助するためになす補助奨励等の公基金」の支出は「明確に認可せられ居らず」[4]と回答され、民間団体への補助の道は断たれた。かくして、戦前の社会事業法は「死文化」し、その後制定された日本国憲法第89条により、公私分離は徹底して実施されることになった。民間社会事業団体は頼みの綱の補助金が打ち切られ、経営悪化に陥り、閉鎖せざるを得ない状況にまで追い込まれていた。

一方、GHQよりアメリカの共同募金運動の紹介があり、1947（昭和22）年厚生省が提唱した国民たすけあい運動と合体して「上からの」共同募金運動が展開されることになった。同年11月25日から1か月間行われた共同募金運動では、約6億円の募金実績を挙げ、民間施設等に配分された。共同募金は、戦後の民間社会福祉事業団体の財源を支える重要な役割を果たし、それ故配分等を計画的に行う必要があり、社協創設の要因にもなった。創設の「最大のきっかけ」[5]は、1949（昭和24）年11月29日GHQから口頭で伝えられた「昭和25年度において達成すべき厚生施策の主要目標及び期日についての提案」[6]（以下6項目提案という）であったとの指摘がある。その内容は①厚生行政地区制度の設定 ②市厚生行政の再編成 ③厚生省の助言と実施指導 ④公私社会福祉事業の分離 ⑤社会福祉活動に関する協議会の設立 ⑥有給専任職員の現任訓練で、社協創設に直結した第5項は「厚生省は、全国的

---

4 GHQ「救済福祉計画書細部指示覚書第一項ロに関する質疑事項」回答（1946年3月15日）。
5 山口稔『社会福祉協議会理論の形成と発展』（八千代出版、2000年）11頁。
6 「6項目要求」、「シックスポイント」等とも称される。6項目提案が示された過程は、必ずしも明らかではない。なお、GHQにこうした提案をさせたのは、日本側であったとの当時の厚生官僚の証言もある。昭和社会事業史の証言⑪「昭和20年代の社会事業行政をめぐって」社会福祉研究23号（1978年）。

及び県の社会事業団体及び施設により自発的に行われる社会福祉活動に関する協議会を設置し、これが運営指導を行うための全国的プランを作成するに当つて、その参加が必要且つ望ましいと認められる関係の全国的社会事業団体を招致しなければならない。(後略)」[7]というものであった。

「6項目提案」とほぼ同時期に、日本社会事業協会による「都道府県社会事業組織要綱」(1949；昭和24年)、参議院「社会事業の振興に関する方策要綱」(1949；昭和24年)、中央共同募金会「都道府県の区域を単位とする民間社会事業組織の整備に関する意見」(1950；昭和25年)等が相次いで発表され、民間社会事業組織再編成の準備は急速に進められた。GHQから国家責任を果たす責務を迫られた政府自身も、現実の福祉施設等の運用においては民間社会事業に依存せざるを得ない状況にあり、厚生省の要請により日本社会事業協会と同胞援護会による「社会福祉協議会設立準備要綱案」が示された。こうして三団体(日本社会事業協会、全日本民生委員連盟、同胞援護会)が統合されることになり、1951(昭和26)年1月中央社会福祉協議会(後の全国社会福祉協議会　以下全社協という)が誕生した。このような社協創設の経緯は、民主化政策の観点から、「自発的に行われる社会福祉活動」を担う組織としての希求が強くあったにもかかわらず、官制的な団体統合の影響を受け、共同募金と同様「上からの」組織化に終始したと、後に批判を受けることとなった。

ところで、社協の理論的支柱となったのは、アメリカから導入したコミュニティ・オーガニゼーション理論であった。後述する厚生官僚黒木利克と共にこれを研究し、社協活動の理論的枠組みとすべく精力的に働きかけた牧賢一は、「社会福祉協議会の理論と問題」[8]を著した。牧は、社協創設期の団体統合問題と社協の本質は別のものと強く主張し、社協は「社会事業の専門技術の一つであるコミュニティー・オーガニゼーションの機能を総合的に行うその最も代表的な活動形態」と述べている。また、社協は元来「市民が自発的に集まって構成する組織であり、一つの市民運動体である」とし、「理

---

7 黒木利克『ウェルフェア・フロム・USA』(日本社会事業協会、1950年) 4頁。
8 牧賢一「社会福祉協議会の理論と問題」社会事業9号＝月刊福祉12月号(1950＝1989年) 100-108頁。

想的には、人間的資質の維持と成育に対して共通の関心をもつ一切の市民が参加すべきもの」であるが、現実的には公私社会福祉事業の施設や団体の代表者及び行政の代表者に、社会福祉に関連のある医師、教育家、警察司法関係者、宗教家、実業家、労働組合幹部等の人達を若干加えるのが普通としている。社会福祉施設等の連絡調整を担うが故に、自ら施設経営はしないことを特徴とし、共同募金との一体的組織結合にも言及している。この論文は、広く市町村社協に行き渡り、社協の組織や機能、固有の活動など、今日に至るまで議論となる事項に、明快な見解が示されている。

　このように社協の創設には、GHQによる指示、民間団体統合、コミュニティ・オーガニゼーション理論の導入など、実に多様な要素が入り乱れ、複合的要因が絡み合っていた。まさに「地域福祉という理念と団体統合という現実のギャップが創設期から現れていた」[9]のである。

　戦後福祉改革の結集は、1951（昭和26）年の社会福祉事業法の制定にみることができる。この法律は、社会福祉事業の共通的基本事項を定め、制限列記という形式で第1種及び第2種社会福祉事業が示されている。社協は、共同募金と共に第3章第3節に登場するが、殆どが共同募金に関する条文であり、都道府県社協を規定する第74条と連合会（全社協に相当）を規定する第83条の一部のみが社協の規定で、市区町村社協の規定は存在しない。共同募金は第1種社会福祉事業であり、その実施に当たり、社協の関与が必須とされた。即ち社協は、法律に位置づけられているとは言え、共同募金の関連記載が主たるものに過ぎなかった。社会福祉事業法の制定時に厚生省社会局長であった木村忠二郎は、「公私の完全分離による責任の明確化の方向にたいして、これをこの点で連結しようとする考え方のもとに、公私の連絡関係にともなう諸規定をもうける必要があり、さらに、この両者の関係を表裏一体のものとして、その円滑な運営をはかりうるようにすることを必要とするのの（ママ）で、これらのために必要な規定をもうけたものである。したがって、その実体は他にあり、法律の規定するところは、実体に基礎をおき、その円滑な運営をはかるに必要な最小限のものにとどめられている」と述べ、

9　吉田久一『新版　日本社会事業の歴史』（勁草書房、1981年）237頁。

社協を「社会福祉事業の専門技術の一つである『地域社会組織化活動』の機能を総合的におこなう、もっとも代表的な活動形態であり、特定の地域社会において公私の社会福祉事業の関係者およびこれに関心をもつものが中心となり、社会福祉を目的とする諸活動を総合調整し、またその機能をもっとも効率的に発揮させることを目的とする自主的組織体である」[10]と記した。

「地域社会組織化」は、コミュニティ・オーガニゼーションを意味していると考えられるが、木村の下で社会福祉事業法の実質的な設計を担うこととなった黒木（当時厚生省庶務課長）は、公的扶助制度が制度的に中央集権化し、権力主義化することへの対抗策として、より本質的な民主化の手段として「地域社会組織化」を捉えていた。このことは「社会福祉事業への国民の参加を実現し、真の意味における社会福祉事業の民主化の徹底を図るため共同募金と社会福祉協議会が規定された」[11]という記述からも明らかである。また後年黒木は、「わが国の習慣或いは国民性から考えて何らかの法的裏付けをすることが必要ではないかとの意見も少なくなかったが、本来社会福祉協議会は市民の自主自発的な組織であり民主的に運営さるべきものであるとの本質論から、当分このことは考えないことになった。しかし、翌26年3月に制定を見た社会福祉事業法において共同募金に関する規定を設けるに当って、それとの関係を明らかにするため都道府県単位の社会福祉協議会に関しても若干の規定が挿入された」とし、「行政官庁の職員は定員の5分の1以内に限って就任することができると定められたことは協議会が公私合体の組織であるべきことを示した重要な事項」と述べ、コミュニティ・オーガニゼーション理論を背景に、自主的な地域福祉活動を展開する共同募金会並びに社協を「社会事業の現代化の所産」[12]と表現している。

次いで1952（昭和27）年5月2日付で各都道府県知事宛に「小地域社会

---

10 木村忠二郎『社会福祉事業法の解説［改定版］』（時事通信社、1955年）166-167頁。後年、木村は全社協の副会長・常務理事も務めたが、社会福祉の向上には、公的施策の整備のみならず、地域住民の関与と協力が不可欠とし、住民の主体的活動を組織する社協の役割の重要性を論じている。木村忠二郎「社会福祉事業の新しい途」月刊福祉1月号（1963年）。
11 黒木利克「社会福祉事業法について――戦後社会福祉事業行政の展開」法律時報8号（1951年）70頁。
12 黒木利克『日本社会事業現代化論』全国社会福祉協議会（1957年）567-577頁。

福祉協議会組織の整備について」とする厚生省社会局長通知が出されている。小地域社協とは、この時点では法制化がされていない郡市町村社協で、その結成促進を依頼する通知であった。ここには、社協は「官公私の施設たると個人たるとを問わず一体となって参加協力することが特徴であるので、その組織の長は、協議会活動に理解と情熱を持つ人であれば、誰れでも差支えない性質のものである。従って町村長がその組織の長となることも考えられる」「町村等小地域における協議会の経費は、共同募金よりの配分金及び構成員からの会費等をもって充てられるべき性質のものであるが、協議会活動は町村の福祉を増進し、住みよい環境をつくることを目的としているものであるから結局町村の行政目的と一致し、これを助長する役割をも果すものであり且つ町村当局も当然協議会の一構成員となるのであるから、分担金とか委託金とかを支出されるよう指導されたい」[13]と記されている。

公私協働を基本としているとはいえ、組織の長は首長でも良く、社協の活動は結局行政目的と一致するとすれば、「民間団体」としての固有性や独自性は、何処に見い出すことができるのだろうか。本通知の発令などが功を奏したのか「行政指導による社協の整備」[14]は進み、市町村社協は急速に結成率が高まった。しかしながら社協は、当初期待されたような「自発的」な住民組織とはならず、内実が伴うものではなかった。しかもこの後、通知改廃がなされておらず、本通知は今日に至るまで存在し続けている。

2　社会福祉協議会の法人化の意義と課題

1960（昭和 35）年 8 月全国都道府県社協組織指導職員研究協議会が山形県で開催された。山形会議[15]と呼称されるこの会議で、民間団体としての社協

13　この通知について、全社協史は「社協活動を側面から援助、指導する方途」としている。全国社会福祉協議会『全国社会福祉協議会百年史』（2010 年）204 頁。
14　山口・前掲注 5）52-53 頁。
15　全社協の永田幹夫は「この会議で『住民主体』といった用語を用いての議論がどの程度あったか、記憶がない。主題が職員の活動だったので、あまり出なかったのかもしれない」（日本地域福祉学会『地域福祉史序説』（中央法規出版、1993 年）136 頁）としている。一方、当時山形県社協に勤務していた渡部剛士は、「住民主体という言葉は遣われたかどうかは別として、農村の実態の中で住民が主体的に動かない限り問題解決にならないという、そういう雰囲気というのが町村の中で出ている。（中略）それをオルガナイザーが感じ取りながら動いていた、その状況の

の立ち位置に疑義が示され、住民ニーズに対応できていない画一的な活動が問題視されることになった。その上で ①自主的な民間団体として、住民の立場にたって活動すること、②地域社会の民主化をおしすすめる使命をもつこと、という社協の基本的な方向性が確認され、1962（昭和37）年社会福祉協議会基本要項（以下基本要項という）が策定されることになった。「住民主体の原則」を掲げた基本要項は、社協の組織と活動全般について基礎的事項を規定している。

創設当初の「社会福祉協議会組織の基本要綱」が、地域住民について全く触れておらず、住民の位置づけが曖昧であったことと比べ、基本要項では社協を「一定の地域において、住民が主体となり、社会福祉、保健衛生その他生活の改善向上に関連のある公私関係者の参加、協力を得て、地域の福祉を増進することを目的とする民間の自主的な組織」（基本要項１：性格）としており、地域住民が位置づけられた「歴史的な意味をもつ改訂」[16]と評する向きもある。しかし、市町村社協の組織[17]は、(1)住民の自治組織 (2)機能別、階層別各種の住民組織 (3)民生委員・児童委員協議会 (4)医師、歯科医師、薬剤師、保健婦、助産婦等保健衛生関係者またはその団体 (5)社会福祉、保健衛生、更生保護関係の施設および団体 (6)社会福祉、保健衛生、社会教育等の関係行政機関の代表またはその地域担当者とされており、組織構成員として住民会員が位置づけられているわけではない。さらに「住民の自治組織については、現実に住民の参加方式が多様であり、しかもそれらは地域事情に基づく必要性の上にたってすすめられてきた方式であるので、これを一つの型にはめることは困難であるという見地から、組織としての加入を原則としたのであるが、場合によっては、個々の住民の直接加入も考えられてよいだろう。（中略）住民の全戸加入方式については、自治組織がある場合はその

中で今の会議が持たれた。それをもって住民主体の原則に繋げていった。」と語っている。山形県社会福祉協議会『地域福祉活動における住民主体の原則を考える 山形会議40周年記念 社会福祉協議会活動を考える全国セミナー報告書』（2001年）13頁。
16 山口・前掲注5)91頁。
17 基本要項制定当時全社協事務局にいた重田信一は、全国から市町村社協に至る系統的な組織編成に当たり、上から下への統制組織ではなく、現実から「課題」を吸い上げる開発型組織に準じた形を採用したと証言している。山形県社協・前掲注15)71頁。

組織の加入を本旨とし、住民は間接加入の形をとるものと理解される。自治組織がない場合には、維持会員的な意味で直接加入ということになるわけである」（基本要項5解説㈡）という記載から、「住民主体」という原則が掲げられていても、住民が個人として社協に加入し、組織の意思決定に関与するという構図は、想定されていなかったと考えられる。

　財源に関しては「市区町村社会福祉協議会は、その運営に要する経費として構成員の醵出金、共同募金、公の負担金または助成金等をもって当てる」とされ、その説明には「最も大きな課題の一つは、自主財源の確保をいかにして達成するか」「民間の自主的な組織としての性格を保持するためには、すくなくともその運営に要する経費の主たる部分を民間の自主的な財源によることが原則」とのみ記されている。つまり、住民会員が明確化されていないため、当然のことながら、住民会費の位置づけもなされなかった。

　事務局及び専門職員については「社会福祉協議会は、市区町村、郡、都道府県、全国それぞれの段階ごとに事務局を設け、社会調査ならびに組織活動の専門職員をおく」とされている。説明に「社会調査ならびに組織活動の専門職員とは、コミュニティ・オーガニゼーションの基盤的な知識と技術を体得し、実践的な指導力をもつもの」とし、社協職員の専門性を、コミュニティ・オーガナイザーとしていることが明示されている。

　基本要項は“社協の憲法”とも言われ、とりわけ「住民主体の原則」はその後も今日に至るまで、社協職員や関係者に長く親しまれ、社協の拠り所とされるフレーズとなった。しかし、地域組織化をどのように進めていくのかという具体的な方法論については、「調査」「福祉計画」という社会福祉事業法の記載レベルに留まっており、「住民主体」を体現するには何を成すべきかという詳細な記述が、基本要項に記されているわけではない。

　その後1966（昭和41）年5月13日付厚生事務次官通達として「社会福祉協議会活動の強化について」が示されている。これにより、1963（昭和38）年度から全社協の企画指導員及び都道府県社協の福祉活動指導員、1965（昭和40）年の指定都市社協の強化に加え、市町村社協に福祉活動専門員という名称の職員人件費に国庫補助が整備されることになった。細目は、同日付の厚生省社会局長通知に示されているが、「福祉活動専門員を設置する市町村

社会福祉協議会は、社会福祉法人でならなければならない」とされ、これにより、市町村社協の法人化の動きが加速化したとされている。

　全社協事務局長を務めた永田幹夫は、「もともと社会福祉法人は、民間社会福祉事業の公共性をたかめ、健全な発展をはかることをねらいにつくられた制度であり、社協事業の公共性のたかさを考えると、法人化を社協発展の土台として位置づけることが必要」[18]と述べ、法人化の便益として、公費補助、融資・助成制度、税制上の優遇および福祉活動専門員の設置を主要なものとしている。確かに、社会福祉法人の創設にあたっては「公共性」の確保が重視されたが、施設等を経営する他の社会福祉法人と、公私協働の下に地域組織化等を担う社協では、その基本的性格が大きく異なり、とりわけ社会福祉事業に留まらず幅広い事業を実施する社協が、なぜ「法人化＝社会福祉法人化」でなければならなかったのか、明確な論拠は見出し難い。後述する法制化との絡みもあり、社協の法人化は、社会福祉事業法に定められた社会福祉法人であることが自明の理と捉えられてきたと推察されるが、今日社会福祉法人による「地域公益活動」[19]の法制化が論議される中で、社協が社会福祉法人であることの意味を、改めて問う必要があるのではないだろうか。

　一方で、実際に法人化を目指す市町村社協には、このような法人化の要件に対して、さまざまな「困難」や「困惑」が生じていた。人員体制の充実強化をはかるための方策であった法人格取得のために、隘路となったのは、皮肉にも専任職員の確保であった。そもそも1959（昭和34）年9月15日付各都道府県知事宛厚生省社会局長通知「市町村社会福祉協議会を社会福祉法人とする場合の要件について」により、7項目の法人化の要件が定められていた。そのうちの第2項に「事業規模に応じた数の専任職員を有すること。ただし、施設の経営に従事する職員はこのうちに含めない」とされていた。このため、通知が出された後、60年代から市町村社協法制化が実現する80年

18　永田幹夫『地域福祉組織論』（全国社会福祉協議会、1981年）238頁。
19　厚生労働省は近年、施設経営を行う社会福祉法人の内部留保への批判やイコールフッティングの立場から、社会福祉法人独自の地域における公益的な活動を義務づけすることを検討している。厚生労働省　社会福祉法人の在り方等に関する検討会『社会福祉法人制度の在り方について』（2014年7月）。

代初頭まで、社協の法人化は、全国各地で徐々に進められたが、特に町村等小規模な自治体において、要件である専任職員確保に苦しむという本末転倒の現象が生じていた。例えば北海道では、1988（昭和63）年3月31日においても、一人も専任職員のいない町村社協が道全体の25.9%にあたる55社協に上っていた。法人化の大眼目は、国庫補助に基づく専門職員確保であったが、前提となる専任職員が確保できないという矛盾に満ちた構造の中で、「市町村社協の苦労があった」[20]とされている。

これらの矛盾を解消すべく、都道府県レベルの財源確保を実現するため、都道府県社協に多大な役割と期待が寄せられた。神奈川県は、1959（昭和34）年県共同募金会による専任職員設置費補助が行われ、翌年から県費により県社協が補助を行うことになった[21]。また東京都は、1964（昭和39）年度から専任事務局長の人件費助成を行い、1971（昭和46）年度から、法人化促進費として職員1名の人件費助成を実施[22]した。こうした各都道府県社協の動きが、市区町村社協の急速な法人化に大きな促進剤の役割を果たしたのである。

ところで、上記通知には「市町村社会福祉協議会が施設の経営を行うことは、その本来の事業活動が阻害されるおそれがある等不適当であると認められるが、適当な経営主体がない場合においては、授産施設、保育所等主として当該市町村の住民を対象とする地域性の濃厚な事業に限ってこれを行うこととし、その規模をこえることが明らかな施設については、別個の社会福祉法人を設立するよう指導されたい。」と記されている。社協に関する通知が、国から都道府県等に対して発信されることは珍しくないが、何故「技術的助言」により、民間団体が実施する業務内容を事実上指示・規制するのか、公の管理下にある社会福祉法人といえども根拠が必要であるが、明確であるとは言い難い。公私協働関係が、相互の平等性に基づく協働ではないことを表

---

20 北海道社会福祉協議会『地域を拓く——北海道社会福祉協議会50年史1951-2001』（2003年）238頁。
21 田辺忠久「専任職員から専門職員へ」月刊福祉11月号（1966年）10-15頁。
22 東京都社会福祉協議会50年史編纂委員会『東京都社会福祉協議会の五十年』（東京都社会福祉協議会、2001年）140頁。

す一つの証左と言えるのではなかろうか。

　このような中で1967（昭和42）年9月11日、行政管理庁から厚生省に対し、「共同募金に対する勧告」がなされた。これにより、①従来過半数を占めていた社協への配分を減額し、施設や生活困窮者へ配分を指導すること（施設配分の増額）、②社協の配分金の大部分を人件費・事務費に使用しているものを改め、受配団体の指導監督すること（社協などへの配分金の使途の適正化）がなされた。かくして社協は、事務費・人件費に充当できる貴重な制度的民間財源を失うことになり、この後行政の補助金・委託金に依存せざるを得ない状況に追い込まれた。この結果「社協が行政の下請け団体化し、社協の存在意義を見失わせる事態を惹起することになった」[23]と指摘されている。

　1968（昭和43）年、全社協は「社会福祉協議会企画指導員、福祉活動指導員および福祉活動専門員活動要綱」を作成し、各都道府県・指定都市社協事務局長宛に通知している。要綱に記載された福祉活動専門員の業務は ①地域内の社会福祉問題の調査、②小地区社協（校区）活動への協力および助言、指導、③各種住民組織ならびに関係機関、団体のおこなう地域福祉活動の連絡調整および協力および助言指導、④地域福祉活動の民間指導者の教育、訓練、⑤地域福祉活動の民間指導者の教育、訓練、⑥世帯更生資金貸付、心配ごと相談所、善意銀行などの直接サービス事業の運営となっており、社協職員は必ずしも地域組織化を担う専門職員とされていたわけではなく、直接サービスを実施することも視野に入れていることがわかる。なおこの要綱には、業務推進の方法として、9つの事項が挙げられているが、その最後に「地域内の社会福祉活動を推進するにあたっては、市区町村社会福祉協議会の組織体制の整備充実につとめる」と記載されている。主語が明記されておらず、具体的方法論も示されていないため、評価は難しいが、少なくとも職員体制を含めた整備の必要性は認識されていたと言えよう。

23　山口・前掲注5)120頁。社協の構造的な自律性喪失の危惧に関して、本書太田論文を参照。

3 社会福祉協議会の法制化の意義と課題

　法人化と同様に、市区町村社協の社会福祉事業法への位置づけ、すなわち法制化も、社協関係者によって精力的に取り組まれてきた。結果としては、30年以上の長い時間を要したが、その間社協では、さまざまな角度から議論が行われた。全社協では、1963（昭和38）年、地域組織委員会において社会福祉事業法改正試案[24]を作成している。

　60年代は、基本要項が制定され、市区町村社協にとって組織の充実期であったはずだが、国や社会の社協への認識は、必ずしも芳しいものばかりではなかった。1960（昭和35）年度の厚生白書（当時）は、「これら社会福祉協議会のうち、地区住民の直接的参加という形をとっている市町村社会福祉協議会については、その結成率は90％をこえてはいるものの、その活動は、一部を除いては概して不活発で、自主的な活躍を見せておらず、それどころか、極端にいえば看板だけを掲げているところもあるような状況で、制度発足以来すでに10年になろうとしている現在、その組織活動の拡充、強化が急務とされている。このためには、あるいは専任職員の設置、あるいは財源の充実などの必要性があげられているが、何よりもまず、地域住民の積極的参加による民間社会福祉事業の必要性を再認識することから検討しなければならない」[25]と記している。市町村社協を育成する立場にあった都道府県社協職員からは、このような批判を受け止めつつ、改めて地域組織化活動を主軸とする組織への改組を目指す声が上がった。それは概ね、社協は本来、現行の施設等業種別活動や民生委員を中心とした組織ではなく、本旨である地域組織化活動に全力を傾注すべきであり、そのために社会福祉事業法の改正が必要であるという提言[26]であった。

---

24 社会福祉事業法改正に関しては、全社協のみならず各社協でも活発な議論があったと推察される。例えば兵庫県社協部長の高瀬は、社協と共募の統合化に加え、保健福祉を包括した単独立法の実現を提言し、社協組織化活動促進の阻害事由として、専任職員の不在を指摘している。高瀬広（兵庫県社協）「投稿　社会福祉事業法の改正――既成事実に鑑みて」月刊福祉5月号（1961年）62-65頁。

25 厚生省『厚生白書（昭和35年度版）』（1960年）169頁。

26 杉井正二（千葉県社協）「社協の本質を見うしなうまい―近視眼的視野の超克―」月刊福祉4月号（1961年）12-16頁、長尾寿賀夫（滋賀県社協）「ことしをこう取り組む――方向づけと活動態度について」同17-20頁。

法律改正に関しては、その後仲村優一を委員長とし、重田信一、三浦文夫、佐藤文男各委員から構成される「社会事業法改正研究作業委員会」が全社協に設けられ、1969（昭和44）年3月「社会福祉協議会及び共同募金会に関する意見」を公表している。これによると、社協は「現代社会福祉事業の基本理念である社会福祉への市民参加の促進及び地域社会の福祉向上（地域福祉計画の策定と実施促進等）という重要な活動を行う独自の組織」であり、「社会福祉事業法のなかでは、共同募金と章を分け、社会福祉協議会についての独立した一章を共同募金の前に設けて規定する必要がある」としている。また「市町村社会福祉協議会は、民間の自主的な組織であるという基本的立場にたって、その構成についても住民主体の原則を明らかにした規定をする必要がある」とし、市町村社協については、都道府県社協に規定されている事業者の過半数参加規定を「必要ない」としている。

　次いで同年8月23日、都道府県・全国の社協及び共同募金会の常務理事・事務局長等により構成された社会福祉事業法改正研究委員会が「社会福祉事業法の改正に関する中間答申」を全社協会長灘尾弘吉に答申している。これには「社会福祉協議会は、現代社会福祉事業の基本理念である社会福祉への市民参加の促進および地域社会の福祉向上（地域福祉計画の策定と実施促進等）という重要な活動を行なっている。したがって、社会福祉事業法のなかでは共同募金と章を分け、社会福祉協議会についての独立した一章を設けて規定すること」と記され、前述の作業委員会意見を踏襲している。市町村社協の会員構成は「民間の自主的な組織であるという基本的立場によって、その会員構成についても住民主体の原則を明らかにした規定をすること」と述べ、事業については「目的にてらし事業内容を明らかにし規定すること」とした上で、社会問題の把握と対策の企画立案（地域福祉計画の策定）等の例示がなされ、「社会福祉問題について、行政庁等に意見を具申し、又は建議すること、あるいは行政等の諮問に応じて答申すること、ができる旨の規定を事業項目のなかに明らかにすること（参考、商工会議所法第9条、商工会の組織等に関する法律第11条）」と記されている。この研究会は、当時「もっとも強い要求のある市町村社会福祉協議会の法制化問題」を解決するために創設され、市町村社協法制化をもって、大枠でその目的を果たしたといえる

のかもしれない。しかしながら、答申に盛り込まれた共同募金と分離・独立した法規定、住民主体を明示した会員構成、行政への提言機能の明文化等が、今日に至るまで実現に至っていないことは、厳然たる事実である。

　元来法制化は、「市町村社協が法制化され、法的にその機能と役割が明らかになることにより、市町村社協の基盤強化がすすむことになるという認識」[27]に基づいて推奨されてきた。全社協では1973（昭和48）年、社協創設20周年を機に「市区町村社協活動強化要項」が策定され、基本方針として①福祉課題のとりくみを強化し、運動体社協への発展強化をはかる　②小地域の「住民福祉運動」を基盤とする　③ボランティア（社会奉仕）活動のセンターとして社協を確立することが示された。当該強化要項中、「役員活動の充実、発展をはかる」項目には、民間会長の確立と並んで「体制整備の目標として法人化を促進する」とし、さらに「併行して市区町村社協の法制化の実現をはかる」と明記されている。ところが、なぜ法人化や法制化が必要なのか、方針として掲げられた「運動体」社協や小地域活動と、法人化或いは法制化がどのような関係にあるのかについての言及は見当たらない。

　活動強化要項が出されて10年が経過した1982（昭和57）年、全社協は「法制化の実現と強固な社協基盤の確立をめざし、これからの市区町村社協の発展計画を策定する際の指標とその水準を示したもの」[28]として、『社協基盤強化の指針―解説・社協モデル』（以下指針という）を発表している。指針は、都道府県・指定都市に依頼して全国から147ヵ所の市区町村社協を選定し、それらの調査結果等をもとに「社協モデル」を示している。指針の構成は、第1章で市区町村社協の機能と重点事業の標準的枠組を含む基本方針が示され、第2章で組織・事務局等社協基盤強化計画策定の指針があり、以下地域特性や社協モデルの活動事例が盛り込まれている。市区町村社協の組織は、地域内の組織をもって構成される「二次的複合集団」で、組織参加の広がりと機能的な深さが検討されている。住民会員について「地域社会において住民主体の福祉活動を実現するうえでの根幹であると同時に、市区町村社協の事業・運営が地域住民の参加・協力支持によって進められるために必要

27　山口・前掲注5）180頁。
28　全国社会福祉協議会『社協基盤強化の指針　解説・社協モデル』（1982年）。

な基礎的制度」とされているが、法制上「必置機関」とはされず、社会福祉法人の会員は、会費を納入することによって資格・権利を生ずる社団法人の「社員」とは異なり、「賛助会員的なもの」と説明されている。

当時全社協の地域組織部長を務めた山本信孝は、法制化運動の主要な目標として ①市区町村社協を、地域福祉・在宅福祉サービスの事業の運営及び連絡調整の中核的機関に位置づける ②地域福祉の時代における公私社会福祉及び保健・教育等との連絡調整、福祉の総合企画を行う機関として、市区町村社協を位置づける必要がある ③公的サービスと共に、住民の諸活動に援助・協力をする社協の役割を重視し、活動の援助・助成及び社会福祉に関する広報・福祉教育を行う機関としての位置づけを挙げている。「住民活動そのものは、法的なこととなじみ難い特質をもっている。まして、住民活動そのものを、法的に規制したり命令したりすることは、あってはならない」[29]の指摘は興味深い。一理あるが、だからこそ法的になじみ難い住民活動を公的に支援する団体としての市区町村社協の位置づけ及び役割・機能を、如何に法制上記載するのか、十分な理論武装が必要だったのではないか。

山本の上司でもあった永田は、市区町村社協法制化運動の要求内容を以下のように記している。「第1に社会福祉事業法を現在の社会福祉の実態にみあったものに改善すること、具体的には、地域社会の福祉問題に対応して発展してきた地域福祉について体系的に規定し、市区町村社協が効果的に活動できる素地をつくること。さらに法制化の第2には個々の社協が厚生大臣の認可をえて法人化することから、これまでの実績をふまえ、市区町村社協を社会福祉推進にとって必要なものとして社会福祉事業法で明確に規定すること」[30]。つまり社協の法制化は、地域福祉の規定化のために必要であり、法人化を便宜的に行う目的のためにある、と読める。永田が上記を記した時期、都道府県社協及び全社協が法制化されてから既に30年が経過しており、市区町村社協法制化が関係者による長年の"悲願"という割には、その根本的な理由が明確に説明されているとは言い難い。社協関係者により法人化並び

---

29 山本信孝「社協基盤強化の課題と社協法制化」月刊福祉11月号(1982年) 31頁。市区町村社協法制化に当たり、本号では「いま、社協に問われるもの」という特集を組んでいる。
30 永田・前掲注18)241頁。

に法制化を要請する陳情請願運動は全国一斉に取り組まれたが、その内実は、行政からの福祉活動専門員の人件費を含めた安定的な補助金等の獲得のための方策であった。民間団体として地域でどのような役割を果たしていくのか、地域における住民要求をどのように吸い上げ具現化していくのか、根拠づけとなる法律にどのような組織として位置づけられるのか、法的根拠を持つことにより行政との関係をどのように明確化するのか、といった点から、将来展望を含めて十分に議論が尽くされた結果としての法制化要求であったとは考え難い。

しかも結果的に、法制化が社協の体制整備や実質的な財政基盤確保に結びついたのかと言えば、必ずしも首肯できない。全社協は、自ら発行する月刊誌上で「この時は議員立法であったために地域福祉における市区町村社協の役割について必ずしも十分な検討が加えられておらず、(中略)何よりも法改正後の社協強化の具体的な財政的・施策的改善に結びつけられなかったこと、など多くの課題が残された」[31]と述べており、同誌に掲載されている市区町村社協の事務局長も「いままでも要項や基盤強化指針や戦略と称するものが登場してきたが、そのたびに失望させられ、昭和58年の法制化をもってしても結果的に体制強化にはつながらなかった」[32]と指摘している。

これまで述べてきた法制化、前節の法人化の経過では、明らかに社協事務局と行政が主要アクターであり、地域住民は全く登場してこない。社協は「住民主体」を理念とし、少なくとも70年代までは運動体として旗を掲げてきたが、地域住民を巻き込み、組織問題を議論してきたわけではなかった。

このような中で1983(昭和58)年、市町村社協は議員立法により法制化された。法律に位置づけられた条文は、ほぼ都道府県社協の引き写しであったが、社会福祉事業法には在宅福祉サービスの実施が位置づけられ、地域福祉の時代へと先鞭をつけることになった。

なお、この法制化に際しては、社協の役割を重視し、広く住民参加を求め

---

31 全社協総合計画部「『新・社会福祉協議会基本要項』——その背景とめざすもの」月刊福祉4月号(1992年)29頁。
32 影石公昭(徳島県海南町社会福祉協議会事務局長)「大きな理想に向かって」月刊福祉4月号(1992年)52頁。

る附帯決議が衆参両議院において付けられた。ここに至る以前の70年代は、福祉元年と同年にオイルショックにより福祉予算の緊縮化が行われる等アップダウンの激しい時代だったが、国民生活審議会答申「コミュニティ」、中央社会福祉審議会答申「コミュニティ形成と社会福祉」など、国の審議会が「コミュニティ」を正面から取り上げ、政策として「コミュニティ」に焦点が当てられた。戦後の公私分離原則の時代から、コミュニティレベルにおける本格的な公私協働を必要とする新たな時代の潮流への転換が、地域福祉を推進する社協への期待に繋がり、附帯決議となって現れたと考えられる。

Ⅱ　住民会員制度にみる社会福祉協議会の構造

　社会福祉事業法に規定された社会福祉法人は、明らかに財団法人的であるが、その中にあって「社団的」性格を有する社協は、極めて異質な存在であり続けた。こうした組織構成上の構造的な矛盾は、とりわけ市区町村社協における組織の基本を成す構成員であるはずの住民会員が、法律には規定されていない[33]ということにも繋がっていると推察される。

　そもそも、社協が「住民主体」を掲げるからには、地域住民の自発的な問題認識の下に活動を実践していく方向性が貫徹されなければならない。しかし、形式的な組織化によって誕生した社協は、時代の変化の中で、真に住民の立場に立ち切る姿勢を貫くことが出来得たのだろうか。或いは、地域組織化の過程において、住民への「指導」や「教育」という上からのアプローチではなく、住民自らが「学習」することを援助する[34]という側面的実践を積み重ねることができたのだろうか。本章では、住民会員制度を取り上げ、社協と地域住民の関係性に迫り、社協という組織構造の問題点を明らかにする。

33　社協の構成員、会員問題と法律並びに定款準則における詳細な分析について、本書太田論文参照。
34　嶋田啓一郎「地区社協におけるリーダーシップの問題」季刊地域組織活動研究1号（全国社会福祉協議会、1967年）33頁。

1 住民会員制度と社会福祉法人の矛盾

　社会福祉法人は、社会福祉事業を実施するために社会福祉事業法に設けられた特別法人である。木村は「社会福祉法人の制度は、社会福祉事業の純粋性を維持し、その公共性をたかめるために、とくに民法の公益法人とは別個にもうけた特別法人」「社会福祉法人の制度を創設して、一般公益法人より公共性のたかい、社会的信用をたかめることのできる組織の特別法人」「従来の社団法人、財団法人には種々雑多なものがなり、その社会的信用においても、社会福祉事業の健全性を維持する上においても、遺憾な点があり、その純粋性を確立するために、特別法人としての社会福祉法人の制度をもうけることとした」[35]と繰り返し述べ、1951（昭和25）年に出された社会保障制度審議会勧告も引用しつつ、民間社会福祉事業の実施を使命とし、公共性を有する新法人創設の必要性を強調している。

　社会福祉法人の設立は、定款の作成、厚生大臣の定款認可、設立の登記の手続きを完了することによって成されると社会福祉事業法に定められている。さらに、厚生省通知「社会福祉法人の認可について」（昭和26年12月11日社乙発第174号各都道府県知事宛厚生省社会局長児童局長連盟通達）には、社会福祉法人の定款準則が示されている。これを解説した『社会福祉法人の手引』（以下法人手引という）には、社会福祉法人が基本的には財団法人的性格を持つ一方、その例外として社団的法人である社協が随所に登場している。これらが象徴的に現れているのは、評議員会の位置づけ並びに総会、会員制度に関する事項である。社協にとって会員制度は必須要件ではないが、現在も全国で9割の市区町村社協が、住民会員制度を導入[36]している。法人手引によると、「社団的な法人で会員制度を設けるものは、その旨定款で記載すべきである」「総会を設ける場合も考え方は同様である。（中略）この場合、注意すべきことは、評議員会を議決機関とすることは、法に認められているが、総会については、法に何等規定がなく、社会福祉法人のより財団的性格からいって、総会を最高議決機関にすることは認められない。従って、総会

---

[35] 木村・前掲注10) 49、142、145頁。
[36] 最新の全社協調査によれば、会員制度ありとした社協は90.3％、なしが9.2％、無回答0.5％となっている。全国社会福祉協議会「平成24年度市区町村社協活動実態調査」18頁。

を設ける場合それは法人のいわば年中行事としてのお祭りに過ぎないもの」[37]と解説し、会員については当初、「この法人に会員を置くことができる。」としていた。

これに先立ち、1950（昭和25）年10月に社会福祉協議会準備事務局が発行した『社会福祉協議会組織の基本要綱及び構想案』[38]には、府県単位の社協が社会福祉事業施設・団体及び民生委員の代表等を組織構成員としているのに対して、市町村社協では「小都市や町村の協議会では民生委員等を中心として各方面の非専門家を出来るだけ広く集めた『人』の組織となることが考えられる」と、当初は社団法人的な構成が考えられていたことがわかる。ただし、この案に具体的に掲げられた会員には「1 民生委員（児童委員）　2 市区町村の代表者　3 社会福祉に関係ある団体代表者　4 社会福祉事業に関心を有する者　5 公私社会福祉事業施設及団体の代表者」が挙げられており、一般の地域住民を会員として位置づけてはいない。また、都道府県社会福祉協議会定款準則草案も社団法人として記されている。「協議会が会員組織という性格から多分に社団的色彩が強いので、社団法人としての構想で参考のために立案したもので、協議会は社団法人でなければならないという考えに基づいたものではない。したがって地方の事情によって、手続上、実際上の便宜から財団法人の方がよければ、それでも差支ないわけで、その場合においてもこの草案が寄附行為作成の資料となるであろう」としている。当初は組織構成として、「人」を中心とした組織が構想されていたこと、必ずしも全国を統一する中央集権的な構想にあったわけではなく、地域の実情に応じた柔軟性を有していたことが伺える。しかし翌年発足した全社協の前身である中央社会福祉協議会は、4月に財団法人として認可を受け、その後1952（昭和27）年5月社会福祉法人全国社会福祉協議会に改組転換している。以上の経緯から、社協組織と社会福祉法人の構造には、そもそも根本的な矛盾があることが理解できる。

37　木村・前掲注10)88頁。
38　ここでは「地域社会において、広く社会福祉事業の公私関係者や関心をもつものが集まって解決を要する社会福祉の問題について調査し、協議を行い、対策を立て（後略）」と協議体としての社協を位置づけている。以下の記述は2、16、17頁。

2　社会福祉協議会定款準則の変更と住民会員問題

　基本要項で住民主体の原則が明確にされた後の1964（昭和39）年、「社会福祉法人の認可について」が全面的に改められ、別紙2の定款準則も改められている。この段階では、会員について「この法人に、会員を置くことができる」とのみ記され、同時に各都道府県民生主管部局長宛の厚生省社会局庶務課長・児童局企画課長連盟通知が出されている。

　さらに1979（昭和54）年、「社会福祉法人の認可について」が再び全面的に改正された。今回の定款準則において社協及び社団的な法人で会員制度を設ける法人は、定款に明記することが義務づけられ、その表記は「この法人に会員を置く」と定められた。現在まで続くこの規定は、解説に「会員制度は、社会福祉協議会の社団的な性格を裏づけるものとして必置のものとし、準則の記載例のとおり『置くことができる。』と規定するのではなく『置く。』と規定する」と記載されている。市区町村社協が、「準則」に従わなければならない根拠は、必ずしもあるとは言えないが、現実には法人監査にあたる当該部署の基準に、（定款準則に）「準拠していない。（準則の表現と相違している等）」は「B（口頭指導）」[39]等と書き込まれているため、定款準則と一言一句違わない表記でなければ、法人認可がされず、監査／指導検査時の指摘事項ともなるため、実質的な縛りとなっている。

　ところで市町村社協の法制化が実現して間もない時期に、東京都社協では、東京都の社協所管課並びに指導監査部局の協力を得て、『区市町村社会福祉協議会運営の手引―組織・財政編―』（以下東社協手引という）を発行している。東社協手引は冒頭の会員組織に始まり、ついで「会員の権利」が記載されている。具体的には、広報やイベントを通じた情報取得、理事・評議員に就任することによる運営への参加、意見表明、部会・委員会等の所属等が「会員の権利であると同時に役割でもある」[40]とし、「会員は、定められた会費を納入する義務を負う。また、会員は、社協の決算処理について報告を受け、社協活動に参加し、あるいは意見反映の場を確保される権利を有する。

39　東京都福祉保健局「社会福祉協議会指導検査基準」（平成26年4月1日適用）1頁。
40　東京都社会福祉協議会『区市町村社会福祉協議会運営の手引――組織・財政編』（1985年）15頁。

会員は、社協設立の目的を理解して、積極的に活動に参加するとともに、市民のパイプ役ともなって、市民の社協活動への理解を深め、地域福祉の推進に積極的に協力することが望ましい」[41]と明記されている。「東社協手引」は強制力を持つものではないが、東京都の指導検査部局の「協力」を得たものであり、区市町村社協には一定の影響力を及ぼすものであったと考えられる。しかし、会員の権利とは言え、執行機関である理事の選任、総会での議決権等組織の意思決定への参加や実効性ある意見表明を保証しているわけではなく、社団法人の基本的ルールとは明確な違いがあり、権利の内容が不明確であることは否めない。

時代は進み、90年代の初頭に行われた新・社会福祉協議会基本要項策定における論点の一つは、住民会員制度であった。基本要項が「構成員は原則として組織体」としてきたことから、従来から問題とされてきた市区町村社協における住民会員を、どのように位置づけるかという議論である。取りまとめに関与した全社協の渋谷篤男（現・全社協事務局長）は、基本要項では記載されていなかった市区町村社協における個人住民会員を、全国の地域からの意見に応えて「組織と並列していれた経緯がある」とし、「問題となるのは『住民会員』の『権利』である。会員としての権利の中心となるのは組織運営に関与する権利であり、具体的には理事ないし評議員を選出することに関わる権利及び選出される権利である。残念ながら、これを明確にしているところは全国的にみてほとんどない」[42]と述べている。

このように、少なくとも 90 年代までは、社協の住民会員がその「権利」付与のあり方と共に関係者から問題視されていたにもかかわらず、その後会員・会費問題については、全国的に話題になる機会も殆どない[43]ように思われる。個々の市区町村社協レベルでは、会員制度のあり方が検討され、自主財源の確保の一環として、会費増強運動が展開されてもいる。また、社協の

---

41 東京都社会福祉協議会・前掲注 40) 95 頁。
42 渋谷篤男「住民と社会福祉協議会の関わり」月刊福祉 4 月号 (1992 年) 34 頁。
43 なお、例外的に 2007 (平成 19) 年 9 月 27 日、大阪高裁による自治会費増額決議無効判決を受け、全社協は、自治会費に含まれる社協会費等の一括徴収が違憲という判断ではなく、今後も自治会との協力が必要であり、同時に一律・機械的な加入ではなく、地域住民の意志を基本とした会費納入が重要とする「社協会費等の納入方法に関する考え方について」を提示している。

「強み」として多数の住民が加入する会員制度が取り上げることもある[44]が、組織の根本問題として、系統的に会員問題を取り上げる動きには至っていない。

全社協が発表するその後の指針や方針等をみても、直接的な記載は見当たらない。例えば1998（平成10）年「社協経営改革の促進—当面の推進方針—〜新たな時代の地域福祉の構築に向けて〜」は、介護保険制度の実施、社会福祉基礎構造改革、成年後見制度改正、財政構造改革の対応など、時代の激変に対して、社協事務局が行政当局に如何に「対応」するのかが主眼となっており、地域住民と社協の新たな関係性や従来と異なる新しい発想を見出すことは難しい。この時期は、特定非営利活動法人が法律に位置づけられ、半世紀ぶりに社会福祉事業法が改正されることも明らかになっており、社協の法制上の位置づけについて検討する絶好のチャンスであったはずだが、言及は見られない。

このように、市区町村社協における住民会員制度には、さまざまな矛盾が内包されている。会員制度は、権利義務関係を持つ存在なのか、構成員として組織における意思決定に関与する存在であるべきなのか、そもそも会員が社協組織で果たす役割は何なのか等々疑問は尽きない。最も大きな問題点は、これら曖昧な位置づけが、社協の法制化や新・基本要項策定等社協における基本問題を協議する際に、十分議論が尽くされないうちに今日に至り、その曖昧さがもたらす意味が問われないまま存続し続けていることにある。

3　社会福祉協議会の活動事例と地域住民

社協組織の実態を知るためには、法制上の分析のみならず、実態分析が不可欠である。上記の文脈でいえば、社協事業や活動の実施に際して、地域住民がどのように関わり得るのかという観点から、市区町村社協の組織構造を俯瞰することが必要といえよう。しかし、ここには分析の前提となるいくつかの重大な問題も存在している。要因の一つは、市区町村社協内部の組織決

44　雑誌「NORMA」における特集「法制化60周年——60年の歩みと社協の将来像」において、元全社協事務局長の和田敏明は、多数の地域住民が参加する公益性の証として、市区町村社協における住民会員制度を評価している。NORMA 12月号（2011年）4頁。

定の実態を、客観的に把握する情報が十分得られ難いことにある。以前から指摘されてきたところであるが、詳細な実践記録の不在、とりわけ活動開始の前提となる関係者との交渉経過記録等の不在、社協事業の枠組や成果を評価する指標の未確立などが要因として挙げられる。これらの詳述は、他の機会に譲りたいが、しかし現実に入手できる資料等から、一定の分析ができないこともないと考えられる。

ここでは、全社協が発行する『月刊福祉』に掲載された記事の中から、法制化が実現する以前のいくつかの社協活動に言及[45]してみたい。『月刊福祉』を取り上げる理由は、1961（昭和36）年1月、全社協発足10年を記念して、長い伝統を持つ『社会事業』を改題し、「近代的社会福祉事業の塔を築き上げ、ひろく保健衛生関係をも含めた社会福祉諸活動の導きの星となり、特に今後は住民主体の地区組織化活動に重点をおいた関係記事を盛りその体質を改善するよう努力する」[46]方針により刊行されたからであり、発刊当初は、社協組織化活動に関する記事が主軸になって構成されていたのである。

岩手県浄法寺町社協[47]は、保健福祉地区活動推進地区として指定を受けた岩手県内で二町のうちの一つであった。医師を始め、看護婦、保健婦、助産婦すら立ち会えない無介助分娩が行われ、乳幼児死亡率も高率な中、無料健康診断による資料を基に役場内の衛生係や保健婦を説得し、診療所に専門医を招へいし、在胎から学齢期まで一貫した健康手帳を作成し、子どもだけではなく大人の健康問題を望む町民の声に応え、成人病対策の推進にも乗り出した。また、乳児の栄養不良を森永乳業に働きかけ、これが打ち切られると山羊の共同飼育を始め、さらに共同浴場を設置するなど、次々と生活に密着した多様な活動を実践してきた。

札幌市社協の「心の里親運動」[48]は、社協職員が、1日里親をきっかけに、従来社会福祉とは興味のなかった家庭の主婦、学生、若年層の人々等を組織

---

45 なお、現代における社協活動の事例分析については、本書和論文を参照のこと。
46 「月刊福祉」編集部「改題ごあいさつ」月刊福祉1月号（1963年）1頁。
47 金坂直仁（岩手県社協）「自慢地区めぐり——羊の飼育から共同浴場へ」月刊福祉3月号（1966年）6-10頁。
48 板垣弥之助（札幌市社協）「心の里親運動と社協活動」月刊福祉1月号（1964年）29-33頁。

化し、養護施設の子どもとの文通等により、心の結びつきを強め、施設退所後の問題を社会に提起するなど、報道を通じて高い社会的評価も得たが、社協の正式な事業としては認識されていなかった。こうした職員による「個人的」かつ「ボランタリー」な活動は、各地の社協にもみられる事例だが、関係する当事者団体等からの高い評価の一方で、社協内部から業務時間外の活動を問題視されることもあり、当該職員がジレンマに陥ることも少なくなかった。

　70年代は全国的に公害反対運動が隆盛を極めたが、兵庫県五色町社協[49]は、60年代後半から道路粉塵公害問題と取り組んだ。この事例は、人口12,000人規模の純農村地帯の町に県道の車両通行量が増大し、沿線の地域住民への健康・生活環境に甚大な被害が及ぶ中、住民座談会で「社協はええことばっかりいいよるが、目の前のみんなが困っている道路問題一つよう解決せんではないか」との提起を受け、署名運動や通行車実態調査、小学生の作文、被害実態の写真撮影等を通じて行政と交渉（1昼夜24時間一定面積にたまるホコリを持参して行政相談に臨んだことは、問題の可視化として高評価を受けた）し、県道2キロに渡る簡易舗装が実現して、一定の成果を収めている。さらに、予測される子ども等の交通事故への対策として、カーブミラーや危険防止の立札建設のために共同募金の大口募金を呼びかけ、自発的に道路愛護の奉仕グループが誕生したことも報告されている。

　上記に記した事例は、多彩な社協活動のほんの一端に過ぎないが、社協活動の歴史を丹念に辿ると、限界はあるものの、社協職員自らが地域住民の暮らしの場に分け入りながら、「住民の、住民による、住民のための」活動を地道に育もうとしてきたことが伺われる。これらを媒介し、活性化してきた役割が、確かに社協職員にはあった、と一定の結論が導き出せそうな気配が濃厚である。しかしながら、専門性を備えた職員を確保するためには、自主財源のみでは難しく、行政からの補助金・委託金等公費に依存せざるを得ないという問題に行き着いてしまう。しかもこれまで述べてきたように、社協の財源や人員構成という組織問題には、地域住民自身が殆ど関わっておらず、

49　篠崎紀夫（兵庫県社協）「道路公害問題と取り組んで──兵庫県五色町社協活動の例」月刊福祉1月号（1968年）45-50頁。

この点も「住民主体」をスローガンに押しとどめてしまう一因であると考えられる。この構造を変革し、行政とは異なる社協の立ち位置を如何に明確化するのか、という問題に応答するために、次章では、社協が実践してきた「住民参加」の実態解明に取り組んでいきたい。

Ⅲ 「住民参加」の実態にみる社会福祉協議会の限界と今日的課題

まず、地域住民の社協組織及び活動への実質的な関わりを、「参加」という観点から改めて検討してみたい。「参加」を取り上げる理由は、第1に社協の創設期から、構成員の「参加」対象が問題となっており、法律上にも文言として記載されてきたこと、第2に住民参加については、住民主体を具現化する一方策として、議論が交わされてきた[50]こと、そして第3に、社会福祉法の制定に伴って、行政が策定する地域福祉計画においても、改めて住民参加が問題にされるなど、地域福祉推進にとっての重要なキーワードになると考えられるからである。

社会福祉の参加に関しては、政治学等が扱ってきた意思決定への参加のみならず、サービス利用や社会参加も重要視され、先行研究[51]が蓄積されてきた。本章では、これらの枠組みについても批判的検討を加える試みを行っている。なお、本稿では「市民参加」を含めて原則「参加」若しくは「住民参加」の用語を使用することとする。

1 法律の条文と住民の「参加」

前章で述べた通り、住民会員の位置づけは不明確ではあったが、当初から社協では「住民参加」が意識され、社協における役員を始め、各種委員会活

---

50 新・基本要項策定にあたり、東京都社協で開催された緊急学習会において永田幹夫は「……市民参加というのを『住民主体』という言葉でいっているわけです。要するに参加型の社会福祉をこのように進めなければいけない。これがこれからの社会福祉の方向なのだというのが住民主体論だったと思います。」と述べている。東京都社会福祉協議会「全社協制定『新社会福祉協議会基本要項（第一次案）』検討資料集」(1990年) 84頁。
51 代表的なものとして社会保障研究所編『社会福祉における市民参加』（東京大学出版会、1996年）が挙げられる。

動や個々の事業を通じて、地域住民が社協活動に関与する場を設けてきた。また、社協はこれまで、ボランティア活動など広汎な社会福祉活動全般への「住民参加」を積極的に推進し、制度上も法律改正等が適宜なされてきた。

　社会福祉法に名称が改められる直前の社会福祉事業法には、条文中に10ヵ所の「参加」が記載されていた。そのうち、第3条は、福祉サービス利用者の「社会参加」の意味合いで用いられており、第70条関係の4ヵ所の参加は、1992（平成4）年のいわゆる福祉人材確保法に基づいて挿入された国民の社会福祉に関する活動への参加（いわゆるボランティア活動等への参加）に関するものである。残りの5ヵ所が、社協を規定した第74条に関する規定であり、それらは ①社協組織の構成員（事業者等）としての参加が4ヵ所 ②前項社会福祉に関する活動への住民参加の促進に関する規定（1992（平成4）年追加）が1ヵ所となっている。

　一方、社会福祉法には、合計13ヵ所に「参加」が登場する。社会福祉事業法に新たに付け加えられた「参加」が登場する条文は、第107条の市町村地域福祉計画に関する条文である。具体的には、柱書第3号に「地域福祉に関する活動への住民の参加の促進」と書き込まれているが、これについては「住民が地域福祉活動という事実行為を行うまたはそれに協力するといったもの」[52]とする解釈がある。

　当初の社会福祉事業法第74条は、「前条第一号の社会福祉協議会（以下「協議会」という。）は、都道府県の区域を単位とし、左の各号に掲げる事業を行うことを目的とする団体であつて、その区域内において社会福祉事業又は厚生保護事業を経営する者の過半数が参加するものでなければならない」とされた。この時点での「参加」の意味内容を示す手掛かりの一つとして、以下の質疑応答が参考になる。1952（昭和27）年1月30日に開催された社会福祉法人認可事務打合会議における重要質問に、「社会福祉事業法第74条の『参加』は議決権の附与と解してよいか」というものがあった。回答は「参加の形式は種々考えられるが、社会福祉法人である社会福祉協議会においては、社会福祉協議会の構成要素となる如き形式の参加は認めない。即ち、

52　本多滝夫「地域福祉計画と住民参加」室井力編『住民参加のシステム改革　自治と民主主義のリニューアル』（日本評論社、2003年）134頁。

協力し援助し後援する形においての参加は考えられる」[53]となっている。議決権の附与や構成員となることが、形式的な参加に該当するか否かについては、議論の余地があるが、少なくとも参加が名目ではなく、実質的な関わりと影響力の行使を想定していることがわかる。

　しかし、その後の社協の変遷をみる中で、このような構成団体の「参加」が、どの程度機能しているのか、社協組織としての意思決定にどのように関与しているのかという観点から、検証がなされているとは言い難い。少なくともこうした構成団体の長は、組織図等で見る限り、多くの市区町村社協で理事・評議員等に就任し、社協の組織運営に一定の責任を持つ立場にある。ただし、その開催状況[54]を見ると、理事会の開催は年3回が全体の23.7%、4回が25.5%、5回が20.1%でおよそ7割の社協が2か月に1回より少ない年3〜5回に留まっている。また評議員会は、2回が29.4%、3回が38.4%、4回が21.6%で、こちらはおよそ9割が年2〜4回と回答していることになる。これを見る限り、役員会において、社協運営に関わる実質的な議論がなされているとは考え難い状況にある。

2　実体的「参加」の現状と問題点

　社協での「参加」は、理事等役員就任に留まるものではない。構成上はもとより、多くの住民が、地域福祉活動に実質的に「参加」することが、重要になってくる。かつて全社協が発行したテキストには「戦後における社会福祉事業のもっとも大きな特徴のひとつは社会福祉に対する市民参加の発展」「後に市民参加の主流として展開され、地域福祉活動の萌芽となる特別な問題をかかえた階層別市民組織が終戦後から急速にすすめられた」[55]として、戦争未亡人、結核等長期療養者、戦災者等の組織化が列記されている。これらは本来、福祉コミュニティの中核を成す当事者の組織化に類すると思われるが、地域住民に広く開かれたリベラルな展開をするものばかりとは限らなかった。

53　社会福祉行政研究会『社会福祉法人の手引』（全国社会福祉協議会、1952年）。
54　全国社会福祉協議会「平成24年度市区町村社協活動実態調査」14頁。
55　全国社会福祉協議会『住民福祉のための社会福祉協議会』（1970年）。

ところで、上記テキストが刊行された 70 年代に公表された全社協の出版物の中で、最も注目を集めたものの一つは 1979（昭和 54）年に出された『在宅福祉サービスの戦略』（以下戦略という）であろう。今後の社会福祉では、金銭給付では充足できない「非貨幣的ニーズを基礎とする対人福祉サービスの推進にあたって、公私の機能分担あるいは行政事務配分などについて、新しい観点からの再検討が必要」[56] と指摘し、在宅福祉サービス供給システムにおける民間団体の中核として社協を位置づけ、直接サービスを担当し、標準をつくるパイオニアとしての社協の役割に期待している。これにより社協は、従来の「協議体」「運動体」から「事業体」へと大きく舵を切ることになった。戦略では、在宅福祉サービスの推進において、「参加」の重要性を指摘している。実際に「サービス展開の諸レベルにおける意思決定への市民の参加システムの確立と、社協、ボランティアをはじめとする地域の社会福祉組織の担い手としての市民の参加が不可欠」「広義の在宅福祉サービスに含まれる諸サービス活動は、その基本的要件として住民の『参加』と関係機関・施設の『連絡調整』あるいは『資源動員』が前提となる」[57] と論じている。

　この文脈において使用されている「参加」は、意思決定に関与するレベルとサービス実施における担い手としての参加が並列的に述べられている。しかしその後在宅福祉サービスの展開が急速に進むにつれて、前者は必ずしも前面に登場しなくなってきている。また、サービスの不足を補うために、公的なホームヘルプサービスとは別に、会員制による低廉な金額で住民相互の助け合いをシステム化してサービスを行う「住民参加型在宅福祉サービス」[58] が全国的に発展し、社協事業の一翼を担うものとして注目された。住民参加型在宅福祉サービスは、市民運動として発足し、利用者と提供者が共に「会員」というフラットな関係を切り結ぶものとして新たな役割を担い、硬直的

56　全国社会福祉協議会『在宅福祉サービスの戦略』（全国社会福祉協議会、1979 年）38 頁。
57　全国社会福祉協議会・前掲注 55）152-153 頁、164 頁。
58　有償家事援助サービスともいう。在宅福祉サービスの利用者（利用会員）と提供者（協力会員）が共に会員となり、家事援助等のサービス提供を行う活動。会員制と共に、有償制を特徴としており、全社協に事務局を置く住民参加型在宅福祉サービス全国連絡会は、運営母体により「住民互助型」「社協運営型」「生協型」「農協型」「ワーカーズコレクティブ型」に類型している。

であったそれまでのサービスに警鐘を鳴らす価値はあったが、住民が地域福祉システムをコントロールするという段階までには至らず、サービス供給過程における「担い手」の枠を出るものではなかった。

こうして、在宅福祉サービスが隆盛を極めた時期に、市町村社協は法制化されたわけであるが、そこで衆参両議院から住民参加を求める附帯決議がなされたことは前述の通りである。山口は「市町村社協の法制化を契機に、あらためて住民参加について次のような検討を行う必要があった」とし、住民参加が求められる ①範囲 ②政策過程 ③内容と主導者 ④評価等を明確にし、さらに ⑤既存組織における機能 ⑥制度化 ⑦政策主体と住民の合意システムの検討等を挙げている[59]。しかし現実には、これらの検討に、十分時間を費やすには至らなかった。

1980年代の社会福祉は、世界的に財政難を主な要因とする「福祉国家の危機」が現実のものとなり、今日まで続く社会福祉の「制度改革」の時代の始まりであった。と同時に、都市問題のさまざまな弊害が露呈されてきた時代でもあった。まちづくりの領域などでは、それらの問題解決のための予防手段の一つとして行政計画の策定過程において「住民参加」が積極的に取り入れられ、まちづくり条例等で住民参加を制度化する試みがなされた。近年、都市計画法改正により、住民参加が義務づけられるなど、参加の制度化は一層進んでいる。社会福祉においても、意思決定における住民参加の重要性が薄れたり、認識されなくなったわけではないが、果たして住民の「意向」がどの程度制度や政策に反映しているのか、冷静に分析する必要があるだろう。特に、当初から「住民参加」が重要視された組織である社協は、実は行政との差異を示すためにも、「参加」が何を意味するのか、明確な理論的裏付けが必要とされたはずである。しかしそれもまた曖昧な状況のまま、社協は委託事業等によるサービス実施に邁進することになった。その結果、住民と直接接点を持つ市区町村社協現場の苦難が、さらに凝集されることになったと考えられる。

小金井市社協の職員であった桜井猛は、この時期、住民の持つ自発性、主

---

[59] 山口・前掲注5) 184-185頁。

体性等を現場で活かしきれていない社協の実態を、"矛盾の現場"と称した。母親連絡会の学習活動から、寝たきりにならないために学習会を進め、調査や相談、訪問活動、行政への陳情、委託事業の実施と幅広い運動的展開をしている小金井老後問題研究会の活動と、寝たきり老人実態調査から、特養建設推進運動を発足させ、7年後に周辺の4自治体で共同設置運営する特養建設に結びつけた運動を対比して紹介している。前者は社協の外部にある自発的な住民運動団体の成果であり、後者は社協事務局が自ら関わった事例である。その上で、共通する住民参加の形態を ①活動への参加 ②運動への参加 ③地域の決定への参加 ④実施責任をともなう参加 ⑤運営責任をともなう参加に類型化し、「決定への参加」の実質化を提起している。前提には、地域住民による問題の認識と議論があり、合意形成が行われ、一定の結論が導かれるという一連のプロセスが存在すると想定される。これに能動的関与をする住民を増員するには、住民参加の有意義性を裏付けする理論が必要になる。桜井は「地域福祉の主体が住民であるというとき、そのことは憲法で保障された生存権が基本であるということである。住民参加は、今日の地域福祉の重要な鍵を握っていると思われるが、その意味は、地域の福祉の内容そのものが、直接住民に降りかかってくる。住民はまさに当事者そのものであるということと、住民参加活動が他の民間福祉活動や公的施策、ひいては地域福祉そのものを変え得る可能性を持っていることにある」[60]と述べている。ここでは明らかに、政治的課題としての参加が論じられている。つまり行政とは異なり、住民に対しての「権力」を持たない社協が住民参加を基礎に置くということは、住民の力を集積して「権力」に対峙することが暗黙裡に期待されていると読み解くことができる。換言すれば、時代によって移り変わる社会的ニーズに対して、社協という組織が、その時点における福祉制度やサービスの「変革」のために、どのように行動するのかが問われていると言え

---

60 桜井猛「本当の『住民参加』の可能性を問う――矛盾の現場から」社会福祉研究37号（1985年）34頁。後に桜井は、住民参加を実現する一方策としてボランティア窓口担当員の公募やふれあいのまちづくり事業の原形となった事業実践を通じ、社協による「新しい市民社会の参加システム」の確立を提唱している。桜井猛「権利としての住民参加を考える」賃金と社会保障1086号（1992年）12頁。

よう。

3　政策動向と社会福祉協議会の自律的選択

　1990年代は福祉関係8法改正により、基礎自治体への権限委譲や老人保健福祉計画策定の義務が制度化され、本格的な福祉改革の軌道を辿ることになった。この改革の特徴は「分権化」「多元化」「計画化」に象徴されている。社会福祉事業法には、「地域への配慮」（第3条）が盛り込まれたが、地域福祉の理念が法律に明示されることはなく、地域福祉概念の曖昧さは制度的にも温存されたまま[61]であった。さらにこの2年後、前述した「社会福祉活動への国民の参加」が社会福祉事業法に規定され、いわゆる「参加型社会福祉論」が展開される契機となった。

　地域福祉の構造を、生活原理を中心におきながら、公共性（共同・共生）、主体性（権利・義務）、地域性（生活圏・居住点）、改革性（開発・先導）との相互作用として捉え直したのは、右田紀久恵である。右田は、地域福祉が行政の取り込みではなく、公的責任の放棄でもなく機能するためには、地域における計画や運営への参加を通じて、地域住民自身が主体力を形成し、あらたな共同社会を創造していく必要があると論じている。従って地域福祉は、「内発性からの自治と不可分であり、そして、それがあらたな『公共』の構築を担う」[62]存在として描かれている。右田は「公私協働を含めた総体としての地域福祉実践は、公共的営為の一部」「地域社会の新しい質の構築をめざす"福祉コミュニティ"は、まさに、あらたな『公共』のベースであり、それにかかわる社会福祉協議会は、その創造への実践主体」[63]と述べ、あらたな公共を創る存在として社協を語っている。

　前項で触れた通り、社協は住民に対する「権力」を行使する立場にはない。その意味では、社協組織あるいは活動としての「参加」が、政治的営みでなくてはならない必然性はない。しかし、行政手続法や住民参加条例等で制定されている制度化された住民参加システムはもとより、近年のさまざまな領

61　右田紀久恵『自治型地域福祉の展開』（法律文化社、1993年）3-4頁。
62　右田・前掲注61）7-8頁。
63　右田・前掲注61）9頁、12頁。

域における「参加」——それは主として「協働」とセットで語られることが多い——が、いかにしくみとして整備されたとしても、行政と住民の間には、歴然たる力の差が存在している。さらに、社会福祉基礎構造改革により、利用者は、原則として自ら事業者を選択し、福祉サービスを契約により利用することになった。このことは、利用者自身に、より主体性が求められることになるが、福祉サービスの利用者には、主体性を発揮するための支援が必要な人々が少なくない。したがって、行政と住民のパワーバランスの不均衡を埋めていくためにも、福祉サービスをより使いやすいものに改めていくためにも、エンパワメント及びアドボカシー的機能[64]が求められており、公私協働の地域福祉を推進していく立場から、社協がその役割の一端を戦略的に担う、という構想が生れることは、それ程不自然とは思われない。

　地域福祉を主体形成の観点から理論構成する岡村重夫は、措置が原則であった時代から、地域福祉実践における住民参加、とりわけ当事者参加の重要性を指摘している。岡村は「社会福祉サービスに対する『住民参加』は、サービス対象者、すなわちサービスいかんによって最も直接的な影響をうけるものを、サービスの計画の立案・実施に参加させるという近代的社会福祉運営の最も基本的な原則によって正当化されるものである」[65]とし、さらに住民生活の全体的、主体的把握と援助こそが社会福祉固有の専門性とする立場から、「社会福祉の民主化」と「住民の主体性の実現」をつなぐ「参加」概念及びそれを実現する社協組織の必要性に言及している。すなわち、「地域社会における各種の生活困難の諸問題を、住民自らが組織的にとりあげ、専門家の協力を得てその解決策を討議する場をつくりだす活動が、社協の組織活動」[66]とし、それこそが専門家主導ではなく、住民が主体となる民主的な活動と評価している。岡村は、「住民は素人」と片づけてしまえば、参加は形骸化し、形式的参加民主主義に陥る。したがって「民主化」の意味を解明

64　エンパワメント及びアドボカシーについては、近年、社会福祉の支援において最も注目され、かつ重要な概念の一つと認識されている。エンパワメント支援は、利用者と支援者の関係をパートナーシップに基づく協働関係に変え、内発的発展を促進する。久保美紀「エンパワメントソーシャルワーク(3)エンパワメントソーシャルワークにおける援助関係」ソーシャルワーク研究3号（2012年）49-53頁。

65　岡村重夫『地域福祉論』（光生館、1974＝2009年）93頁。

し、単なる手続論を超える意味づけが必要と提起している。また、生活者の抱える問題を、小地域から広域に反映させる系統的組織の必要性、同時にそれを社会制度に投影する必要性を主張し、住民の立場と専門家を媒介する"生活の専門家"の役割を社協に期待[67]している。さらに岡村は、「連絡・調整」の重要性を説く。これは、主体性を喪失して形式的協議体に陥り、狭義の福祉関係者間のみの連絡・調整に終始している社協に対する批判でもある。サービスを利用する住民本人の立場に立ち、民間団体が自発的に協議会を作り、専門家と住民の間を取り結べば、新たな立法をせずとも幅広い生活支援が行える可能性を指摘し、さらに新たな社会資源開発や小地域社協と広域社協との役割分担についても論じている[68]。

一方、地域で発生する「生活問題」を「住民参加」により解決する中で「地域社会」そのものを変容していくモデルを提示した研究[69]によれば、地域福祉の理論・制度政策・実践を通じた戦略的・統合的枠組みを十分提示しきれていないという問題点が指摘されている。つまり、今日改めて、住民参加を単なる政策的動員策に留めてしまうのではなく、住民自身が希求する地域社会の構築に向けて、地域の固有性を視野に入れた問題解決の方法論としての住民参加を、再構成する必要があると言えるであろう。

こうした点を考慮すると、サービス利用に一層の自律性が求められる現在、社協が取り組むべき住民参加とは、第1に、改めて社会的な不利益を被りやすい福祉サービス利用者の参加[70]——セルフアドボカシー（Self Advocacy）[71]

---

66 岡村重夫『地域福祉研究』（柴田書店、1970年）131頁。初出原稿は1957年であり、同年「従来の方針を変更した」社協基本要項が出されているが、岡村は「この論文の基調は、全くそれによって変更する必要はみとめられない。というのは、全社協の"基本要項"に掲げられている"住民主体の原則"こそは、すでにこの論文の基底を貫くものであったからである。」と述べている。125頁。
67 関連して、政府と市民社会双方への架橋となるべく中間媒介組織としての社協への期待を論じた本書橋本論文を参照。
68 岡村・前掲注66)161-174頁。
69 江原孝宜＝大濱裕＝平野華織「『地域福祉』の実効性を高める地域社会の捉え方——地域社会と生活問題・住民参加」日本福祉大学社会福祉学会106号（2013年）34-43頁。
70 福祉サービスの当事者参加については、実体化に課題が山積している。一方、近年の障害者自立支援法に対する障害当事者による訴訟提起やその過程において 'Nothing About Us, Without Us' という自立生活運動のスローガンが広く周知されるなど、一定の成果も見られる。

を基盤にした当事者参加——の実質化であり、第2にそれを促進するための地域住民によるアドボカシー（Citizen Advocacy）の推進であると言えはしないだろうか。

　加納恵子は、個々の当事者や家族が抱える福祉課題を地域課題へと昇華させる役割と共に、これらの人々を社会に包摂する役割を果たす専門職としてのコミュニティワーカー[72]を論じてきた。地域福祉におけるアドボカシーは、社会変革の代弁機能を持つ。加納は、この機能を弱体化することを主たる理由として、近年の社協活動で大きな注目を集めている個別支援の強調に対しては、些か懐疑的[73]であると見える。その一方で、当事者、近隣住民、ボランティア等々多様な立場から「私たち」の問題として、地域変革に挑戦するコレクティブ・アプローチ[74]の重要性を述べている。つまり、個の問題を地域における共有課題とするためには、そこに丁寧かつ意図的な介入が必要とされるのであり、そのために加納は、新たな社会モデルの必要性[75]を提起していると思われる。

　この姿と対極にあるが故に想起されるのは、1995（平成5）年、45年ぶりに出された社会保障制度審議会の勧告である。ここでは、「給付の対象が日本社会を構成するすべての人々に広がっただけでなく、社会保険料の拠出や租税の負担を含め、社会保障を支え、つくり上げていくのもまたすべての国民となる。そのためには、国民が社会保障についてよく知り、理解し、自らの問題として受けとめ、社会保障に積極的に参画していくことが大切であ

71　竹端は、問題解決の主役は本人自身であり、自分の人生に影響を与える決定に参加し、影響力を行使できるようにすることができるようセルフアドボカシー支援の必要性を説いている。竹端寛『権利擁護が支援を変える——セルフアドボカシーから虐待防止まで』（現代書館、2013年）。

72　コミュニティワーカーは、必ずしも社協職員とは限らないが、数多くの社協が、コミュニティワーカーとして実践を蓄積し、そのための研修等を行ってきている。具体的事例については、和論文参照。

73　加納は、個別支援の限界について「生活困難は『ニーズの複雑さと多問題』あるいは『支援困難事例』とカテゴリー化され、結局『本人の意欲』や『ワーカーの力量』の問題に解消して語られてしまう」と述べている。加納恵子「排除型社会と過剰包摂——寄り添い型事業の地域福祉的意味」地域福祉研究41号（2013年）60-61頁。

74　加納恵子「コミュニティワークの主体のとらえ方」高森敬久＝加納恵子＝高田真治＝平野隆之『地域福祉援助技術論』（相川書房、2003年）78-85頁。

75　加納・前掲注73)52-62頁。

る。」「社会保障を巡る公私の役割分担を考える場合、公的部門と私的部門が相互に連携して、国民の生活を安心できるものにしていくという視点が重要である。公的部門が対応すべき国民のニーズや満たすべき水準は、その制度の趣旨・目的、他制度とのバランス、一般国民の生活水準、財政の状況等を勘案しながら、分野ごとに国民の合意を得て決定していかざるを得ない。その際、各分野を総合した視点が必要であるとともに、この決定過程に国民が積極的にかかわっていくことが望ましい。」[76]と、いずれも政策の決定過程への国民の参加（参画、関与）を求めている。しかしながら、これらの根底には、費用負担の合意形成、承認のための参加が、半ば強制的に仕組まれているとも捉えられる。つまり、否応なしに「負担」を承諾させられ、福祉サービスという公の「益」を受ける当事者に応諾を迫ることを、地域全体で「合意」するシナリオが用意されているのではないか、と疑念を抱かせる論調[77]が見え隠れするのである。しかも、地域は必ずしもユートピアではなく、一枚岩でもない。福祉施設建設反対運動を巡る地域住民間の確執は、今日も現実に存在しており、問題の根本的な解決が図られているとは言えない状況にある。

　このような現状に対して、地域住民が政策立案者による「形式的民主主義」を超えて、真に主体性を持った決定を可能とするために「参加」し、判断能力の低下やコミュニケーション支援を要する人々を含めた多様な住民の状況に応じて、政策が意図する真意の「読み解き」を伴った情報提供と検討の場づくりを求めていくことが必要とされている。社協がこのような役割を全面的に担えるかどうかについては、異論も大いにあると思うが、少なくとも社会保障・社会福祉制度を利用する地域住民が、当事者として、忌憚なく意見表明でき、行政やサービス提供事業者と共に「討議」できる機会の保障が求められている。

76　社会保障制度審議会勧告「社会保障体制の再構築――安心して暮らせる21世紀の社会を目指して」（1995年）。

77　本多滝夫は「『連帯』意識の過度の協調による住民相互間での福祉サービス提供・費用の負担の情緒的分有は、自己決定住民意識に歪みをもたらし、逆に福祉サービスを必要とする者の社会的排除を招くおそれがある」と指摘している。前掲注51）146頁。

これまで、社協が財政を始め、事業の取捨選択に至るまで、行政の直接的な関与を受け続けてきたことは、恐らく事実であろう。しかし、行政と住民を平面的な対峙の関係と捉えるのではなく、真のパートナーシップに基づいた関係にするためにも、社協には果たすべき役割がある。その第一歩となるのは、最も弱い立場に置かれがちな福祉サービス利用者が主体的に意向を示す機会を用意し、それを地域社会で共有しながら、常に実践や制度・政策の改善に取り組むという社協の立ち位置を明確にすることである。そのために、従来社協が深く関係してきた行政関係者や既存の社会福祉事業者、民生委員や住民組織、ボランティアグループ、NPO を含む市民団体、その他関係機関等と個々の住民をどのようなアクターとして捉え、活動を展開していくのかという整理が必要である。その上で、再度時代に見合った緩やかなつながりによる住民参加の方策[78]を確立することが急務となる。

　もちろん、すべての当事者に接近できるほどのマンパワーを社協が備えているわけではない。しかし生活問題はますます深刻化し、支援を必要としながらも社会福祉サービスへの接近困難を余儀なくされ、地域社会から社会的排除の対象となりやすい「周縁的（マージナル）」環境が問題視されつつある。しかもその存在自体が極めて見えにくいため、このような環境で生活せざるを得ない人々の正確な把握ができているとは言い難い。例えば、ネットカフェで起居する人々、引きこもり、ゴミ屋敷で生活する人々は、それ故に地域社会で孤立し、排斥の対象になりやすく、しばしばサービス利用に行き着かないという状況に置かれてきた。相談窓口で待って出会えるわけではないが、「アウトリーチ」を唱えても、アプローチやアクセス手法が完全に確立されているわけでもない。これらの人々への接近は、口で言うほど容易いわけではない。だが、これらの人々こそ福祉サービスを必要としている人々であり、これらの人々を視野に入れない「住民参加」は、結果的に人々の主体性を削

---

[78] 参加を「強制」や「排除の道具」にしないために、マイノリティの地域福祉の参加に、参加からの一時的「退出」という選択肢を留保すべきとする主張がある。竹中はさらに、言説の資源に乏しいマイノリティの立場から、「熟議」や「討議」によらない参加の可能性にも言及しており、住民参加の新たな手法開発をする上で、貴重な指摘であると言える。竹中理香「地域福祉における参加論再考——公共性と親密圏の構想という観点から」総合福祉科学研究第 4 号（関西福祉科学大学、2013 年）1-10 頁。

ぎ落とし、形骸化し、機能不全に陥る。それ故、従来の組織や関係者による形式的な平等合意を超えて、より「社会的」支援を必要としている人々への積極的な接近及び介入とその合法的根拠が求められている。つまり、社会的な不利益を被っている立場にある人々に対しては、優先的にその権利を擁護するという立場が必要となり、よりラディカルな支援の志向性が必要とされているのである。岩田正美は、ホームレスやネットカフェで寝泊まりしている人々の中には、定住するための「住宅」や「貯蓄」等がないだけではなく、住宅の賃貸契約や就労時の契約に当たり、慣行的に求められている保証人を見つけることができない、労働組合等に所属して自己の権利を擁護する機会を奪われる等の問題点を始め、そもそも快適で合理的な生活を営むための情報提供の術を得る手がかりそのものが不足しているという指摘[79]をしている。こうした複合的な要素が絡む問題に対し、事後的ではなく予防的に対応する総合的視点を社協が持ち得るために、しかも地域住民が主体的に問題解決に立ち向かう力——ここでは、地域住民への過度な解決期待ではなく、行政や専門職と真の意味で「協働」するという意味合いを込めてこの用語を使用する——を蓄えていくために、従来の地域社会及び地域住民の関わり方とは異なる「新たなモデル」が必要となるであろう。

　イギリスのコミュニティワークに詳しい谷口政隆は、かつて 90 年代の終わりに、混迷する社会情勢の中で、住民すべての合意形成を促す「小地域合意形成モデル」を超えて、特定のクライエント・グループの限定的な利益を促進することを追求する「集団アドボカシー・モデル」さらには、よりラディカルに権力の再分配を目指す「対立・葛藤モデル」を紹介[80]している。社協は従来、典型的な「小地域合意形成モデル」を採ってきており、今後も恐

79　社会的排除と参加に視点を当てた先行研究として、岩田正美『社会的排除——参加の欠如・不確かな帰属』（有斐閣、2008 年）。

80　谷口は既に 15 年前「厳しい財政再建などによって現在の社会状況は不平等を強化拡大する動きをみせており、これに立ち向かう実践を必要としている」と指摘し、以下の稿を結んでいる。谷口政隆「自立・自己実現の主体としての社会福祉」濱野一郎・遠藤興一『社会福祉の原理と思想——主体性・普遍性をとらえ直すために』（岩崎学術出版、1998 年）112-128 頁。谷口はこの後「集団アドボカシー・モデル」を「相互援助・自助モデル」とし、見返りを求めない愛他主義的活動としている。谷口政隆「地域福祉サービスの方法」田端光美『社会福祉選書 7：地域福祉論』（建帛社、2001 年）135-154 頁。

らくこうした方向を踏襲していくものと考えられる。だが、このモデルの延長線上に、真に豊かな展望が見い出せる、と断言することができるのであろうか。社会を構成する一部集団のみの「参加」、多数のサイレントマジョリティの存在、ある特定条件をもつ階層の社会的排除の進行などは、他国にも共通する現代的課題となっているが、社協が現在進もうとしている道は、このような構造的問題の解決に結びつく方向にあるのだろうか。

　一方、もし仮に、モデルの「変革」が必要だと判断された場合、——それが谷口の言う「集団アドボカシー・モデル」や「対立・葛藤モデル」とイコールではなかったとしても——果たして社協は「変革」を成し遂げられるだろうか。社協は今、このような社会の周縁的環境に構造的に追い込まれてしまいがちなマイノリティの権利回復を視野に入れ、行政とは異なった立場からの「住民参加」を再度検討し、組織の立ち位置を明確にしていく必要に迫られていると言えよう。

Ⅳ　これからの社協活動の展開に向けて

　今日社協は、地域社会で困難な課題を抱えた人々への支援において、公共的な立場から問題解決を図る機関として、ますます注目を集めている。確かに社協は、行政とは異なり、法律に位置づけられた業務のみを担うわけではなく、その意味で縦割り／制度割りである必要もなく、一定程度フレックスに動ける部分はある。ただし、これまで見てきたような曖昧な存在の社協が、一体何に依拠して人々の生活問題の解決を図っていくのか、という素朴な疑問に、如何に応答するのかという問題は残る。言ってみれば「地域組織化」であろうと、「在宅福祉サービス」であろうと、すべての福祉問題が社協によって解決できるわけではない。であれば尚更、社協が解決できる／すべき問題とは、どのような問題なのだろうか。このことは、社協の固有性につながる問題でもある。

　前述の通り、社協は公権力を有する存在ではないため、接近困難な利用者等への強制的介入には自ずと限界があり、本来行政が果たすべき事項を止むを得ず実施して行けば行くほど、ますますその存在意義が不明確になり、地

域住民の信頼を得ることは難しくなるのではないだろうか。したがって、社協が諸活動に取り組む際、そのプロセスにどれだけ地域住民が参加し、主体的に関与でき得るのかということに尽力を傾注することが求められる。このような方向から考えると、社協は、単なる活動への参加のための「場」や「機会」を設定するのみならず、人々の「参加」により明らかにされた地域課題を、地域住民・関係団体相互間及び行政等にフィードバックし、その解決のために仲介し、交渉し、調整をするという「中間媒介組織」[81]としての役割・機能を発揮することが、今後さらに期待されてくるものと考えられる。

　この延長線上には、社協組織の改編や福祉行財政のあり方の検討も含まれている。冒頭に示した通り、「地域福祉の時代」と称され、地域福祉が法制度上に位置づけられても、未だ行財政の構造は、地域福祉指向に転換してはいない。「運動体」を前面に掲げていた70年代とは異なり、今や社協は、行政を始め多様なセクターと「協働」する時代であるとしても、地域住民の発意として、現行の行財政のあり方の問題点を究明し、構造の「変革」を迫る意義が薄れているとは考え難い。それぞれの社協においては近年、人材育成をコアにしながら組織マネジメントを確立する実践研究[82]などもなされているが、これら現場での取り組み状況を詳細に踏まえた上で、「変革」の中身を具体化することについては、今後の課題としたい。

　一方、こうした変革への方向性を見定める前に、指摘しておきたいことがある。それは、住民と深いつながりを持ち続けてきた市区町村社協の「実践」の評価である。例えば、福祉サービスの窓口や手続が複雑化してきたことにより「たらい回し」にされた、庭木やペットが原因で隣人とトラブルになっている、どこの機関でも「クレーマー」扱いされて受け入れてもらえない等々、社協に日々持ち込まれるありとあらゆる多様なニーズの受け止めと、その時点での可能な限り成し得る「対応」である。これらの多様な「相談」や「対応」の蓄積が、困難を抱える当事者の力となってきたことは紛れもない事実であろう。しかしそれは極めて「見えにくい成果」であり、社協とい

---

[81] 社協が今後担うべき中間媒介組織の社会的希求と展望について、本書橋本論文参照。
[82] 兵庫県社会福祉協議会「『気づきを築く場』の運営手法　社協マネジメントノート（平成24年度社協マネジメント研究会報告書）」(2013年)。

う組織に対する行政や地域住民の「評価」には直結していないのではないだろうか。実践のエビデンスが求められる今日こそ、量的な評価のみではなく、生活を支えるという社会福祉の質的評価軸の開発が求められている。この点についての実態解明もまた、今後の課題と言わざるを得ない。

　さらに考察を深めるべきは、社協活動の真髄が、「事業」や「サービス」という枠組みから、果たして抽出でき得るのか、という問題である。仮に「社協は制度で対応できない対象者への支援を行う組織でもある」[83] 或いは「『誰かに相談する』『助けを求める』ということに、大きくて見えないハードルが横たわっているとすれば、それを低くして『助けて』が言える地域づくりを進めたい」[84] という言説が、社協の固有性であり、独自性であるとすれば、これらに相当する地道な「対応」は、社協が担っている「事業」や「サービス」のみを、どれほど詳細に分析してみても、簡単には明らかにはなるまい。何故ならばこれらの「対応」は、社協が看板を掲げて実施している「事業」や「サービス」の外側に存在していると考えられるからである。つまりそれは、社会福祉基礎構造改革以降「契約」に至る前段の状況として捨象されてきた部分であり、福祉サービスの利用に限定せず、広く困難を抱える「利用者」の生活環境に働きかける支援であり、本来の社会福祉そのものであるとも言える。この点については、今回の研究と並行して実施してきたもう一方の研究[85] の中で、さらに論考を深めていきたいと考えている。

　いずれにしても、これらの問題の根底には、やはり社協の曖昧な「民間性」や「公共性」があり、それが行政との関係に起因していることはほぼ間違いがないであろう。本来民間と行政との関係は、一方が一方を包含するような関係で良いとは考えられない。相互に依存するのでもなく、平行線をたどるのでもなく、主従を伴う補完関係でもない独立性を保った本来の意味でのパートナーシップ関係であるべきだろう。それは、お互いの自律性と自尊性を高め合う関係でもある。古川孝順は「公的福祉サービスと民間福祉活動

83　中川史高（うきは市社協）「元当事者の経験から」福祉新聞 2677 号（2014 年 7 月 21 日付）。
84　卜部善行（筑後市社協）「悩みを話せる地域に」福祉新聞 2669 号（2014 年 5 月 26 日付）。
85　平成 25～27 年度科学研究費助成事業「日常生活自立支援事業に関する研究――利用者の自己決定とコミュニティワークからの考察」挑戦的萌芽 25590145（研究代表者：飯村史恵）。

とは相互に不可欠の存在として、いわば相互にパートナーとしての位置関係にあるが、両者の関係は協同を機軸にしながら、しかし同時に相互的なチェックと批判という緊張の契機を含むものでなければならない。民間福祉活動による試行的先導、モニタリング、そして建設的批判は公的福祉サービスを活性化するための最善の良薬である。」[86] と述べている。社協がこのような「良薬」となれるのかどうかについては、現在、社協が取り組もうとしている活動の「選択」こそが、これからの社協の方向性を定める礎石となるであろう。

　社会福祉実践は、現実に生活する人間を対象とし、個々の人間に目を向けるのみならず、環境に働きかけてきた。そして常に、社会の様々な規範や社会システムに影響を受けて発展してきた。

　社協を取り巻く昨今の状況をみると、矢継ぎ早に示される制度改革の波に飲み込まれそうな危うさを残しつつ、今後の社協に期待を寄せる声は少なくない。それは、社協が多様な価値観を有する人々が生活する地域社会を包括的に視野に入れ、地域社会を創り変えていく可能性を持っているからではないだろうか。その意味で社協は、政府によって担われる公的な社会福祉と市民社会の交差地点に立ち、住民の内発性を引き出す極めて重要な役割を担う存在であると言えよう。

　最後になったが、本稿の作成に当たり、調査や文献照会などを通じて、実に多くの社協職員及び関係者の方々のご協力をいただいた。個々の御名前を挙げることは差し控えたいが、心からの感謝を申し上げたい。

86　古川孝順『社会福祉のパラダイム転換──政策と理論』（有斐閣、1997 年）140 頁。

社会福祉法における社会福祉協議会

太田匡彦

I 問題の所在

1 課題の設定

本稿は、社会福祉法（昭和26年法律45号）における社会福祉協議会（以下、社協とも呼ぶ）に関わる諸規定を分析し、同法における社協の法的特色・そこから見た問題点を考察する。この目標のため、まず社協の示す特殊性の概略を述べ（I2、3）、次いで考察の順序を述べる（I4）。

2 社会福祉協議会への興味

本稿は、社会福祉協議会という組織として、法律上に定めのある、政令指定都市の地区社会福祉協議会、市町村社会福祉協議会、都道府県社会福祉協議会、都道府県社協の連合組織である社会福祉協議会連合会という組織を取り扱う（Ⅲ1(1)を参照）。それぞれの組織は、同一の活動を行う訳ではないものの、市町村社協・都道府県社協・地区社協は「地域福祉の推進を図ることを目的とする」点で共通する（社会福祉法（以下、社福とも略す）107条1項、2項、108条1項）[1]。

---

[1] 社会福祉法における地域福祉の言葉は、「地域における社会福祉」を意味するものと定義されている（社福1条括弧書）。この意義については、Ⅲ2(2)(a)(i)で検討する。

社会福祉協議会の社会福祉法上の特色は、後に詳しく検討するが、大きく以下の2点に求められる。第1は、社協が国や普通地方公共団体といった統治団体に近い、同時に統治団体によって設立されるのではない、法定の組織である点である。社協は社会福祉法109条以下に規定を持つ組織であり、その運営に行政の関与が予定されているほか（社福109条5項）、その任務の一部も法定されている（社福109条以下のほか、社福81条など）。また社協は、設立を強制された組織でも国や地方公共団体の設立する組織でもない、しかし存在の予定された組織である。以上のことは、社協が私人の任意に設立する純粋な私的組織とは言いがたい、統治団体との近さを持つ組織であることを示すと言えよう。

　第2に、社協は、社会福祉活動と目される通常の（給付）活動を行うだけでなく、通常の社会福祉法人の活動と比較した時の特色が、そのような給付活動とは異なる活動を行う点に求められる。社協の担当する事業のこの特色を次に概観しよう。

3　社会福祉協議会の機能

　都道府県社協と市町村社協の活動に関する共通点に特に注意して、社協の行う事業を予め概括的に類型化すると、次のようになろう。

　第1に、社協は、それぞれの組織においていかなる主体間の連絡・調整が念頭に置かれているかは別にして、連絡・調整の機能を期待されている（社福109条1項3号、110条1項1号、4号、111条1項）。

　第2に、社協は、社会福祉事業その他の社会福祉を目的とする事業[2]に関わる主体に対して援助を行う機能を期待されている[3]。この援助は、これら

2　社福1条の文言に鑑み、社会福祉を目的とする事業とは、社会福祉事業を含みそれよりも広い概念として用いられている（Ⅲ3(4)(b)で改めて取り上げる）。社会福祉法に関する厚生労働省の解釈を事実上示していると目される社会福祉法令研究会編集『社会福祉法の解説』（中央法規出版、2001年。以下、『解説』と略す。同書が行政解釈を事実上示していると目されることにつき「はしがき」を参照）61頁は、「『社会福祉を目的とする事業』とは、その範囲は必ずしも明確ではないが、自らの努力だけでは自立した生活を維持できなくなった個人が、人としての尊厳をもって、家庭や地域のなかで、障害の有無や年齢にかかわらず、その人らしい安心のある生活を送ることができる環境を実現すること（すなわち『社会福祉』の『状態』的な側面）を目的とする事業が、これに該当するものといえる」と説明している。

の活動及び関連する活動を住民に宣伝し参加を慫慂する等の住民の動員を目的とすると考えられる活動（社福109条1項2号、3号）、社会福祉を目的とする事業を経営する者やそれに従事する者に必要な各種能力の向上を目的とする活動（社福109条1項4号、110条1号、2号、3号）を含む。

第3に、社協は、社会福祉を目的とする事業を自ら実施する主体として機能する（社福109条1項1号、110条1項1号）。この局面では、社協は、他の社会福祉を目的とする事業を行う私人（典型は社会福祉法人）と変わらない活動を行う主体として表れる。

以上に概観した社協の機能から、社協を考察するために、まず以下の要請が導かれる。社協は、社会福祉サービス提供活動それ自体も、社会福祉サービス提供活動それ自体から一歩引いた形で表れる活動も行う。このことは、社協の活動が複合的な性格を有することを示し、その複合的な性格に応じた考察を要請する。

4　叙述の順序

Ⅰ3の概観からだけでも明らかとなる社協の組織・活動の複雑な性格に鑑み、本稿は、社協の組織や任務に関する具体的分析に入る前に、社協がいかなる主体といかなる関係を持ちうるのかを全体として概観する。これは社協の位置を諸関係の網の中で全体として把握する作業と位置づけられる。社協はⅠ2、3の概観からして、行政、社会福祉活動に関連する主体、社会福祉を目的とする事業の対象者それぞれと関係を持つと予測される。したがって社協が示すそれぞれの機能を分析する際、誰と誰との関係に社協は関わるのか、誰と社協が関係を持つのかをそれぞれ具体的に特定して考察する必要がある。加えて、それぞれの主体が持つ（あり得べき）関係の性格を考察する必要がある。このような性格として敵対（競合）、補完、協働（協力）、顧客

3　社会福祉法は、「社会福祉を目的とする事業を経営する者」・「社会福祉に関する活動を行う者」（ボランティア活動等を行う者が念頭に置かれている（『解説』110頁、332頁参照））・「社会福祉を目的とする事業に従事する者」（同事業を経営する者に雇用される職員を中心とする）という区分された用語で社会福祉活動に関連する主体を広く捉え（本稿は、この言葉で以上の三者を捉える）、また「社会福祉を目的とする事業を経営する者」という用語で具体的な社会福祉サービスの提供を行う主体を捉えている（社福4条、5条、107条、109条）。

(需給関係の当事者)、さらに無関係といった関係が考えられる。それにより、社協の果たす役割とそこに付随する問題（危険）の大まかな見取り図を得ることが期待される。IIではこの作業を行い、それを踏まえてIIIで社協の組織と法定された任務を考察し、その特色を描く。その上で、IVにおいてこれまでの考察をまとめ結びとする。

II　諸関係の中の社会福祉協議会
―社会福祉協議会を巡る諸主体と社会福祉協議会

I 4で述べた目的から社協が位置づけられる諸関係を概観しようとするならば、社会福祉活動に関連する主体に着目し、その相互関係の中に社協を位置づける方法で考察を行うことが便宜であろう。

社会福祉を目的とする活動は、それを実施する者、そこから受益する者を最低限必要とし、さらに同活動について様々に関与する行政、社会福祉に関心を持ち援助を提供するその他の人々も視野に収めなくてはならない。行政は自ら社会福祉サービスの提供を行い、あるいは私人の行う社会福祉サービスの分配あるいは当該サービスの費用の引き受けに関する決定を行い[4]、また社会福祉を実施する者に対して各種の監督・助成などの関与も行う。社協は、以上の主体とそれぞれに関係を持つ[5]。以下では、この各々の関係毎に考察する。ただし、社会福祉に関心を持ち援助を行うその他の人々については、独立に取り上げることはせず、社会福祉活動に関連する主体[6]との関連で併せて論じるに止める。

---

[4] 例えば、前者についてはなお残る措置制度を（一例として身体障害者福祉法18条）、後者については自立支援給付制度に関する支給決定（障害者総合支援法19条）を考えれば良い。

[5] 社協の関わり方については社会福祉学において様々な理論化がなされ、その理論・手法に様々な名称も付されている（コミュニティ・ワーク、コミュニティー・オーガニゼーション、ソーシャル・アドミニストレーション等々）。しかし、本稿ではこれらの理論に立ち入ることはしない。社協の関与可能性を広い視野から一般的に、しかしその関与する関係者を特定する形で認識するだけでさしあたり足りるからである。

[6] この言葉の指すものにつき、前掲注3。

1 社会福祉に関連する主体相互の関係と社会福祉協議会

(1) 社会福祉に関連する主体相互間のありうべき関係

(a) 社会福祉に関連する主体と社会福祉協議会との関係を考える際には、まず社会福祉に関連する主体相互においていかなる関係があり得るかを考える必要がある。というのも、その諸関係に応じて社協の役割も変わりうるからである。これらの主体相互の関係として次のような関係を想定できる。

(b) 社会福祉に関連する主体は、第1に、相互に協力し、また啓発し合う関係に立つ。例えば、社会福祉を目的とする事業として具体的に行う事業が同一である場合に、その事業に関する協力を想定しうる。自らの事業対象者になりうるが自らの事業遂行能力を超える要援助者[7]を相互に紹介し合うような関係である。事業が関連する場合に相互に連携して要援助者の必要を充足する場合も考えられる。また、当該主体が具体的に行う事業が同一か否かを問わず、社会福祉を目的とする事業としてそれぞれの事業を適正に運営するために相互啓発を行う場合も考えられる。

(c) 第2に、社会福祉を目的とする事業を経営する者や社会福祉に関する活動を行う者は相互に競合する関係にも立つ[8]。例えば、社会福祉を目的とする事業を経営する主体は、自らの事業対象者をいわば顧客(利用者)として取り合う関係に立つ。非営利活動として社会福祉を目的とする事業を行う主体もこのような関係から逃れえない。このような主体といえども、収支相

---

[7] 本稿は、社会福祉を目的とする事業の対象となる必要(ニーズ)を抱えている者を広く要援助者と呼ぶことにする。社会福祉活動、特に福祉サービスの提供は支援と捉えられ(参照、社福3条)、要支援者という用語も考えられるが、介護保険法上に特定の意味で用いられていることから、和田敏明=山田秀昭編『概説 社会福祉協議会2011・2012』(全国社会福祉協議会、2011年) 63頁[渋谷篤男]に従い、要援助者の言葉を用いる(なお、同書を以下、『概説』とのみ引用する。また本稿は、同書の「まえがき」および執筆者を踏まえ、同書を社協組織の準公式的自己理解を示す文献と理解しておく。同書は2年に1回の改訂が予定されていたようであるが、現在も本稿引用の版しか出版されていない)。社会福祉法は「利用者」と呼んでいるが(併せて『解説』57頁も参照)、利用者の言葉が一般的にすぎると思われ、また具体的利用を始める以前の状態も含ませる観点から、要援助者の用語を用いる。言うまでもなく、要援助者が自らの意思により権利に基づいてサービスを選択し利用することを否定する趣旨ではない。

[8] 社会福祉を目的とする事業に従事する(しようとする)者相互も、同事業を経営する者に雇用される者として相互に競合関係に立ちうるが、労働市場全般に通じることであるので、本稿は立ち入らない。

償う事業運営を目指すならば、そのために一定程度の要援助者を自らの事業対象者として確保する必要があるからである。

以上の例は、要援助者との関係で社会福祉を目的とする事業を経営する主体・社会福祉に関する活動を行う者が相互に競合関係に立つ場合（以下、要援助者との関係での競合関係と呼ぶ）であるが、これらの主体はこれらに援助を提供する主体、例えば行政やその他の私人との関係でも競合関係に立つ。これらの主体が提供する補助金や寄付についてこれらの主体が競合（競願）関係に立つ状況がここで念頭に置くものであり、援助者との関係での競合関係と呼びうる[9]。

(d) 第3に、相互に無関係と捉えるべき場合も存在する。例えば、主体の行う具体的事業が異なるために無関係と理解できる場合、活動空間が相互に遠いことから無関係と理解できる場合等を考えうる。

(2) 社会福祉協議会の果たしうる役割

(a) 以上を前提に、社会福祉に関連する主体との関係で社会福祉協議会が果たしうる役割を考えるならば、以下のように整理できよう。

(b) 第1に、社協は、社会福祉に関連する既存の主体を組織化することでこれら相互が無関係である状態を縮減する役割を果たす。これは、以下に見る他の役割の前提となる。これらの役割は当該主体が相互に関係を持つことを前提とするからである。この縮減の役割を果たすためには、組織化の対象が一方で相互に重複しない形で、他方で一定程度の量を持つ形で社協に割り当てられることが必要となる。

また社協は、自ら社会福祉を目的とする事業を組織運営することで、社会

---

9 なお、このほか、福祉サービス利用者（事業利用者）に係る費用を行政その他が負担する場合にも行政等費用負担者との関係での競合関係を措定できるが、これは、上述の要援助者との関係での競合関係の反映に止まると理解できる。行政その他の援助者の提供する補助金・援助についてこれらの主体が立つ競願関係は、この競合関係とは一応独立の競合関係であり、本稿が援助者との関係での競合関係と言う場合、後者だけを指す。確かに、補助金交付基準等において、事業対象者の規模に応じることとされている場合、要援助者（事業対象者）との関係での競合関係と行政との関係での競合関係とは無関係とは言えない。しかし、そのような連関が生じるか否かは当該基準の内容に関わり当然に関係するとは言えないことから、このように整理しておく。

福祉を目的とする事業を経営する主体を最低でも一つ存在させる役割も果たしうる。

　以上の二重の組織化の機能は、さらに、社会福祉に関心を持つ様々な主体を、社会福祉を目的とする事業を経営する者、社会福祉に関する活動を行う者、このような事業に援助を行う主体等へと組織化する機能も持ちうる。これは、社会における社会福祉活動の基盤を確保・拡張する機能を持ち、等閑視してよい機能ではない[10]。

　(c)　第2に、社協は社会福祉に関連する主体相互の協力・啓発関係を組織する役割を果たしうる。もとより、この関係はこれらの主体が自発的に取り結ぶこともできる。しかし社協がこれらの主体の多くと関係を持つことが保障されているのであれば、協力・啓発関係をより容易にまたより多く組織することが社協には可能であろう。

　(d)　(i)　第3に、社協は、競合関係に立つ社会福祉活動に関連する主体、特に社会福祉を目的とする事業を経営する主体を相互に調整する役割も果たしうる。それは、当該主体相互での不要な対立を緩和する働きを持つかもしれない。ただし、この機能についてはこの点を理由に積極的にのみ評価すればよいとは言えない。この役割を考える際は、上述の二つの競合関係の区分、社協自体が社会福祉を目的とする事業を自ら実施しているか否かにも注意する必要がある。

　(ii)　要援助者との関係での競合に関する社協の調整は、社会福祉を目的とする事業を経営する主体間でのカルテルや業界内部での顧客分配に類する帰結を持ちかねない点に注意する必要がある[11]。要援助者への福祉サービス活動に係る費用負担は多くの場合自立支援給付・介護保険給付などを通して行政の負担により行われ、その費用は統一基準で算定されるため価格競争が生じることは少ないにせよ[12]、サービス内容その他の部分において（いわば一定費用あたりでなされるサービスの充実度合いなどにつき）競争の余地がないと

10　社協に関わる実務は、住民参加を通した組織化としてこれに着目している。『概説』4-5頁［和田］、10頁［和田］、18-19頁［和田］、134-144頁［後藤真一郎］などを参照。
11　ただし、サービス利用の最終決定は要援助者（と当該事業を実施する主体）に委ねられるため、社協が果たす役割については調整に止まると理解してよかろう。

は言えない。要援助者との関係でのこのような競争は一定程度、法が期待しているところと言え[13]、この文脈での社協による調整には、このような期待を阻害しないことが求められる。

加えて、社協が社会福祉を目的とする事業、特に福祉サービス活動を行う場合、社協自体が競合相手としても現れるため、社協内部で利益相反が生じる危険、社協の中立性への信頼が得られずこの文脈での社協の調整機能が害される危険がある。もっとも、この危険に対しては、社会福祉を目的とする事業を経営する通常の主体によって十分なサービスが提供されている場合に社協は当該サービスを提供しないという対応も可能であろう[14]。

(ⅲ) 援助者との関係での競合関係について社協は、連絡・調整機能、さらに分配機能も果たしうる。第1に、例えば、援助を必要とする社会福祉を目的とする事業を経営する者を援助者に紹介するに止まる場合、社協は両者を取りもつ連絡機能を果たしている。これに対し、第2に、行政からの補助金やその他の援助者からの援助について、社協がこれらの援助をめぐる競願を順位づけ援助者（例えば補助金交付決定を行う行政）に伝達する場合、これにより社協はこの競願関係を調整している。第3に、この順位付けが援助者によって見直されることなく受容される場合や補助金の交付を援助者ではなく社協の名と責任において行える場合、社協は、調整を超えて分配も行ってい

---

12 行政による費用負担算定の基礎となる価格に付加する形で利用者負担を求めることは（したがって法で定められた一部負担金は除く）、当該給付を行う主体が指定を受けていわゆる代理受領方式を利用しようとする場合には禁止されている。例えば、障害者の日常生活及び社会生活を総合的に支援するための法律に基づく指定障害福祉サービスの事業等の人員、設備及び運営に関する基準（厚労省令平成18年171号）20条、21条、指定居宅サービス等の事業の人員、設備及び運営に関する基準（厚生省令平成11年37号）20条などを参照。

13 参照、『解説』36-37頁。

14 『概説』7頁［和田］は、介護保険制度を例として、「介護保険制度においては、社協は『一民間事業者』としての性格をもつ。営利法人や医療法人と競争・競合する状態で企画・実施を行うということは、自治体や他事業者との関係も以前とは異なる。そういう『一民間事業者』としての性格をもちながら、一方で『公私社会福祉事業等の組織化・連絡調整機能』を発揮することは、介護保険事業者としての位置づけとは異なる社協の別の性格・機能を理解してもらうことなしには困難である」とする。理解してもらう必要があることは確かであるが、理解を要求できるだけの措置が法もしくは社協によって行われる必要もあろう。その必要性の意識は同書にもうかがわれる。同書10、20-21、68-69、120-122頁を参照。

る。後者の場合は制度上もそれが明瞭であり、前者の場合は援助者の分配権限が事実上社協へ移動していると理解できる。また、後者の場合、ここでの競合関係は社協の行う分配をめぐって現れることになる。

　この文脈でも、社協が社会福祉を目的とする事業、特に福祉サービス活動を行っている場合、社協が競合相手としても現れうるため、やはり社協の調整・分配機能が歪められる危険が生じる。社協が自らに有利となるような調整・分配を行う危険があるからである。これを防ぐためには、社協内部における組織分離のほか、究極的には社協を当該補助金の受給対象者から外すなどの対応がとられなくてはならない。

2　行政と社会福祉活動に関連する主体間の関係と社会福祉協議会

(1)　行政と社会福祉活動に関連する主体相互のありうべき関係

　(a)　社会福祉協議会は、社会福祉活動に関連する主体と行政とが取り結ぶ諸関係にも関わりを持つ。これらの主体と行政との間に想定される関係をまず確認しよう。

　(b)　第1に、行政と社会福祉活動に関連する主体とは協力関係を持ちうる。ここでの協力は、行政からの委託を受けて福祉サービス提供を行うもしくは行政が費用負担の対象とする福祉サービスを提供する形態での発現も、行政による給付（費用負担のみを行う形も含む）からこぼれ落ちるニーズに対する福祉サービスの提供という分担・補完的な形態での発現も含む。

　(c)　第2に、行政と社会福祉活動に関連する主体とは対立関係にも立ちうる。単純には、行政が社会福祉のあり方に対して有する構想・利益と、社会福祉活動に関連する主体が社会福祉あるいは自らのあり方に対して有する構想・利益とが対立する場合がこれに該当する。もっとも、対立があるとしても、それが常に法的にもしくは政治的に決着をつけなくてはならないものであるとは言えない。対立に対して何らかの決定を行う必要が生じる条件あるいは決定の手続は、別の問題として検討されねばならない。

　(d)　第3に、行政は、社会福祉活動に関連する主体（の一部）に対して監督（規制）を行う関係に立つ。行政は社会福祉法その他の個別社会福祉法[15]に基づき様々な監督権限を有し、必要に応じてそれを行使する。もちろん、

これらの監督は、その要件を満たす限りでのみ生じる関係である。監督に服する関係は、決して支配に服する関係ではない[16]。

(e) 第4に、行政は、社会福祉活動に関連する主体に対して援助を行う関係にも立つ。社会福祉を目的とする事業に対して補助金を提供する場合がその典型であるし、これらの事業を経営する者やこれらの事業に従事する者に研修の機会を提供したり助言を行ったりする場合もこの一例である。これは、協力関係の延長とも捉えうる。しかし同時に、援助を行うには対象者の活動・組織がいかなるものか認識する必要があるし[17]、援助目的達成を確保するためのモニタリングも必要となる。これらを受け入れなければ援助も受けられないから、援助対象となる主体が事実上強制的なものとしてこれらを受け入れることも予想される。このため、監督さらに支配の関係が援助の関係を通して導き入れられる可能性も存在する。このため、援助の関係は、常に協力・監督の関係も視野に入れて捉えられねばならない。

(2) 社会福祉協議会の果たしうる役割

(a) では、想定される以上の諸関係との関わりで社協はいかなる役割を果たしうるか。おおむね次のように整理できよう[18]。

(b) 行政と社会福祉活動に関連する主体とが協力するためには、相互の活動に関する調整が必要である。また、両者の間に対立があり、それを解消もしくは一定の限度内に留める必要があるならば、意見の調整がやはり必要であろう。社協は、このための連絡・調整の役割を果たしうる。

(c) 行政が社会福祉活動に関連する主体を監督する際、その一環として(監督に係る基準などの)自らの見解を予め示す、あるいはその具体的なあり

---

15 本稿は生活保護法、老人福祉法、児童福祉法、障害者総合支援法などの福祉サービスの具体的あり方を規律する法律をこのように総称する。これとの関係では社会福祉法は一般法的な位置づけを占める。
16 憲法89条との関係につきⅢ3(2)も参照。
17 さもなければ、援助対象者からみてもまた援助を行う行政からみても有効な援助が難しい。ミスマッチが生じる危険がある。
18 行政および社協の実務が社協と行政との関係をどのように理解・設定してきたかの概観として、『概説』208-211頁［山田］、217-226頁［山田］。

方について相手方と調整することがないとは言えない。これは一面で癒着の危険をもたらすが、敵対的であることが常に望ましいとも言えない。とすると、ここでも連絡・調整は必要となる。もちろん行政と監督対象となる個々の主体との間で個別に連絡・調整を行えば足りるとも言えるが、例えば癒着回避のためには一般的に（多数主体に対して同時に）行うことが意味を持つこともある。その場合、社協はここでも連絡・調整の役割を果たしえよう。

監督との関わりでより重要であると考えられるのは、社会福祉を目的とする事業を経営する者の行う自主規制が行政の監督の代わりを果たす場合である。この場合に十分な規制とならない危険は存在するけれども、規制対象となっている利益の質によっては、むしろ自主規制のような形の規制が要請される[19]。社会福祉で問題となる利益においてそのような要素が認められるならば、社協はこの文脈でも一定の役割を演じうるかもしれない。

(d) 行政の行う助成との関係においても、社協は、行政と社会福祉活動に関連する主体との間での連絡・調整を行いえよう。例えば、どのような助成が効果的かなどの伝達や協議といったものも考えられる。とはいえ、この関係での最も強い関わりは、行政による分配の準備・代行、さらには行政に代わって助成それ自体を行う形で現れるそれであり、これはすでにⅡ1(2)(d)(ⅲ)で述べた。

(e) 以上のように、社協は、連絡・調整と包括できる役割の下で、行政と社会福祉活動に関連する主体との間の関係に様々に関わりうると考えられる。しかし、この関与は、同時に、社協およびこれらの主体それぞれの自律性に対する危険も含んでいる。

社協は、行政と社会福祉活動に関連する主体との間の連絡・調整を担いまた行政の役割を一部代行する中で、いわば行政の手先となり、その自律性を失うかもしれない。また、これらの主体にも、協力・監督・助成の諸関係の中で行政の下請けとなり自律性を失う危険が存することは否定できない。その際、社協を介した行政との連絡調整における社協の現れ方によっては、いわば行政の手先となった社協が社会福祉活動に関連する主体、特に社会福祉

---

19 山本隆司「日本における公私協働の動向と課題」新世代法政策学研究 2 号（2009 年）277 頁（291-292 頁、294-295 頁）。

を目的とする事業を経営する者、社会福祉に関する活動を行う者の自律性をさらに失わせる存在として機能する危険がないとは言えなかろう。

3　社会福祉活動に関連する主体と要援助者間の関係と社会福祉協議会
(1)　社会福祉活動に関連する主体と要援助者間のありうべき関係

　(a)　社会福祉協議会は、社会福祉活動に関連する主体と要援助者とが取り結ぶ諸関係にも関係を持つ。社会福祉活動に関連する主体と要援助者との間に想定される関係をまず確認しよう。

　(b)　社会福祉を目的とする事業を経営する者は、充足されるべきニーズを有する者に福祉サービスを提供することをその典型的活動とする（参照、社福5条）。またこれは社会福祉に関する活動を行う者についても同様であろう。したがって、これらの主体と要援助者との間に想定される第1の関係は、サービス利用（受益）関係と性格づけうる。

　(c)　他方で、両者の間に対立が生じることも予想される。サービスの質やサービスに起因する事故などをめぐる苦情・紛争等である。ここでは、社会福祉を目的とする事業に従事する者も当事者となりうる。したがって、社会福祉活動に関連する主体と要援助者との間に想定される第2の関係として対立関係を想定できる。この場合、社会福祉サービスの目的が害されている危険が存するから（参照、社福3、5条）、この対立は何らかの形で解決されねばならない。

(2)　社会福祉協議会の果たしうる役割

　(a)　では、以上の想定される諸関係との関わりで社会福祉協議会はいかなる役割を果たしうるか。おおむね次のように整理できよう。

　(b)　社協は、要援助者に対し、そのニーズに適した社会福祉を目的とする事業を経営する者・社会福祉に関する活動を行う者を紹介する役割を果たしうる。このような紹介機能は社協しか果たせないものではない。しかし、Ⅱ1(2)で見たようにこれらの主体の多くと社協が関係を持つことを期待できるのであれば、要援助者に自らが関係を持つこれらの主体を示し、要援助者の選択を可能・容易にすることを期待できる。

さらに、単純な紹介のみならず、要援助者のニーズを社協が評価（アセスメント）しマッチングを行うといった積極的な役割を演じうるかもしれない[20]。また、社会福祉を目的とする事業を経営する者・社会福祉に関する活動を行う者と要援助者との間の契約に際しての助力といった関与も考え得る[21]。

(c) また、社協は、要援助者と社会福祉活動に関連する主体との間の対立関係を調停・仲裁する役割を果たしうるかもしれない。これは、社会福祉活動に関連する主体への助言という役割の一局面としても捉えられよう。

(d) (i) もっとも、社協が以上の役割を果たす際には、以下の諸問題への対応措置も用意する必要がある。

(ii) 社協は、Ⅱ1、2で述べた役割に鑑みて社会福祉活動に関連する主体と多く関係を有し、Ⅲで確認するように社会福祉を目的とする事業を経営する者・社会福祉に関する活動を行う者を構成員とする団体という性格を持つ。また、社協自らが社会福祉を目的とする事業を実施することも予定されている。

このため、社会福祉を目的とする事業を経営する者・社会福祉に関する活動を行う者を要援助者に紹介し、その利用に際して助力する際、社協が要援助者のニーズに適合した主体を中立的に紹介し助力を行い、またそのように行動しているという信頼を得るには、それなりの措置が必要である。自らの事業を優先していないか、あるいはこれらの主体を平等に扱っているかに係る疑いを排除できるようにしておかねばならない[22]。

また、社会福祉活動に関連する主体と要援助者との間の対立を調停・仲裁する場合には、上記の問題に対していっそう強く対応することが必要となる。

---

20 介護保険におけるケアマネジメント、障害者福祉におけるケースマネジメントが最も個別具体的な営みとなるが、社協が組織として行う場合にはもう少し広い意味で理解してもよかろう。
21 『概説』19-20頁［和田］は、介護保険制度・自立支援費制度の下、社協には「①総合相談、情報提供機能、②福祉サービス利用援助機能、③福祉サービスの苦情（消費者）相談などの整備が求められる」とする。
22 もちろん実務もこの要請は意識しており、『概説』16、20頁［共に和田］は、これらの任務を行う事業である日常生活自立支援事業、地域包括支援センター事業といったサービス利用支援事業の実施に際しては、利益相反を防ぐ観点から、社協の行う介護サービス提供部門等とは分離独立させ、中立性・公共性をもった事業体制にすることの必要を説いている。同書63-65頁［渋谷］、122頁［高橋良太］も参照。

社会福祉を目的とする事業を経営する者等を構成員とするいわば事業者団体としての性格を社協が示しうることは、社協の行う調停・仲裁のあり方が、社会福祉を目的とする事業を経営する者等に有利に傾いた偏頗なものとなる、もしくはその疑いを招きやすい構造を持つことを意味する。調停・仲裁が実際に偏頗であることは、調停・仲裁を正当化しないし、その疑いを招くだけでもこの役割が阻害される。

(ⅲ) ここで対象としている社協の役割に関しては、行政との関係も考慮する必要がある。紹介・ニーズ評価の役割について考えると、行政もこの役割を担いうるし、社会保障給付を行う場合には要援助者のニーズ評価を行う必要がある。このため、行政の紹介・ニーズ評価と社協の行うそれとの関係をいかに整理するかが一つの問題となる。また、社協が社会福祉活動に関連する主体と要援助者との間の対立を調停・仲裁する役割を引き受ける場合、その際に社協の得た情報を行政に伝達すべきかも問題となる。これらの問題に対しどのような方針で臨むかにより、この局面で社協が果たしうる役割の実際も変わってこよう。

4 社会福祉協議会相互の関係

(a) 最後に、社会福祉協議会相互の関係を見る。Ⅲで確認するように、社協は複数存在し、それは多層的に編成される。このように複数存在する社協は、相互にどのような関係を有しうるか。ここでは、社協自体の相互関係しか問題にならないので、相互にありうべき関係だけを直接論じる。

(b) 社協は、Ⅱ1-3で想定した様々な役割を果たしうるところ、そのどれにも社協相互の競合を想定しなければならない役割は見受けられない。同じ目的を達成するための組織と位置づけられることを考えれば、当該目的達成のための協力を中心とする諸関係が想定されるべきであろう。

この協力を中心とする関係の内容をさらに具体化するならば、協力の前提としての連絡・調整、分担を前提としての連携が考えられる。その際には、互いに同一次元に位置づけられる社協相互の水平的な連絡調整や連携（例えば市町村社協相互）、互いに異なる次元に位置づけられる社協相互の垂直的な連絡調整や連携（例えば市町村社協と都道府県社協相互）が考えられる。

(c) また、社協を多層的に構成するならば、それを通して社協の意見・利益を集約・統合していく関係も設定できよう。社会福祉に関する社協の見解を統合し国レベルで表出するには、このような役割を担う組織が必要でもあろう。

(d) ただし、多層的に構成された組織相互の関係が上意下達に象徴されるヒエラルヒーをも意味するかは別問題である。しかし、統合や調整を可能にする多層的関係における意見の流れは特段の措置が施されなければ両方向に可能であるから、この多層的関係が上部組織の意思を上から下へ流し隅々に貫徹するヒエラルヒーとして機能する可能性も認めるべきであろう。

Ⅲ　社会福祉協議会の組織と法定任務

以上を踏まえて、ここでは、社会福祉法に表れた社会福祉協議会の組織(1)及び任務(2)に関する規定を分析する。その上で、現在の社会福祉協議会が社会福祉法人として組織され活動していることの意味を検討する(3)。

1　組織に関する考察
(1)　社会福祉協議会の種類

社会福祉法は、社会福祉協議会として、市町村社会福祉協議会（社福109条1項）、地方自治法252条の19にいう指定都市（以下、政令指定都市）の区（いわゆる行政区）に存する地区社会福祉協議会（社福109条2項）、都道府県社会福祉協議会（社福110条）、社会福祉協議会連合会（社福111条。実際は全国社会福祉協議会の名称で活動している[23]。以下、全社協ということがある）について規定を置いている[24]。これらの社会福祉協議会は、共通する基本構造（(1)）および通常の私的団体と比べたときの特異性（(2)）を示すと共に、相異なる要素も示す（(3)）。これらを順次確認し、最後に社協が多層的に編成されていることを考察する（(4)）。

---

[23] 全社協の自身による説明として同会ウェブサイト中「社会福祉協議会とは」(http://www.shakyo.or.jp/about/) を参照（2015年1月13日最終確認。以下、他のウェブサイトも同じ）。

(2) 組織の基本構造

(a) 社会福祉法は、各種の社会福祉協議会それぞれについて「参加」する主体を観念している（社福109条1項、2項、110条1項）。この「参加」という観念、協議会という名称からして、会員つまり構成員の存在が予定されている[25]と解すべきであろう[26]。

(b) 他方、社会福祉法それ自体は、社会福祉協議会につき、それが法人格を持つことを示す定めを持たない。すなわち社会福祉法上、社協は法人でない組織としても存在しうる[27]。

(c) 同時に、社会福祉法は、社会福祉協議会に役員が存することを前提にしている。後に触れる社福109条5項（社福110条2項、111条2項も準用）は、このことを前提に役員の地位を通した行政の関与を制限しようとする定めである。役員という用語からして、社協の管理運営・業務執行に参与する職が念頭に置かれていると理解できる。また、上記の定めの内容に鑑み、複数の役員の存在が予定されているとも言える。

もっとも、具体的にいかなる役員、役員のつくべき職・機関が置かれるかについて社会福祉法は特段の定めを持たない[28]。このため、社協が法人とな

---

24 なお、社会福祉法は、特別区を市に含む形で定めており（参照、社福14条1項）、特別区には市社協と同じ次元に位置する区社会福祉協議会が組織されている。本稿は、これを市社協に含めて取扱い、特に言及しない。また、都道府県によっては郡を単位とする郡社会福祉協議会が設置されることもあり（『概説』36頁［和田］）、また市町村社協や地区社協の単位となっている区域よりもさらに狭い地域を単位とする地域社会福祉協議会（例えば大阪市ではおおむね小学校区ごとに置かれている。大阪地判平成23年3月29日判例自治354号68頁参照。また、このレベルの社協を地区社会福祉協議会と呼ぶ例もある。世田谷区につき世田谷社会福祉協議会ウェブサイト中「地区社協のご案内」(http://www.setagayashakyo.or.jp/modules/local/index.php?op=text#01)を参照）が組織されることもある。これらについて本稿は立ち入らない。
25 『解説』331頁は、社福109条につき、「市町村社会福祉協議会及び地区社会福祉協議会の目的、構成員、事業内容等について定めるもの」とし、同条の「社会福祉を目的とする事業を経営する者及び社会福祉に関する活動を行う者が参加し」、「その区域内における社会福祉事業又は更生保護事業を経営する者の過半数が参加」という文言の注釈においても（同332-333頁）、これらの主体が社協の構成員と位置づけられていることを説明している。
26 社協連合会（全社協）について、社会福祉法111条1項は参加する主体を観念していない。しかし、連合会という位置づけそれ自体が、構成員を観念していると解すべきであろう。
27 『概説』30頁［和田］。もっとも現在、社会福祉法に明示されている社協の殆どは、社会福祉法人として存在している。この点はⅢ3で考察する。
28 社福83条は都道府県社協に運営適正化委員会を置くことを定めるが（この委員会についてはⅢ

る場合は選択された法人形式に応じた法人の機関として役員の職・種類も定まる。したがって、法人となるか否か、法人形式としてどれを選ぶかは社協の選択に委ねられる一方、その選択に従い置くべき機関、役員の職・種類が法により定まる。これに対し、社協が法人格を持たない組織としてあり続ける場合、どのような役職を置くか法律上は定まらないままとなる。とすれば、この場合、社会福祉法は、いかなる役員が置かれるべきかにつき社協それ自体の決定に委ねたと解すべきことになろう。

同時に、社会福祉協議会に置かれる役員につき特段の定めを社会福祉法が持たないことから、社協に参加する主体（構成員）と役員との間の関係も定められていない。この意味については、役員の職・種類について述べたところと同一の評価が当てはまる。法人となることを選択する場合には選択された法人形式に従って参加主体と役員との関係も定まり、法人格を持たない組織である場合には役員と参加主体との関係の設定のあり方も社協に委ねられることになる。

(3) 特異性を示す性格

社会福祉協議会の組織・編成に関する社会福祉法の規定は、同時に、この組織が通常の私的組織――私人が特段の法律上の定めなしに任意に組織するもの――と比べて異質な要素を持つことを示す規定を持つ[29]。

(a) 強制設立でない存在の予定された組織

社会福祉協議会は、社会福祉法に根拠規定を持つ組織ではある。しかし、何らかの主体に設立義務を課す規定もなく、必置の組織とはいえない。

もっとも社会福祉法は、都道府県社協に関し、それが設立されるよう誘導している。社福114条1号が、都道府県社協の存在を共同募金会の設立認可要件とし、共同募金を実施するための条件としているからである[30]。共同募金を行う義務は存さず、これを行わない自由は存在するけれども（したがっ

2(3)(a)(iii)、役員との関係は明示されていない。
[29] 任務を定める規定を置いていること自体も異質な要素と言えようが、この点に関する考察はⅢ2で行う。

て社協の設立もあくまで義務ではない)、以上の定めが都道府県社協の設立を誘導する効果を持つ(持った)ことは認めるべきだろう[31]。他方、市町村社協・地区社協についてこのような誘導規定は存しない。法律上は、全くの任意に委ねられているということになる。

もっとも、社会福祉法が社会福祉協議会という存在を法定し、また都道府県社協について設立を誘導している点で、社協はその存在が予定された組織と捉えるべきであろう。

(b) 関係主体の集約による代表的性格と利益表出機能

社会福祉法は、どのようなものであれ社会福祉協議会が存在すればよいという立場もとっていない。社協はそれと認められるために一定の条件を満たす必要があり、この結果として、その活動単位となる区域において社会福祉を目的とする事業を経営する者・社会福祉に関する活動を行う者を代表する性格を社協に認めることが可能となる。

地区社会福祉協議会・市町村社会福祉協議会・都道府県社会福祉協議会は、自らが活動区域とする地方公共団体の区域において[32]、当該社協に参加する社会福祉事業又は更生保護事業を経営する者[33]、および政令指定都市・都道府県の社協については自らに参加する社協(以下、単位社協と呼ぶ)[34]それぞれにつき、当該活動区域に存するものの過半数が参加するものとされている(以下、過半数参加要件と呼ぶ)[35]。この要件により、ある地点を活動区域とす

---

30 共同募金の意義については、社福112条。これは第1種社会福祉事業とされ、社会福祉法人としての共同募金会しか行えない(社福113条)。

31 なお、都道府県社協は、市町村社協がなくても存在しうる。Ⅲ1(3)(b)で見る過半数参加要件は、市町村社協が存在する場合に、その過半数以上の参加を必要とする趣旨に解釈できる。

32 地区社協は政令指定都市の1又は2以上の行政区を、市町村社協は同一都道府県内の1又は2以上の市町村の区域を、都道府県社協は都道府県の区域を活動区域とする(社福109条1項、2項、110条1項)。このため、地区社協・市町村社協については、後注36とは別に、行政区・市町村とは独立した形での広域化を行うことも可能である。本稿はこの問題には立ち入らないが、さしあたり『概説』14頁[和田]、23頁[和田]を参照。

33 更生保護事業を経営する者が参加することとされている理由については、『解説』333頁を参照。本稿は更生保護事業との関連には立ち入らず、以後、更生保護事業については言及しない。

34 政令指定都市の市社協については地区社協、都道府県社協については市町村社協。

35 社会福祉を目的とする事業を経営する者及び社会福祉に関する活動を行う者全体については、

る社協は、政令指定都市の行政区・市町村・都道府県それぞれの層に一つだけとなること[36]（以下、社協の地域単一化という）が実現される[37]。

　同時に、社会福祉法は、法の予定する参加主体につき社会福祉協議会への参加義務を課しているわけではない。したがって法律上は、社協は自らが社協であるための過半数参加要件を満たすために、社会福祉事業を経営する者・単位社協から任意の参加を取り付けねばならない。他方、市町村社協・地区社協・都道府県社協は、社会福祉法の予定する参加主体から参加の申し出があった場合、正当な理由がない限り、これを拒否できない（社福109条6項、社福110条2項）。すなわち、社協は、これらの主体に対して開かれた（開放的な）組織であるということができる。

　以上の過半数参加要件とそれに伴う社協の地域単一化、さらに参加応諾義務は、社会福祉協議会に、社会福祉を目的とする事業を経営する者及び社会福祉に関する活動を行う者（特に社会福祉事業を経営する者）を社協に集約する機能を与えている。これは、Ⅱ1(2)で見た、社会福祉活動に関連する主体相互の無関係状態を縮減し協力・啓発関係を組織し競合関係を調整し分配の準備ないし分配それ自体を行うという役割を社協が果たすための前提を構築するものと理解できる。また、社協の地域単一化は、以上の諸機能が行われる空間的範囲を画する機能も持つ。加えて、それをもたらす過半数参加要件は、それぞれの地域（活動区域）において社協に、社会福祉を目的とする事業を経営する者・社会福祉に関する活動を行う者を代表しうる性格を与える機能[38]、またこれに伴いそれらの利益を表出する機能も与えると考えられる。以上の故に、社協の調整はこれらの主体相互の関係において重要な意味を持

　過半数が参加するものとするという定めはない。総数を把握することが困難であるからだろう。社会福祉事業を経営する者は社会福祉法人、第1種社会福祉事業の許可を得た者、第2種社会福祉事業の実施を届け出た者として特定でき（参照、社福32条、60条、62条2項、67条2項、69条）、更生保護事業を経営する者についても更生保護事業法により特定できる（同法45条、47条の2を参照）。

[36] したがって、市町村合併の進展は、市町村社協の合併と広域化をもたらした。この点に係る問題に本稿は立ち入らないが、さしあたり『概説』10頁［和田］、201-206頁［佐甲学］を参照。

[37] 都道府県社協の連合会（全社協）については、全国を単位とすることが法定されており（社福111条1項）、これにより単一化が実現されている。

[38] ただし過半数参加要件は、社会福祉事業を経営する者を母数としている点に留意は必要である。

つと理解しうるし、それらの主体とそれ以外（外部）との関係で社協が機能を果たす基盤も認められると言えよう。

(c) 役員に就任する関係行政庁の職員

社会福祉法は、「関係行政庁の職員は、市町村社会福祉協議会及び地区社会福祉協議会の役員となることができる。ただし、役員の総数の5分の1を超えてはならない。」とし、それを都道府県社協・都道府県社協連合会（全社協）に準用している（社福109条6項、110条2項、111条2項）。

この定めは、社協と行政が密接な関係を持つことを前提として予定すると共に、行政の関与が支配に至らないようその関与を一定の限度内に押さえることを目的とする[39]。すなわち一方で、これは、Ⅲ1(3)(b)で確認した社協の集約機能および代表的性格・利益表出機能を前提に、Ⅱ2(2)で確認した、行政と社会福祉活動に関連する主体との調整をはじめとする社協の各種役割の

---

39 『解説』334-335頁。また、社会福祉事業法（1951年制定）の立案作業と同時期に作成されたと考えられる社会福祉協議会準備事務局『社会福祉協議会組織の基本要綱及び構想案』（1950年）2頁も「社会福祉協議会には……官公の施設や、行政部課の代表も参加すべきものであるが、官公関係者は協議会を支配するような、主要な役員の地位に就くことを避けなければならない」と述べていた（旧字体は新字体に改めた。以下同じ。また、同書を以下『構想案』と略称する）。『構想案』を作成した社会福祉協議会準備事務局は、中央社会福祉協議会結成のための正規の準備委員会が組織されるまで準備事務のために設置されたもので、厚生省（当時）とも一定の連絡を有していた。事務局運営を担った4人の中には厚生省社会局の黒木（利克）庶務課長の名前が見られる（事務局に置かれ、準備の大綱方針決定を担った最高委員に厚生省の現役官僚の名前は見当たらない。以上につき『構想案』29-30頁。黒木庶務課長が黒木利克を指すことについては社会福祉法人全国社会福祉協議会編『全国社会福祉協議会百年史』（全国社会福祉協議会、2010年。以下、『百年史』）189頁）。この『構想案』で示された案がそのまま社会福祉事業法に採用された訳ではないが、社協に関する当初の理解・構想を示すものとして、本稿は折に触れて参照紹介する。この『構想案』の写しは飯村史恵准教授（立教大学福祉コミュニティ学部）よりいただいた。記して謝意を表する。

なお、中央社会福祉協議会は1951年に財団法人として設立され（ただし同組織の前身は、1908年設立の中央慈善協会およびそれ以前の活動にまで遡りうる）、1952年に全国の都道府県社協の組織化完了に伴って社会福祉法人全国社会福祉協議会連合会に改組、1955年には社会福祉法人全国社会福祉協議会に改称し、（その後、別社会福祉法人との合併があったが）現在に至っている。すなわち、既に述べた社会福祉協議会連合会の前身である。さしあたり『概説』45頁［山口稔］、『百年史』182-206頁、全社協のウェブページ「全国社会福祉協議会（全社協）とは」（http://www.shakyo.or.jp/jncsw/index.htm）、「年表」（http://www.shakyo.or.jp/anniversary/history/index.htm）を参照。

実現を容易にする機能を持つ。他方で、この機能の裏面としてやはりⅡ2(2)(e)で確認した社協の自律性喪失の危険を、社協の運営組織において現実化する要素としても理解でき、同時に、それを一定の限度内に押さえ込む定めとも言えよう。

加えて、社会福祉法はⅢ1(2)(c)で見たように社会福祉協議会にいかなる役員が置かれるべきか具体的に定めているわけではないから、関係行政庁の職員がどのような役職に就任できるか、してはならないかという定めも持たない。また、関係行政庁を特定しているわけでもない[40]。この結果、どの役職に関係行政庁の職員を充てるか充てないかなどの判断は、実務上の判断に委ねられており、その判断は社協の決定と理解されることになる[41]。

(4) 多層的組織としての社会福祉協議会

社会福祉法は、地区社協・市町村社協・都道府県社協・全社協（都道府県社協連合会）として存在する社会福祉協議会を全体として多層的な組織として編成しようとしている。また、社会福祉協議会はそれぞれの組織編成について相互に微妙に異なる要素も示す。以下、これを確認する。

(a) 社会福祉協議会の構成員

(ⅰ) 社会福祉協議会はⅢ1(2)(a)で述べたように、自らの構成員を有する組織として観念されている。もっとも社会福祉法は、社協の構成員を各々の種類に応じて相互に違えて定めている[42]。

---

[40]『解説』334-335頁も、関係行政庁の内容を特に特定していない。
[41] 社協が社会福祉法人となる場合についてⅢ3(3)(b)(ⅰ)。加えて言えば、退職した（出向も含む）関係行政庁職員に関する規律もない。
[42]『構想案』1-2頁は、「社会福祉協議会は、公私社会福祉事業施設及び団体、関係の官公庁部課代表者、民生委員、保護司等の他、政治経済、教育、文化、労働、報道等社会福祉に関係のある団体や機関の代表、社会福祉に関心をもつもの、学識経験者等広く専門家と非専門家、各方面のものを以て構成さるべきものである」としつつ、同時に「各地域の協議会毎に其の主たる構成分子に差異があるのが普通である。例えば府県単位の地域の協議会では直接社会福祉の事業施設や団体及び民生委員の代表等を主とし、之にその他のものを適当に加える程度で専門的関係者が中心となつての組織が考えられるのに対し、小都市や町村の協議会では民生委員等を中心として各方面の非専門家を出来るだけ広く集めた『人』の組織となることが考えられる」としていた。

(ii) 政令指定都市の地区社協および政令指定都市以外の市および町村の市町村社協は、その活動区域内における「社会福祉を目的とする事業を経営する者及び社会福祉に関する活動を行う者」を構成員とする（社福109条1項、2項）[43]。政令指定都市の市社協は、その活動区域内における「社会福祉を目的とする事業を経営する者及び社会福祉に関する活動を行う者」と地区社協をその構成員とする（社福109条1項）[44]。

都道府県社協は、その活動区域内における市町村社協と社会福祉事業又は更生保護事業を経営する者を構成員とする（社福110条1項）。社会福祉活動に関連する主体を広く構成員と定めているのではない[45]。また、都道府県社協連合会（全社協）について社会福祉法は、その連合会という性格付けから、さしあたり都道府県社協を構成員とする立場を示していると理解できる（社福111条1項）。

(iii) Ⅲ1(2)(c)で確認したように社会福祉法は、社会福祉協議会に置かれる機関・役職について特段の定めを持たず、したがって社協に参加する主体と社協に置かれる機関・役職との関係について触れるところがない。このため、このような関係に関して社協構成員各類型の相互間に何らかの区別を設けてよいかなどについても特段の規定はない。この部分の決定が社協の自由に委ねられるのか、会員（構成員）と等しく称される以上、区別を設けるにも何らかの制限があってしかるべきなのかも本来は議論の対象となりうる。

(b) 社会福祉協議会構成員としての社会福祉を目的とする事業を経営する者・社会福祉に関する活動を行う者
(i) 社会福祉法は、社会福祉協議会に参加し構成員となる社会福祉を目的

---

[43] Ⅲ1(3)(b)で確認した過半数参加要件の対象となる社会福祉事業を経営する者は、社会福祉を目的とする事業を経営する者に含まれる。参照、前掲注2。
[44] 政令指定都市市社協は、通常の市町村社協と同様の任務（社福109条1項各号）と各市域内の地区社協の連絡調整の任務（社福109条3項）を負う。「したがって、指定都市社協は市町村社協と都道府県社協、双方の機能をあわせもった、いうなれば市町村社協と都道府県社協の中間的な組織ということができる」（『概説』255頁［山田］）。本稿は、政令指定都市市社協の特殊性について立ち入った分析は行わない。政令指定都市市社協の現状につき『概説』255-278頁［山田］を参照。
[45] ただし、Ⅲ3(3)(b)(ii)④も参照。

とする事業を経営する者について、更生保護事業を経営する者を度外視すると[46]、社会福祉事業を経営する者か否かで異なって取り扱っている。

 (ⅱ) 社会福祉事業ではない社会福祉を目的とする事業を経営する者及び社会福祉に関する活動を行う者は、政令指定都市においては地区社協に、それ以外の市町村においては市町村社協に参加する（社福109条1項、2項）。これらの主体は小規模なものが多いと考えられ[47]、このような主体については一方で、最も身近な位置にある社協、つまり地区社協か（政令指定都市以外の）市町村社協に参加すれば必要な連絡調整・助成等の対象として捕捉しうると考えられる。また、これらが小規模であることに鑑みれば、次に見る社会福祉事業を経営する者と同様の各種社協への重複参加を予定しないことは、（会費などの）加重負担を回避する機能も持とう。

 (ⅲ) これに対し、社会福祉事業又は更生保護事業を経営する者は、政令指定都市においては地区社協・政令指定都市の市社協・都道府県社協に、政令指定都市以外においては市社協・都道府県社協にそれぞれ参加すること（以下、重複参加という）が予定されている（社福109条1項、2項、110条1項）。

 社会福祉協議会という目的の共通する組織[48]への重複参加は、確かにその合理性を問題とする余地がある。しかし、参加する社協がそれぞれに異なる活動をするのであれば、重複参加に伴う混乱・不合理は防げるかもしれない。また、この重複参加は、参加するそれぞれの社協の間の上下関係を前提とせず、それを作り出すこともない[49]。むしろ目的が共通するとしても異なる活

---

[46] 前掲注33も参照。

[47] 社会福祉事業は限定列挙の形で定められるため（社福2条2項、3項）、ここに列挙されていない活動が社会福祉事業に該当しない社会福祉を目的とする事業の第1類型となる。加えて、社会福祉事業に該当しうる活動を内容とする活動でも小規模・短期的な活動は社会福祉事業から除外され（社福2条4項2、4、5号）、これが社会福祉事業に該当しない社会福祉を目的とする事業の第2類型となる。社会福祉事業として列挙されているものが広範に渡ると思われることを考えると、第2類型のものが多いと思われる。ここでの考察は、社会福祉事業に該当する活動を無届（無認可）で行っている場合とは別の問題である。

[48] さしあたりⅠ2を参照。Ⅲ2(2)(a)で改めて考察する。

[49] 例えば、ある人は同時に市町村の住民でありまた都道府県の住民であるが（自治法10条1項）、これは市町村と都道府県が上下関係に立つことを導かない（参照、自治法2条2項、3項、5項）。そもそも、ある人が複数の任意結社に参加したとして、結社相互に上下関係は生じない。

動をする複数の組織に社会福祉事業を経営する者がそれぞれ参加する構成は、当該組織を上下関係に立たせないことを導きうる。それぞれの社協が必要に応じてこれらの主体に直接関係を取り結べるため、ある社協が別の社協を通じてこれらの主体と関係を取り結ぶ、その限りで後者の社協を前者の社協が上位者として道具化する必要を失わせるからである。

(c) 社会福祉協議会構成員としての社会福祉協議会

(i) 社会福祉法は、政令指定都市の市社協には地区社協が、都道府県社協には市町村社協が、全社協には都道府県社協が参加することを予定している（社福109条1項、110条1項、111条1項）[50]。このように、社協が別の社協の構成組織となることで、各種の社協は相互に包含・被包含の関係で連結され、全体として多層的な組織形態が現れる。

(ii) もっとも社会福祉法上、社会福祉協議会は一つ上の次元に位置する社会福祉協議会に参加する義務を負うわけでなく、社会福祉事業又は更生保護事業を経営する者その他と同じく任意の判断に基づき一つ上の次元に位置する社協に参加する。また、過半数参加要件は、社協と社会福祉事業又は更生保護事業を経営する者とで別々に判断されるので、一つ下の次元に位置する社協（例えば市町村社協）の過半数の参加を得られない場合、一つ上の次元に位置する社協（市町村社協に対する都道府県社協）は社会福祉協議会として成立しない。つまり法律上は、一つ上の次元に位置する社会福祉協議会の存在可能性は、一つ下の次元に位置する社協の任意の行動に依存する[51]。これは、社協を相互に包含・被包含の関係に置くとはいえ、社協を全体としてボトムアップの形で多層化するものと解せる。また、Ⅱ4(d)でも確認したように、包含・被包含の関係は当然に両者を上下関係に置くものではない。したがって社会福祉法は、その定めを見る限り、社協を相互に包含・被包含の関係において多層的に編成し社会福祉協議会という名称を共通に与えることで一体性を与えようとしているとは理解できるものの、それをヒエラルヒシュ

---

50 ただし『概説』35頁［和田］によれば、実務は、全社協の組織・事業において、政令指定都市社協を都道府県社協と同格に扱っているとのことである。

51 一つ下の次元を観念できない政令指定都市の地区社協、政令指定都市以外の市町村社協は除く。

な上下関係に立たせる意図までは読み取れない。

（iii） ただし、社会福祉協議会の歴史的展開過程に目を向けると、都道府県社協がまず法定され[52]、やがて市町村社協・地区社協に関する定めが置かれる[53]という経過を辿っている。つまり、都道府県社協の主導もしくは助力の下で市町村社協を組織化し拡充していく過程が存在したと考えられ[54]、このことが、社会福祉法の定めにもかかわらず、法の定める包含・被包含の関係の下でヒエラルヒシュな上下関係を事実上もたらしている可能性は存在する。

(5) 小括

これまでの考察をまとめ、そこから浮かび上がるさらなる問題を指摘する。

（a） 社会福祉協議会は、任意参加の組織である。ただし、過半数参加要件とそれに伴ってもたらされる地域単一化は、参加者およびそれら主体の利益を集約する機能をもたらす。また、任意参加組織でありながら法制度上も設立を誘導する契機が認められ、その限りで存在の予定された組織である[55]。

---

[52] 1951年制定時の社会福祉事業法（昭和26年法律45号）は、都道府県を区域とする社会福祉協議会とその連合会のみを定めていた（同法74条、83条）。

[53] 社会福祉事業法の一部を改正する法律（昭和58年法律第42号）により市町村社協が法定され（同法による改正後社会福祉事業法74条2項）、老人福祉法等の一部を改正する法律（平成2年法律第58号）により地区社協が法定された（同法による改正後社会福祉事業法74条3項）。現在のように市町村社協および地区社協を都道府県社協に先行して定める規定となったのは、社会福祉の増進のための社会福祉事業法等の一部を改正する等の法律（平成12年法律111号）の改正による（これにより社会福祉事業法は現行のように社会福祉法と題名が改められた）。同法第1条による改正後の社会福祉法107条以下を見よ。なお、現行法の条文番号となるのは、平成12年法律第111号第2条による社会福祉法の改正のうち平成12年法律第111号附則第1条第2号により定められた部分が平成15年4月1日に施行されたことによる。

[54] 『構想案』1頁は、「社会福祉協議会は、中央及び都道府県に組織されるが、必要に応じ、市区町村、郡（……）等の地区にも組織されることが望ましい」、「社会福祉協議会は機械的形式的に総ての地域に漏れなく一斉に組織されるようなものでは決してない。それは関係者間の十分な理解と納得の下に自発的に組織されるべきものであるから、機運の熟した地域から順次組織さるべきであり、この機運の醸成が先づ［ママ］必要である」という立場を示したものの、『概説』45頁［山口］、『百年史』204-205頁を見る限り、都道府県社協の組織化も郡市町村社協の組織化（法人化ではなく）も、1950年代初頭に相当部分が一気になされたようである。とはいえ同時に、『概説』47-60頁［山口］を見る限り、市町村社協をどのように位置づけるかは社協の実務においても一つの問題であり続けた事がうかがわれる。しかしながら本稿は、現行社会福祉法の規定を分析することで現行法が社協の組織・活動に現在期待していると解されるところを検討することしかできず、社協の組織・活動の歴史をふまえた考察は他日の課題とせざるを得ない。

現在では、全国レベル、すべての都道府県と市町村に社協が存在することを考えると[56]、そこには、行政の関与も含め様々な努力が存したことが想像される。

(b) 社会福祉法は、社会福祉協議会に置かれるべき機関・役職に関する独自の定めを置いておらず、自主的な決定に委ねている部分が多いと解される。また、その役員に行政の職員が就任する可能性とその限度を定めており、行政との近さは予定された上でそれを一定の限界に収めようとする方針をとっている[57]。

組織のあり方を考える場合、とりわけ社協の管理運営を担当する機関・役職の担当者と構成員との関係、例えば選任のあり方などは、本来、組織のあり方にとって重要な問題である。しかし社会福祉法は、置かれるべき機関・役職を定めていないから、このような関係についても定めはない。もっとも、社協は実際には社会福祉法人として組織されており、これはⅢ3で考察する。

(c) 社会福祉協議会は、地区社協（政令指定都市の行政区のみ）・市町村社協・都道府県社協・全社協（都道府県社協の連合会）という形で多層的に編成されている。すなわち、下の次元に位置する社協が一つ上の次元に位置す

---

55 このような微妙な態度は『構想案』で既に示されていた。『構想案』1頁は、「社会福祉協議会は、一定の地域社会に於いて、広く社会福祉事業の公私関係者や関心を持つものが集つて、解決を要する社会福祉の問題について調査し、協議を行い、対策を立て、その実践に必要な凡ゆる手段や機能を推進し以て社会福祉事業を発見せしめ、当該地域社会の福祉を増進することを企図する民間の自主的な組織である」という記述で始まる一方、同2頁には、「社会福祉協議会には少なくとも共同募金の受配施設や団体は漏れなく而も自発的に参加することが望ましい」という記述が認められる。
56 社会福祉の動向編集委員会編『社会福祉の動向2014』（中央法規出版、2014年）105頁によれば、「その結成率は100％」とのことである。『概説』35頁［和田］によれば、平成22年4月1日現在のデータではあるが、「市町村（東京23区を含む）、指定都市、都道府県、全国のすべてのそれぞれの区域に設置されているが、指定都市の区社協については、設置されているところとされていないところがある」とのことである（そこに付された表も参照）。
57 『構想案』は、前掲注39で見たように役員に関係行政庁職員が就任することへの警戒を示すほか、社協の事務所を官公庁の建物内に置くことを避けることが望ましいとしていた（一般的に『構想案』2頁、都道府県社協につき『構想案』11頁）。この点が現在どの程度重視されているかは定かでない。例えば、神奈川県社協は県庁と別の建物に所在を有するが（神奈川県社協のウェブサイト中「神奈川県社会福祉会館」(http://www.knsyk.jp/s/global_syozaichi/kaikan.html)）、東京都社協は東京都飯田橋庁舎内に事務所を置いている（東京都社協のウェブサイト中「交通マップ」(https://www.tcsw.tvac.or.jp/about/soshiki/map.html)）。

る社協に参加することが予定されており、包含・被包含の関係を通して多層的に編成される。もっとも、そこから、各社協をヒエラルヒシュな上下関係に立たせる趣旨までを読み取ることは難しい。また、社会福祉事業又は更生保護事業を経営する者の重複参加という、その必要を減じさせる参加形態も認めうる。しかし、社協相互の関係に関わる直接の定めにおいて、その相互関係がヒエラルヒシュな上下関係となることを防ぐ何らかの明確な措置が定められているわけでもない[58]。

2 任務に関する考察

次に、社会福祉協議会の任務(目的、活動、事業を広く捉える)に関する社会福祉法の定めを検討する。ここでは、Ⅱで確認した社協を巡る諸関係の中で社協が果たしうる役割のうち社会福祉法がどこに注意を向け期待しているか、が主たる問題関心となる。

社会福祉法は、社協の任務についていくつかの異なる定め方をしており、社協が自ら設定し行う任務も実務上大きな意味を持つ。しかし以上の問題関心に照らし、本稿の考察対象は、社協が自ら設定した具体的任務ではなく、社会福祉法による社協の任務の定め方および具体的に定められた事務に置かれる。

まず、社会福祉法が社協の任務に関してどのような定め方をしているかを確認し((1))、社協に関する一般的規定の中で定められている任務((2))、社協の任務としてそれ以外の箇所でヨリ具体的に定められている任務(それに準ずる任務も含む)に分けて検討する((3))。

(1) 任務の定め方

(a) 社会福祉協議会の任務の定め方の諸類型

社会福祉協議会の任務に関する社会福祉法の定め方は大きく以下のように

---

[58] 実務において、都道府県社協と市町村社協との関係につき、前者による方向付け・支援は指摘されるものの、本文で述べたような問題関心は少ないように見える(参照、『概説』244-251頁[齊藤貞夫])。『構想案』でも「下級地域の協議会と上級地域の協議会との間には有機的な連繋が保たれることが望ましい」(1頁)という記述しか見当たらない。

類型化できる。

　第1に、社会福祉法は、社会福祉協議会の目的を定める形でその任務を定めている。すなわち、地区社協・市町村社協・都道府県社協は、「地域福祉の推進を図ることを目的とする団体」であり（社福109条1項、2項、110条1項）、都道府県社協の連合会（全社協）は、都道府県社協「相互の連絡及び事業の調整を行うため」の組織である（社福111条1項）。この目的は、最小限、当該目的に反する活動はそれぞれの社協の任務外の活動として違法と評価されるという機能を果たすことになる。

　第2に、社会福祉協議会の組織・任務を定める社会福祉法の規定（社福第10章第2節、109-111条）において、社協の行う事業として列挙されている任務がある。この具体的な内容はⅢ2(2)で検討することとし、ここでは立ち入らないけれども、これらの規定は、任務とされる事業のさらなる具体化を必要とする形で定められており、任務の特定性は弱いと理解される。そこで本稿は、以下、これを一般的任務と呼ぶ。

　第3に、上記の社福法109-111条以外の箇所で定められている任務がある[59]。具体的にはⅢ2(3)で検討するものがこれに該当する。これは先に述べた一般的任務に比べると特定性の高い任務であるので、具体的任務と呼ぶことにする。

　第4に、このほか、社会福祉協議会がその目的と一般的任務の下で具体的に自ら設定する任務（事業）を観念できる。これには、社会福祉法の定める一般的任務の具体化と理解できる場合と、自らの目的に反さない範囲で一般的任務に付加する形で行われていると理解できる場合とが考えられる。これを随意的任務と呼ぶことが可能であろうが、上記の問題関心に鑑み、本稿はこれには立ち入らない。

---

[59] 現行法は、管見の限り、社協の具体的な任務を社会福祉法（同法施行令・施行規則を含む）以外では定めていない。社会福祉法以外で社協の任務を問題としうる定めとしては、発達障害者支援法10条1項を指摘しうるかもしれないが、同項は、発達障害者の就労支援に関し都道府県に、社協などと連携して就労機会の確保に努力する義務を負わせるものであり、本稿で特に取り上げるべきものとはいえまい。

(b) 定め方の一般的特色

以上のような形で社会福祉協議会の任務が定められていることに関し、2点指摘しておく。

第1に、その任務が法定されていること自体、社協が単純な私的組織と異なる立場に置かれていることの証左となる。社協がⅢ1で確認したように社会福祉を目的とする事業を経営する者・社会福祉に関する活動を行う者等の任意の参加に基づき編成される組織だとしても、その構成員が自由に自らの活動を定め事業を行う組織と単純に社協を性格づけることはできない。

第2に、社会福祉法は、Ⅲ2(1)(a)で確認したように社協自身が自らの行う事業（任務）を具体的に定める必要のある場合が存在するにもかかわらず、社協がそのために用いる形式に関する定めを有さない。これは、社協に置かれる機関に関する規定のないことのコロラリーであり、組織形式の選択を社協に委ねた結果、組織の行う決定の手続・形式も社協にやはり委ねられたと理解するのが穏当ではあろう[60]。しかし、組織の形式のあり方を選択に委ね、任務を定めつつもその決定形式や手続について何ら規定を置いていないことが社協の自主性の尊重を示すといえるか議論の余地はある（Ⅳ4）。

(2) 与えられている任務の内容(1)——目的・一般的任務

ここでは、社会福祉協議会の目的とそれを実現するために社福109条1項1-4号、110条1項1-4号、111条1項に掲げられている事業の内容を検討する。目的について確認した上で（(a)）、該当する事業をいくつかに類型化して考察し（(b)-(e)）[61]、最後に横断的な考察を行う（(f)）。

(a) 目的
(i) 地区社協・市町村社協・都道府県社協はすべて、「地域福祉の推進を

---

60 例えば構成組織が地方公共団体である点には注意すべきであるが、地方公共団体が構成する協議会について地方自治法は、それが法人格を持たない組織であること、規約を定めることを定めている（自治法252条の2第2項）。
61 ただし各類型の相互の限界は流動的であり、おおむねの目安に止まる。ここで検討する社協の活動を協働として包括し、その使命・リソース・手法を論じるものに『概説』237-241頁［諏訪徹。したがって法的な考察ではない］。

図ることを目的とする団体」である（社福109条1項、2項、110条1項）。社会福祉法における地域福祉とは「地域における社会福祉」を意味する用語として定義されている（社福1条括弧書）。

2000年のいわゆる社会福祉基礎構造改革による改正[62]以前、社会福祉協議会は共同募金に関する定めの中に組み込まれた形で規定され[63]、共同募金と表裏一体の関係に立つものと捉えられてきた[64]。これと比較すると、現在の社会福祉法はこの改正により、社協を地域福祉の推進を図るという社協それ自体の目的の下で各種事業を行う存在と明確に定めたことになる[65]。

地域福祉、地域における社会福祉の意義について明確に説明する定めはないが、行政解説書は、「『地域福祉』とは、住民が身近な地域社会で自立した生活が営めるように、地域に存在する公私の多様な主体が協働して、必要な保健・医療・福祉サービスの整備及び総合化を図りつつ、住民の社会福祉活動の組織化を通じて、個性ある地域社会の形成を目指す福祉活動の総体を指すものと考えられる。ここで、『地域』とは、住民の多様な福祉需要に対して、多様な主体から提供されるさまざまなサービスを有機的かつ総合的に提供するために最も効率的であって、かつ、住民自身が日常的に安心感を覚える一定の圏域であると定義できよう」と述べている[66]。以上の説明では、普通地方公共団体が処理すべき事務としての「地域における事務」（地方自治

62「社会福祉の増進のための社会福祉事業法等の一部を改正する等の法律」（平成12年法律第111号）。

63 1951年制定時の社会福祉事業法71-83条を参照。

64『構想案』2頁は、「社会福祉協議会は『社会福祉の増進』と云う究趣［究極の誤植か？：筆者注］の目的と、其の市民組織の性格からいつて当然に共同募金の組織と密接な、寧ろ表裏一体的な関係をもつべきである」と述べている。木村忠二郎『社会福祉事業法の解説（第2次改定版）』（時事通信社、1960年）203頁も参照。

65『解説』322頁は、「現在の社会福祉協議会の活動は、事業者間の連絡調整のみならず、社会福祉活動への住民参加を推進する事業、住民参加による社会福祉を目的とする事業の実施が中心となっている。そのため、平成12年改正において、地域福祉の推進の中心的な担い手として社会福祉協議会の役割を明確に位置づけることとし、共同募金に関する規定から切り離して別の節とするとともに、より住民に身近な市町村社会福祉協議会から規定するなど構成が見直されたものである」と述べる。

66『解説』40頁。社会福祉法1条における「地域における社会福祉（以下「地域福祉」という。）の推進」の意義につき同書58-60頁も併せて参照。

法2条2項)との関係は明確には述べられていない。しかし、社会福祉法が地域福祉の推進に関わる定めとして、社協に関する定めに先行して市町村地域福祉計画・都道府県地域福祉支援計画に関する定めを置いていることを考えると[67]、自治法2条2項の「地域における事務」の社会福祉との関係での表れを地域福祉と理解することも可能であろう[68]。もっとも、このような関連を強調すると、社協と地方公共団体との繋がり、つまり行政との近さがここでも示唆される。その限りで、社協の目的を「地域福祉の推進」と定式化したことには、存在目的の明確化という側面のほか[69]、市町村・都道府県が追求するものとの近さ故に社協を準行政主体であるかのように扱うことの正当化を可能にする途も開かれたという側面も認めるべきであろう。

これに対し、社会福祉の言葉は定義されていない。言葉の性格に照らして一般的理解に委ねられており、したがって解釈に開かれていると解さざるを得ない[70]。ただし、この言葉自体が決定的な意味を持つことを避けるように社会福祉法は構成されていると思われる[71]。

(ⅱ) 都道府県社協の連合会(全社協)は、都道府県社協の「相互の連絡及び事業の調整を行う」ことを目的とする。これは事業自体に関する考察において考察する。

---

[67] 社福107条、108条。地域福祉計画に関するこの二つの条文、社会福祉協議会に関する条文、共同募金に関する条文がそれぞれ第1節、第2節、第3節として社会福祉法第10章「地域福祉の推進」を構成する。

[68] 実際、「地方自治法の一部を改正する法律」(平成23年法律35号)による改正以前、市町村地域福祉計画の根拠規定である社福107条には、「地方自治法第2条第4項の基本構想に即し、」という文言が含まれていた。地方公共団体に対する義務付け・枠付けの緩和という地方分権の観点から市町村の基本構想策定義務が削除されたことに伴いこの部分は削除されたが(平成23年法律35号1条、16条)、地方公共団体の事務としての「地域における事務」との関連は意識されていると理解すべきであろう。

[69] 平成12年改正以前、社会福祉協議会は列挙された事業を行うことを目的とする団体としてしか性格づけられていなかったため、その事業を行う目的が明確化された意義は認めるべきであろう。同旨、『概説』31頁［和田］。

[70] 社会保障に関わるいくつかの政治的に重要な文書において社会福祉の言葉が置かれた文脈に即した考察として『解説』58-60頁。

[71] 本稿の関心で言えば、社会福祉の言葉が単独で意味を持つことはなく、社会福祉を目的とする事業、社会福祉に関する活動、社会福祉事業といった言葉が重要な意味を持つ。

(b) 活動の組織化に関する事業——事業(1)

(i) 社会福祉協議会は、大きく類型化すると、まず社会福祉を目的とする事業その他の活動の組織化に関わる事業を行う。

(ii) 第1に、社会福祉協議会は、全社協を除き、「社会福祉を目的とする事業の企画及び実施」（社福109条1項1号）をその事業の一つとする。この「社会福祉を目的とする事業」は文言に照らして、社会福祉事業を包含しそれよりも広く（参照、社福1条、2条）[72]、したがって社協が社会福祉事業を行うことも禁じられていない。

「社会福祉を目的とする事業」がそれ自体数多くの事業を含む社会福祉事業より広範囲に及ぶことを踏まえると、その内容が特定されているとは言えず、具体的に何を実施するかは社協の決定に委ねられる。とはいえ、「社会福祉を目的とする事業」の性格上、社協自らが要援助者に対して福祉サービスの提供を行う活動が中心になろう[73]。この結果、社協自らが「社会福祉を目的とする事業を経営する者」となり、Ⅱ1(2)(b)で述べた、社会福祉を目的とする事業を経営する者を最低一つでも組織し存在させるという役割が果たされる。ただし、これに伴って、社協の行う他の活動との関係で緊張がもたらされることもありうる（Ⅱ1(2)(d)(ii)(iii)、Ⅱ3(2)(d)(ii)）。しかし、ここで検討している一般規定レベルでは、これに対する特段の対応は認められない。

(iii) 第2に、社会福祉協議会は、全社協を除き、「社会福祉に関する活動への住民の参加のための援助」（社福109条1項2号）をその事業の一つとする。「社会福祉に関する活動」は「社会福祉を目的とする事業」とは区別される活動である（参照、社福4条、5条、107条）[74]。したがって、ここでは、住民を社会福祉を目的とする事業を経営する者へと組織化するような事業ではなく、社会福祉を目的とする事業の周辺に位置するような事業、ボランティア活動、あるいは社会福祉を目的とする事業への援助のような活動について住民の参加を慫慂し、住民を組織するような活動が念頭に置かれていると考えられる。これにより社協は、Ⅱ1(2)(b)で見た社会福祉を目的とする事業

---

[72] また、社福4-6条の規定が社会福祉事業には適用されないとするのは合理的ではない。
[73] 参照、前掲注2。
[74] 併せて前掲注3も参照。

への援助を組織する、つまり社会福祉活動の自律性の基盤を作る役割も引き受けることになる。

　もっとも、社会福祉法は、社協がこのような援助を組織化する具体的なあり方につき特に定めるところはない[75]。この結果、この具体的なあり方は、住民（参加者）あるいは社協の決定に依存する。

　(iv)　第3に、社会福祉協議会は、全社協を除き、「社会福祉を目的とする事業に関する調査、普及、宣伝」（社福109条1項3号）をその事業の一つとする。

　調査は、社会福祉を目的とする事業の企画・実施の前提となる作業と位置づけられる。また、Ⅲ2(2)(c)で見る援助に係る事業を行うための前提ともなる。この調査を通して支援すべきニーズや合理的な福祉サービス（支援方法）のあり方を考察する手がかりを得ることが期待されるからである。

　普及・宣伝は、社会福祉を目的とする事業を周知し関心を高める作業として、社会福祉を目的とする事業を組織化するための前提作業と位置づけられる。同時に、社会福祉を目的とする事業が組織化されない限り援助対象も存在しないことになるため、Ⅲ2(2)(c)で見る援助に係る事業を行うための前提ともなる。同時に、この活動により、実際になされている社会福祉を目的とする事業が相互に啓発されることも期待されよう。加えて、社会福祉を目的とする事業を普及・宣伝することは、社会福祉を目的とする事業への援助を組織化するためにも前提となろう。したがって、この事業は「社会福祉に関する活動への住民の参加」を援助し組織化するための前提とも位置づけられる。

　このように考えると、この調査・普及・宣伝の諸事業は、Ⅱ1(2)(b)(c)の役割を社協が果たすための前提的な位置づけを持つと理解できよう。

　(v)　社会福祉法は、以上の諸事業を、都道府県社協の連合会たる全社協以外の社協が行う事業と位置づけている。したがって具体的には地区社協（ただし政令指定都市のみ）・市町村社協・都道府県社協が、これらの事業を行う。そこでこれら相互間での事業分担のあり方を確認する。これは、Ⅱ4(b)で想

75　共同募金はこのような組織化の活動と言えるが、これは社協の活動ではない（社福112条、113条）。ただし、社協も関連して一定の任務を引き受けている。

定した協力分担関係が以上の諸事業についてどのように整序されているかの考察ともなる。

以上に検討してきた諸事業は、都道府県社協とそれ以外の地区社協・市町村社協との関係では、地区社協・市町村社協優先の立場がとられていると解される。以上に述べた諸事業の中で都道府県社協の行うものは「各市町村を通ずる広域的な見地から行うことが適切なもの」(以下、広域事業)に限定されているからである(社福110条1項1号)。もとより、「広域的な見地から行うことが適切」な事業を広く理解してしまえば地区社協・市町村社協優先にはならないし、地方自治法における市町村優先原則ほどの明確な定め方がなされているとも言えない[76]。また、都道府県社協が、社協の中心的存在であったことも踏まえると[77]、なお都道府県社協がイニシアティブをとらなくてはならない事情も存するかもしれない。しかし、社会福祉制度の実施に関して市町村優先の政策が現在採用されていることも考えると[78]、社会福祉を目的とする事業の組織化などに関わる諸事業についてもやはり市町村の区域を単位とする活動を優先することが合理的とも考えられる。また、後に見る社福109条4項と社福110条1項の文言の違いも、都道府県社協の広域事業を拡張させない方向で社福110条1項を解釈することを支持しよう。

これに対し、以上の事業の実施に関して地区社協と政令指定都市市社協の間には優先劣後関係が設定されているとは解せない。政令指定都市市社協の事業を定める社福109条3項の文言に優先劣後関係を想起させる文言は用いられていない。これは、政令指定都市市社協を前提に作られていく地区社協の能力が未だ明瞭でないという判断に基づくものではないかと思われる[79]。

これらの社会福祉協議会は、自らの活動区域を単位として各々その区域内で活動を行う。ただし、市町村社協・地区社協は、「広域的に事業を実施することにより効率的な運営が見込まれる場合」に区域外においても上記の事

---

76 地方自治法2条3項、5項と社会福祉法110条1項1号の定め方を比較のこと。
77 前掲注52を参照。
78 例えば障害者総合支援法2条を参照。
79 あるいは政令指定都市の区が行政区に止まり、地方公共団体でない点も影響を与えているかも知れない。

業を行うこと[80]が認められている（社福109条4項。以下、区域外事業）。市町村社協が日本国内に、また地区社協が政令指定都市内に遍在する場合、これらの社協の活動区域外とは他の社協の活動区域であるから、この定めは、ある市町村社協もしくは地区社協にある事業活動を集約し他の市町村社協・地区社協の活動区域でも当該活動を行うことを実現する機能を持つ。したがって、この区域外事業は水平的連携の機能を果たす[81]。

これに対して、垂直的な連携、都道府県社協の活動を通した集約・補完については、先に見たように、「各市町村を通ずる広域的な見地から行うことが適切」である場合に当該事業を都道府県社協は行うため、ある市町村社協がある事業を行う能力を持たない場合に当然に都道府県社協が当該事業を補完するという立場はとられていないように見える。特に、社福110条1項1号は、ある事業を「広域的な見地から行うことが適切」か否かを基準にし、同109条4項のように、ある事業を広域的に実施すれば「より効率的な運営が見込まれる」か否かという基準になっていない。つまり都道府県社協の行う広域事業については、その事業の性格上広域的であると判断される場合が想定されており、広域的に行えばより効率的となるだろうという場合にまで都道府県社協が当該事業を行うことは認められていない、このような場合は市町村社協もしくは地区社協が区域外事業として行うことを社会福祉法は求めていると解される。すなわち、このような場合、他の市町村社協が区域外事業を行う水平的連携が優先される。以上の解釈は、先に見た、都道府県社協との関係で地区社協・市町村社協優先の立場がとられていることとも整合しよう。

(c) 社会福祉を目的とする事業の援助に関する事業──事業(2)
(i) 第2の大きな類型として、社会福祉協議会は、社会福祉を目的とする

---

80 次の(c)で見る社会福祉を目的とする事業に対する助成に係る事業（社福109条1項3号）もここに含まれるが、ここでは立ち入らない。
81『解説』334頁は、「一定の専門性を要し、かつ利用者数が限られている活動のように広域的に事業を実施することでより効果的・効率的な運営が見込まれ、地域福祉の推進に資する場合には、その実施を推進していくことが適切であることから」、この規定が設けられたとする。なお、社協それ自体の広域化につき、前掲注36も参照。

事業に関する様々な援助を行う。具体的には、「社会福祉を目的とする事業に関する……助成」（社福109条1項3号）、「社会福祉を目的とする事業に従事する者の養成及び研修」（社福110条1項2号）、「社会福祉を目的とする事業の経営に関する指導及び助言」（社福110条1項3号）の各事業がここに含まれる。

　これらの事業は、社協自身の事業として定められていることからすると、自らが援助の原資を調達し援助を行う事業を念頭に置いているように見える。この場合には、Ⅱ1(2)(d)(ⅲ)で述べた社協が果たす役割の中でも分配活動が念頭に置かれていることになる。しかし同時に、そこで述べたように、原資が行政もしくは第三者から与えられるとしても社協が関与する場合は考えられ、この関与も社協の事業として捉えうる。とすると、この場合には、Ⅱ1(2)(d)(ⅲ)で見た連絡・調整との連続性がむしろ強く出てくる。

　また、養成・研修・助言・指導という援助の具体的態様に着目すると、その内容は、社協が自ら社会福祉を目的とする事業を経営する中で得た知見や社会福祉を目的とする事業を経営する他の主体の中で主導的な立場にあるものの有する先進的な知見を基礎とすると考えられるから[82]、これらの事業は、Ⅱ1(2)(c)で見た協力・啓発関係の組織化の機能も果たしている。

　(ⅱ)　以上の援助活動は、地区社協・市町村社協・都道府県社協の事業とされている。そこで、その役割分担を確認する。これは、Ⅱ4(b)で想定した協力分担関係が以上の諸事業についてどのように整序されているかの考察ともなる。

　援助のための事業に関して、社会福祉法は、その活動内容に応じて任務を各社協に割り振る定め方をしており、行われる事業の性格の重複をある程度許容しているとも言えるⅢ2(2)(b)で見た諸事業とこの点で異なる立場をとっている。具体的には都道府県社協が「社会福祉を目的とする事業に従事する者の養成及び研修」（社福110条1項2号）、「社会福祉を目的とする事業の経営に関する指導及び助言」（社福110条1項3号）を行い、地区社協・市町村

---

[82] そうでない空から得られる知見のようなものは考えられない。研究教育機関で産出蓄積される社会福祉学等の知見をこれらの活動を通して伝達する場合でも、その実践的学問としての性格上、実務の中で得られた知見と完全に切り離されたものではないはずである。

社協が「社会福祉を目的とする事業に関する……助成」(社福109条1項3号)を担当する。社会福祉を目的とする事業を経営する者・従事する者それぞれの能力が同事業の質に直接関わることを考えれば、同事業実施の基幹に関わる援助を都道府県社協が任務とし、市町村社協・地区社協が同事業自体への助成も含めてそれ以外の助成を広く担当するという分担構造と理解できる。しかし、援助活動の規模・性格としては都道府県社協の行う事業の方が専門的で規模も大きいものとなろう。市町村社協・地区社協の行う助成が個々の社会福祉を目的とする事業に対する金銭援助を主たる内容としうるのに対して、都道府県社協の行う援助活動はその文言に照らし、それ自体がサービス提供として行われざるを得ないと考えられ、そのための専門性とそれを効率的に行うための規模が要求されると思われるからである[83]。またこれが、Ⅲ2(2)(b)で見た諸事業と異なり、基幹部分への援助をむしろ都道府県社協の任務とした理由と考えられる。

社会福祉を目的とする事業の基幹部分への援助活動が都道府県社協の任務とされる一方、地区社協・市町村社協がⅢ2(2)(b)で見たように社会福祉を目的とする事業の企画実施を都道府県社協との関係で優先的に担うことは、事業実施を担当する社協と援助活動を担当する社協がずれることをもたらす。このずれについては、Ⅱ1(2)(d)(ⅲ)で触れた社会福祉を目的とする事業を社協が行うことがその援助活動を歪める危険に対して、援助活動の中立性維持・偏頗の回避をもたらす機能を持つものとしての、もしくはそのような方向での活用可能性を認めうるかもしれない。

ただし、このずれを上記の回避措置として利用するためには、実際に、都道府県社協が市町村社協を優遇せず、他の社会福祉を目的とする事業を経営する者および社会福祉に関する事業を行う者と平等に取り扱わねばならない。また、このようなずれが上記のような機能を果たすとしても、社会福祉を目的とする個々の事業への助成は地区社協・市町村社協の任務とされており、

---

[83] 外部への委託の形で行われることがあるとしても、その内容決定や質の保障のために都道府県社協には一定の専門性が求められる。『解説』336頁は、社福110条1項2号、3号の事業を明示した趣旨につき、「事業従事者の養成・研修や経営指導等については、その性質上、都道府県単位で行うほうがより効果的であると考えられるためである」とする。

自ら社会福祉を目的とする事業を企画実施していることがこの局面での助成の歪みをもたらさないように何らかの対応を考える必要がある。しかし、これまでの考察からすると、これらの点に関して社会福祉法は対応措置を一般的には定めていない。

(d)　連絡・調整に関する事業——事業(3)
(ⅰ)　第3の大きな類型として、社会福祉協議会は連絡・調整に係る事業を行う。
(ⅱ)　まず社会福祉協議会（全社協を除く）は、「社会福祉を目的とする事業に関する……連絡、調整」（社福110条1項3号）を行うとされている。この事業に関し、連絡調整の主題は定められているものの、連絡調整の対象者は明示されていない。したがって、社会福祉を目的とする事業に関することであれば、社協が関係を有する主体を広く対象とする連絡調整がここに含まれると解するべきであろう。すなわち、この事業を経営する者相互間の連絡調整、この事業を経営する者と社会福祉に関する活動を行う者相互の連絡調整、これらの者と行政との間の連絡調整、これら主体と社会福祉活動に関係する住民との間の連絡調整も含みうると考えるべきであろう。殊更にある主体を調整対象者から除外すべき理由も見当たらないように思われる。

　この結果、ここで定められている事業は、Ⅱ1(2)及びⅡ2(2)で述べた中で連絡調整として現れる役割を果たすことになる。もっとも、そこで触れた各種の危険に対する対応措置を、関係行政庁の職員が役員となり得る上限を除けば（参照、Ⅲ1(3)(c)）、社会福祉法が明確に定めているわけではない。
(ⅲ)　このほか、社会福祉協議会は、社協相互の連絡及びその事業の調整も任務とする。すなわち政令指定都市市社協は「地区社会福祉協議会の相互の連絡及び事業の調整」（社福109条3項）を、都道府県社協は「市町村社会福祉協議会の相互の連絡及び事業の調整」（社福110条1項4号）を、都道府県社協連合会（である全社協）は都道府県社協「相互の連絡及び事業の調整」（社福111条1項）を任務とする。これによりⅡ4(b)(c)の役割が果たされる。ただし、Ⅱ4(d)で見た危険に対する警戒を社会福祉法の規定は示していない。

(iv) 以上の連絡調整においてどの社協がどの範囲の連絡調整を行うかに関し、社会福祉法は、社協相互の関係についてはⅢ2(2)(d)(ⅲ)で確認したようにその多層的編成に沿って明確に役割分担を定めている。これに対し、社会福祉を目的とする事業に関する連絡調整については、そのような明確な役割分担を定めておらず、地区社協・市町村社協・都道府県社協に重複参加する社会福祉事業又は更生保護事業を経営する者に関する連絡調整については、それぞれが行うことになる。ただし、社会福祉を目的とする事業を経営する者及び社会福祉に関する活動を行う者は（政令指定都市以外の）市町村社協・地区社協のみに参加し、都道府県社協には社会福祉事業又は更生保護事業を経営する者のみが参加する点で総体として調整対象のずれを認めうる。また、都道府県社協の行う社会福祉を目的とする事業に関する連絡調整は、「各市町村を通ずる広域的な見地から行うことが適切なもの」であることが要件とされている点（社福110条1項1号）にも違いが認められる。そのため、市町村社協・地区社協の方が幅広い主体を対象とする連絡調整を行える可能性がある一方、都道府県社協は社会福祉を目的とする事業の中核を担う主体を対象とした広域的な連絡調整を行うことになると考えられ、その限りでの役割分担はなされる。

　もっとも、以上は連絡調整のための網の目が張り巡らされていることを示すに止まり、実際にどの主体がイニシアティブをとって連絡調整を行うか、どのようなあり方を求めているか法規定からは明らかでない。これは別途検討される必要があろう（Ⅳ2参照）。

(e)　その他――事業(4)

　地区社協・市町村社協・都道府県社協は、以上に考察してきた事業のほかに、「社会福祉を目的とする事業の健全な発達を図るために必要な事業」（社福109条1項4号）を任務とする。ただし、都道府県社協は、この中で「各市町村を通ずる広域的な見地から行うことが適切なもの」を行う（社福110条1項1号）。

　この事業は、既に見た事業に加えて、社会福祉を目的とする事業のために行われるものを広く捕捉するために認められていると考えられる。そこで、

この事業にも示されているように、社協の活動領域は広く、それぞれの社協の決定に委ねられている部分が多いことを再確認するに止める。

　(f)　横断的考察

　以上の考察を踏まえて、社会福祉協議会が一般的任務としての行う各種事業を通じての特色と思われるところをまとめておく。

　(i)　それぞれの事業を通じて共通する性格を検討すると、以上に検討した事業はすべて私人では行い得ない（行政しか行えない）事業とは言いがたい。援助や連絡のための活動もそうである。社会福祉法上も、社会福祉事業に対する連絡助成が社会福祉事業として認められていることは（社福2条3項13号）、この点を明瞭に示す[84]。同時にこのことは、これらの事業が社協でしか行えない、他の私人では行えない任務でもないことを示す。社協は他の私人との比較においてより適切に任務を果たしているか問われうる存在である[85]。

　また、社協は、社会福祉事業も含めた社会福祉を目的とする事業の企画・実施それ自体も自らの任務とするものの（Ⅲ2(2)(b)(ii)）、それ以外の事業は、むしろ社会福祉を目的とする事業に共通する基盤を形成し、これらの事業を

---

[84]「この連絡助成事業は、ほかの社会福祉事業の連絡または助成をすることによって、ほかの社会福祉事業を通じて社会福祉を増進することを趣旨とする」。ただし、「連絡事業のみをもって社会福祉法人の新規設立を認めることについては、社会福祉協議会の全国的普及等社会情勢の変化に伴い、抑制方針が採られている」（引用部も含めて、『解説』100頁。Ⅲ3(4)(b)も参照）。もっとも、連絡助成事業は、第2種社会福祉事業であるので、社会福祉法人でない私人も届出により行える（社福69条）。

[85]『概説』235頁［諏訪］。しかし、そこで「法的位置づけがありさえすれば、社協が行政や地域の関係団体から協働の要として認められるというわけではない。元来、地域福祉では、さまざまな主体が各々の発意に基づいて自由に多様な活動を行うことが望ましい。現に今日ではNPOなど地域福祉を推進する主体は増えている。また在宅福祉サービスでは地域包括支援センター、自立支援協議会などコーディネート・調整する仕組みが制度に組み込まれている。協働促進は決して社協の専売特許ではあり得ない」と述べつつ、それに先立って「社協組織の構成要件そのものにさまざまな組織や団体が参加することが定められ、これらと協働して地域福祉の推進に取り組むためのものとして、社協には、排他的な地位が与えられていると考えることができよう」とするのは適切ではあるまい（『概説』234頁［諏訪］。社協の不分明な現状理解を示しているとは言えようが）。ただし、他の私的主体に対して有利な立場に立つことも否定できない（『概説』237-239頁［諏訪］）。

連絡調整するといったものである。したがって、その限りでいわば業界団体的な役割も期待されていると言える。

　(ⅱ)　社協は多層的な編成を持ち、様々な役割を分担して担っている。以上に検討した事業についてまとめると、活動の組織化に関する事業及びその他の事業については、市町村社協・地区社協優先の立場が基本となっている。これに対し、援助に係る事業については基幹部分への援助を都道府県社協が担い、それ以外の社会福祉を目的とする事業への助成を市町村社協・地区社協が担うこととされている。また、連絡調整については、社会福祉を目的とする事業の中核を担う主体に対する広域的な連絡調整は都道府県社協の担当とされる一方、地区社協・市町村社協の方が連絡調整の対象を広く設定できる。

　このように見てくると、任務分担については総じて、量的な面では市町村社協優先の立場がとられる一方で、中核部分に関わる質的な面では都道府県社協が重要な役割を担うという役割分担がなされていると整理できよう。すなわち、都道府県社協が社会福祉を目的とする事業の基幹に関わるとりわけ援助を主たる任務とし、市町村社協・地区社協がそれ以外の広範な事業（調査を通じたデータ収集から一般的な宣伝・連絡・調整）を担うという分担がとられていることになる。これは一方で、市町村社協・地区社協といった住民に身近な次元での活動に重心を置く分担と言える。しかし同時に、社会福祉を目的とする事業の中核部分に関する活動が都道府県社協に担われていることは、都道府県社協に社協の活動の重心が置かれ、都道府県社協が市町村社協をいわば下位機関のように動員しうる可能性も与えると言える。この両者の可能性がどちらに重心を置く形で実現されているかは各社協の実際についての立ち入った検討を必要とし、本稿は将来の課題とせざるを得ない。

　(ⅲ)　以上の役割分担を前提に、連携のあり方に目を向けるならば、次のようにまとめられよう。まず前提として、Ⅲ2(2)(f)(ⅱ)で確認したところからすれば、各社協の分担するそれぞれの事業について単独で実施する体制がまずは志向される。その上で、水平的連携が、市町村社協・地区社協の区域外事業という形でなされる。これに対し、垂直的連携（補完）については事業の性格が広域的である場合に都道府県社協が行うという立場がとられているこ

とから、むしろ制限的な態度がとられていると解される。したがって全体として、分離型の事業分担を前提に各社協の単独事業を通した連携が志向され、共同事業による処理は正面には出てこない。Ⅱ4(b)で見た連携可能性の中で特定のタイプのみ志向されているといえよう。

(iv) 以上に見た諸事業には、要援助者（受益者）と社会福祉を目的とする事業を経営する者との関係に特に焦点を当てているものがない。すなわちⅡ3(2)であり得べき役割として述べたところに関わる事業がない。確かに、「社会福祉を目的とする事業……に関する連絡、調整」の中で、この関係を主題とする連絡調整も行われうる。しかし、要援助者（受益者）が個別的にこの連絡調整の中に登場するものは、これらの者が社協の構成員でないことを考えれば、主力として予定されていると考えにくい。また、その他の事業としての「社会福祉を目的とする事業の健全な発達を図るために必要な事業」としてこの点に関わる事業を行うことも可能であろう。しかし、独自の事業として明示されていないことは、やはりそれなりの意味を持つと理解すべきであろう。すなわち社協は、一般的な性格のレベルでは、福祉サービス提供者及びそれへの援助者が構成する団体であって、ある種の業界団体的性格を基調としていると考えられる。これは、社協の基礎に拭いがたく存在するものとして認識すべきであろう。

もっとも、だからといって、要援助者（受益者）と社会福祉を目的とする事業を経営する者との関係について社協が何らの役割を果たせないということはない。このような性格を持つ組織だからこそ一定の役割を果たせることは、業界団体が自主規制団体として行動しうることを考えれば理解できよう。実際、社協の任務とされた具体的任務にはこの点に係るものも存在する。そこで、以上の分析も前提にしながら社協の具体的任務を検討する。

(3) 与えられている任務の内容(2)——福祉サービス利用援助関連事業その他の横断的考察

ここでは、社会福祉協議会の具体的任務、すなわち社会福祉法109-111条以外の箇所で言及されている具体的任務およびそれに準じると考えられるものを考察する。具体的には、福祉サービス利用援助事業及びそれに関連する

事業（社福82条）、運営適正化委員会の行う事務（社福83-86条）、社会福祉を目的とする事業を経営する者への支援（社福88条）、共同募金会の共同募金配分計画作成における意見提出（社福119条）、福祉人材センターにかかる事務（社福93-101条）がこれに該当する。しかし、紙幅の都合から、個々の事業の内容等に関する立ち入った考察は本稿では断念せざるをえず、これらの具体的任務を横断的に考察した際の問題に関する結論のみを記す。

(a) 現行法の一般的任務規定との関係

(i) 社会福祉法の定める具体的任務は、Ⅲ2(2)で見た社協の一般的任務とどのような関係に立つか。各具体的任務を定める規定において社会福祉法「110条第1項各号に掲げる事業を行うほか」と明示しているものとそうでないものとがある点が考察の手がかりを与える。

(ii) 社福81条は、都道府県社協の行う福祉サービス利用援助事業およびその関連事業につき、社福「110条第1項各号に掲げる事業を行うほか」に行うものと記している。この文言からすれば、これらの事業を社福110条1項各号の枠外の事業と社会福祉法は位置づけていると理解することも可能であるように思われる。

しかし、事業の性格だけを考えると、福祉サービス利用援助事業は社会福祉事業であり（社福2条3項12号）、したがって社会福祉を目的とする事業に含まれる（参照、社福1条）[86]。とすれば、都道府県社協の行う福祉サービス利用援助事業それ自体は、社福110条1項1号、社福109条1項1号により社協の一般的任務に含まれる事業と言える。またこのように考えるならば、社福81条により都道府県社協の任務とされる福祉サービス利用援助「事業に従事する者の資質の向上のための事業並びに福祉サービス利用援助事業に関する普及及び啓発」事業も、社福110条1項1号、109条1項1号、109条1項3号、110条1項2号を通じて都道府県社協の一般的任務に含まれる事業と理解できよう。

とすると、社福81条が社福「110条第1項各号に掲げる事業を行うほ

---

[86] 前掲注2参照。

か」と定めている趣旨は、一般的任務として行われる事業と福祉サービス利用援助事業およびその関連事業との関係を示す点にはなく、社福110条1項各号の任務として具体的に行う事業を都道府県社協は自ら決定できるが、それとは別に義務付けられた具体的事業であることを示すためのものとも考えられる。もっとも、事業の実施を明確に義務付けることに社福81条の関心があるのであれば、社福「110条第1項各号に掲げる事業を行うほか」と明示する必要もなかった。実際、次に見る運営適正化委員会の事務については、このような文言が用意されていないからである[87]。

(ⅲ) 社福83条による運営適正化委員会の事務については、社福「110条第1項各号に掲げる事業を行うほか」といった文言がない。

同委員会の行う事業の中で、福祉サービス利用援助事業の運営適正確保を目的とする助言勧告任務（社福84条）は、福祉サービス利用援助事業を社福110条の定める一般的任務の枠外の事業と考えるならば、この別枠の事業に対する助言として同様に別枠の事業と位置づけるべきであろう。また、苦情解決任務（社福85条）は、社会福祉事業の利用者と社会福祉事業を経営する者との間での苦情処理、すなわちADR（裁判外紛争解決手続）といって良い事業であり、これを社会福祉活動と捉える必要はないようにも思われる。

他方、社協の一般的任務が広範なことを考えると、強いてここから除外する必要があるかについて疑問も残る。福祉サービス利用援助事業はそれ自体として一般的任務に含まれる事業と評価でき、社福84条の運営適正化委員会による助言勧告は社協組織内部での助言と捉えられるから、それ自体について一般的任務のどれに該当するかを論ずる必要はないとも言える。また、苦情解決任務について、社福110条1項3号に該当する任務と理解することもできよう。

結局、社福83条は事業の義務付けだけに関心があり、一般的任務との関係をどのように考えるかは解釈に委ねていると言えるだろう。

(ⅳ) 社福88条の定める「社会福祉を目的とする事業を経営する者」への支援について、同条は社福「110条第1項各号に掲げる事業を行うほか」と

---

[87] 『解説』280-282頁の社福81条に関する解説においては、本文で検討した点に関する説明はない。

明示する。しかし、事業の性格それ自体は社福110条1項1号、109条1項3号に該当しうるものと評価できることを考えれば、社福81条について述べたことと同様のことが当てはまろう。

(v) 共同募金配分計画策定における社協の意見提出に関しても、根拠条文たる社福119条は、110条1項各号との関係を示す文言を有さない。しかし共同募金会は、その設立において都道府県社協の存在を前提としており（社福114条1号）、両者は密接な関係を持つ。また、提出される意見は、社福110条1項1号、109条1項3号、110条1項4号に基づく連絡調整の結果と考えられるものであるし、Ⅲ2(3)(b)で確認するようにこの任務は社会福祉事業法制定時から定められていたものでもある。このように考えると、この意見提出に係る事務は、社協の一般的任務に含まれると理解して良かろう。

(vi) これに対し、福祉人材センターの事務については、社協が行うことが明記されているわけでもないので、そこに社福109条、110条との関係が明示されていないことは当然であり、この点から社協の一般的任務との関係について何かを導くことはできない。

むしろ、福祉人材センターが行う任務（社福94条、100条）に照らせば、それは社福110条1項1号、109条1項3号、110条1項2号、3号に該当しうるものである。また、法律によって特に義務付けられていない事務を任意に社協が行うのであれば、それは社協の一般的任務に含まれるものであるべきであろう。とすると、都道府県社協・全社協が福祉人材センターの事業を行うとき[88]、一般的任務に含まれる事業としてこれを行っていると解釈すべきと思われる。

(vii) 以上の考察に示されたように、社会福祉法は、ここで見た社協の具体的任務がその一般的任務といかなる関係に立つかにつき、必ずしも明確な態度を示しているとは言えない。しかし、それぞれの具体的任務の解釈として、

---

[88] 現在は、都道府県社協が都道府県福祉人材センターの指定を受け、全社協が中央福祉人材センターの指定を受けている。福祉人材センターの活動として行われているウェブサイト「福祉のお仕事」中の「法的位置づけ」（http://www.fukushi-work.jp/bank/index.php?eid=00003）を参照。そこにも記されているように、都道府県福祉人材センターの支所として福祉人材バンクと呼ばれる機関が置かれている市社協もある。

一般的任務外のものを行っていると明確に理解できるものはなく、むしろそのうちに含めることも可能であろう。また、一般的任務として定められている任務がそれ自体として広範囲に及んでいることからしても、特定の具体的任務を一般的任務外とあえて理解することが適切とも言い難い。となると、以上の具体的任務については、一般的任務内のもの、そうでなくても密接な関連を持つ事業と理解すべきであろう。社会福祉法は、一般的任務またはそれに密接に関連する任務の中から国が特に重要性を認めた事務を社協の具体的任務として義務付けていると言える[89]。

(b) 定められた時間的順序

(i) 次に、具体的任務が社会福祉法に定められた時間的順序からそのあり方につきどのような変化が認められるかを検討する。

(ii) 社会福祉事業法制定当初から存在したものが共同募金配分における意見提出任務である[90]。これは、社会福祉を目的とする事業相互の調整とその結果としての社会福祉を目的とする事業を経営する者の利益（関心）の外部への表出とを任務としていると言える。ただし、共同募金会に対して利益（関心）の表出は行うものの、配分計画のあり方、つまり社会福祉を目的とする事業を経営する者への利益分配を決定するのは共同募金会であり、社協の同意も必要とされない。都道府県社協は社会福祉を目的とする事業を経営する者の利益を外部に表出するものの、それ以上の関与を行うわけではない。

次に定められた具体的任務は1992年改正[91]で導入された福祉人材センターの任務である。ただし、当時から社協の任務として義務付けられていた訳ではない。この任務は、社会福祉事業の組織化に関わる。もっとも、それは社会福祉を目的とする事業を営もうとする者を見出し慫慂するに止まらない。調査研究や社会福祉事業に従事する者（従事しようとする者も含む）の研修に

---

[89] ただし、福祉人材センターは社協の任務として義務付けられているわけではない。しかし、社協が指定されている。前掲注88を参照。
[90] 1951年制定時の社会福祉事業法（昭和26年法律第45号）76条。
[91] 「社会福祉事業法及び社会福祉施設職員退職手当共済法の一部を改正する法律」（平成4年法律81号）。

止まらず、社会福祉事業者の就業援助その一環としての無料職業紹介事業が行われていることに鑑みると、社会福祉事業を経営する者と社会福祉事業に従事する者との間に関係が成立するよう助力するところにまで踏み込んでいる。

最後に付加された任務が2000年改正（社会福祉基礎構造改革）[92]の際に付加されたものであり、福祉サービス利用援助事業、運営適正化委員会の任務、社会福祉を目的とする事業を経営する者への支援がこれに該当する。福祉サービス利用援助事業と運営適正化委員会は、社会福祉を目的とする事業を経営する者と同事業を利用する者との間の関係への関与を任務とする。社会福祉を目的とする事業を経営する者への支援は、それ以前からの任務に順接的であるが、これも、社福88条が例示する利用に伴う費用に係る行政の負担分の請求代行のように、社会福祉を目的とする事業を経営する者と同事業の利用者との間の関係にも関わる性格を持つ。

(iii) 以上からすると、第1に、（都道府県）社会福祉協議会が任務として関与する局面（関係）の拡大を指摘できる。すなわち、Ⅱ1で見た諸関係への関与から2000年改正によってⅡ3で見た諸関係にも関与することとなった。また、運営適正化委員会が行政に対して負う通知義務（社福86条）も考えると、この任務拡大の中で、Ⅱ2で述べた諸関係に関わる任務も一部明瞭に負うこととなったと言えよう。

加えて、具体的任務の内容（関与のあり方）それ自体も、後に付加された任務になるにつれて深化していると言えよう。すなわち、制定時の任務は意見提出という単なる利益表出であったのに対し、任意とは言え社協が引き受けた福祉人材センターの任務は、社会福祉事業を組織するための関係形成の支援を含むものであり、福祉サービス利用援助事業は、社会福祉事業を利用する関係を同事業を経営する者と要援助者との間で形成することの援助を内容とする。また運営適正化委員会の苦情解決事業は、社会福祉事業の利用者と当該事業の経営者との間での紛争の調停・斡旋を行うものである。ただし、行政と社会福祉事業を経営する者や当該事業の利用者との関係に関わって、

---

92 前掲注62。

行政に代わって当該関係形成を行うものはない。

3　社会福祉法人としての社会福祉協議会

(1)　社会福祉協議会と法人格——問題の所在

Ⅲ1(2)(b)で確認したように、社会福祉法は、社会福祉協議会が法人格を持つか、いかなる形式の法人として法人格を持つことになるかを定めていない。社協は、法人格を持たない組織としても存在しうる形で定められている[93]。

しかしながら、現在では、都道府県社協はすべて、市町村社協はその殆どが社会福祉法人として法人格を有している[94]。また、このことが前提とされて具体的任務の法定が行われている例も存在する[95]。ここでは、社会福祉協議会が社会福祉法人であることの意味・評価を考察する。

(2)　社会福祉法人の位置づけ

上記の問題を解明するために必要な限りで、社会福祉法人の趣旨と基本的な位置づけを確認する[96]。

社会福祉法人という特別な法人制度を正当化する実定法上の根拠として、憲法89条を指摘できる。一方で、慈善活動を原型とする社会福祉活動に対

---

[93] また、名称独占の規定もないため、厳密に言えば、社会福祉協議会と名乗る組織を、社会福祉法上の社会福祉協議会と無関係に私人が作ることが当然に禁じられるわけではない。ただし、他の法律（不正競争防止法など）によってそのようなことが禁じられる可能性はあるかもしれない。この点の考察は断念する。

[94] 『概説』31頁［和田］は、「平成21 (2009) 年4月現在、市区町村社協の99.1%が法人となっている。なお、都道府県、指定都市社協は、すべて社会福祉法人である」とする。社会福祉の動向編集委員会編・前掲注56)105-106頁によれば、社会福祉法人としての法人格を取得した市町村社協は「現在ではほぼ100%に近い」としている。『概説』272頁［甲斐］には、市町村社協及び地区社協につき平成22年4月1日時点でのデータ（社協数、法人社協数、法人化率、未法人社協数）が示されている。

[95] 社福81条がその代表例である（『解説』281-282頁も参照）。社福93条、99条にもその要素を認めることは可能かも知れない（『解説』305-306頁、312頁も参照）。

[96] なお、社会福祉法人制度全般に関する現状の分析と改善方向を示した最近の政府関係文書として、厚生労働省社会・援護局におかれた社会福祉法人制度の在り方等検討会『社会福祉法人制度の在り方について』（平成26年7月4日）がある（厚生労働省のウェブサイト中『「社会福祉法人制度の在り方について」（報告書）』(http://www.mhlw.go.jp/stf/shingi/0000050216.html) より入手）。

して公費による助成が必要であるという意識、他方で、そのためには同条に言う「公の支配」に服することを担保する組織形態が必要であるという意識が社会福祉法人という特別な法人制度の存立・存続を正当化する一つの契機となる[97]。

しかし、憲法89条にいう「公の支配」に属するからと言って、社会福祉法人が統治団体と同様に基本権に拘束される主体とされる訳ではない。慈善活動も私人による自由の行使であり、社会福祉法人の組織形態を採用して行われているとの理由だけでその性格が変わると考えるべき理由はない。憲法89条にいう「公の支配」は、支配される社会福祉法人が自由の行使として基本権を主張できる主体であることを前提としていると解すべきである[98]。

また社会福祉法人は、後に確認していくように、社会福祉法に定める社会福祉事業を行うことを目的とする非営利法人であり、財団をモデルとしたと解される機関によって管理運営される。

以上から、社会福祉協議会が社会福祉法人であることの意味を探るためには、とりわけ以下の点に着目するべきであろう。第1に、社協が社会福祉法人の形態をとって自らを管理することが、社協の性格に照らし如何に評価されるべきか（(3)）。第2に、社会福祉法人がその目的とする社会福祉事業と社協の行う活動とは整合するか、あるいは両者の関係はいかなる帰結をもたらすか（(4)）。以下の分析は、以上の関心を基本として行われる。

---

[97] 菊池馨実『社会保障法』（2014年）393-394頁が紹介するように、憲法89条の存在がどの程度社会福祉法人制度の成立に決定的だったかについては争いがある。例えば『解説』151-153頁は、憲法89条に触れない形で社会福祉法人制度を説明する。しかしながら『解説』10-12、213頁では、憲法89条との関係が指摘されるし、今なお社会福祉法人制度という特殊な法人制度の存在が正当化される理由（＝廃止されるべきでない理由）を考えようとするならば、憲法89条の存在を無視できまい。なお、現在では、福祉サービスを提供する市場からの撤退に制限が加えられている主体としての意味も付加されている（『解説』36-37頁）。社会福祉法人がその目的とする事業を正当な理由なく一年以上にわたって行わないことが解散命令事由となること（社福56条4項）、残余財産の帰属先は社会福祉法人その他社会福祉事業を行う者から選定されねばならないこと（社福31条3項。さもなければ国庫に帰属する。社福47条2項）から、この説明は肯定してよかろう。

[98] ただし、いわゆる社会福祉事業団のように地方公共団体が設立する社会福祉法人も存在する。これをどのように取り扱うべきかについて今回は考察の対象外とする。

(3) 社会福祉法人の組織と社会福祉協議会の運営
　(a) 問題の所在
　(i) 社会福祉法は、社会福祉法人につき、一方で社員（構成員）に関する規定を持たず、他方で社会福祉法人の機関として役員たる理事・監事を定め、さらに評議員会を置くことができると定めている（社福36条1項、42条）。このため、社会福祉法人は財団の管理運営機構をモデルにしていると解される[99]。このことは、社会福祉協議会が構成員（会員）の存在を前提にしていると解されることに対して（Ⅲ1(2)(a)）、いかなる意味を持つか。これを社協が社会福祉法人の形態をとって自らを管理運営することの評価に関わる第1の問題として位置づけうる。

　(ii) 社会福祉協議会が社会福祉法人の形態をとることは、社協が多層的な組織として編成されていることとの関係でも論ずべき問題を第2の問題として提出する。社協相互の多層的な関係が社会福祉法人内部の管理運営及び社会福祉法人相互の関係においてどのように現れるかという問題が出現するからである。以下では、以上の二つの問題を順次、考察する。

　(b) 社会福祉法人の管理機構と会員
　(i) 社会福祉法人の組織
　㈠ 社会福祉法人を設立する際には、少なくとも社会福祉法31条1項各号に掲げられた事項を定款を以て定め、厚生労働省令で定める手続に従い、当該定款について所轄庁の認可を受けなければならない（社福31条1項柱書）。所轄庁は、申請に係る社会福祉法人の資産要件（社福25条）の充足、

99　一般社団法人及び一般財団法人に関する法律170条1項によれば、一般財団法人は、評議員、評議員会、理事、理事会及び監事を置かねばならず、また同法171条にいう「大規模一般財団法人は、会計監査人を置かなければならない」（その他の一般財団法人も、会計監査人を置くことができる。同法170条2項）。これに対し、一般社団法人は社員総会（同法35条）のほか、理事（60条1項）を置かねばならず、さらに理事会設置一般社団法人及び会計監査人設置一般社団法人は監事を（同法61条）、また大規模一般社団法人は会計監査人を置かねばならない（同法62条）。上記以外の一般社団法人も定款の定めに従って理事会、監事、会計監査人を置くことができる（同法60条2項）。なお、同法成立以前の民法は、社団法人につき社員総会と理事を（平成18年法律50号による改正前民法52条、60条）、財団法人につき理事（同民法52条）のみを必置機関と定めていた（その他、監事については置くことを認めていた。同民法58条）。

定款の内容及び設立の手続の適法性等を審査し、当該定款の認可を決定する（社福32条）。

　この認可のために厚生労働省は「社会福祉法人の認可について」[100]という通達を発出しており、この一部として、社会福祉法人審査基準（以下、法人審査基準）[101]および社会福祉法人定款準則（以下、定款準則）[102]が定められている[103]。これを厚生労働省は、地方自治法245条の9第1項及び第3項の規定に基づく都道府県及び市（特別区を含む）が法定受託事務を処理するに当たりよるべき基準（いわゆる処理基準）と位置づけており、この結果、ここに示された各基準は、社会福祉法人の認可に際し審査基準（行政手続法2条8号ロ）として機能することが期待されていると言える。もっとも、この通達には、法律にはない定め、法律とは異なる定めも置かれており、このような定めについては、認可に係る審査基準というよりも行政指導指針（行政手続法2条8号ニ）と理解すべき場合、また租税上の優遇措置を受けるための基準[104]と理解すべき場合がある[105]。

100　平成12年12月1日各都道府県知事、指定都市市長、中核市市長宛厚生省大臣官房障害保健福祉部長、厚生省社会・援護局長、厚生省老人保健福祉局長、厚生省児童家庭局長通知障890、社援2618、老発794、児発908。その後も改正が加えられ、現在は、「『社会福祉法人の認可について』の一部改正について」（平成26年5月29日雇児発0529第13号・社援発0529第4号・老発0529第1号）による改正後のものが（2014年9月末の脱稿時点では）現行通達となる。
101　前掲注100で述べた平成12年12月1日障890、社援2618、老発794、児発908通知の別紙1として定められている。
102　前掲注100で述べた平成12年12月1日障890、社援2618、老発794、児発908通知の別紙2として定められている。
103　また、法人審査基準・定款準則をさらに補充するものに各都道府県、指定都市、中核市民生部（局）長宛厚生大臣官房障害保健福祉部企画課長、厚生省社会・援護局企画課長、厚生省老人保健福祉局計画課長、厚生省児童家庭局企画課長通知「社会福祉法人の認可について」（平成12年12月1日障企59、社援企35、老計52、児企33）の別紙として発出された社会福祉法人審査要領（以下、法人審査要領）などがある。
104　定款準則中の下線部は、租税特別措置法40条の特例を受けようとする場合の国税庁長官の審査事項とされている。これは、社会福祉法人が遺贈又は贈与を受けた場合の所得税法59条1項1号の適用に関わる。
105　またこれらの基準は、各都道府県知事、指定都市市長、中核市市長宛厚生労働省雇用均等・児童家庭局長、同社会・援護局長、同老健局長通知「社会福祉法人指導監査要綱の制定について」（平成13年7月23日雇児発487、社援発1274、老発273）の別添である社会福祉法人指導監査要綱に取り込まれており、行政指導指針、処分基準として機能することもある。

また、全社協は、厚生労働省と調整の上、社会福祉法人としての社会福祉協議会のために法人社協モデル定款と呼ばれるものを示している[106]。法人社協モデル定款は、社協の集団的自己拘束的基準とも、全社協からのある種ヒエラルヒシュな指示とも理解できる。

　本稿は、この法人審査基準・定款準則・法人社協モデル定款などにも注意しながら、社会福祉法人の組織のあり方と社協との関係を考察する。

　(イ)　①　社会福祉法は、社会福祉法人に役員として理事3人以上、監事1人以上を置くことを求めている（社福36条1項）[107]。加えて、社会福祉法人は、評議員会も置くことができる（社福42条1項）。この場合、評議員会は、「理事の定数の二倍を超える数の評議員をもつて組織する」（社福42条2項）[108]。また、「社会福祉法人の業務に関する重要事項は、定款をもつて、評議員会の議決を要するものとすることができる」（社福42条3項）。「監事は、理事、評議員又は社会福祉法人の職員を兼ねてはならない」（社福41条）。

　②　通達は、役員のあり方につき、より詳細なもしくは付加的な要求を行っている。まず通常の社会福祉法人に関する定めを見る。

　役員全般については、「関係行政庁の職員が法人の役員となることは……差し控えること」とされている。社福61条に照らして適切でないと考えられているためである（法人審査基準第3-1-(1)）[109]。ただし、社協が社会福祉法

---

[106] 参照、『概説』162頁［佐甲］。なお同箇所は、法人社協モデル定款が市町村社協のためのものであるように説明しているが、法人社協モデル定款それ自体は、都道府県社協も対象としている。筆者は、法人社協モデル定款については平成20年5月改定のものを参照した（宮崎県ウェブサイト中「社会福祉法人に関する通知等について」(http://www.pref.miyazaki.lg.jp/fukushihoken/kenko/shakaifukushi/html00167.html) から入手）。

[107] 役員の任期は二年を超えることができない（ただし再任は許される）。また「役員のうちには、各役員について、その役員、その配偶者及び三親等以内の親族が役員の総数の二分の一を超えて含まれることになつてはならない」。その他、成年被後見人・被保佐人や一定の刑を受けた者などは役員になることができないの要件が課されている。社福36条2-4項を参照。

[108] 『解説』183頁はその趣旨につき、「すべての理事が評議員を兼任したとしても、理事でない評議員の数が理事を兼ねている評議員の数を超えるようにして、最低限、法人運営の民主性・適正性が損なわれないようにすることにある」とする。他方で、評議員の定数を多くすることにも問題は存し、法人社協モデル定款はこちらにも注意を払っている。後注129。

[109] また「実際に法人運営に参画できない者を、役員として名目的に選任することは適当でない」（法人審査基準第3-1(2)）。

人となる場合は、後述するように別である。

　理事に関しては、理事の定数を6人以上とすることを求めた上で（法人審査基準第3-2-(3)。定款準則5条に関する備考(1)も参照）[110]、責任体制を明確にするため理事長を置くことを求め（法人審査基準第3-2-(1)）、この理事長の選任は、理事の互選によるとされる（定款準則5条2項）[111]。理事の定数を6人以上とする求めは、社会福祉法の定める要求以上の要求であるところ[112]、通達は加えて、一方で、「理事には、社会福祉事業について学識経験を有する者又は地域の福祉関係者を加えること」（法人審査基準第3-2-(6)）[113]、「社会福祉施設を経営する［社会福祉］[114]法人にあっては、施設経営の実態を法人運営に反映させるため、1人以上の施設長等が理事として参加すること」（法人審査基準第3-2-(7)）を求め[115]、他方で、「当該［社会福祉］法人に係る社会福祉施設の整備又は運営と密接に関連する業務を行う者が理事総数の3分の1を超えてはならない」（法人審査基準第3-2-(5)）、「評議員会を設置していない［社会福祉］法人にあっては、施設長等施設の職員である理事が理事総数の3分の1を超えてはならない」（法人審査基準第3-2-(7)）とする。

　監事については、定数を2人以上とすることを求めた上で（定款準則5条備考(1)）[116]、一方で、1人については社福44条に「規定する財務諸表等を監査し得る者で」あること（法人審査基準第3-3-(2)）、1人については「社会福祉事業について学識経験を有する者又は地域の福祉関係者である」こと（法

---

[110] 法人審査基準第3-6-(1)は、役員の定数を確定数で定めることを求めている。
[111] 社福38条は、すべての理事について社会福祉法人に関する代表権を認め、「ただし、定款をもつて、その代表権を制限することができる」としている。法人審査基準第3-2-(2)は、「理事長及びそれ以外の理事は、法人の自主的な経営機能の強化及び内部牽制体制の確立の観点から、それぞれが代表権を有しても差し支えないものとする」とした上で、「各理事と親族等の特殊な関係にある者（租税特別措置法施行令（……）第25条の17第6項第1号に規定する親族等をいう。以下同じ）のみが代表権を有する理事となることは適当でない」としている。社福36条3項の趣旨を踏まえての定めと理解できよう。
[112] ただし、前掲注105で述べた租税優遇措置のための審査事項である。
[113] 「社会福祉事業について学識経験を有する者」に該当する者について法人審査要領第3-(1)を、「地域の福祉関係者」に該当する者について法人審査要領第3-(2)を参照。
[114] ［　］は筆者付加を示す。以下同じ。
[115] ここでの施設長等につき、法人審査要領第3-(3)も参照。
[116] ただし、前掲注105で述べた租税優遇措置のための審査事項である。

人審査基準第3-3-(3)）を求め[117]、他方で、監事が「当該［社会福祉］法人の理事、評議員及び職員又はこれらに類する他の職務を兼任することはできない」（法人審査基準第3-3-(1)）[118]、「他の役員と親族等の特殊な関係がある者であってはならない」（法人審査基準第3-3-(4)）[119]、「当該法人に係る社会福祉施設の整備又は運営と密接に関係する業務を行う者であってはならない」とする（法人審査基準第3-3-(5)）。後二者の要請は理事に準じたものと言える。

評議員会について、通達は、社会福祉法の定めと異なり、評議員会を置くことをむしろ原則として要求している（法人審査基準第3-4-(1)）[120]。評議員会の基本的性格・権限については、「原則として、これを諮問機関とし、法人の業務の決定に当たり重要な事項についてあらかじめ評議委員会の意見を聴くことが必要である」としつつ（法人審査基準第3-4-(2)）[121]、「評議員会を設ける場合は、役員の選任は評議員会において行うことが適当である」とする（法人審査基準第3-4-(3)）[122]。また、その編成について、評議員は理事会の同意を得て理事長が委嘱するとした上で[123]、「社会福祉事業の経営は地域との

---

117 法人審査基準には、理事に関するように、2人以上の監事を置くことを求める明文の定めはない（定款準則に掲げられているに止まる）。監事の一人が本文に記した要件を共に満たすことも考えられないではないが、法人審査基準も2人以上監事がいることを前提にしていると理解すべきであろう。
118 社福41条は、「監事は、理事、評議員又は社会福祉法人の職員を兼ねてはならない」としており、「これらに類する他の職務」との兼任を禁止しようとしている点に通達独自の付加要素がある。
119 ここにいう「親族等の特殊な関係にある者」とは、前掲注111に記したように、租税特別措置法施行令25条の17第6項1号に規定する親族等をいう。
120 法人審査基準第3-4-(1)は、評議員会を置かないでも良い社会福祉法人も列挙するが、社協については、後述するように置くことが明示的に予定されている（求められている）。また、定款準則の主要条項を満たす評議員会を置いていることは、前掲注105で述べた租税優遇措置のための審査事項である。
121 法人審査要領第3-(5)は、「『あらかじめ評議員会の意見を聴くことが必要である』……とは、評議委員会の諮問機関としての位置付けを明確にしたものである」とする。また、ここでいう「重要な事項」として考えられている事項については、定款準則12条の後に付された備考1の中の評議員会の権限に関する条文を参照。ただし、社会福祉法人としての社協における評議員会については後述するところにも注意。
122 定款準則7条の備考も参照。これは、前掲注105で述べた租税優遇措置のための審査事項である。なお、この限りでは評議員会は社福42条3項に基づく形で諮問機関にとどまらない議決機関として機能することになる。
123 定款準則12条の後の備考1に付された評議員の資格等に関する条文を参照。

連携が必要なことから、評議員には地域の代表を加えること。また、利用者の立場に立った事業経営を図る観点から、利用者の家族の代表が加わることが望ましいこと」とされている（法人審査基準第3-4-(5)）[124]。他方、理事と同じく、「当該［社会福祉］法人に係る社会福祉施設の整備又は運営と密接に関連する業務を行う者が評議委員総数の3分の1を超えてはならない」とされ（法人審査基準第3-4-(4)）、また、評議員会において「各評議員について、その親族その他特殊の関係がある者が」3分の1を超えないことが求められている[125]。

③　以上の通常の社会福祉法人に関わる定めに加えて、通達・法人社協モデル定款は、社会福祉協議会が社会福祉法人となる場合だけに関わる定めを置いている[126]。

Ⅲ1(3)(c)で見たように、関係行政庁の職員が一定の限度内で社協の役員となることが社会福祉法上も予定されているところ（社福109条5項、110条2項、111条2項）、社協が社会福祉法人となる場合、そこにいう役員はそのまま社会福祉法人の役員を意味すると理解されている（法人審査基準第3-1-(1)）[127]。これを前提に、「地方公共団体の長等特定の公職にある者が慣例的に、

---

[124] もっとも定款準則においてはこのような明示の定めではなく、「評議員は、社会福祉事業に関心を持ち、又は学識経験ある者で、この法人の趣旨に賛成して協力する者の中から理事会の同意を経て、理事長がこれを委嘱する」という定めが示されるに止まり、またこの定めは、前掲注105で述べた租税優遇措置のための審査事項ともなっていない。

[125] 定款準則第12条の後に付された備考1の中の評議員の資格等に関する条文の第2項を参照。これは前掲注105で述べた租税優遇措置のための審査事項である。

[126] なお、市町村社協が社会福祉法人となるための要件として法人審査要領第1-1を参照。本稿の問題関心と市町村社協の殆どが既に社会福祉法人化していることに鑑み、この定めには立ち入らない。

[127] このため社協の事務局長は、理事・監事と兼任しない限りこの制限が及んでこない。実際のところ、市町村社協の事務局長に行政出向・行政OBが多いことが指摘されている（『概説』217-218頁［山田］）。『構想案』もこの局面については特段の注意を払っておらず、中央社会福祉協議会および都道府県社会福祉協議会につき、両者が法人となることを前提に（ただし後注155参照）、役員の中の会長、副会長、理事長（中央社会福祉協議会のみ）、常務理事には、「指揮、監督の地位にある官公吏が就くことを避けること」という注意のみを示している（『構想案』5頁、10頁）。また、中央社会福祉協議会の評議員につき『構想案』5頁は、「中央行政官庁社会福祉事業関係部局の代表及び学識経験者であって、会長の委嘱したもの」、ただし会長の委嘱する評議員は都道府県社会福祉協議会の代表者たる評議員の3分の1以内とするという構想を示していた。

……役員として参加したりすることは適当でない」（法人審査基準第3-1(3)）という定めは、社協について独自の意味を示すことになる[128]。さらに、社会福祉法人たる社協の理事及び評議員会について、「社会福祉協議会は、地域福祉の推進役として、社会福祉事業経営者、ボランティア活動を行う者等との連携を十分に図っていく必要があることから、当該社会福祉協議会の区域において社会福祉事業を経営する団体の役職員及びボランティア活動を行う団体の代表者を理事として加えること」とされている（法人審査基準第3-2-(8)、法人審査基準第3-4-(6)）[129]。

さらに、法人社協モデル定款は、理事長（社協の場合には会長と呼ばれることが多い）の選任について、原則として通常の社会福祉法人と同じく理事の互選によることを原則としつつ、例外的に評議員会において選任することも認める[130]。この例外的な取り扱いに示唆されているように、法人社協モデル定款は、社協における評議員会を、単なる諮問機関ではなく、重要事項の議決機関と位置づけており[131]、その根拠を社協の「社団的な性格」に求めている[132]。

---

128 この定めは通常の社会福祉法人にも適用があるものの、通常の社会福祉法人については、Ⅲ3(3)(b)(i)(イ)②で述べたように関係行政庁の職員が法人の役員となることは差し控えることが求められているので、そのコロラリー以上の意味はない。
129 法人社協モデル定款10条解説③は、この基準に示されたボランティア活動につき、「地域で行われている幅広い福祉活動も含めて解釈する」としている。また、同モデル定款14条解説③は評議員会につき、「社協の性格上、各方面の幅広い意見を反映するためには、評議員と理事等との兼務はできるだけ避け、また定数も地域の実情や事業規模等を勘案し、理事定数の2倍を越えた数を極端に上回る『定数』にならないよう配慮するなど『実質的な審議ができる機関』になるよう努めることが適当である」とし、また同モデル定款16条解説①は、「評議員会は法人の重要な事項について議決する機関であることから、評議員の選任は、とくに慎重を要し、地域住民、福祉活動を行う者及び社会福祉関係者等を代表するにふさわしい体制をつくる必要がある」としている。
130 法人社協モデル定款7条解説①は、「理事会の責任体制を明確にするために、会長等の選任は、社協においても……『理事の互選』とする。ただし、例外的に、従来のように『評議員会において選任する』としても差し支えない」と述べる。
131 したがって社協には、社福42条3項の定める可能性を用いることが法人社協モデル定款によって要請されていることになる。具体的には、役員の選任権は評議員会が有し（法人社協モデル定款10条）、さらに予算・決算・基本財産の処分等の重要事項については、理事会の同意と評議員会の議決が要求される（法人社協モデル定款15条）。
132 法人社協モデル定款第15条の解説①は、「［法人審査］基準では、評議員会を諮問機関として

しかし、社会福祉協議会が社会福祉法人となる場合の、その組織に関する最大の特色は、法律に定めのない会員という地位・制度を設けることが通達・法人社協モデル定款により要請されている点にある。しかし同時に、会員という地位・制度を設けることは他の一般的な社会福祉法人においても可能である。そこで、社会福祉法人の会員という地位がいかなるものとして現れるか、それが社協の編成・組織にとっていかなる意味を持つかを次に見る。

(ⅱ) 社会福祉法人における「会員」と社協の構成員

(ア) 定款準則は、会員という地位・制度を持つ社会福祉法人の存在を認めている[133]。どのような社会福祉法人についてこれが予定されているかは後に見ることにして、まず、定款準則が会員についてどのような定めを提案しているかを確認する。

定款準則は、定款それ自体に会員に関する詳細な規定を置かず別に会員に関する規程を定めることを予定した上で、会員の基本的な位置づけについては定款自体に、「会員は、この法人の目的に賛同し、目的達成のため必要な援助を行うものとする」という定めを置くことだけを提案している[134]。法人社協モデル定款でもこのような定めしか置かれないことに変わりはない[135]。この結果、会員に関する定めが別に行われるとしても、会員に期待される主たる役割は、社会福祉法人を援助する、つまり究極的には社会福祉法人の活動に必要な財を提供する役割ということになる。

同時に、会員は、社会福祉法人の役員（理事・監事）や評議員の選任について関与することを予定されていない。社会福祉法人が会員を持つか否かにかかわらず、Ⅲ3(3)(b)(ⅰ)(イ)②③で見たように、評議員会を置く社会福祉法人については、評議員会が理事・監事を選任し、理事会の同意を得て理事長が評議員を委嘱するモデルが、定款準則・法人社協モデル定款の予定する社会

いるが、社会福祉協議会においては、その社団的な性格を踏まえて、『法人の重要な事項について議決する機関』と位置付けることとする」と述べる。

[133] 会員を置くことは（後に見るように社協を除けば）必須ではないため、法人審査基準には会員のあり方に関する定めはない。

[134] 定款準則12条の後に付された備考2における会員と題する条項を参照。

[135] 法人社協モデル定款18条を参照。

福祉法人の管理機構担当者（役員・評議員。以下同じ）の選任モデルである。

したがって、定款準則・法人社協モデル定款によれば、会員は、会費を負担するなどの形で社会福祉法人の活動に必要な原資を提供するけれども、選挙などの形で管理機構担当者の選任・選出に関わることはない。このモデルが、社会福祉法人の会員の役割につき定款準則・法人社協モデル定款の示す基本モデルとなる[136]。

(イ) 定款準則によれば、以上のような会員を持ちうる社会福祉法人は、「社会福祉協議会及び社団的な［社会福祉］法人」である[137]。また法人社協モデル定款による理由付けも社協の社団的性格に求められている[138]。そこで、社団的な社会福祉法人とはどのようなものかを考察することにより、社会福祉法人における会員とは何かを検討しよう。

会員制度を持たない社会福祉法人、つまり通常の社会福祉法人は、その機関として理事・監事、加えて評議員会しか有さないから、Ⅲ3(3)(a)(ⅰ)で述べたように財団の管理機構をモデルにしていると考えられる。社会福祉法人がその目的とする社会福祉事業を行うためには、その基礎となる財が拠出され、その事業目的が定められ、その通りに事業が行われることを管理する機構が用意されれば、そのための基本的な装備が揃うと言えるから、財団の形式でも社会福祉法人は確かに可能である。

しかし、事業に必要な財を拠出する人々をそれとして明確に位置づける、つまり組織の構成員とすることが不可能とも言えない。とりわけ事業のための財を継続的に拠出する人々について、その継続性の表現として構成員とい

---

[136] 例えば、北海道社協はその定款19条2項において定款準則12条2項と同文の定めを置いた上で、会員規程も定めているところ、後者に会員権という表現はみられるものの（北海道社会福祉協議会会員規程7条）、会員の権利義務に関わる規定としては同規程9条の会費支払義務しか見当たらない。ただし、異なる例として後注192に紹介する岡山県社協の例も参照。なお、北海道社協定款及び同会員規程は同社協ウェブサイトの「道社協の概要」（http://www.dosyakyo.or.jp/gaiyou/index.html）から入手。

[137] 定款準則12条の後に付された備考2は、「社会福祉協議会及び社団的な法人で会員制度を設ける社会福祉法人は、定款に次の章を加えること」として、Ⅲ3(3)(b)(ⅱ)(ア)で述べた会員の条項を提案している。

[138] 法人社協モデル定款18条解説①は、「会員制度は、社会福祉協議会の社団的な性格を裏づけるものとして必置のものとし、［定款］準則の記載例のとおり『置くことができる。』と規定するのではなく『置く。』と規定する」と述べる。

う地位を与えることも考えられよう。この場合、社会福祉法人は社団としての性格を示しうることになる。もっとも、社福2条4項3号は「社団又は組合の行う事業であつて、社員又は組合員のためにするもの」を社会福祉事業から排除しているから、拠出した財を投資としてそれに対する配当を得られないことはもちろん（非営利性に反する）、構成員がその地位に基づき当該法人の活動目的をなす事業それ自体の受益者となることも社会福祉事業の性格と矛盾する[139]。むしろ、社会福祉事業であるためには組織構成員間の相互扶助的性格や出資者への配当の契機を排除しなくてはならないことに鑑みれば、財の拠出者を当該組織の構成員と位置づけることのない財団の形式の方が社会福祉法人のための法人形式として素直と言えるかも知れない[140]。

以上からすれば、ある社会福祉法人が社団的な性格を持つとして会員制度を定款に定めるとしても、それが社会福祉法人であることと矛盾するとはいえない。もっとも、そこでの構成員は、一方的に財を拠出し、しかしいかなる形でも反対給付を受けることのない存在でなければならない。この結果からすれば、定款準則が会員の地位につき、社会福祉「法人の目的に賛同し、目的達成のため必要な援助を行う」ことのみを定款自体に記載すべき重要な任務と理解したことは社会福祉法人制度に整合的と言える。しかし本稿にとっての問題は、それが社会福祉協議会と整合的であるか、である。

　㈦　①　以上からすると、社会福祉協議会の構成員と目される、社会福祉を目的とする事業を経営する者、社会福祉に関する活動を行う者、社会福祉事業を経営する者、（一つ下の次元に位置する）社協などは、社協が社会福祉法人の形態をとる場合、すべて以上にみた意味での社会福祉法人の会員と位置づけられることになる。

---

[139]『解説』101頁は、「社団又は組合の行う事業であって、社員または組合員のためにするもの」（社福2条4項3号）が社会福祉事業から排除される趣旨につき、「これは相互扶助の事業であって、その利益を受ける者の範囲が狭く、公共性も乏しいことから、この法律にいう社会福祉事業に含ませるのが適当でないため」と説明する。公共性が乏しいというべきかはともかく、社会福祉法における社会福祉事業は、ある者が財を拠出し、それを元手に行われるサービスを拠出者以外の要援助者が利用・享受するという、この意味での慈善活動を典型としていると解される。
[140] もっとも、拠出された財の管理者に、当該財の拠出者（法人を設立しようとする者）がおさまってしまい、役員として（ともすれば高額の）報酬を得る形で実際上の配当を得る危険はなお残る。

まず、これらの社協構成員（参加者）と社会福祉法人の管理機構担当者との関係を検討しよう。社協が社会福祉法人となっている場合、当該社会福祉法人たる社協の役員につき、社協構成員は役員選任権を有さない。通達・定款準則・法人社協モデル定款はこの点に係る特則を示さず、社会福祉法人としての社協の会員についても、あくまでも上述の社会福祉法人の会員という地位しか与えられていない。定款において異なる定めを行うことも、以上の諸準則の実務に対する支配力に鑑みれば容易には期待できない。さらに、確かに役員選任のあり方について社会福祉法は明文の規定を欠くとはいえ、会員という存在が社会福祉法上予定されていないことに鑑みれば、そのような存在に役員選任権を与えることについて、社会福祉法との慎重な適合性判断が要求されよう。

確かに、社会福祉法が社協構成員として予定している様々な主体は、定款準則・法人社協モデル定款に従えば、理事・評議員となることが予定されている類型でもある（Ⅲ3(3)(b)(ⅰ)(イ)③）。すなわち、社協構成員の典型（中核）を構成する類型の代表が社会福祉法人たる社協の管理機構の一端を占め関与することは現在の実務でも予定されている。しかし、その理事・評議員の任命が構成員の選挙といった選任過程を経るわけではなく、その点で、社協の構成員一般と社会福祉法人たる社協の役員・評議員との関係は切断されていると言わざるを得ない[141]。

---

141 北海道社会福祉協議会理事・監事・評議員選出規程2条は、理事を6つのグループに分けて各グループに1名から4名の人数を割り振ることを定め、また同4条は評議員を7つのグループに分けて各グループに2名から10名の人数を割り振ることを定めている。特に会員の関与する手続は定められていない（同社協部会及び委員会規程にも関連する明瞭な手続は定められていない。なお、以上の二つの規程は、前掲注136で指示したウェブページから入手）。これに対し、『概説』34-35頁［和田］は、社会福祉法人としての社協に設けられた会員が、「評議員選出につながるかたちをとっている」とするが、その具体的なつながりとして考えられているものは不明である（『概説』166頁［佐甲］も「社協の構成員の活動領域ごとに、社協の事業課題に関する協議、連絡調査、協働活動を行うために設置される」部会において評議員の選出などが行われる場合もあるとするが、選出の方法は同所からは不明である）。そのつながりは、会員となることで評議員・理事となる資格が与えられる以上のものではないのではないか。それは代表関係といった関係を会員一般と役員・評議員との間に観念しうるものではない。他方で、社協の実務関係者もここに問題を感じていないわけではない。『概説』163頁［佐甲］は、「評議員が理事を選び、理事が評議員を選ぶだけでは、外部とのつながりが事実上なくなりかねない。社協組織の基盤は、

② 次に、以上の特色が、社会福祉協議会の活動にもたらす帰結を検討しよう。通常の社団について我々は、構成員が当該社団管理機構担当者を選任しこの担当者が構成員の決定に基づいて更なる決定を行い当該社団としての活動を行っていくという形で、究極的には構成員の意思に還元できる形で活動が行われていると理解できる[142]。これに対し、社会福祉法人たる社協が行う活動は、社協構成員（会員）の意思に究極的に還元できる形で活動が行われているとは理解できない。社会福祉法人たる社協の役員・評議員を社協構成員が選任しているわけではなく、その定款も構成員の決定に基づく決定ではないからである[143]。

もっとも、このことをいかに評価するかは、更なる考慮が必要である。社会福祉法人たる社協が、一般の社協構成員からの選任を受けることなく定款準則に従った定款に基づいて管理機構担当者を選任したとして、それは違法の評価を受けるものでなく、その担当者は定款に従って選任される限りで担当者たる正統性を有している。また、運営適正化委員会のように法律に定められた活動を社協が行う場合、当該活動自体については法律により義務付けられているため、当該活動の実施自体を社協構成員の意思に還元できないこ

その幅広い構成員にあることから、評議員選出そのものが構成員のそれぞれの立場をふまえた代表が選出されるような、明確な選任基準を設け、選出する必要がある」と述べる（同書174-175頁［佐甲］も参照）。しかしながら、法人社協モデル定款も会員が評議員を選出することを構想してはおらず、『概説』の叙述も北海道社協の理事・監事・評議員選出規程も、明確な基準を用意して会員を区分し、それぞれから評議員・役員を選任するというコーポラティズム的発想に基づいていると言える。このことからすれば、社協の理事会が自らに理解のある（自らの考える"穏当な"）者を評議員に選出し、その評議員からなる評議員会が事業活動に係る原案・役員及び評議員の交代に係る原案を無批判に承認するという危険を払拭することはできないであろう。『概説』235頁［諏訪］は、市町村社協の理事・評議員会が地域の様々な団体によって構成されていることから、「社協は、地区社協等の地域福祉推進基礎組織、町内会・自治会、助成団体・青年団体、民生委員・児童委員、当事者団体や家族の会、ボランティアグループ等の社会福祉に関する活動を行う者である住民組織の統制のもとにあることが分かる」と述べるが、安穏と受け入れて良い叙述とは言えないと思われる。

142 株式会社や民主政の下での統治団体を想起のこと。その内部での多様な組織体制には立ち入らない。

143 社会福祉法人の定款は、当該法人を設立しようとする者が作成しなくてはならず（社福31条1項柱書）、これは一般財団法人と同様である（一般社団法人及び一般財団法人に関する法律152条1項）。社団法人の場合には、設立時の社員が定款を定める（一般社団法人及び一般財団法人に関する法律10条1項）。

とが当該活動の正統性を欠如させるとも言えない[144]。

　しかし、法律に義務付けられておらず法律に予定されているにしてもその具体化は社協自らが行わねばならない活動について、これが構成員の意思に還元されない形で行われることの政策的ないし立法的評価は、なお別に可能であろう。確かに、定款において事業目的が明瞭に特定されている場合、構成員の意思に事業のあり方をさらに依存させることは、かえって社会福祉法人の行う事業のあり方を歪める危険をもたらすかも知れない[145]。しかしながら、Ⅲ2(2)で考察したように、社会福祉法の定める社協の一般的任務は広範に及び、定款もそれに応じて広範な事業活動を掲げざるを得ない[146]。となると、その具体的事業内容は社協の自主決定に委ねざるを得ず、その際に、構成員の意思に還元できない形での決定が望ましいかは疑問である[147]。そして役員を選出し、あるいは事業内容決定に参与する権限を構成員に認めたとして、Ⅲ3(3)(b)(ⅱ)(イ)で確認した社福2条4項3号違反となって、社会福祉事業を行っていないことになるわけではない。

　もっとも、社会福祉法人たる社協に対してその会員が当該社協の行う事業のための原資を負担していることが[148]、会員が選挙で管理運営機構担当者を選任できる地位を要請するとまでは言いにくい。というのも、社協は任意加入団体であり、構成員はそのような地位しか得られないことを承知で加入していると言えるからである。しかし、社会福祉事業を経営する者、社会福

---

[144] 当該活動の職務担当者についての正統化は別に議論しうるが、定款に従ってその担当者の決定と担当者が服すべき基準が与えられているのであれば、正統化はなされている。

[145] とりわけ財団方式の場合、財団のガヴァナンスは、管理機構担当者の意思が独自に法人の活動を決める契機よりも、定款で定められた目的を粛々と実行する契機こそが重要となる（社団と対比した興味深い説明として鳩山秀夫『日本民法総論［増訂改版］』（岩波書店、1930年）157頁も参照）。であれば、財団の管理機構をモデルとする社会福祉法人においても、会員の意思よりも、定款で定められた社会福祉事業の目的を実現することを重視する立場はありえようし、となれば社会福祉法人たる社協においても、構成員の意思に還元できない組織形態の下で活動が行われていることをむしろ評価する立場もありえるかもしれない。

[146] 定款準則1条に関する備考の(4)(5)を参照。後注186も参照。

[147] 社協は部会・委員会を設け、それに専門的事項に関する諮問機関としての機能を与えることが予定されている（法人社協モデル定款19条）。しかし、諮問機関は決して意思決定を行う機関ではないし、前掲注141で述べたようなコーポラティズム的発想に基づいているように見える。

[148] ただし、後注151も参照。

祉を目的とする事業を経営する者、社会福祉に関する活動を行う者、社協は、社協に参加（加入）することが期待されているのであり、このような取扱いが適切か、やはり疑問は残る。

しかし、いずれにせよ、現在の制度と運用の下では、社会福祉を目的とする事業を経営する者を初めとして社協の構成員とされる主体と社会福祉法人たる社協の管理機構担当者との間での結合関係が十分には得られないまま、社会福祉法人たる社協の管理機構担当者は、理事（厳密には理事の同意を得て理事長）が評議員を選任し、評議員会が理事・監事を選任するという形で、自己回転的にお互い選出されていくことになる。そしてそれを前提に、当該管理機構担当者が社協の活動を決定していくという形態も生じることになる[149]。

③　以上の考察は、他方で、社会福祉協議会に参加することからその構成員と理解できる様々な主体を、社会福祉法人たる社協において社会福祉法人の会員と位置づけることが、互いの性格に適合的かという問題も導く。

確かに、社協に参加する主体の一類型である社会福祉に関する活動を行う者として、ボランティア活動を行う者のみならず社会福祉を目的とする事業への援助を行う者なども含まれるのであれば、このような者を社会福祉法人たる社協の会員として組織することは、この者の目的にも社会福祉法人の会員という地位にも適合的であろう。

しかし、社協の構成員である自ら社会福祉を目的とする事業を経営する者、とりわけ社会福祉事業を経営する者を社会福祉法人たる社協が行う社会福祉事業を初めとする諸活動の原資を提供する者と性格づけることは適切でないのではないか[150]。これらの者は、自ら社会福祉を目的とする事業を行うこ

---

[149] ただしこれは、財団形式の管理運営機構担当者の通常の選任過程・事業執行過程ではある。
[150] 実務は、社会福祉法人としての社協を論じる文脈において、社協構成員が支援者としか位置づけられていないことを隠そうとはしない。『概説』157頁［佐甲］は、「社協の事業は、これら会員（構成員）の参加、協力をもってすすめることによって、公益性を担保するものである。その意味では、社協は『社団法人的』性格をもっているといわれており、こうした構成員組織についての会員制度として位置づけている［ママ］市区町村社協は、約4割（38.1％）となっている（……）。／しかし、組織運営との関係で見ると、社会福祉法人における『会員』は、法人運営との権利・義務関係を明確にした社団法人における『社員』とは性格を異にし、地域における福祉のまちづくりや、ボランティアの振興などの活動を賛助し、支援する者であると考えられる」と

とを目的とする存在であり、それを前提として社協の構成員となっている。そこに、社協の活動、特に社協の行う社会福祉を目的とする事業を援助し原資を提供する目的は認められない[151]。このように考えるならば、法人格のない状態での社協を考えるならば社協の構成員（参加者）と理解できる様々な主体を、社協が社会福祉法人になる場合にも当該法人の「会員」という地位を与えて構成員と認めようとする工夫は、一定程度了解可能であるけれども、社会福祉法人の「会員」という地位に与えられている基本的性格と社協構成員の殆どが示す性格とは必ずしも整合的でない。

④　しかし、同時にⅢ3(3)(b)(ⅱ)(ウ)①②で見た切断は、翻って、社会福祉協議会の会員という資格の拡散化、無限定化を可能にしていると言える。すなわち、社協は時折、地域福祉にかかわる諸活動を広く組織化し、また地域における福祉活動への関心を広く惹起するためか、社会福祉法の予定する範囲を超えて「会員」の資格を与え、あるいは「会員」を様々に類型化し、あるいは会員の外に賛助会員という制度を設けることがある[152]。社会福祉法に

述べる。

151 とりわけ社協それ自体が社会福祉事業も含めて社会福祉を目的とする事業を実施することから、構成員たる社会福祉を目的とする事業を経営する者と競合関係に立ちうることを考えると、後者が社協に対して負担する会費を原資に競合するサービスを社協が行う場合にはその問題点が一層明瞭に表れると思われる。もっとも実際上は、社協の財源構成において会費の占める割合は多くないようである（市町村社協に関し『概説』177-178頁［佐甲］参照。ただし、近年の低下は、財政規模の拡大に伴う割合の低下であるともされる。また、共同募金収入・寄付金収入の割合も高くはない）。このことは、上述の競合ないし利益相反的問題が実際上の問題としては大きな意味を持たないことを導くものの、一方において、自主財源を十分には持てていないこと、他方において、社協の事業費の大部分が補助金・委託費・介護保険および自立支援費制度による事業収入といったもので支えられ結果として社協以外の存在がその合理性を認め制度化した事業を通してしか財源を得られないこととなり、実験的な事業を自主的に行うための財源を十分には持てていないことも示唆しよう（もっとも、介護報酬に基づく収益部分については原則的には制限なく別事業に回すことも可能である）。社協の財政構造につき、『概説』177-186頁［佐甲］、218-219頁［山田］、249-250頁［齊藤］を参照（会費に基づき行われる事業につき『概説』184頁および185頁表4-2、実験的な事業等に会費などを投入する可能性につき『概説』186頁［いずれも佐甲］も参照）。とはいえ、社協の財政構造の分析を本稿は主題としておらず、財政構造も踏まえた社協の法学的分析は今後の課題とせざるをえない。

152 夙に、木村・前掲注64）200頁は、「とくに規定はなくても、その［社協の？］本質からして、一般市民にたいしても、その参加の希望は拒否すべきではない」としていた。ただし、前提にある社協理解につき後注212も参照。

よれば、市町村社協、社会福祉事業又は更生保護事業を経営する者の加入しか予定されていない都道府県社協において、このことは明瞭に現れる[153]。

しかし、このように会員の地位を拡散させることが可能であるのは、これらの会員が社会福祉協議会の管理運営に事実上大きな意味を持たないからである。もし、社協が自らの社団的性格を強調し、構成員（参加者）により自主的に運営されるべき組織であるとして会員の意思に基づく運営を真剣に追求すべく、社協の会員に管理運営機構担当者の選任権などの明確な参与権を与えるのであれば、会員の資格と範囲はこれらの権利を付与する範囲に関わる重要事項であり、会員という資格を拡散化・無限定化させることにはより

---

[153] 例えば東京都社協は、社会福祉法の予定する類型の主体のために「会員（施設・団体等）」というカテゴリーを設定し、その他に個人会員、賛助会員というカテゴリーを設けている。「社会福祉に関心のある個人」であれば個人会員として入会可能であり、賛助会員は、社会福祉、および東京都社協の趣旨に賛同する団体・企業を対象とする（以上につき、東京都社協ウェブサイト中「会員になるには」(http://www.tcsw.tvac.or.jp/about/kaiin/index.html) 及びそこからリンクされている説明を参照）。神奈川県社協は、会員を4種の正会員に分かち（第1種正会員：社会福祉施設及び更生保護施設を経営する民間団体、公私の社会福祉施設、更生保護施設及び老人保健施設、民生委員児童委員協議会、保護司会、市町村社会福祉協議会、第2種正会員：社会福祉を直接的に推進する全県的な団体、第3種正会員：社会福祉を協働して推進する全県的な団体、第4種正会員：関係行政機関、学識経験者）、さらに賛助会員の制度を設けている。神奈川県社協の賛助会員は、神奈川県社協の活動に賛同する個人、企業等を対象とする（神奈川県社協ウェブサイト中「会員・賛助会員募集中」(http://www.knsyk.jp/s/side_kensyakyou/bosyuu_top.html)）。北海道社会福祉協議会は、北海道社会福祉協議会会員規程第1条において、会員を第1種会員から第5種会員に区分し（その他に同規程第2条は、賛助会員を定める）、第1種会員を市町村社会福祉協議会（ただし政令指定都市社会福祉協議会を除く）、第2種会員を「社会福祉施設、社会福祉事業等の事業所及び社会福祉施設、社会福祉事業等を経営する法人」、第3種会員を「民生委員、ボランティアの代表、市民活動団体・組織及び社会福祉関係の団体」、第4種会員を「社会福祉関係公務員及び学識経験者」、第5種会員を政令指定都市社会福祉協議会に分けている。また、岡山県社協も同社協会員規程2条2項により正会員を市町村社協、社会福祉団体および社会福祉に関係ある団体、社会福祉施設を経営する社会福祉法人または社会福祉法人以外のものが経営する社会福祉施設、民生委員・児童委員、学識経験者の5グループに分けている（同規程は岡山県社協ウェブサイト中「会員、賛助会員の募集」(http://fukushiokayama.or.jp/about/collect_member/) から入手）。これらのグルーピングは主として会費・負担金算定のあり方において機能するようである（北海道社協会費算定基準・北海道社協負担金算定基準、岡山県社協会費算定基準票を参照。これらは、それぞれの会員規程を入手したウェブサイトから同様に入手）。なお、『概説』249頁［齊藤］には、一方で社会福祉を目的とする事業の担い手が拡がっているのに都道府県社協の会員が狭く設定されている、他方で社会福祉法が会員とする社会福祉事業を経営する者のうち同事業を経営する営利法人の参加が十分に得られていないという問題意識がうかがわれる。なお、『構想案』に関し前掲注42も参照。

注意が払われねばならない。つまり、このような参加主体の広範化は、社協構成員であることが社協の管理運営に大きな意味を持たないことを裏から示している。また、社会福祉法自体、市町村社協・地区社協につき社会福祉を目的とする事業を経営する者・社会福祉に関する活動を行う者を参加主体とすることでその構成員の外延を不明瞭にし[154]、このような方向への変化を促していると言える。以上からすれば、社協の構成員であることは社協の運営に関して重要な意味を持たず、それが法的に可能であるのは、社協が社会福祉法人として編成されているからであるとさえ言って良かろう[155]。

---

[154] 「社会福祉を目的とする事業」の範囲が不明確であることにつき、前掲注2。法人社協モデル定款18条解説②は、「社会福祉法において、社会福祉事業及び更生保護事業を経営する者に加え、『社会福祉を目的とする事業を経営する者』や『社会福祉に関する活動を行う者』の参加が求められていること（市区町村社協）や、社会福祉事業を経営する者の多様化を踏まえ、幅広い構成団体による会員制度とすること」としている。また、市町村社協における構成員・会員につき、『概説』156-158頁［佐甲］。

[155] 以上に見てきた現行の法・通達・モデル定款に対して、『構想案』は、社協の種類にも応じて法人か否か、法人形式如何を切り替えるという案を示していた。すなわち、中央社会福祉協議会は財団法人形式を用いて組織し（法人とすることにつき『構想案』3頁。役員として会長・副会長・理事長・常務理事・理事・幹事・評議員を置くとしていることからそのように推測される。『構想案』5頁。また都道府県社協に関する後述の説明と対比のこと）、都道府県社協は社団法人として組織する一方で（法人であることにつき『構想案』7頁）、郡（及大都市）社会福祉協議会については、必要によっては法人とすることし（『構想案』13頁）、市区町村社会福祉協議会については特に法人とする方向は示していない（『構想案』15頁の記載を、上記の各指示箇所と比較のこと）。その上で、都道府県社協の構想および都道府県社会福祉協議会定款準則草案（以下、準則草案）を見ると（後者につき『構想案』17頁以下）、準則草案第1条において社団法人であることを明示し、役員として会長・副会長・常務理事・理事・監事・代議員を（『構想案』9-10頁。準則草案20条）、会議として総会・代議員会・理事会を置くこととしている（準則草案25条）。また役員の選任についても会員による選挙・選任を認めている。すなわち、『構想案』9頁は、「会長及び副会長は、会員総会において推薦すること」、「理事は会員の中から会員総会において選挙すること」（理事の定数は会員の種別に従い配分される）、「会長は理事のうち3分の1以内を会員の中から選挙によらずして委嘱することができること」、「代議員は会員総会において会員の中から選任する」（代議員の比率は理事の選出比率に準ずる）としていた。これに対し準則草案は、「会長及び副会長は総会において選任する」（準則草案21条1項）、「理事及び監事は代議員会の議決を経て会員の中から選任する……」（同条2項）、「会長が必要ありと認めるときは、理事の定数の中3分の1以内を限り前項に該当しないものの中から、代議員会の議決を経て之を選任することができる」（同条3項）、「代議員は総会において会員の中から選任する」（同条6項）としている（種別毎に理事・代議員の比率を分けることは同様。準則草案21条4項、7項）。確かに、構想として示された内容と準則草案における内容とに齟齬が認められる点に示されるように以上の案がどこまで詰めた検討を経たものか議論の余地はあり、立案者自身も

(c) 社会福祉協議会の多層的編成と社会福祉法人としての社会福祉協議会

(i) 社会福祉協議会は、Ⅲ1(4)(c)で確認したように、下位社協が上位社協に参加する形で多層的な編成をとることが予定されている。この組織構造の下で社協が社会福祉法人の形式を用いていることの帰結を、社協参加主体（構成員）の社協への意思反映という観点から考察しようとすると、二つの問題が浮上する。一つが、社会福祉事業を経営する者の市町村社協と都道府県社協への重複参加に伴う問題であり[156]、今一つが、上位レベルの社協とそこに参加する下位レベルの社協との相互関係に関わる問題である。

(ii) もっとも、社会福祉事業を経営する者の重複加入について言えば、社会福祉法人の会員を観念する場合であっても社会福祉法人の管理運営機構担当者と会員との間に直接の選任関係が予定されていないことが、重複加入に伴う問題をいわば消滅させるような形で機能する。

重複加入については、Ⅲ1(4)(b)で検討したように社協の法人格を問題とする以前の問題として、異なる役割をそれぞれの社協が果たす場合、重複参加が不合理な負担の重複とならないだけでなく、同時に、当該社協相互を上下関係に立たせないことを可能にする効果も持つ。そして社会福祉法は、市町村社協と都道府県社協との役割を一応区分している。

しかし、構成員の意思がそれぞれの社協の組織・活動に反映されるとした場合、市町村社協が都道府県社協に加入しているため、社会福祉事業を経営する者には、都道府県社協に対して、自らが都道府県社協の構成員であることによる直接的な意思反映可能性と市町村社協を通した間接的な意思反映可

社団法人として都道府県社協を構成することが必須であるとまでは考えてはいなかった。『構想案』17頁は、準則草案を示すに先立ち、その意図として「この都道府県社会福祉協議会定款準則草案は、協議会が会員組織という性格から多分に社団的色彩が強いので、社団法人としての構想で参考のために立案したもので、協議会は社団法人でなければならないという考えに基いたものではない。／従つて地方の事情によつて、手続上、実際上の便宜から財団法人の方がよければ、それでも差支ないわけで、その場合においてもこの草案が寄附行為作成の資料となるであろうと思われる」と述べているからである。しかしながら、上記の叙述は、社協は法人である必要があるとすれば何故か、社協に相応しい法人形式は社団形式のそれではないのか、会員と役員との間の関係になんらかの選任・選出関係を設定しなくてはならないのではないかなどの問題が当初から意識されていたことを伝えると共に、たとえ実務が一定の選択を行ったとしても、その問題は解かれたとは今なお言い難いのではないかという疑問をもたらす。

156 地区社協・政令指定都市市社協・都道府県社協への重複参加もあり得るが、特に言及しない。

能性が与えられることになる[157]。このため、この反映可能性が量的にあるいは実体としていかに評価されるべき以前に、このような可能性が法的に存すること自体の評価が問題となる。

しかしながら、Ⅲ3(3)(b)で見たように、社会福祉法人として社協が編成されると、構成員たる社協参加主体は、社会福祉法人の会員としてその管理機構担当者を選任する等の形で当該社協の管理運営に自らの意思を反映させることはできない。この結果、構成員の意思反映の問題は、例えば理事・評議員の選任の際にどのような意見聴取が実際に行われているかといった、実際上の問題としてこれらの管理機構担当者が構成員の意思を自らの決定にいかなる形でどの程度反映させているかという問題に帰着してしまう。つまり、社会福祉事業を経営する者にのみ社協の組織・活動に対する意思反映可能性が多く与えられているのではないかという疑問は、法的に見た場合、社協が社会福祉法人となることに伴ってその管理運営機構担当者と会員との関係が切断されることで、問題ごと消滅する。逆から言えば、現状の社会福祉法の定めは、社協が社会福祉法人となっていることを前提に社協の参加者の意思を社協の組織・運営に反映させるつもりはないこと、それが言い過ぎであれば、社協の運営にどのような形で参加主体の意思を反映させるべきか、あるいはその反映が公正であるためにはどのようなものが望ましいかという問題意識を欠いていることの反映とさえ言えるかも知れない[158]。

---

[157] これは、市町村社協に参加する各種主体が等しく都道府県社協にも重複参加していれば、反映可能性を等しく全参加主体が有することとなり、特に問題とする必要はなくなる。また、都道府県社協に市町村社協が参加する関係が設定されていなければ、重複参加が二重の意思反映可能性を与えられることにもならない。例えば、ある住民が都道府県・市町村それぞれに選挙権を行使しても二重の意思反映として問題視されない原因は、一方で、全市町村住民が当該市町村を区域とする都道府県の住民であるからであり、また都道府県の決定に市町村が構成員として法的に参与する関係にないからである。しかし社協については、社会福祉事業を経営する者ではない「社会福祉を目的とする事業を経営する者及び社会福祉に関する活動を行う者」については市町村社協・地区社協にしか参加せず、他方、市町村社協が都道府県社協に参加するとされているため、その社団的性格を重視して構成員の意思反映可能性を考えるならば、本文で述べたことを問題としうる。

[158] 市町村社協は、1983年の社会福祉事業法改正により明確に規定された（その後、2000年改正により、現在のように、基礎的な単位として都道府県社協より規定が先に置かれる形となった。『解説』331-332頁を参照）。1983年改正時点では、社協が社会福祉法人の形態をとることは確立した方針であったと考えられる。

(iii) 同様に、社会福祉協議会が社会福祉法人として編成されていることは、社協の多層的編成の中に現れる上位社協と下位社協との相互関係についても一定の示唆を与える。

Ⅲ1(4)(c)で見たように、法規定上、上位の社協は下位の（単位）社協の任意の参加を必要とし、その存在を下位社協の行動に依存する点でボトムアップ型の多層性を持っている。しかし、社会福祉法人としての社協においては、Ⅲ3(3)(b)(ii)(ウ)で確認したように、下位社協（の代表者）は上位社協の評議員・役員を選挙・選出する権限を持つわけではない。これらの一部が理事・評議員である場合にのみ、その職にある者として上位社協の管理運営に関与できる可能性を持つに止まる。とすると、社協が社会福祉法人の形態をとることは、上述の意味でのボトムアップ型の多層的編成に対して逆のベクトルを持ち込む機能を持つと理解できる。社会福祉法人となった上位社協の組織・運営は、法的には下位社協の信任等に依存しない構造を持つからである。

これは、ボトムアップ型の形態をとっていることに対して均衡をとるためのカウンターバランスと理解できるかもしれない。しかし、社協が構成員を持つこと、つまりその社団的契機に着目すれば、Ⅲ3(3)(b)で縷々見てきた、社会福祉法人としての社協の管理運営機構と社協の社団的契機との不整合がここでも現れていると解釈できるだろう。下位の単位社協が自分の意思にのみ基づいて参加している、つまり脱退の自由を有することを意識しない場合、上記のバランスはむしろ上位社協管理機構担当者の下位社協に対する独立性に傾いてしまう[159]。こうなると、上位社協と下位社協との関係がヒエラルヒシュな関係となる可能性がもたらされる。上位者が下位者に選任されず、その信任に依存しないことは、ヒエラルヒーを構成するための必要条件（の

---

[159] 実務の理解ないし雰囲気を示す興味深い書き分けをしている例として、前掲注153で述べた北海道社会福祉協議会会員規程がある。同規程3条は、第1種会員（市町村社協）につき「当然に会員となる」と定めるのに対し、第2種会員（社会福祉施設、社会福祉事業等の事業所及び社会福祉施設、社会福祉事業等を経営する法人）については「入会を申し込みかつ会長の承認を得て会員となる」とする（第3種、第4種会員もそれぞれに興味深い定め方をしているが立ち入らない）。市町村社協については入会しない自由（したがって脱退の自由）を意識していない定めと言えよう。これに対し、岡山県社協会員規程4条は、社協も含めたすべての会員（正会員と賛助会員）につき、入会しようとする者による入会申し込みと会長による入会の可否の決定という両者の個別的合意を必要とする定めを置いている。

一つ）であるからである。

　さらに言えば、この構造は、社会福祉法人の形を社協がとることに伴って観察されるものであり、上位社協と下位社協相互の関係と言っても、それは上位社協内部において観察される構造でもある。とすると、社協参加者が実際の意識として社協を強制加入のように捉えている場合、以上の構造と帰結は、都道府県社協の管理機構担当者と市町村社協以外の参加者の間、市区町村社協の管理機構担当者とその参加者との間においても生じうる可能性が示唆される。

(4)　社会福祉協議会の事務と社会福祉事業
　(a)　問題の所在
　社会福祉法人は、社会福祉事業を行うことを目的とする法人である（社福22条）。では、Ⅲ2で考察した社会福祉協議会の目的・事業・任務は、社会福祉法人として社会福祉協議会が行う社会福祉事業その他の事業とどのような関係に立つか。社会福祉法人として社協を組織することは、社協の事業・任務についてどのような影響をもたらしているか。まず社会福祉法人と社会福祉事業との関係を整理し、その上で、社協が行う事業・任務と社会福祉法人が行う事業との関係を整理し、そこから得られる示唆を考察する。

　(b)　社会福祉法人と社会福祉事業
　社会福祉法1条は、「この法律は、社会福祉を目的とする事業の全分野における共通的基本事項を定め、社会福祉を目的とする他の法律と相まつて、福祉サービスの利用者の利益の保護及び地域における社会福祉（以下「地域福祉」という。）の推進を図るとともに、社会福祉事業の公明かつ適正な実施の確保及び社会福祉を目的とする事業の健全な発達を図り、もつて社会福祉の増進に資することを目的とする」と定める。この定め方に鑑みると、社会福祉を目的とする事業は社会福祉事業を包含する概念であり、社会福祉事業は社会福祉を目的とする事業の中核もしくは典型と位置づけられると理解できる[160]。

　社会福祉事業は第1種社会福祉事業と第2種社会福祉事業からなり（社福

2条1項)、両者ともそれぞれ社会福祉法に列挙する形で定められている(第1種社会福祉事業について社福2条2項、第2種社会福祉事業について社福2条3項)。それぞれの内容には立ち入らないが[161]、社会福祉法人との関係での重要な差異は、第1種社会福祉事業は国・地方公共団体・社会福祉法人が行うことを原則とし、それ以外の者が行う場合には許可を必要とするのに対して(社福60条、62条2項、67条2項)、第2種社会福祉事業は、届出さえ行えば何人も行える点にある(社福69条)[162]。

第2種社会福祉事業は社会福祉法の原則上も社会福祉法人でなくとも行えるから、これを行うことを主目的とする社会福祉法人の設立をどの程度積極的に認めるべきかという問題は意識しうる。社会福祉法それ自体には、この観点から社会福祉法人の設立認可を調整する明文の授権はないが、行政実務はこの観点から調整を行うことを通達において明らかにしている[163]。通達は、三つの類型について、当該類型のみを目的とする社会福祉法人の設立を認可することまたは当該類型の社会福祉事業を行うことに対し抑制的な態度を示しているところ、本稿の関心対象である社協の存在・活動との関係で抑制的な態度がとられている第2種社会福祉事業が「社会福祉事業の連絡を行う事業」であり(参照、社福2条3項13号)、これのみを目的とする社会福祉法人の設立に対しては抑制的な態度がとられている[164]。

---

160 『解説』61-62頁は、「この法律が、『社会福祉事業の公明かつ適正な実施の確保』とともに『社会福祉を目的とする事業の健全な発達』を図るものである点を明確にしている点についてであるが、まず『社会福祉事業』は、『社会福祉を目的とする事業』のなかでも中核的な位置を占める事業であり、この事業の実施・普及が国民生活に与える影響が特に大きいと判断されることから、事業の開始や経営に関して行政による監督を通じ、『公明かつ適正な実施』が図られることが必要となる」と説明している。

161 社会福祉事業を一般的に定義することが困難であることを前提に、厚生労働省が社会福祉事業として規定する(ことを提案)するか否かを判断するためのメルクマール、および第1種社会福祉事業と第2種社会福祉事業の違いとして第1種社会福祉事業の方が利用者に対する影響が多いことから事業の継続性・安定性確保の必要が高く相対的に強い公的規制に服すべきものが掲げられていることにつき、『解説』68-69頁。

162 いわゆる福祉各法による上乗せ規制が第1種社会福祉事業についても第2種社会福祉事業についても行われることがあり得るが(参照、社福74条)、本稿は立ち入らない。

163 ただし社福32条は、Ⅲ3(3)(b)(i)(ア)で見たように、そこに明示された要件「等を審査した上で、当該定款の認可を決定しなければならない」という書き方をしているので、完全な準則主義を採る意図でもないと解せよう。

他方、社会福祉法人は社会福祉事業しか行えないとはされていない。社会福祉法は、社会福祉法人につき、社会福祉事業に加えて、「その経営する社会福祉事業に支障がない限り」、公益事業[165]と収益事業[166]を行う可能性を認めている（社福26条）[167]。これらの事業を社会福祉事業と区分することに伴う社会福祉法上の明瞭な効果は、公益事業・収益事業について会計を区分し特別会計を設けねばならない点にある（社福26条2項）。

以上を前提に社会福祉法は、社会福祉事業自体に対する監督（以下、事業監督）と、社会福祉法人に対する監督（以下、法人監督）との二つの監督を用意している（法人監督につき社福56-59条、事業監督につき社福70-73条）。このため、社会福祉法人は、自らの行う社会福祉事業についての事業監督および法人としての自己に対する法人監督の二重の監督に服する。

(c) 社会福祉事業と社会福祉協議会の事務

---

164 法人審査基準第1-1-(7)は、「第2種社会福祉事業である社会福祉事業の連絡を行う事業のみをもって法人の設立を認めることは、社会福祉協議会制度の趣旨及び全国的普及の状況等を考慮して、慎重に取り扱うものとすること」とする。このほかの抑制方針につき、法人審査基準第1-1-(5)、法人審査基準第1-1-(6)。

165 社福法26条は「公益を目的とする事業」とのみ定めているが、社会福祉事業は体系的考慮からして当然除かれる（法人審査基準第1-2-(1)）。行政実務は、法人審査基準第1-2-(2)で例示的に列挙するほか、法人審査要領第1-2においても列挙している。また、法人審査基準第1-2-(4)において、当該社会福祉法人の「行う社会福祉事業に対し従たる地位にあることが必要である」とし、法人審査基準第1-2-(5)において「社会通念上は公益性が認められるものであっても社会福祉と全く関係のないものを行うことは認められない」としている。『解説』162頁は、「『従たる地位にある』か否かについては個別具体的に判断する以外にないが、一般的には、『事業費ベースで社会福祉事業を超えない』ことを意味するものと考えることが適当であろう」としている。

166 その収益を社会福祉事業若しくは公益事業の経営に充てることを目的とする事業を言う。ただし、収益事業の収益を充てられる公益事業は、社福26条括弧書きに基づく社会福祉法施行令4条により限定されている。すべての公益事業に収益を充てられるわけではない。収益事業に関する行政実務の理解については、法人審査基準第1-3を参照。

167 『概説』70頁[渋谷]は、「近年は、第2種社会福祉事業は、ほとんどが［社会福祉法人形態を取らない］他の法人にも開放されており、社会福祉法人がその特徴を発揮するには、社会福祉事業をより公益性が高い観点から実施するというだけでなく、社会福祉事業以外の場で先駆的・開拓的な事業を実施することが求められている」とした上で、「社協は、社会福祉法人のなかでも、とりわけ公益性を要求される法人であり、法人らしさを発揮するには、公益事業を実施することが重要になってきている」と述べる。しかし、社福法26条の文言に照らせば、一定の限界が存することに注意が必要である。後注188も参照。

(i) 社会福祉協議会が社会福祉法人の形式で自らを組織化し事業を行う場合に、社協の事業と社会福祉法人の行う事業とはどのような関係に立つと整理できるか。Ⅲ3(4)(b)の概念整理からすれば、社協の行う事務には、第1種社会福祉事業に該当するもの、第2種社会福祉事業に該当するもの、その他があり得ることになる。問題は、それぞれを明瞭に区分できるか、実務はこの点をどのように処理しているかである。

まず、社会福祉法により社協の任務とされている事業が明確に社会福祉事業と位置づけられている例もあり、福祉サービス利用援助事業がそれに該当する（社福81条、2条3項12号）。これに対し、運営適正化委員会の事業と社会福祉事業との関係は定かとは言えない。運営適正化委員会の行う助言勧告任務（社福84条）は、それ自体社会福祉事業たる都道府県社協の行う福祉サービス利用援助事業と密接に関連するものでそれに含まれる事業と理解して社会福祉事業の一部をなすと解釈することも可能かも知れない。しかし、運営適正化委員会の行う苦情解決事業（社福85条）については、そのような解釈は難しいと思われる。福祉サービス利用援助事業と密接な関連を示す事業とは言えないからである。

これに対し、社協の一般的任務と社会福祉事業との関係については解釈が要求される。一般的任務の中でも「社会福祉を目的とする事業の企画及び実施」（社福109条1項1号）は、社会福祉を目的とする事業と社会福祉事業との関係から、社会福祉事業の企画及び実施を含みうる。これに含まれるものとして具体的に行われている事業で社会福祉事業に該当する例が、生活福祉資金貸付制度として都道府県社協が実施する各種の資金貸付事業である[168]。また、「社会福祉を目的とする事業に関する……連絡、調整及び助成」の中で社会福祉事業にかかわる連絡・調整・助成も、社会福祉事業に該当しよう（社福2条3項13号）[169]。他方、社会福祉事業に該当しない「社会福祉を目的

---

[168] 『解説』79頁。いわゆる生活福祉資金貸付制度は、現在、各都道府県知事各指定都市市町宛厚生労働事務次官通知「生活福祉資金の貸付けについて」（平成21年7月28日社援0728第9）を初めとする各種通達によって構築されている。社会福祉法に法律の根拠をもって社協の具体的任務と定められている訳ではないことと紙幅の関係から、本稿では考察を断念した。他日を期したい。

[169] 前掲注164およびそれに対応する本文も参照。

とする事業に関する……連絡、調整及び助成」、「社会福祉を目的とする事業に従事する者の養成及び研修」（社福110条1項2号）、「社会福祉を目的とする事業の経営に関する指導及び助言」（社福110条1項3号）、「社会福祉に関する活動への住民の参加のための援助」（社福109条1項2号）は社会福祉事業に該当しないと解すべきだろう。社会福祉事業の定義規定（社福2条2項、3項）に列挙された事業に当然に適合すると言えるものも見当たらないし、これらの定義規定は、基本的に、福祉サービスの必要を抱える者に対して直接に行われる事業を列挙していると解されるからである。社福2条3項13号の定める社会福祉事業として列挙された各「事業に関する連絡又は助成を行う事業」に社協の行う一切の事業をすべて包含する解釈は、社会福祉を目的とする事業が社会福祉事業より広い概念であることをさておいても、社協の行う多様な事業を強引に一つの類型に押し込めるものとして支持しがたい[170]。

(ii) では、現在の実務において、社会福祉事業を超えてこのように広範に及ぶ社協の様々な事業の中で、社会福祉事業に該当しないものが明確に意識され、公益事業（あるいは収益事業）として明確に位置づけられているか。結論から言えば、実務において、社協の行う事務を社会福祉事業に該当するものとそうでないものとに明確に切り分け、後者を公益事業として明確に位置づけて示すという意識は観察されない。むしろ社会福祉事業に該当しない

---

[170]『解説』99-100頁は、社福2条3項13号の連絡助成事業につき、「第1種社会福祉事業にしても、また第2種社会福祉事業にしても、この連絡助成事業のほかは、生計困難者、児童、母子・寡婦、高齢者、身体障害者、知的障害者、精神障害者等に対して直接福祉サービスの提供を行うものであるが、この連絡助成事業は、ほかの社会福祉事業の連絡または助成をすることによって、ほかの社会福祉事業を通じて社会福祉を増進することを趣旨とするものである。『連絡』は各部門の事業についての連絡と社会福祉事業全般に通じる連絡の双方があり、『助成』は社会福祉事業の実施に必要な資金または物資を給付し又は貸し付けるものである」とする。この解釈を一貫させるならば本文で述べたように、社協の行う事業はすべて社会福祉事業に該当するとは解せまい。これに対し、『概説』30頁［和田］は、「従事者の研修、ボランティア活動の推進、小地域の支援、当事者団体の支援など、社協が地域福祉を推進するために実施している事業の多くは、この連絡調整事業としての第2種社会福祉事業に該当する」と述べる。しかし、社会福祉事業に該当しないものが存在することも否定されないし（『概説』70頁［渋谷］は、「基本的には社会福祉を目的とする事業のうち、社会福祉事業でないものは公益事業と考えてよい。ただし、収益を目的とするものは収益事業に分類される」と説明する）、後注172、188、193で指摘するように、社会福祉事業か否かの区分を重視しない態度も示す。

と思われる事業であっても、社会福祉事業であるかのように扱う曖昧もしくは鷹揚な態度が観察される。

　このような態度を許す実務上の根拠として、定款準則・法人社協モデル定款における社会福祉法人の目的と行う事業の記載方法を指摘できる。すなわち、定款準則は、社会福祉協議会ではない通常の社会福祉法人については、「社会福祉事業を行う」と明記した上で具体的に行う事業を第1種社会福祉事業と第2種社会福祉事業に分けて列挙することを求めるのに対して[171]、社会福祉協議会が社会福祉法人となる場合については、「次の事業を行う」とだけ記した上で具体的に行う事業の列挙を求めるに止まっている。これは、社協が行う事業がすべて社会福祉事業であるとは言えないことを裏から認めるものと言える[172]。また通達は、社協が行う事業の中でいくつかのものを公益事業として記載するということも要求していない[173]。法人社協モデル定

---

[171] もっとも、定款準則第1条の備考(3)は、「上記記載は、あくまで一例であるので、……法人の実態に即した記述とすること」とも定める。試みに、インターネットにおいて公表されていた通常の社会福祉法人の定款の幾つかを見てみると、社会福祉法人恩賜財団済生会は、その定款第1条において「……全国にわたり医療機関及びその他の社会福祉施設等を設置して次の社会福祉事業等を行う」と定め（同会ウェブサイト中「情報公開」(http://www.saiseikai.or.jp/about/information/)より入手）、社会福祉事業以外の事業も社会福祉事業に準じて取り扱っていることを示唆すると共に、第1種社会福祉事業・第2種社会福祉事業に分けることなく行う事業を列挙している点で、社会福祉協議会の定款に近い形となっている。これに対して、社会福祉法人恩賜財団母子愛育会（同会ウェブサイト中「母子愛育会の概要」(http://www.boshiaiikukai.jp/about.html)より入手）、社会福祉法人同仁会（同会ウェブサイト中「例規集」(http://www.doujinkai.or.jp/regulations/index.html)より入手）、社会福祉法人同愛会（同会ウェブサイト中「事業報告・広報資料」(http://www.douaikai.com/gaiyou_keikaku.html)より入手）、社会福祉法人愛光園（同会ウェブサイト中「情報公開」(http://www.aikouen.org/info.html)より入手）は、定款準則と同じく「社会福祉事業を行う」とし、第1種社会福祉事業、第2種社会福祉事業に分けて、具体的に行う事業を列挙している。

[172] 『概説』30頁［和田］は、「社協の事業展開上は社会福祉事業に該当するか否かで区別することは必ずしも意味がない」とした上で、定款準則や法人社協モデル定款「においても、実施する事業の列挙にあたって、社会福祉事業であるかどうかを区別する形式にはなっていない」と述べる。『概説』159-161頁［佐甲］も参照。

[173] 法人審査基準第1-2-(2)-コは、公益事業の例示として「社会福祉に関する調査研究等」を掲げる（ただし、法人審査基準第1-2-(2)は例示を始める際に、「社会福祉事業であるものを除く」ともしている）。しかし、社協の一般的任務として社会福祉法が掲げる「社会福祉を目的とする事業に関する調査、普及、宣伝、連絡、調整及び助成」（社福109条1項3号）の中の調査・普及の部分も、連絡・調整・助成の部分に引きずられてであろうか（参照、社福2条3項13号）、社

款もこれと軌を一にしており、ただ解説において、社協の事業には社会福祉事業と公益事業が混在していること、会計上、後者は公益事業会計において処理することなどの注意を促すに過ぎない[174]。つまり、定款準則1条、法人社協モデル定款2条に掲げられる[175]、社会福祉法人としての社協が行う事

> 会福祉事業と同視され冒頭に掲げられている（定款準則第1条に関する備考(4)（市町村社協について）、備考(5)（都道府県社協について）を参照。これは後述のすべての都道府県社協の定款第2条においてそのまま再現されている）。なお、法人審査要領第1-2は、公益事業の例を掲げているところ、社協に特に言及した公益事業の例としては同(4)が「社会福祉協議会等において、社会福祉協議会活動等に参加する者の福利厚生を図ることを目的として、宿泊所、保養所、食堂等の経営する事業」を掲げている。

174 法人社協モデル定款の市町村社会福祉協議会用第2条の解説⑤は（これは都道府県社会福祉協議会用2条の解説④により都道府県社協にも準用される）、同条に例示された事業「以外に、『社会福祉法』に社会福祉協議会が行う事業として規定された事業をより具体化した事業のうち、事業規模等を勘案して定款記載を行う場合は、社会福祉協議会の本来業務たる事業は、社会福祉法にいう社会福祉事業と公益事業が混在していることに留意すること」とした上で、「社会福祉事業以外の社会福祉を目的とする事業（給食サービスや入浴サービスなど）を第2条に列記することは差し支えない。その場合、これらの事業は法制度上公益事業となるので、会計上『公益事業会計』において処理するなど必要な対応を図ること」（同ア）、「訪問看護事業や老人保健施設、医療保健関連サービス事業（社会福祉法第2条 第3項に規定されたものは除く）については、定款上、『公益を目的とする事業』の章に、公益事業として記載すること」（同イ）、「社会福祉を目的とする事業以外で［要領］［法人審査要領のこと］で公益事業として具体的に記載されている事業については、『公益を目的とする事業』に公益事業として記載することが原則である」（同ウ）としている。「なお、定款記載が必要と認められる事業規模とは、『土地・建物の使用が伴う事業』『財政規模が大きい事業（職員配置等が伴うもの）』等であり、他の定款記載事業と一体的に行われる事業、他の定款記載事業の用に供する施設の機能を活用して行う事業又は付随して行う事業（……）、小規模な事業、単年度の事業などは原則として定款に記載する必要はない」としている（上述の解説⑤）。なお、定款の変更に関する記述であるが、定款準則21条の後に付された備考1の公益事業に関する条文に係る注3は「公益事業のうち、規模が小さく社会福祉事業と一体的に行われる事業又は社会福祉事業の用に供する施設の機能を活用して行う事業については、必ずしも定款の変更を行うことを要しない」としている。これはすべての社会福祉法人に適用がある。

175 形式的な面における相互の違いを一言しておくと、定款準則では社協も含め社会福祉法人全般についてその第1条において法人の目的と行う事業とを共に定める形を示すのに対し、法人社協モデル定款は、法人の目的を第1条に、法人の事業を第2条に分けて書く形を示しており（併せて法人社協モデル定款第2条の解説⑯も参照）、筆者の参照した都道府県社協の定款はすべて法人社協モデル定款に従う定め方をしている。筆者は、以下に示される都道府県社協の定款の中で、特にご厚意により定款の送付を受けた神奈川県社会福祉協議会（担当の方に御礼申し上げる）以外、東京都社協・長野県社協・北海道社協・京都府社協・新潟県社協・岡山県社協・兵庫県社協の定款をインターネットから入手した。それぞれ入手元のウェブサイトないしリンク元は次の通り（北海道社協の定款は前掲注136で指示したウェブページから入手）。

業は、実際のところ社会福祉事業のみならず、それ以外の事業も含んだ記載となっており、しかし定款冒頭に掲げる事業は恰もすべて社会福祉事業であるかの如き体裁を許す曖昧・鷹揚な態度が採られていると言わざるを得ない。社会福祉事業以外の事業があるとしてもそれは恰も社会福祉事業であるかのように「本来業務」[176]として定款の冒頭に掲げられ、公益事業とはされない。

　社会福祉協議会の行う事業と社会福祉事業との関係についてこのような曖昧な態度がとられるコロラリーとして、社協の行う公益事業の範囲も不明瞭となる。このため、例えば、個々の都道府県社協におけるそれぞれの事業と、社会福祉事業及びそれと同視され同一規定に掲げられる事業、公益事業、収益事業との関係は、通達・法人社協モデル定款の存在にもかかわらず意外に多様である。参照できた一部の都道府県社協の定款を例にとると、行われる事業がすべて定款2条に掲げられ、収益事業・公益事業の定めがない社協がある一方[177]、公益事業・収益事業を共に定めている社協[178]、公益事業の定めはないものの、収益事業の定めはある社協[179]が存在する。もとよりすべての都道府県社協が全く同一の事業を行うわけではないので[180]、このような差異は特に矛盾を示すわけではない。しかしながら、ある具体的な事業について位置づけが相互に異なる現象も観察される。介護福祉士等修学資金貸付事業がそれであり[181]、社会福祉事業及びそれと同視され同一規定に掲げ

　　東京都社協：http://www.tcsw.tvac.or.jp/about/teikan.html、
　　長野県社協：http://www.nsyakyo.or.jp/modules/syakyo_contents/index1_1_1.html、
　　京都府社協：http://www.kyoshakyo.or.jp/introduction/introduction2/post-1.html、
　　新潟県社協：http://www.fukushiniigata.or.jp/about/pref/、
　　岡山県社協：http://fukushiokayama.or.jp/about/disclosure/、
　　兵庫県社協：http://www.hyogo-wel.or.jp/about/index.php。
176　前掲注174に引用した法人社協モデル定款の解説を参照。
177　東京都社協、埼玉県社協、長野県社協が該当する。
178　北海道社協、京都府社協、新潟県社協、神奈川県社協、岡山県社協が該当する。
179　兵庫県社協が該当する。
180　上記の各都道府県社協の行う事業の列挙の仕方は、定款準則・法人社協モデル定款に従って共通する部分が多いものの、全く同一というわけではない。
181　ただし長野県社協、岡山県社協はこの事業を（少なくとも現在は）行っていないようである。両社協とも同事業を定款に掲げておらず、またウェブサイトでも現在の事業としては確認できなかった（岡山県社協は過去に行っていたことをうかがわせるウェブページが同社協ウェブサイトの検索により確認されたが、平成25年以降は行っていないようである）。

られる事業の中にこれを掲げる社協もあれば[182]、公益事業に掲げる社協も存在する[183]。また、運営適正化委員会についても、定款を参照しえたすべての都道府県社協が定款準則に従って独立の章を置いてその内容を記す一方、その位置づけに差異が認められる。すなわち、参照し得た都道府県社協の定款の中で、神奈川県社協以外はこの事業の性格を明確に示すことをしていない[184]。これに対して、神奈川県社協は運営適正化委員会の事業を公益事業の一つに位置づけている[185]。以上からすると、社協の行う事業に関する定款の定めは、いかなる事業を行うかを定める役割は一応果たしているものの、それが社会福祉事業であるのか公益事業であるのかの明確化、あるいは社会福祉法人が行いうる一般的任務とそれを具体化した各事業との関係の明確化は定款でもなされておらず、ただすべてが社会福祉法人の事業とのみ位置づけられていると言わざるを得ない[186]。

---

182 埼玉県社協、東京都社協、兵庫県社協がこれに該当する。
183 京都府社協、新潟県社協、北海道社協がこれに該当する。神奈川県社協の定款には、介護福祉士等修学資金貸付事業をそれとして明示する定めは見当たらないものの、神奈川県社協の社会福祉法人現況報告書（平成26年4月1日現在）では、公益事業の一つとして介護福祉士等修学資金貸付事業を掲げている（同会ウェブサイト中「事業報告・決算、社会福祉法人現況報告書」(http://www.knsyk.jp/s/global_syakyou/houkoku_ketusan_top.html) より入手）。
184 運営適正化委員会については、定款準則12条の後の備考3・法人社協モデル定款19条の後の備考において、独立の章を設けて定めることが求められている。他方、運営適正化委員会の事業が独立に定款1条もしくは2条で事業として掲げられることはない。もっとも、定款準則・法人社協モデル定款では、運営適正化委員会に関する章は、公益事業に関する章より前に置かれることになっているから、これらの準則起草者は、運営適正化委員会にかかる事業も定款準則1条・法人社協モデル定款2条に列挙される社会福祉事業及びそれと同視され同一規定に掲げられる事業のどれかに読み込めると理解していたのかもしれない。定款自体を参照しえた都道府県社協の定款は（神奈川県社協も含めて）この順序に従っている。
185 神奈川県社会福祉協議会定款38条1項1号。ただし、神奈川県社協の社会福祉法人現況報告書（前掲注183）は、福祉サービス苦情解決事業を公益事業に位置づける一方で、「福利サービス利用援助事業を行う市町村社会福祉協議会その他の者と協力して都道府県の区域内においてあまねく福祉サービス利用援助事業が実施するために必要な事業」は第2種社会福祉事業に位置づけている。前者が運営適正化委員会の事業、後者が社福81条の福祉サービス利用援助事業関連事業を指すと考えられる。
186 定款準則もまた実際の定款も、社会福祉協議会については、社福109条1項及び社福110条1項の掲げる一般的任務を定款においてそのまま再現すると共に、その一般的任務の社協自体による具体化と理解できる事業を列挙しており、両者のレベルの違いを意識して階層化がなされた定めにはなっていない。任務が法定されていること、定款で行う事業を具体的に記載しすぎた場合

(iii) では、以上を踏まえて、社会福祉協議会が社会福祉法人の形式をとって自らの事業を行うことをどのように評価できるか。一方において、社協が社会福祉法人として自らを編成することで社会福祉事業を行いやすくなる点に利点は認められる。社会福祉を目的とする事業から社会福祉事業だけを除外して行うことはかえって難しかろう。小規模なものに止めることで社会福祉事業に該当しないものとする（参照、社福2条4項2号、4号、5号）、社会福祉事業の隙間を縫う形で社会福祉を目的とする事業を行うといったことは社協の規模に照らして不可能であろうし、社協の活動を変に歪める可能性があり望ましいとも思われない。もっとも、第1種社会福祉事業といえども社会福祉法人でなければ行えないという政策までが採られている訳ではない以上（社福62条2項、67条2項）、社会福祉事業を行うために社会福祉法人となることが必須とまでも言えない。社協については社会福祉法人以外の法人形式をとったとしても別に許可を与える形で第1種社会福祉事業の実施を認める政策選択も理論上は開かれているからである。社協特有の基準を設定することも、その独特の性格に鑑みれば、決して不合理とは言えなかろう[187]。

しかし、社会福祉事業を行えるように社会福祉法人の形式を選択すること

に機動的対応に問題を生じさせる危険があることは理解するにしても、社協の目的も社会福祉法の定める一般的任務も広範に及ぶことに鑑みると、定款における事業の定めを通じて自らの活動を具体的にしかし整序された形で示し、それにより自己理解及び他者からの理解可能性を高める、すなわち透明性を高める契機を今少し重視した方がよいのではないか。それは行う事業をただ列挙するという態度とは異なると思われる。

[187] もとより社福74条に基づく個別社会福祉法の優先適用を通じて、社会福祉法人でなければ行えない社会福祉事業も存在する。しかし、実際に社協がそのような事業をどの程度多く行っているのか、あるいは行わなくてはならないのか（行えば行うほど、会員たる社会福祉事業を経営する者との競合可能性が高まる）といった観点からの検討を行うと、社会福祉法の認める可能性も排除された厳密な意味で社会福祉法人でなければ行えない事業はそれほど多くないのではないか。筆者は、藤沢市社協・岡山県社協・神奈川県社協（前掲注183）・北海道社協それぞれの社会福祉法人現況報告書を参照したが、社会福祉法人でなければ行えない社会福祉事業を行っているとは見られなかった。なお、藤沢市社協の社会福祉法人現況報告書は、同会ウェブサイト中「藤沢市社会福祉協議会」（http://www.fujisawa-shakyo.jp/shakyo/index.html）より、岡山県社協のそれは前掲注175に掲げたウェブページより、北海道社協のそれは前掲注136に掲げたウェブページより入手した。さらに社会福祉協議会の性格に合致した法人形式を用意し、それにもこのような社会福祉事業を可能とする立法論的可能性も考えると（IV4も参照）、社会福祉協議会が遮二無二社会福祉法人の形態に固執しなくてはならない必要は高くないのではないか。

には、社協の事業との関係で問題がないわけでもない。これは、社会福祉法人となることで典型もしくは中核としての社会福祉事業が正面に出てくることに関わる。社会福祉法は社会福祉事業とそれ以外の公益事業との主従関係を明確に設定しているので、社協が社会福祉法人の形式をとると、社協は社会福祉事業を行う組織であるという性格が表に出てきてしまう[188]。このため、このように社会福祉事業とそれ以外の事業について主従関係を明瞭にすることが、社協の活動の多様性に相応しいかという問題が生じることになる。特に、新しい試みや典型的な社会福祉事業により対応されるニーズの隙間にあるニーズを発見し対応していくところに社協の意義があるとすると、そのような意義とは緊張関係に立つことになろう[189]。また、典型としての社会福祉事業を行うことを社協の目的としてしまえば、通常の社会福祉法人との競合関係が強く表れる危険も高まろう。

　以上の緊張を背景に実務の対応を改めて見ると、実務は、社会福祉事業と社会福祉を目的とする事業のズレを曖昧にすることで、上記の問題を雲散霧消させようとする態度と評せる。社会福祉事業には該当しない社会福祉を目的とする事業も多くの場合、社会福祉事業と同視する形で処理しているからである。しかし、このような態度を、実務も貫徹できているわけではない。都道府県社協の定款における事業の位置づけに関する相互の差異はこのこと

---

[188] 社福26条1項は、社会福祉法人に、「その経営する社会福祉事業に支障がない限り」公益事業と収益事業とを許しているのだから、法律の解釈として主従関係を設定していると理解でき、前掲注165で述べた法人審査基準第1-2-(4)の解釈は妥当であろう。これに対して、『概説』70頁［渋谷］は、「社会福祉事業が主で、公益事業が従であるという整理は間違っている。社会福祉事業は、社会福祉法の第2条に限定列挙されているものであり、社会福祉関係の事業であっても、必ずしも社会福祉事業には該当しない（……）からである」と述べる。しかし、社福26条に照らして、主張する解釈は無理であろう。社会福祉法人は社会福祉関係の事業を広く行うことを目的とする法人ではないから（社福22条）、引用第2文は第1文の理由たり得ない。同書がそこで指摘するとおり、社福109条は社会福祉を目的とする事業を社協の行う事業としており、本文にも繰り返し述べたとおり、それは社会福祉事業よりも広い範囲のもので、その限りで「公益事業の実施を前提にしている」と解釈することは可能である。しかし、であれば、社福26条に鑑み、社会福祉法人として社協を編成することの桎梏・緊張を意識すべきであろう。

[189] （都道府県）社会福祉協議会は、制定時の社会福祉事業法において既に、社会福祉事業ではなく、社会福祉を目的とする事業に関する調査・総合的企画・連絡、調整及び助成・普及及び宣伝を担うこととされていた（1951年制定時の社会福祉事業法74条1項各号）。したがって、社協が、社会福祉事業ではなく社会福祉を目的とする事業に関わることは、当初から意識されていた。

を示す。それぞれの事業の性格・位置づけと自らの存在に関する基本的な定めである定款とを真剣に考えれば考えるほど、相互の食い違いが生じることは避けえないであろう。しかし、このような曖昧な態度をとり続けることは、社協あるいは社会福祉法人制度に対する理解可能性、ひいては透明性を損なうものとして、単純に実務の知恵と評価することも適切でなかろう[190]。

このような曖昧な態度を実務がとる原因は、つまるところ、社協の目的・事業という観点から見ても、社会福祉法人の目的・事業から見ても、社会福祉事業を行うことを目的とする社会福祉法人の形式で社協を法人化することに無理が伴う点に求められよう。だからこそ、その微妙なズレを曖昧な形で隠すのである。

(5) 小括

以上の、とりわけⅢ3(3)、(4)での考察は、社会福祉協議会を社会福祉法人として組織し（法人化し）活動させることは、社会福祉法から読み取られる社協の基本的性格・事業内容に照らして、組織構造（管理運営機構）のあり方の面でも、事業の位置づけの面でも、少なくない緊張をもたらすことを示唆する。

しかし、その上で社会福祉法人たる社協の管理機構の判断として、その社団的契機に鑑み社協の会員（参加主体）の関与の可能性に積極的な態度をとり、会員の自主的な調整を尊重する、あるいは会員の意思を重視した運営を行うことはあり得るし、望ましいと言えよう[191]。しかしながら、この場合、法と定款に基づき社会福祉法人としての社協を管理運営しているのはその管

---

190 したがって、厚生労働省・全社協が改めて通達・モデル定款を発出するなどの形で社協の定款を統一的に定めてしまうことは望ましくない。それは、ひいては社協の自主性を損ない、行政の出先機関に貶める危険性さえ持とう。
191 『概説』35頁［和田］は、都道府県社協・指定都市社協においてそれぞれ市町村社協・区社協が中核となるとしつつ、「社会福祉事業・更生保護事業関係者も当然に多く参加しており、社協が骨格を形成しつつも多くの関係者により構成されていることを意識し、バランスのとれた運営を行うことが望まれる」とする。この叙述が不適切というわけではないが、見ようによっては啓蒙専制的にも見える態度に止まらず、さらに構成員の意思を反映させる方途を探りそれを正式なものとしていく試み、いわば民主化の試みが——たとえ実践において行われているとしてもそれを制度の面で明確化していく形で——必要ではないか。

理運営機構であるから、会員の意思を反映させることが、法と定款で定められた管理運営機構の権限と責任を実質的に簒奪することになっていないかという別の問題が生じる[192]。すなわち、社協の基本的な性格（社団的性格）を重視する運用は、法からその限界を問われるという倒錯したようにも見える問題に直面する。社協それ自体に観念される性格・事業に必ずしも適合していない法人制度を用いて法人化しているのではないかという疑問は、いわば最初のボタンの掛け違いとして残り、対応措置を講じようとも、掛け違えたままの対応には無理が生じ続けるのである[193]。

[192] この点に関して興味深い定めを置く例として岡山県社協会員規程3条1項は、同協議会正会員の権利の一つとして、同協議会の「業務に関し評議員を通じて意見を述べること」を挙げている。社協の社団的性格を踏まえて、その意思に基づく運営を図り、また構成員に権利を認める（援助の義務を負うだけの存在としない）という要請と社会福祉法人としての管理運営機構が管理運営を行わねばならないという要請との緊張を踏まえた規定として評価できるが、同時に社協が社会福祉法人であることがもたらす前者の要請に対する限界も示す。

[193] 一般的にも、社協の組織体制が問題を示しているという意識は窺うことができ、『概説』21-22頁［和田］は、「市区町村社協のほとんどが、地域福祉を推進する社会福祉法人として、地域の幅広い団体・組織などを出身母体とした評議員会を設置しており、従来は、これによってその担保を図ってきた。／しかし今後は、評議員会、さらに監事とは異なる形態で、客観的な立場から運営をチェックしたり、苦情の解決などにあたる第三者的な役割をもつ仕組みを確立することが課題である」、「民間企業やNPO法人なども含めた、幅広い福祉サービス事業者についても、『社会福祉を目的とした事業を経営する者』として社協の構成メンバーに位置づけられる必要があり、福祉のまちづくりセンターなどの取り組みへの積極的な参加をはたらきかけることが必要である。社協は、幅広い住民会員制度と構成団体（関係団体）を求めている反面、それらと評議員や理事との関係や、会員制度、運営への参画のシステムなどが必ずしも明確とはいえない。こうした組織整備を図り、社協を一層、開かれた組織とすることが必要である」と述べる。しかし同時に、引用した叙述に表れているように、社会福祉法人であることが問題をもたらしているという意識も明確には認められない。また『概説』30頁［和田］は、「税法上の扱いなどにおいては、社会福祉事業であるかどうかが重要であるにしても、社協の事業展開上は社会福祉事業に該当するか否かで区別することは必ずしも意味がない」、「社協は、社会福祉法人であることを必須の事項として求められてはいないが、法人化の促進については、関係者のみならず、厚生労働省の方針でもある。特に、市町村行政との関係を明確にする観点から必要とされているが、税制など、社会福祉法人に対する優遇策があることから種々のメリットもある」と述べる。しかし、法人である必要と社会福祉法人である必要とは区別されるのであり、社協が社会福祉法人であることの得失を改めて検討する必要があるのではないか。今一度、社協の存立目的とそれに相応しい組織形態を自ら考える必要があると思われる。

IV 結びに代えて——社会福祉協議会の位置

以上の検討を踏まえて、若干の総括を行う。これは、これまでの結果を確認すると共に、今後の課題とそれを検討するための方向性を確認するために行われる。

1 公的性格を持った私的組織としての社会福祉協議会

(a) 社会福祉協議会はあくまでも私的な組織と位置づけられる。民間の組織と言ってもよい。参加する主体は、行政とは区別された、社会福祉を目的とする事業を経営する者などの私的主体が原則であり、その組織化も私人の任意に委ねられている。社会福祉法上は、行政が社協の管理機構においてヘゲモニーを握ることがないよう配慮されている[194]。統治団体が設立するわけでも、設立を命じるわけでもない。加入する義務が参加主体に課せられているわけでもない。統治団体と同様の意味での公的組織、基本権に拘束され公益しか追求できない組織として取扱い、法治国原理・民主政原理に基づく編成・運営を統治団体と同様の意味において要求する根拠がまずは認められない、というべきであろう。

(b) しかし、何らの公的な拘束を受けることがない組織として捉えることもできず、社会福祉法自体、そのような拘束を受ける根拠、その拘束の内容を一部示している。第1が、行政庁の職員の関与であり（Ⅲ1(3)(c)）、行政を組織の管理運営に関与させるからには、それに相応しく、またそれを要請するだけの公的な拘束に服していると考えねばならない。

第2に、社協の参加応諾義務（Ⅲ1(3)(b)）を指摘できる。私的組織が結社の自由を基礎に持つことを考えると、この参加応諾義務は例外と考えられるし、侵害留保原理からして法律上の根拠が必要である。しかし他方で、公益企業の契約締結強制（契約締結義務）を考えると[195]、参加応諾義務だけで社

---

194 ただし前掲注127。これが実務上厄介な問題をもたらすことは想像に難くないが、検討は将来の課題とせざるを得ない。
195 例えば、電気事業法18条。

協を統治団体と同視して良い団体、統治団体に近い団体と言えるわけではない。むしろ、社協の目的・活動の公益性が高いことを認めているに止まると理解すべきであろう。つまり、参加応諾義務は、社協が公益性を高く認められた組織であることは示すものの、私的組織であることは変えない。もっとも、その公益性の内実はさらに検討する必要がある。これは任務の性格から示されもするが、組織編成自体にその要素が示されてもいる。

公的拘束の契機を示す第3の要素である、過半数参加要件とそれにより実現される地域単一性は（Ⅲ1(3)(b)）、この公益性の内容を一部示唆する。地域単一性と参加応諾義務により、社協には地方公共団体に近い要請が向けられうる。ある土地を自らの区域とする地方公共団体は一つであり[196]、地方公共団体は住所を住民要件とすることで開放的強制加入団体として編成される[197]。ある土地を自らの活動区域とする社協は一つであり[198]、国が社会福祉法上定めた参加応諾義務により、参加を予定された主体に対して開放的な組織として現れる[199]。このことからすれば、社会福祉協議会の管理運営につき、地方公共団体を参考にしながら、公益実現を図る観点はあって良いだろう。私的組織であることから活動の柔軟性あるいは活動内容の自由な決定という要素は尊重されるべきであり、活動内容それ自体について地方公共団体類似の要請が働く契機は少ないと思われるが、活動の際の手続的なあり方について、公正・中立・透明といった要請に適合することが求められよう。そしてこれは、社会福祉という活動に必ずしも矛盾するものではなかろう[200]。

---

[196] 厳密に言えば、地方公共団体についてはそれが位置づけられる次元が観念され、その次元ごとに、当該土地を区域とする地方公共団体は一つとされる。ある土地を区域とする地方公共団体は通常の場合、市町村と都道府県である一方、ある土地を区域とする市町村は一つしかない。

[197] 開放的強制加入団体としての地方公共団体につき、太田匡彦「住所・住民・地方公共団体」地方自治727号（2008年）2頁（3-6頁）。

[198] 厳密には前掲注196と同様の指摘をしなくてはならない。Ⅲ1(3)(b)。

[199] ただし、地方公共団体と異なり、参加が予定されている主体は、参加が予定されているとしても任意に参加するのであり、この点で地方公共団体と異なる。

[200] 社協の自己理解を示すものとして、全国社会福祉協議会「新・社会福祉協議会基本要項」（平成4年4月1日。同要項の位置づけについては、その前文のほか、『概説』58-59頁［山口］も参照）は、「社会福祉協議会は、①地域における住民組織と公私の社会福祉事業関係者等により構成され、②住民主体の理念に基づき、地域の福祉課題の解決に取り組み、誰もが安心して暮らすことのできる地域福祉の実現をめざし、③住民の福祉活動の組織化、社会福祉を目的とする事

(c) 以上の性格を社会福祉協議会に認める場合に、社協が法人として組織されることをどのように評価すべきか。法人全般の機能とも関連し、ここで議論し尽くすことはできない。しかし、社協は法人であるべきではないと言うことも難しいように思われる。

確かに、社会福祉を目的とする事業を経営する者その他の連絡・調整のみを社協が行うのであれば、そのための場（フォーラム）としてのみ存すればよく、そのために法人である必要はないとも考えうる。しかし、社会福祉活動が人の生存にさえ関わる活動であることを考えるならば、その活動は永続的なものであることが望ましく、また社協それ自体が社会福祉を目的とする活動を実施することを考えれば、それは社協にも当てはまる。このような要請を満たすために、自然人の生涯を越えて存続することが期待される法人の形式をとることを不当とは言えまい。また、社会福祉を目的とする事業を自ら実施することのみならず、社会福祉を目的とする活動を実施し従事する者への援助等も任務とすることを考えると、対外的事業に関する責任の明確化あるいはそのような事業に伴う財産管理の明確化のためにも、法人となることが望ましくないとは言えない。また、法人格を持たない組織においては、役員のあり方さえ十分に決まらない危険があることも確認しておくべきである。社協が法人格を持たないこともありうるという前提で定められた社会福祉法の規定はこのことを示す。以上を踏まえると、社協に要請される公共性からしても、一定のガヴァナンス機構を備えていないとそれとは認められない法人であることは[201]、社協に要請される公的性格を満たすために、本来はマイナスとなることはないと考えられる。

業の連絡調整および事業の企画・実施などを行う、④市区町村、都道府県・指定都市、全図を結ぶ公共性と自主性を有する民間組織である」としている（同要項I1.）。①と③は、（要項制定時の社会福祉事業法を前提としても）法律から容易に読み取られる性格であり、②は活動目的の自己理解・自己設定と理解できる。また、④も法律から読み取られるべき性格としておかしいとは言えない。しかし問題は、その公共性として何を理解していくかであろう。なお、本稿は同文書について国立社会保障・人口問題研究所のウェブサイトにおける日本社会保障資料Ⅳ（1980-2000）中「社会福祉関係1990年代」と題するウェブページ（http://www.ipss.go.jp/publication/j/shiryou/no.13/data/syakaifukushi1990.html）にあるものを参照した。

201 これは、行政の裁量の余地のない準則主義の下でも、法律により一定の条件が定められなくてはならないから、妥当する。

もっとも、社会福祉法人として組織されている現在のあり方が望ましいかは別である。本稿は、この点について、社会福祉協議会が参加主体、つまり構成員を有する組織としてまずは定められていること、またその任務の広がり・多様性から考察し、問題点・緊張関係を示した[202]。確かに本稿の議論は、社協の社団的性格を強調するもので、その構成員の意思に基づく運営という要素は、社会福祉活動の目的規定性と緊張関係に立つ可能性がないでもない[203]。また、社協の運営について構成員相互に意見対立が生じ、そこから分裂状態に陥る危険がないとは言えない。しかし、不明瞭な意識のまま、あるいは社協の運営に関与ができないという不満を持ちつつ、あるいは義務と誤解して社協に参加している状態が望ましいとも言えない。それを望ましいと考えるのは、その結果として社協を手足のように使いやすくなる行政だけであろう[204]。むしろ、意見の相違の中でも、社会福祉を目的とする事業を経営する者・社会福祉に関する活動を行う者その他として互いに合意できる事業が、社協に相応しい公益性を持つ事業と理解すべきではないか[205]。

---

[202] 社団性をもつ組織が財団形式で編成されているのではないかという問題は、日本の法人制度全体を貫く問題でもある。夙に我妻栄『民法総則〔新訂〕』（岩波書店、1965 年）136 頁。

[203] 前掲注 145 及び対応する本文を参照。

[204] 実際、このような状況の中で、社協の管理運営機構が自らの判断で社協独自の活動を行うことにはそれなりの困難が伴う。自らの判断が社協の担う公共性に適っており、かつ参加主体（構成員、会員）によって支持されていると正式に確認する術もないからである。このような場合、自らの活動の公共性と正当性を信じやすい任務は、行政が通達を通して示唆し誘導する事業を行うことである。『概説』235 頁［諏訪］が、（前掲注 141 で疑問を呈した）社協は住民組織の統制の下にあるという認識および社会福祉法上の位置づけから、「社協は極めて公共的で中立的な団体であり、地方自治体は、その施策展開において幅広い団体の協働を促進する役割を社協に対して付与しやすい」と述べるとき、幅広く組織化がなされているが、しかしその事業内容決定について構成員が自ら決定するという契機が弱く、故に行政が自らのパートナーとして利用しやすいという以上の意味は見いだされていないようにも見える。本当に住民の統制の下にあるのであれば、それは地方公共団体と並ぶべき存在であり、強い自律性が期待できる存在として、社協に地方公共団体が役割を付与するといった態度は取りえないであろうからである。ある都道府県は決して他都道府県にも他市町村にも役割など付与できる存在ではない。

[205] 社協の公益性が会員の参加・協力に基礎づけられているという意識は、前掲注 150 で指示した『概説』157 頁［佐甲］にも示されているように観察できないわけではない。しかし、法人運営と構成員の意思との関係が切断されている前提では、多くの会員の意思に基づく事業が公益性を基礎づけるという理解ではなく、多くの関係者を動員できる事業こそが公益性を基礎づけるという論理、構成員の意思反映よりも動員・組織化を自己目的的に目指す方向性を基礎づけかねない危険も感じられる。

また、そこに社協の自律性、私的組織であることの意味も現れると考えるべきであろう。ただし、現在のように、社会福祉法人としての社協を前提に、それにより参加主体の多様化が可能ともなっている体制の下では、参加主体の関与を全く同一とすべきかから改めて議論し直す必要があり、切り替えは容易でないのも確かである[206]。

2　諸関係中の社会福祉協議会

次に、各種の主体の相互関係の中での社会福祉協議会の関与のあり方を確認しよう。まず、その関与の局面については、当初から一様であったわけではなく、徐々に広がっていき[207]、現在では、Ⅱで確認した多くの局面に関与するようになってきているとは言える。もっとも、Ⅱで想定された多くの機能からすると、法律に定められた一般的任務はまだ具体化の余地が多いため、それだけでは関与のあり方が充分に明らかになるとは言えず、また具体的任務を見ても、その可能性を汲み尽くしているとはなお言えないであろう。また、本稿は社会福祉法の定める具体的任務に立ち入った検討は断念した。したがって、本稿がこの問題について語りうることは多くない。

しかし、今後検討すべき問題の所在を示す観点から付言するならば、以下の点に注意すべきであろう。例えば、社協が一般的任務としての連絡調整機能を示す場合であっても、社協それ自体がどのような役割を演じるかはさらなる考察を必要とする。一方で、連絡調整に際して社協がイニシアティブをとるあり方が考えられよう。しかし他方で、社協はいわば連絡・調整の場（フォーラム）を提供するに止まるあり方も考えられる。後者の場合、社会福

---

[206] 社協の実務関係者にとり、前掲注200に示されているように、社協の基本的性格は民間組織としての自主性と公共性・公益性に求められている（『概説』2-3頁［和田］も参照）。もっとも、自主性の契機についての理解は明瞭であるが、公共性・公益性の契機の内実は必ずしも明瞭でなく、社会福祉活動を行っていることそれ自体に求めるベクトルと、行政・地域住民・社会福祉関係者といった幅広い参加に支えられていることに求めるベクトルとが並列されているように思われる。本稿の分析からすれば、後者のベクトルをより実質化すべきであるということになろうか。もっとも、多様な主体の参加を許す一方、その位置づけと運営との相互関係を明瞭に示さない現在のあり方が望ましいとは言えない一方で、このあり方が参加主体の多様化を可能にしているというパラドクシカルな状況にあることも本文で述べた通りである。

[207] 特にⅢ2(3)(b)。

祉を目的とする事業を経営する者・社会福祉に関する活動を行う者が自立的に連絡調整を行うあり方も考えられるし、社協以外の存在（たとえば行政）がイニシアティブをとる形でこれらの者の連絡調整を行うあり方も考えられる。さらに、社協がイニシアティブをとって行われる連絡調整に見えて、その背後に社協にそのような連絡調整を行わせている存在が透けて見える場合もあるかもしれない[208]。

また、社協は、社会福祉を目的とする事業の援助および社会福祉を目的とする事業を自ら行う場合、何らかの財を分配する機能を示すことになる。援助や助成（これらの現物給付としての養成や研修も含む）あるいは社会福祉活動それ自体は、自らが手許に持つ有限の財（リソース、資源）の分配という契機を払拭できないからである。ここでは、分配の相手方は、社会福祉を目的とする事業を経営する者・社会福祉に関する活動を行う者（援助・助成の場合）、社会福祉活動の必要を有する要援助者（社会福祉を目的とする事業それ自体の場合）となる。その際、分配されるべき財がどこからどのような形で社協の分配に委ねられているのかは、別に検討しなくてはならない。社協が自ら調達してきた財を分配する場合も考えられる一方、統治団体から委ねられた財を分配する場合も考えられる。また、分配する基準がどのように定められ、分配の過程がいかなるものかも別に考察せねばならない。社協自らが分配基準を定め自ら分配を行う場合も考えられる一方、社協と異なる主体が分配基準を定め社協はそれに従い分配している場合、さらには社協と異なる主体が分配基準を定めるだけでなく分配それ自体も他の主体が行っており、社協は分配過程の一部にのみ関与する（たとえば分配の求めを取り次ぐなど）場合も考えられる。

本稿は、以上の活動に伴って生じうる問題の一端をⅡ1(2)(d)、Ⅱ2(2)(e)、Ⅱ3(2)(d)等で指摘したが、社会福祉法がそれへの対応措置を明瞭に定めていたとは言えない[209]。したがって、社協の活動が（公私）協働の文脈の中にお

---

208 社協の実務で新しく用いられている社協の役割を示す言葉としてのプラットフォームにつき、『概説』11頁［和田］参照。ただし現在では、社会福祉を目的とする事業相互の連絡調整を目的とする事業は社協にのみ独占されているわけではない。地域包括支援センターなどに象徴されるように、それは広く他の主体にも開かれている（参照、『概説』235頁［諏訪］）。

いていかに取り扱われるべきかは、以上の観点を踏まえ、実際に具体的に行われている事業に即して考察する必要がある。この考察は、今後の課題とせざるを得ない。

3 社会福祉協議会と統治団体

しかし同時に、社会福祉協議会を公私協働の文脈で考察しようとするならば、その前提として、社協と統治団体との関係、特に社協の自律性と統治団体の制御・監督のあり方・その課題を確認しておく必要がある。これは本稿の検討からも一定程度可能である。

社会福祉協議会は、私的組織であるものの、それは行政の監督・制御の対象とならないということではなく、社協は、多重的に行政の制御・監督の対象となっている。しかも、その制御・監督の度合は、社協が自ら選択することで増加していく特色を持つ。

社協は、法人化もされない原初的な形態においては、特段の監督に服する根拠規定もなく、ただ行政庁の職員が役員として参加することによる制御の可能性があり得るのみである。これに対して、社会福祉法人として組織化することで、法人監督を受けることとなり、また社会福祉事業を行うことで当該事業に対する監督に服することになる。さらに福祉人材センターのような事業を引き受けることで、更なる監督に服する（社福 96-98、101 条）[210]。この監督権限は社協の選択に基づいて重層的に成立するものであり、この重層性の中で監督権限が事実上融合し、一挙手一投足まで監督するような関係になってしまえば、監督の関係が実際上支配の関係に転化する危険は認められよう。

もっとも、以上の監督制度も原初的形態における組織自体に対する関与を除けば、通常の社会福祉法人に対する監督と法制度上は同一である。しかし、社会福祉法において社協の具体的任務が定められるようになり、またこのよ

---

209 ただし、本稿では立ち入れなかったが、運営適正化委員会の活動については委任命令・通達レベルでこれらの問題に対応するための措置が認められる。

210 おそらく、通達などで設定された事業を引き受けることでも類似した状況が生じよう。監督のための基準が増えるからである。

うに多重的に監督が重なる結果、実際のところ、これらを根拠とした各種の通達を通じて社協の組織・活動はかなりの程度詳細に定められている印象を受ける。また、一般的任務の具体化と目される各種事業が、補助金による誘導の下、社協の選択の形をとりながら、しかし行政の要求に従って行われているのであれば、そのような状態にある社協を、公私協働の担い手たりうる自律的な組織として期待できるかという疑問が生じる。この具体的なありようをむしろ本稿は描き出したわけではなく、社協の組織等に関わる通達等における稠密な規定を紹介することで社協の現状を示唆したにすぎないけれども、少なくとも、そのような疑いを払拭する法規定もなく、そのための制度を設ける実務上の意識も発見できなかった。今後、具体的な事業を検討する際には、そこにおける社協の自律性のあらわれ方も検討する必要がある。

4　社会福祉協議会に関する法的規律のあり方について

　社会福祉協議会の自律性に対して疑問が残る原因の一つは、逆説的でもあるが、社協の組織形式や自らの任務を定める形式・手続に関する法律上の定めがない点にも求められる。社協は、私的組織の名の下で、確かに自由に自らの組織と活動を定めている。しかし、それは多くの場合、通達とモデル定款に従っており、その通達には、法律に定められていないこと、あるいは法律において定めておくべき重要事項が少なくない。このようなあり方は、社協の自由な判断として行政に従わせるものであり、行政指導が批判されたように、不透明さをつきまとわせる。このため私的組織でありながら、行政の手先として機能しているのではないかという疑問を払拭できない。つまり、社協は私的組織であるが、その実際は公的組織と一旦は明確に区分された私的組織が実施する任務の公的性格を梃子に改めて行政と協働するという文脈を意識させるよりは、公的組織との区分を不明瞭にしヌエ的な存在として各種主体を組織化する文脈を意識させる[211]。

---

[211] 社協に関わる通達を本稿は参照し、紹介した。しかし、その通達は、社協に対して行政が行う活動のための基準という形をとりつつも、実際は、社協の組織・活動を直接定めるもので（だからこそ社協の分析のためには考察せざるを得ない）、私的組織に対する通達を出してその通りに活動させることが法治国原理の下で適切か、必要最小限にしておくべきではないかという問題意

社会福祉協議会に今後とも大きな役割を期待するのであれば、監督に服させればよいという単純な態度も、規定が少ないので自律している存在であるという単純な態度も許されない[212]。特に、公私協働における行政のカウンターパートたることを求めるのであれば、自律を前提に、ある種信頼に足る私人であること、つまり透明性を一定程度満たす私的組織であることが要請される。社協の自律性を尊重するためにも、逆説的に聞こえるかも知れないが、任意設立の形は維持する前提で、しかしその基本構造とその任務の決定方式について特別の定めを置くことは考慮されて良いのではないか。一般的任務の具体化として行われる各種活動が透明性を持ち、他者からの信頼を得られるように法的基盤を今少し整備することは考慮されて良いと思われる。

　　識はおよそ感じさせない。そして、このような状況を今なお可能にしているのは、社協における公的性格がその私的組織性を掘り崩す形で理解されているからではないか。
212　木村・前掲注(64)197-198頁は、「共同募金にしても、社会福祉協議会にしても、国民のあいだから自主的にもりあがるものであるべきなので、これを法律による組織とすることは適当ではないのであるが、共同募金については、一般の社会福祉事業のためにおこなう寄付金の募集との関係において、その性質を明確にすることを要するし、また社会福祉協議会については、公私の完全分離による責任の明確化の方向にたいして、これをこの点で連絡しようとする考えかたのもとに、公私の連絡関係にともなう諸規定をもうける必要があり、さらに、この両者の関係を表裏一体のものとして、その円滑な運営をはかりうるようにすることを必要とするので、これらのために必要な規定をもうけたものである。したがって、その実体は他にあり、法律の規定するところは、実体に基礎をおき、その円滑な運営をはかるに必要な最小限度のものにとどめられている」とする。しかし、法律を必要最小限のところに抑えて自律的な存在であると述べつつ、実体を通達の定めで充填しているのが実情というべきであろう。それでよいと行政も社協も考えるのであれば、それはもはや社協を自律的な存在とは扱っていないと言うべきであろう。

地域福祉計画と社会福祉協議会

嘉藤　亮

I　はじめに

　本稿は、地方公共団体の策定する行政計画である地域福祉計画・地域福祉支援計画と社会福祉協議会（以下「社協」とする）との関係、および民間団体である社協が策定する地域福祉活動計画との関係を法的な観点から分析することを目的とする。

　周知のように、望ましい社会福祉の実現については国が責任を負うものとされる。憲法が「国は、すべての生活部面について、社会福祉、社会保障及び公衆衛生の向上及び増進に努めなければならない」と規定し（第25条第2項）、生存権の保障（同条第1項）と相俟って、明示的に社会福祉についての国の責務を明確にしていることからも、それは自明のことのように受け入れられている。実際、こうした規定を踏まえて、これまでに様々な社会福祉に関する法律が整備され、その施策の実施については国や地方公共団体がその責任を負っているものと一般に解されているのである[1]。

　他方で、社会福祉という領域を幅広く見た場合、現実に社会福祉の実現に寄与する主体は、国や地方公共団体に限られず、また公私を問わず多岐にわたっている。こうした中、それぞれの地域で社会福祉を実践するという意味において、代表的な団体として挙げられるのは社協であろう。社会福祉上の

施策の遂行においては、社協のような民間団体との連携が欠かせない状況となっている。また歴史的にも、社協は未だその対応についての制度が整備されていない、あるいは制度の狭間に陥っている社会的弱者への対応を行い、さらにこうした実績を制度に結び付けることも経験してきている。

近時、社会福祉法制において、いわゆる「措置から契約へ」という名の下に、社会福祉サービスの実施を民間団体に開放する制度が構想されてきており、国や地方公共団体の責任はその活動の支援あるいは適正さの確保へと転換してきている[2]。またこうした動きに関連して、社会福祉法も地域福祉の推進を重要するようなってきた。さらに、当該法律においては、民間主体による社会福祉活動との連携を図りつつ、中長期的な観点から地域福祉の発展の実現を目指すものとして地方公共団体による地域福祉に関する計画の策定が規定されるようになった。他方、これとは別に社協においては、独自に地域福祉活動計画を策定し、その主たる任務である地域福祉の推進に努めてきた。

そこで社協が社会福祉分野においてどのような役割を担っているかを検討する素材として、行政計画である地域福祉計画への社協のかかわりと、こうした行政計画と民間計画である地域福祉活動計画との関係に着目する。そこにおいて、まず双方がどのような特色を有し、前者に社協がどのように関係することになるのか、そして双方がどのように重なり合うのか（あるいは重なりあわないのか）を検討する。すなわち、双方は相当に重複する目的をもって策定されるものであるが、ここにおいて社協は地域福祉の推進へどのように、そしてどこまで関わってきているのか、あるいは社協が地方公共団体

---

1 このような憲法の規定ぶりから、社会保障法の領域においては、いかなる法制度を整備すべきか、という政策論が法解釈論と並んで重視される傾向が強い。ただしこれは社会保障の諸制度を「社会保障」という名のもとに包括することの意味合いを希薄化させる（菊池馨実『社会保障の法理念』（有斐閣、2000 年、17 頁）、あるいはそれを形式（ラベル）にすぎないものにさせるおそれを伴うものでもある。このような問題意識のもとで、「社会保障に含まれると理解される諸制度に共通する要素を中心に、社会保障自体を抽象的に把握し、それを基礎に各制度を返す刀で考察」しようとする試みとして、太田匡彦「対象としての社会保障——社会保障法学における政策論のために」社会保障法研究 1 号（2011 年）参照。

2 これは国等が社会保障の実現に関する責任主体であること自体を否定するものではない。むしろ多様化するニーズに対応して、社会保障制度における国等のかかわり方もまた多様化したものと捉えるべきであろう。菊池・前掲注 1)13、16 頁参照。

等の政府機関とどのように連携しているのかを分析する。こうした観点から社協の活動を見れば、必ずしも制度上には現れてこない部分が少なからず存在する。また、制度がある政策について想定していることと、社協自身が想定していることに齟齬が生じてくる場面も出てくるであろう。矛盾するようであるが、そのような場面においてこそ、社協の役割を改めて認識することができるのではなかろうか。そこでまず、地域福祉計画の含む福祉の領域での計画における行政の特徴を整理した上で(Ⅱ)、地域福祉計画の特徴を析出し(Ⅲ)、次いで社協の役割の整理（Ⅳ1）に基づき、社協による地域福祉計画へのかかわり方と（Ⅳ2）、社協が主導する地域福祉活動計画との関係性を検討する（Ⅳ3）。このように計画の観点から社協の諸活動を素描することで、地域福祉の時代における社協の位置づけを試みたい。なお、ここで民間計画といった場合、社協によるそれに限るものとする。

Ⅱ　社会福祉法制における計画行政の仕組み

1　社会福祉と計画行政

　まず福祉計画全般について概観しておこう。福祉計画は行政法学でいうところの行政計画にあたる。ここではさしあたり、中長期的な観点から行政の実現すべき目標を設定し、それに対する手段を総合的に規定したものとして行政機関が定めたものを行政計画と定義づけておく[3]。このように執行の過程を含めた行政計画に基づく一連の行政活動が計画行政と呼ばれるものである。社会福祉の分野においては、特に1990（平成2）年の福祉八法改正以降、個別の法律において地方公共団体による行政計画の策定が求められるようになってきている。本稿で着目する地域福祉計画もその一つに数えられる。
　現在法律によって策定が求められている主な福祉計画としては以下のもの

---

[3] 行政計画の定義について、宮田三郎『行政計画法』（ぎょうせい、1984年）15-17頁、西谷剛『実体行政計画法』（有斐閣、2003年）5-6頁、塩野宏『行政法Ⅰ［第5版］』（有斐閣、2009年）213頁、芝池義一『行政法総論講義［第4版補訂版］』（有斐閣、2007年）224-225頁参照。また見上崇洋「行政計画」磯部力＝小早川光郎＝芝池義一編『行政法の新構想Ⅱ』（有斐閣、2008年）68-69頁は、「ある目標をもった行政過程において、後続作用を行うための前提の確認なり決定を行うこと」とする。

があげられる[4,5]。

- 高齢者福祉の領域―①老人福祉計画（老人福祉法第20条の8・第20条の9）、②介護保険事業計画および介護保険事業支援計画（介護保険法第117条・第118条）。
- 障害者福祉の領域―③障害者基本計画および障害者計画（障害者基本法第11条）、④障害福祉計画（障害者総合支援法第88条・第89条）。
- 子育て・次世代育成支援の領域―⑤保育計画（児童福祉法第56条の8・第56条の9）、⑥次世代育成支援行動計画（次世代育成支援対策推進法第8条・第9条）、⑦自立促進計画（母子及び父子並びに寡婦福祉法第12条）。
- 地域福祉の領域―⑧地域福祉計画および地域福祉支援計画（社会福祉法第107条・第108条）。

後に触れるように、それぞれの分野において地方公共団体を中心とした計画による行政が行われるようになったのは、比較的最近の傾向である。そしてその要因としては、それぞれの福祉分野での施策の遂行を直接的に担う主体が地方公共団体、とりわけ市町村へ移行したこと、つまり社会福祉全般において分権化が進んだことが指摘できる[6]。

例えば、老人福祉計画の策定は1990年の福祉八法改正によって導入されたものであり、この改正は在宅福祉サービスの実施を都道府県から市町村に移譲することを主な内容としていた。そして、1997年の介護保険法制定によって策定が求められるようになった介護保険事業計画は、市町村等が保険者となって介護サービスを給付する介護保険制度の創設に伴って導入された

---

4 これまでの日本における社会福祉に関連する行政計画の変遷について、大橋謙策「地域福祉計画の基本的枠組み及び策定の視点と地域福祉実践」大橋謙策＝原田正樹編著『地域福祉計画と地域福祉実践』（日本地域福祉研究所、2001年）11頁以下、定藤丈弘＝坂田周一＝小林良二編『社会福祉計画』（有斐閣、1996年）29頁以下［和気康太］参照。

5 その他関連する法律における計画として、健康増進計画（健康増進法第8条）、医療計画（医療法30条の4）、医療費適正化計画（高齢者の医療の確保に関する法律第8条・第9条）、高齢者居住安定確保計画（高齢者の居住の安定確保に関する法律第4条）などがあるが、紙幅の都合上、ここでは触れない。

6 西谷・前掲注3)124-125頁。

ものである。また、1993年に心身障害者対策基本法を改正した障害者基本法において障害者基本計画と障害者計画の策定が求められるようになっており、障害福祉計画は障害者総合支援法の前身である障害者自立支援法によって2005年に導入された。同法は障害者福祉サービスを市町村が一元的に提供することを企図したものであった[7]。

さらに福祉領域において計画行政がここまで幅広く取り入れられた背景としては、さしあたり、以下の事情が考えられる。

(1) 福祉行政においては、事業の許認可等といったいわゆる権力的な行政活動は、行政の主たる任務として観念されず、むしろ給付の仕組みがその中心に据えられてきた。また、直接的なサービス提供等以外の情報提供や連絡調整といった諸活動は、非権力的な事実行為の領域とみなされがちであった。ゆえに、こうした領域において、行政による施策形成への法的な規律の密度は規制行政におけるそれほどは高くならず、結局、内容の充足については行政側の裁量に委ねられることになる。この点は目標の設定および手段の選択双方に幅広い行政側の裁量が認められる行政計画の手法と親和的であり、福祉行政の遂行そのものが計画による行政に馴染みやすいことがいえる[8]。

(2) 社会福祉は、支援を必要とする者へ適切なサービスを提供すること、またはそのための体制の整備を主眼とする。彼らのニーズは様々であり、またそれも時と場合によって変化するものであることから、行政としては定期的なニーズの把握と、それに応じた施策の変更が必要となる。このように日々変化してゆく行政需要に対して適時に対応するためには、計画的な対応が便宜である。

(3) 社会福祉の分野においては、提示された課題に対して、個別の社会福祉法制が採用した個別的な対応、あるいは一過性の施策のみで解決を図ることができるのはむしろ稀である。そこで課題に対して、国ないし地方公共団体の関係各部門が一体的・総合的に取り組むこと、体系的な目標設定に基づき施策を組み立てることが必要であって、この意味で計画による手法が適して

---

7 磯部文雄＝府川哲夫編『概説　福祉行財政と福祉計画』（ミネルヴァ書房、2012年）120頁［中村信太郎］。なお、子ども・子育ての領域については、本稿注15参照。
8 塩野・前掲注3)231頁、西谷・前掲注3)39-41頁参照。

(4) 社会福祉行政において直接的に施策の遂行を担う主体は地方公共団体、特に市町村へと転換してきている。そこで、地域における事務を幅広く担う市町村がまずあるべき社会福祉の実現の目標と手段を定め、その計画策定においては、広く住民の参加を認めることが望ましいであろう。こうして策定された計画が公にされることで、住民側としては、福祉行政についてどのような目標を掲げてどのような対策を行う予定であるかが明確となる。さらに、それがどのように実施され、結果としてどのように評価されたかも示される。このようにして、計画による行政手法を採用することによって、住民による参加および行政の説明責任を効果的に果たすことが期待される。

(5) 1999年の地方分権一括法による国と地方の役割分担の明確化、および事務の再編によって、地方公共団体が実施する社会福祉施策等の自治体の事務に対する国の介入は、地方自治法所定の手段と手続に基づかなければならなくなった（自治法第245条以下）。他方、全国一律にサービスの質を維持する必要もあれば、全国的に最低限備えるべき施策もあろう。そこで、(2)のように、課題への対応へ立法によるそれではカバーしきれない即応性・柔軟性が求められるとすれば、国・都道府県・市町村それぞれに計画策定を求め、それぞれに一貫性ないし整合性を持たせることで、国の観点からの政策責任を果たすことが可能となる[9,10]。

以上、福祉行政の領域において計画手法が採用されるようになった背景を概観した。特に(1)で指摘するように、福祉の領域における諸活動は、その沿革上、恩恵的なものと観念され、また非権力的な領域とみなされて、法制度上も給付の体系として整備されてきた。従来から福祉における行政対応の中

---

[9] 他の領域においても、例えば、DV防止法（配偶者からの暴力の防止及び被害者の保護等に関する法律）は、地方公共団体へDVの防止と被害者の保護に関する施策についての基本計画を定めることを求めている（市町村は努力義務にとどまる）。これは地域間の施策の偏在を是正することを意図して2004年改正以降に導入されたものであった。嘉藤亮「DV防止法に基づくDV施策の特徴と課題」法律時報86巻9号（2014年）63頁参照。

[10] 以上、福祉における計画手法の採用につき、神長勲「福祉と計画」日本社会保障学会編『社会福祉サービス法』講座社会保障法第3巻（法律文化社、2001年）241-242頁、磯部ほか編・前掲注7)120-126頁参照。

心的な手段が措置であったことはこれを端的に示すものである[11]。しかし、法が社会福祉に関する施策の遂行を市町村に委ね、福祉サービスの直接的な提供を民間団体に負うところが大きくなっている現在において、社会福祉における行政の役割も変容してきている。他方で、幅広く地域の事務の実施に責任を負う市町村に対する施策の実施、説明責任の遂行、あるいは住民参加等の要請もまた強くなっており、こうした事情からも(1)を出発点としつつ（政治的要因といった他の事情も当然観念できようが）(2)以下の事情が絡み合って社会福祉における計画による行政手法が成立してきたものといえよう。

2　個別福祉法における行政計画

次に、地域福祉計画を検討する前に、先に触れたその他の個別の福祉計画を中心に、法律上の規定からみた場合の共通点や特徴について整理しておきたい。

(1)　行政計画である福祉計画は、それ自体で政策目的が完遂されるものではなく、中長期的な観点から行政が実現すべき目標を設定する行為であって、こうした行動準則に基づいて事業等の具体的行動が行政によってなされることが前提とされている[12]。

(2)　それぞれの福祉計画は、それぞれの領域（高齢者・障害者・子育て）における施策の計画的な展開のために策定されるものである。別言すれば、その限りにおいて、特定の領域に特化したものであって、複数の領域にまたがる横断的な計画とはなりにくい。

(3)　福祉計画においては、国（あるいは主務大臣）が基本的な方針（ないし基準）を策定し、これに即した形で、地方公共団体が計画を策定することで、政策の一貫性が図られている[13]。また、基本方針には地方公共団体による計画の策定に際して定めるべき基本的な事項等が定められており、地方公共団体レベルでの施策の質の維持が図られてもいる。つまり、前述のように、法律の規定は計画内容について非常に抽象的にならざるを得ず、策定する側に広い計画策定上の裁量が認められる傾向にある。他方、それは策定する側と

11　神長・前掲注10) 244頁。
12　宮田・前掲注3) 14頁、西谷・前掲注3) 37頁参照。

しても策定上の手がかりが少ないことをも意味する。そのため、計画に基づく施策に（消極的な意味での）バラつきが生じる可能性が出てくる。国による方針等はこれを是正する一手段とみることができよう。そうすると、これら基本方針と地方公共団体による計画との関係としては、1999年の地方分権改革によって、国と地方の役割分担が明確化されたことから、国による「全国的な規模で若しくは全国的な視点に立って行わなければならない施策及び事業の実施」（自治法第1条の2第2項）として位置づけることができよう。他方、こうした基本方針等が予定されていない場合でも、国の側で何等かのガイドラインが示されるのが一般的である。これもまた基本方針に代替するものとしてそれと同様の実質的効果が期待できる[14]。

(4) 都道府県と市町村双方へ計画の策定が求められる場合、前者の役割としては後者の支援（Ⅱ・1の②⑤⑥（以下、引用同じ））あるいは広域的な見地からの施策の展開（①④）が中心とされる。また、政策の一貫性を保つためにも市町村による福祉計画の策定にあたって、都道府県のそれに即して策定することを求めるものもある（②③）。あるいは事前に都道府県の意見を聴くよう求めるものがある（①②④）。こうした内容面の相違は、国と地方公共団体との関係と同様に、都道府県と市町村の役割分担から導くことができよう（自治法第2条第3項・5項）。

(5) 異なる法律に基づく福祉計画間での整合性・統一性を保つために、計画間の調整を求める規定を設けるものがある（①と②⑧、②と①⑧、④と③⑧）。

---

[13] 名称については、基本方針（母子及び父子並びに寡婦福祉法第11条第1項）、基本指針（介護保険法第116条第1項、障害者総合支援法第87条第1項）、策定指針（次世代育成支援対策推進法第7条第1項）と様々である。また、老人福祉計画においては厚労大臣によって参酌すべき標準が定められ（老人福祉法第20条の8第5項）、障害者基本計画においては、国が策定した基本計画を基本として市町村および都道府県が基本計画を策定するものとされる（障害者基本法第11条第1項～3項）。

[14] 今後はこうした手法の消極的側面も含めた分析が必要であろう。基本方針は、これに即して地方公共団体が計画を定めるものとされていることからすれば、広い意味での行政計画と捉え、地方公共団体の定める計画の上位計画と位置づけることも可能である。ただし、それぞれの法律において、例えば基本方針に即していない場合にその是正を求める指示等が規定されているわけではない。基本方針の分析について、小幡雅男「『基本方針』の機能―個別行政法で多用される実態(上)(下)」自治実務セミナー40巻9号32頁以下・10号28頁以下（2001年）、碓井光明「法律に基づく『基本方針』」明治大学法科大学院論集5号（2008年）1頁以下参照。

この点は地域福祉計画のところで改めて触れる。

(6) 福祉計画においては、必要とされる事業やサービスの提供・供給体制の整備をその計画の目標に据えるものが少なくない（②④⑤）。利用者が事業者等と直接サービス等の利用契約を締結し、市町村等が費用等を給付するという枠組みにおいては、市町村等の役割はこうしたサービス提供体制の維持に限られる。そこでそれぞれの地域において必要な量が確保されているか、またはそれに必要な財源等がどれほどか、をなるべく正確に把握する必要がでてくるのである。つまり、地方公共団体はサービス提供の実施者ではなく、サービス提供者の適正さを監督し、財政上の管理を行う立場となり、そのための計画的な実施が求められている[15]。

(7) (6)の一側面として、計画に定められた内容が国民にとって規制的な効果を有するものがある（②④）。そこにおいては、提供されるサービスが計画上の見込み量を上回る場合、その分の事業等の指定をしないことができる等の規定が設けられている（障害者総合支援法第36条第5項・第38条第2項、介護保険法第70条第8項・第78条の2第6項第4号）。サービス等の供給が過剰となることは、市町村等の側への費用負担の増大につながることになりかねず、かつ、需要にみあった供給が確保できない地域が生ずる、すなわち地域的な遍在が生ずるおそれがあるためである。前述のように福祉計画自体は中長期的な行政の側の行動準則を定めたものであるが、この意味において、国民による活動への制限と捉えうる効果が生じてくる[16]。

---

[15] 2012年に子ども・子育て支援法が成立し、2015年からの本格施行が予定されている。本法に基づき、教育・保育施設利用について、利用者は直接教育・保育施設と契約を締結し、市町村は保育の必要性の認定および施設給付を支払うこととなる（私立保育所は委託形式にとどまる）。そこにおいて、都道府県および市町村は、内閣総理大臣の策定する基本方針に即して、教育・保育及び地域子ども・子育て支援事業の提供体制の確保その他この法律に基づく業務の円滑な実施する子ども・子育て支援事業計画、子ども・子育て支援事業支援計画を定めるものとされる（第61条第1項・第62条第2項）。本法が採用する枠組みは高齢者福祉や障害者福祉におけるそれと類似したものとなり、さらに同計画は、地域福祉計画との調和が保たれることが求められている（第61条第6項）。ここにおいて子ども・子育て支援の領域も地域福祉の施策の体系あるいは計画の体系に包括されることが明示されたこととなろう。

[16] このような性格を有する行政計画が抗告訴訟の対象となる「公権力の行使」（行訴法第3条第1項）に該当するかどうかも問題となりうる。行政計画の処分性について、さしあたり西谷・前掲注3)263頁以下、山本隆司『判例から探求する行政法』（有斐閣、2012年）388頁以下参照。

(8) 福祉計画が計画による行政、つまり行政活動の一つであるとすれば、計画内容の適法性・適正性を確保するために、そこでなされる行政の判断をどのように統制すべきかが行政法学の観点からは関心事項となる。前述のように、計画策定上の裁量の幅は非常に広範であって、実体的な統制は困難であるため、手続的な統制の重要性が増してくる。そこで計画策定において、住民等の意見を反映させる措置を取ること（②～⑦）、また協議会等の第三者機関の意見を聴くこと（③④）を法律上求めるものがある。ここでいう参加の意味合いについては、後ほど触れることとする。

　最後に、現在の法制度の枠組みを前提とすれば、もはやそれぞれの社会福祉制度の運用に直接的に責任を負う地方公共団体限りで施策を展開することは困難となっている。そのため、ある意味で地域全体を巻き込んだ施策の構想・実施が求められ、ここにおいてそれぞれの領域を横断した福祉の理念・政策の展開・充実を必要とする素地が形成されてきたといえよう。

Ⅲ　地域福祉計画と社協

1　地域福祉

　地域福祉計画は、2000年に社会福祉事業法が社会福祉法に改正された際に導入された福祉計画である。社会福祉法自体は地域福祉を「地域における社会福祉」（第1条）とする以上に特段積極的な定義をしていない。他方、社会保障審議会の福祉部会が策定した「市町村地域福祉計画及び都道府県地域福祉支援計画策定指針の在り方について（一人ひとりの地域住民への訴え）」によれば、地域福祉とは「人々が手を携えて、生活の拠点である地域に根ざして助け合い、生活者としてそれぞれの地域で誰もがその人らしい安心で充実した生活が送れるような地域社会を基盤とした福祉」とされている[17]。この点は、同様に中央社会福祉審議会社会福祉構造改革分科会において、今後の新しい社会福祉の理念について「個人が人としての尊厳をもって、

---

17 社会・援護局長通知「市町村地域福祉計画及び都道府県地域福祉支援計画の策定について」社援発第401004号（2002年）に添付された社会保障審議会福祉部会「市町村地域福祉計画及び都道府県地域福祉支援計画策定指針の在り方について」（以下、「策定指針」とする）1頁。

家庭や地域の中で障害の有無や年齢にかかわらず、その人らしい安心のある生活が送れるよう自立支援すること」を提言し、その具現化のために地域福祉の推進が求められたことと軌を一にする[18]。またより具体的には「住民が身近な地域社会で自立した生活が営めるように、地域に存在する公私の多様な主体が協働して、必要な保健・医療・福祉サービスの整備及び総合化を図りつつ、住民の社会福祉活動の組織化を通じて、個性ある地域社会の形成を目指す福祉活動の総体を指す」とされる[19]。地域福祉という概念自体は以前から社会福祉学の領域において研究対象とされてきたが[20]、社会福祉法の成立にあたって、新たに地域福祉の推進がその基本理念に掲げられ、その目的も明確にされるようになった（第4条）。

社会福祉法において、地域福祉を担う者は、「地域住民、社会福祉を目的とする事業を経営する者及び社会福祉に関する活動を行う者」（同条）とされる。福祉分野での施策の遂行を直接的に担う主体が市町村とされ、その主な任務が福祉サービスの提供体制の整備へと転換し、「社会福祉を目的とする事業を経営する者」が主要な福祉サービス等の提供者となった。そのため、地方公共団体あるいは行政限りでは現在の社会福祉の枠組みで施策を完遂することはかなわない。社会福祉の実現にはこうした直接の福祉サービス提供者、また草の根レベルでボランティア等を展開する「社会福祉に関する活動を行う者」との協力・提携を必要とする。そして何よりもこうした福祉の枠組みに対する「地域住民」一般の理解、価値観の共有が求められてくる。現在の福祉の枠組みを維持するためにも地域福祉の推進が必要とされる所以がここにある。

2　計画内容と策定状況

地域福祉計画は、市町村の定める市町村地域福祉計画と、都道府県の定め

---

18 「策定指針」前掲注17)3頁参照。この点は、福祉サービスの基本的理念にも反映されている（社福法第3条）。
19 社会福祉法令研究会編『社会福祉法の解説』（中央法規出版、2001年）40頁（以下、『解説』とする）。
20 地域福祉論について、さしあたり牧里毎治・野口定久・河合克義編『地域福祉』（有斐閣、1995年）を参照されたい。

る都道府県地域福祉支援計画からなる。前者は地域福祉の推進に関する事項を一体的に定めた計画であり（第107条）、後者は市町村地域福祉計画の達成に資するために、各市町村を通ずる広域的な見地から、市町村の地域福祉の支援に関する事項を一体的に定める計画である（第108条）。

　地域福祉計画は、これまで福祉計画が分野ごとに策定されてきたことを踏まえ、それらとの整合性及び連携を図り、かつ地域福祉の観点からこれら既存計画を包括する計画として位置づけられる[21]。また、市町村においては、その他の分野における諸計画と同様に、地域福祉計画も市町村の策定する基本構想のもとに整序されるものとされ、高齢者福祉、障害者福祉、子ども・子育て支援それぞれの領域を横断した共通する事項を定めた計画とされている[22]。

　市町村地域福祉計画に定めるべき事項としては、「地域における福祉サービスの適切な利用の推進」、「地域における社会福祉を目的とする事業の健全な発達」、および「地域福祉に関する活動への住民の参加の促進」に関する事項である（第107条各号）。計画の内容の実現については、他の福祉計画と同様に、計画に定められた事項に基づいて具体的な活動が行われることが前提とされている。他方、これが基本計画であることもあろうが、法律は定めるべき事柄の方向性のみを提示するにとどまり、より具体的な基準を規定しているわけではない。また、国（あるいは主務大臣）が基本方針等を定め、それに即して地方公共団体の計画を策定するといった仕組みを採用しているわけでもない。これに対し、社会福祉法の施行にあたって前述の「策定指針」が定められているが、見直し等が予定されているわけではなく、以降の内容の充実化については、各市町村の不断の努力によることになる。なお策定手続については、項を改めて検討する。

21「策定指針」前掲注17)16頁。
22「策定指針」前掲注17)4頁。旧地方自治法第2条第4項は、「市町村は、その事務を処理するに当たっては、議会の議決を経てその地域における総合的かつ計画的な行政の運営を図るための基本構想を定め、これに即して行なうようにしなければならない」と規定していた。この規定は、地域主権改革における国から地方への義務付け・枠づけの見直しの結果、2011年の自治法改正で削除された。ただし、これは義務付け規定が削除されたにすぎず、実際市町村においては、何らかの形で基本構想やそれにあたるものを策定している。

都道府県による地域福祉支援計画は、「市町村による地域福祉の推進を支援するための基本的方針」、研修等による「社会福祉を目的とする事業に従事する者の確保又は資質の向上」、および広域的な観点からの「福祉サービスの適切な利用の推進及び社会福祉を目的とする事業の健全な発達のための基盤整備」について定めるものとされる（第108条各号）。その主な役割は、市町村の支援にあって、この点では他の福祉領域における都道府県の計画と同様の役割を担う。なお、明確な規定は置かれていないが、市町村を支援する当該計画の性質上、管内の市町村との連携が当然に必要となる。

　地域福祉計画の策定状況についてみると、2013年3月31日時点において、市区町村については2012年度末までに策定済みが1111市町村で全体（1742）の63.8％に上っている。市区部においては策定未定が10.6％に対して、町村部では43.3％となっており、町村レベルでの策定が未だ十分ではないことがわかる[23]。また都道府県については策定済みが41都道府県、全体の87.2％となっている。地域福祉計画の策定については、これが自治事務であることから地方公共団体の自主性・自律性に配慮してそれを義務とはしていないとされている[24]。しかし、地方公共団体は、「社会福祉を目的とする事業の広範かつ計画的な実施が図られるよう…各般の措置を講じなければならない」と規定されていることからすれば（第6条）、計画策定の要請は非常に強いと解すべきであろう[25]。

23　厚労省HP「市町村地域福祉計画策定状況等調査結果」http://www.mhlw.go.jp/seisakunitsuite/bunya/hukushi_kaigo/seikatsuhogo/c-fukushi/dl/131227-01.pdf 参照。
24　『解説』前掲注19) 324頁。この点は地域福祉計画の枠組みを創設する際に国による基本方針等の策定を明記しなかったことと関係があるであろう。
25　『解説』前掲注19) 325頁。前掲注23の調査結果によれば、未策定市町村による策定未定理由としては、策定体制の不備、他の行政計画による代用、関係機関や他計画との調整の必要等が挙げられている。「策定指針」においては、内容面に重複が見られ、かつ類似の手続を経て策定された行政計画であれば、その部分につき地域福祉計画とみなすことができるものとしており、この点を加味した調査であるとすれば、後者のような回答が理由として成立するかは疑問である。また市町村が計画策定上必要としている事項として他の自治体のノウハウや助言、事例の紹介等が挙げられている。そこで前述の前者の回答と合わせて、厚生労働省は策定事例等を公表することでこれに対応している。厚生労働省・地域福祉計画HP http://www.mhlw.go.jp/stf/seisakunitsuite/bunya/hukushi_kaigo/seikatsuhogo/c-fukushi/index.html 参照。

3 計画の特徴——総合化と参加

　地域福祉計画は、個別の福祉計画を包括し、共通する事項を定めることで地域福祉に関する総合的な計画とすることが意図されている。前述の通り、高齢者や障害者に関する福祉計画においては、内容面で地域福祉計画と調和を保つことが求められている[26]。他方で、地域福祉計画自体に関してこうした調和条項が規定されておらず、このことからも、当該計画が地域福祉において個別福祉の領域に通底する事項を定めた包括的計画であることが示されている。

　計画の策定手続について、社会福祉法は市町村地域福祉計画に関し、あらかじめ「住民、社会福祉を目的とする事業を経営する者その他社会福祉に関する活動を行う者」の意見を反映させるために必要な措置を講ずるよう努めることとし（第107条）、また地域福祉支援計画に関しても、公聴会の開催等住民その他の者の意見を反映させるために必要な措置を講ずるよう努めることを規定している（第108条）。地域福祉計画において手続的参加が求められる者は、前述した地域福祉の推進主体とされる三者であるが、当該計画の目的からすれば、ここでの参加の形態あるいは機能は、計画内容についての意見表明や要望にとどまらない。当該計画は地域における幅広い合意のもとにその地域における福祉の水準を設定するものである[27]。そして当該計画の目的とされる「地域福祉の推進」の目的は、前記三者の相互協力のもと、福祉サービスを必要とする者が地域社会で日常生活を営み、かつ様々な活動に参加できるようにすることであって（第4条）、こうした理念を地域社会全体で共有させていくことが重要ともなる。つまり、地域福祉計画の策定にこうした三者が参加することそのものが地域福祉の推進の実践に他ならないのである[28]。

26　子ども・子育ての分野については本稿注15参照。
27　『解説』前掲注19)324頁。
28　「策定指針」前掲注17)5-6頁、塚口伍喜夫＝岡部和夫＝松澤賢治＝明路咲子＝川﨑順子編『社協再生——社会福祉協議会の現状分析と新たな活路』（中央法規出版、2009年）76頁［川﨑順子］。また住民参加についてさらに本書の飯村論文を参照されたい。

Ⅳ 地域福祉計画と社協の役割

1 社会福祉法における社協の役割と地域福祉へのかかわり方

　前節では、地域福祉計画とその特徴について概観した。そこで以下では同じく地域福祉の推進をその任務とする社協についてみてみよう。社会福祉法には、市町村社協、地区社協、都道府県社協と、全国を単位とする社会福祉協議会連合会についての規定が置かれている（第109条以下）。このうち、本稿に直接関連する市区町村社協と都道府県社協、特に前者を中心に検討を加える。

　市区町村社協は、その区域内において地域福祉の推進を図ることを目的とする団体である。そして、「社会福祉を目的とする事業を経営する者及び社会福祉に関する活動を行う者」等がこれに参加することが求められている（第109条第1項）。社会福祉法は市区町村社協が行う事業を、①社会福祉を目的とする事業の企画及び実施、②社会福祉に関する活動への住民の参加のための援助、③社会福祉を目的とする事業に関する調査、普及、宣伝、連絡、調整及び助成、④その他社会福祉を目的とする事業の健全な発達を図るために必要な事業、としている（同項各号）[29]。つまり、ここでの社協の役割は、地域福祉を担う者の支援や連絡調整を実施し、また地域住民による福祉活動への参加を推進することで地域福祉の組織化を図ることにある（②③、組織化事業）[30]。それに加えて、社協自身も社会福祉を目的とする事業を実施する（①）。社協がその存在について直接法律に根拠を有し、また（各地域に一つという）設立について制限を受けていることからすれば、他の団体には想定されないある意味で公的な役割が予定されているといえよう。そしてその目的からすれば、前者である地域福祉の組織化こそが中心的なものとなる[31]。

---

[29] 都道府県社協については、広域的な観点から市町村社協を支援し、また研修等の人材育成等を行うものとされる（第110条第1項各号）。

[30] 新版・社会福祉学習双書編集委員会編『新版・社会福祉学習双書　社会福祉協議会活動論』（全社協、2008年）4頁以下参照［和田敏明］。

[31] 社協の機能についての全般的・統合的な分析・検討については、本書の太田論文を参照されたい。

他方、社協自身が社会福祉を目的として実施する事業についても社協特有の特徴がみられる。法が規定する「社会福祉を目的とする事業」(①) は、福祉サービスを提供するために実施する事業であって、その範囲は社会福祉事業よりも広く、また例えば介護保険法に基づくサービス提供等にとどまらない[32]。つまり、社協が実際に実施している事業は、こうした法制度に組み込まれたものに限らず、その周辺に位置する独自の事業をも含むものであって、実際社協はこうした事業を展開してきたし、こうした事業の中には制度として取り込まれたものもある[33]。この意味で、社協が実施する社会福祉を目的とする事業の特徴は、制度間の隙間を埋める事業(制度の補完事業)や、未だ制度化されず、あるいは萌芽の状態にある領域において事業を展開すること(フロンティア事業)に求められる。なお、こうした特徴は前記②～④の中にも共通するものがあるであろう[34]。

前記①～④の事業は地域福祉計画に定めるべき事項そのものであって、そこで市区町村社協が当該計画にどのようにかかわってくるべきかが次の検討事項となる。

2　社協の役割と地域福祉計画策定への参加

地域福祉計画への行政以外の者によるかかわり方としては、その策定手続に参加して自己の意見を反映させること、および地域福祉計画と並行して独自の計画を策定していくことが考えられる[35]。

---

32 『解説』前掲注17)61-62頁参照。
33 その典型例は在宅福祉サービスであろう。ホームヘルプサービスは長野県の上田市社協において1955(昭和30)年に開始され、その後、1962(昭和37)年に家庭奉仕員制度として国の補助事業とされた。和田敏明＝山田秀昭編『概説社会福祉協議会2011-2012』(社会福祉法人全国社会福祉協議会、2011年)116-117頁参照。現在では介護保険制度における訪問介護や障害者総合支援法に基づく障害者福祉サービス事業の居宅介護として制度化されている。
34 この場合、いわゆる制度内の事業との棲み分けが問題となるが、その地域において必要な福祉サービスを提供する主体が十分に存在しない場合にのみ、補完的にこうした制度内事業が展開できるものと解することも考えられる。塚口ほか編・前掲注28)16-18頁[塚口伍喜夫]参照。これは地域の組織化機能を補論する上でも魅力的であるが、民間団体であり、また社会福祉法自体が明文をもって社協の事業として認められている事業にこうした比較的強い制限を加えることが妥当かどうかの問題も残る。社協のある意味で公的な役割を十全とさせるならば、立法的な対応を含め改めて社協の事業内容を明確にすることも必要となろう。

前者について、社協へ主に求められる役割である住民の組織化からすれば、社協が地域住民や地域の事業者の代表として、計画策定に参加し、その地域の声を反映させることが重要となる。「策定指針」も参加が求められる「住民」に他の団体等とともに社協を挙げており、かつ社協の役割や実績を踏まえて地域福祉計画の策定に積極的に協力することが期待されている[36]。

この場合、社協としては社会福祉を目的とする事業者間の連絡調整や社会福祉に関する活動を行う住民への支援（②③）を通じて得た知見や要望を当該計画に反映させるために参加を利用することになろう。つまり、この領域における意見集約・代表の役割が求められることになる。加えて、社協自身が展開する社会福祉に関する事業（①）、特に前述の補完事業やフロンティア事業のうち効果的なものの推奨や制度化を提案していくことも想定できよう。さらに、また、地域福祉活動計画の策定・実施を通じて発見された課題等への対応を計画に反映させることも考えられる。ただし、社協もまた社会福祉を目的とする事業者であって、その限りにおいて、他の同様の事業者と競合する関係となることがありうる。そうすると前記の意見集約や代表の役割が十分に果たされないおそれがあることにも注意が必要である。

3 地域福祉計画と地域福祉活動計画

地域福祉活動計画とは、社協が呼びかけて「住民、地域において社会福祉に関する活動を行う者、社会福祉を目的とする事業を経営する者が相互協力して策定する地域福祉の推進を目的とした民間の活動・行動計画」とされる[37]。

当該計画に盛り込まれる事項としては、福祉サービスの充実・理解づくりや利用者支援・開発・質の維持、および住民参加等とされる[38]。これは社協の事業とされる①〜④にかかわるものであり、さらに地域福祉の推進という意味で地域福祉計画とその方向性において同じものといえる。これは地域の

---

35 定藤ほか編・前掲注4)80頁［牧里毎治］。
36 「策定指針」前掲注17)3頁、13頁。
37 新版・社会福祉学習双書編集委員会編『新版・社会福祉学習双書 地域福祉論』（全社協、2007年）149頁［佐甲学］。また、全社協『地域福祉活動計画策定指針——地域福祉計画策定推進と地域福祉活動計画』(2002年) 参照。
38 全社協・前掲注37)10頁。

組織化の一手段として位置づけることが可能であり、また策定の過程において地域のニーズを的確に把握してその充足に向けた方策につなげることもできる[39]。そもそも「地域福祉計画」という名称も含めて、地域福祉の計画的実施は社協が先行して行ってきた経緯もある[40]。

両者の関係をついて、「策定指針」は、「市町村社協が地域住民主体を旨とした地域住民の参加の推進やボランティア、福祉教育、まちづくり等の実績を有することを踏まえ、地域福祉計画策定に当たっては市町村の計画策定に積極的に協力すること」を期待している。そのうえで、「地域福祉活動計画は、住民等の福祉活動計画として地域福祉の推進を目指すものであることから、地域福祉計画とその内容を一部共有したり、地域福祉計画の実現を支援するための施策を盛り込んだりする等、相互に連携を図ることは当然」としている[41]。他方、社協の側でも、地域福祉計画と地域福祉活動計画との一体的な策定を求める声も見られている[42]。確かに、主体こそ違えども、双方とも地域福祉の推進を目的とする計画であって、その内容面においても相当に重複するものであるならば、相互に連携を図って計画を策定し実施することは目的の達成に向けて非常に効果的な手法といえよう。つまり、前述の地域福祉計画策定への参加における社協の役割と同様のことがここでも妥当し、地域におけるニーズを共有し、同じ目標に対してそれぞれの観点からの方策を検討することが可能となる。

他方で、ここでいう「一体的」という言葉には注意を要する。最終的な目的が同じであったとしても、やはり策定主体が異なり、行政計画と民間計画である性質上、双方の範囲・外延を全く同じくする必要はない。内容面における過度な同一性は、結局のところ、社協が行政の施策の実施機関ないし下部機関となることを意味し、私的団体としての社協の自律性を損なうことになる。さらに、行政の側の意を伝え、それを体現するのみでは、意見集約・

---

[39] 以上につき、定藤他編・前掲注4)92頁以下参照［牧里毎治］。
[40] この意味で、民間版の地域福祉計画が地域福祉活動計画ということになろう。社協による地域福祉計画および地域福祉活動計画の変遷につき、さしあたり前掲注37)123頁以下参照。
[41] 「策定指針」前掲注17)13頁。
[42] 全社協・前掲注37)44頁。

代表という社協の性質とは相いれないであろう。とすれば、前述のように、地域におけるニーズを把握した上で、それを地方公共団体と共有し、同一の課題に対してそれぞれの立場から考えうる方策を展開することになる。そしてこうした方策の中には、補完事業やフロンティア事業が実施される場面が出てくるであろう。それを発展させることで制度化に向けた道筋をつけることも可能となる。これは地方公共団体の側からすれば地域福祉の補完作業であり、社協の側からすれば地域福祉の実践そのものといえよう。ここに、公と私のあるべき関係性の一断面が見て取ることができるのではなかろうか[43]。

V 結語

　以上福祉計画における地域福祉計画の位置づけと、それへの社協のかかわりについて検討してきた。地域福祉計画は、個別分野の福祉計画を横断した包括的な計画であって、地域住民の参加それ自体を目的の一つとして掲げる点で、他の福祉計画には見られない特徴を有する。また、地域福祉の推進を目的とする社協は、その活動において行政が目指すものと重複する点が見られるが、それは社協が完全なる行政の機関として活動することを期待するものではない。むしろ、行政との適切な距離を置いた場において、地域住民を組織化し、独自の活動の中において問題を発見し、それを行政の計画に反映させる点にこそ社協の意義が見出されるのである。

---

43 この点で、例えば地方公共団体と市社協が一体化した計画として策定した横浜市地域福祉保健計画の試み等は興味深い。横浜市 HP http://www.city.yokohama.lg.jp/kenko/keikaku/参照。なお、これは社協が市町村等による委託事業を受託することを否定するものではない。社協の役割で確認したように、社協が実施する社会福祉を目的とする事業は、制度内の事業と、制度外のそれがありうる。本稿は、地域福祉計画を上位計画、地域福祉活動計画を下位計画ないし純粋な意味での実施計画と位置づけることを消極的にとらえるものである。また、公私協働論について、さらに本書井上論文および太田論文を参照されたい。

社会福祉協議会に対する
政策法務的研究序説

諸坂佐利

I　本稿における問題意識と考察の対象・方法

1　社会福祉協議会の理念、定義、目的

　社会福祉協議会（以下、「社協」ともいう）の根拠法規たる社会福祉法109条の趣旨を踏まえて、その概念を敷衍するに、社協とは、「地域福祉を推進する中核的団体」[1]として、当該地域で福祉活動を展開する住民組織や公私の社会福祉事業関係者等により構成される公共性・公益性の高い民間非営利団体である。そして社協は、住民主体の理念に基づく住民参加・参画の求心力となるべき実践母体として、地域住民や各分野の専門家・ボランティアなどの福祉活動の組織化（福祉コミュニティ生成）と成熟化にも大いなる期待が寄せられる存在である。

　今日、私たちを取り巻くこの社会は、超少子高齢化に伴うコミュニティの衰退ないしは崩壊、さらにそれに追討ちをかけるような長引く不況といった大きな時代の真っ只中（うねり）にある。そしてそういった決して健全とはいえぬ社会

---

[1]「市区町村社協経営方針」（全国社会福祉協議会・地域福祉推進委員会、2003年［2005年改訂］）を参照のこと。また和田敏明・山田秀昭編『概説　社会福祉協議会2011・2012』（全国社会福祉協議会、2011年）154頁にも同様の表現を確認することができる。なお、本稿では本書を単に『概説』と略記する。

は、老々介護、独居老人、孤独死、そしてそれに派生する耕作放棄地や空き家などの不適正管理不動産の増加問題[2]、あるいは引き籠り、ニート、ホームレス、さらにはDVやストーカーなど、様々な慢性的な疾病を惹起せしめ、そのいずれもが未だ快方の目途すら立たぬ深刻の状況を呈している。

　他方、ゲリラ豪雨やスーパー台風、そして我々日本人にとっては異境の国(オズ)の現象(こと)とかつては考えていた竜巻などの"異常気象"、現代人の英知では未だ予測不可能な地震や津波、火山噴火などの激甚自然災害を目の当たりにして、我々は「公助」の限界を思い知らされている。そしてそれを受けて地域住民の意識改革――「自助」への啓発――、そしてその現実的な実践主体たる自治会・町内会等、地域型コミュニティの再生と活性化――「共助」の充実化――という課題に対しては、もはや一刻の猶予も許さない対策・準備が希求される。全国的、グローバル的に活動しているNPOやNGO、そしてボランティア等（いわゆるテーマ型コミュニティ）の積極的活用も、いまや必須のアプローチである。すなわち、これら私たちの生活を取り巻く諸問題に対しては、かつての政策主体（＝行政）と政策客体（＝住民）という構図では、もはや十全な活路は見出せず、互助互譲の精神に基づく地域住民の主体性・主導性、そして協働(パートナーシップ)性に依拠した取り組みに大いなる期待が寄せられているのである。社協に対して法が、そして時代が求めている存在意義(レゾン・デートル)とは、まさにここにある。しかるに今日の社協は、これら私たちの大いなる期待に十分に応えられているのであろうか。

　社協に対して今後一層の期待が寄せられ、その可能性がさらに模索されるとするならば、為すべきは、社協の組織及び運用の現実（執行法務）に対する、さらなる批判的検討（評価法務）であり、かつそれを前提とした将来的

---

[2] この問題に対する資料としては、さし当り、北村喜宣「自治体条例による空き家対策をめぐるいくつかの論点」都市問題 2013 年 4 月号 55 頁以下、同「空き家対策の自治体政策法務(1)(2完)」自治研究 88 巻 7 号 21 頁以下、同 8 号 49 頁以下（2012 年）、同「空き家の管理手法と自治体条例の法的論点」（北村喜宣監修『空き家等の適正管理条例』（地域科学研究会、2012 年）所収）3 頁以下、同「急増する空き家対策条例」自治体法務研究 2012 年冬号 46 頁以下、福田健志「空き家問題の現状と対策」調査と情報 791 号（国立国会図書館）（http://dl.ndl.go.jp/view/download/digidepo_8214649_po_0791.pdf?contentNo＝1〔2014 年 8 月 13 日取得〕）、国土交通省「平成 21 年度空家実態調査の調査結果」（2010 年 6 月 30 日）（http://www.mlit.go.jp/common/000117815.pdf〔2014 年 11 月 22 日取得〕）などがある。

発展に向けて活性化させる試行（立法法務）に他ならない。

　筆者は、この小稿で、社会福祉協議会のさらなる発展に向けた政策法務的視点に立った、いくつかの提言を行いたいと考える。

　社協は、市区町村社協、都道府県社協、全国社協という具合に重層的に法定設置されるが（社会福祉法109条～111条）、本稿では、市区町村社協を中心に考究を進めたい。それは、市区町村社協が法の定める設置目的の達成に最も直截的に合致し、かつ人々の暮らしに最も近しい存在であると考えられるからである。

2　政策法務という学問手法のこと[3]

　政策法務とは、分権時代における地方公共団体が自治の精神を前提としつつ「法」が掲げる理念・目的の実現に向けて、それぞれの自治体における課題について、それぞれの「地域の実情（特性・固有性）」を十分に斟酌しつつ把握・分析し、当該自治体や地域に合致する対策・方策――「政策」やその執行（マネジメント）の"あるべき論"（これは当不当の政治政策的裁量判断をも包含する）――を模索、検討する科学的スキルの総体である。政策法務的検討とは、本来的には、全国津々浦々いずれの自治体にも共通・適合するひとつの雛形（モデル）を検討・提示するものではない。

　ここにいう「地域の実情（特性・固有性）」に対する斟酌とは、自治体に所与のものとして具有する歴史・文化、地理・地形、気候・風土などの他に、当該自治体を支える基幹産業、自治体の規模や財政状況、人口や人口密集度、昼夜間人口比、過疎化の進行具合、さらには当該地域に居住する人々の気質や生活環境・様式などもまた、その重要な検討要素である。政策法務とは、こういった諸般の情況を踏まえつつ、住民との熟議によって形成された合意（住民自治）を前提とする政策実現論である。公共政策におけるひとつの成功事例とは、当該自治体の住民（地域）に受け入れられたことを指すにすぎず、地域特性を異にする他の自治体がそれを模倣（コピペ）しても、およそ適合するこ

---

[3] この「政策法務」という学問領域に関する特色と課題については、拙稿「〔研究ノート〕政策法務という学問領域について考え巡らすこと（仮題）」神奈川法学48巻1号（2015年）を参照のこと。

とは稀有なのである。また全国的に統一性・公平性を以って展開されなければならない政策・施策であれば別であるが、それ以外の「地域の実情」を考慮する余地があるものについては、自治体が国の通達や指針通りに制度設計するというのは、そもそもの問題として政策法務的思考ではなく、分権の精神とも合致しない。政策法務に既製品(つるし)は存在せず、すべてが仕立て(オーダーメイド)となる。

本稿のテーマである「社協」を政策法務する場合でも、それぞれの自治体（地域）によって異なる「地域特性」やそこに居を構える人々の生活慣習・風俗への配慮がないとするならば、いかに新しい政策・施策を創造したとしても、それはまさに"仏造って魂入れず"、むしろ「福祉」の後退にも繋がり兼ねない。地域の面積・地形、高齢化・過疎化の進度、福祉の担い手（事業者やボランティア）の多寡、福祉に対する需要と供給のバランス、当該自治体の財政状況、地域福祉に対する自治体職員及び社協経営陣の考え方（哲学）・やる気など、当該地域の固性を知ることは、社協を政策法務する必須の学問的作業である。例えば介護サービスひとつとっても、それを手掛ける民間事業者が数多存在する自治体（地域）もあれば、社協以外には手掛けるところがないという地域も現実に存在する。すなわち介護サービスのあり方の是非を検討する際の「社協」の立ち位置、あるべき姿とは、まさに自治体や地域によって様々な正解があってよいのである。臨床医学の世界では、同じ病気であっても、医師によって、また患者の年齢、性別、体質、体力によって、その治療は、臨機に変更されるであろう。政策法務の手法(アプローチ)もまさに同様で、現場を重視する実利的(プラグマティック)な科学である。従って「社協」を政策法務するといった場合、本来的には具体的な自治体(ケース)を想定しつつ考究されるべきものであって、通則的・総論的な"雛形(モデル)"を提示しても、実のところ、それはひとつの成功事例を紹介したにすぎずほとんど意味をなさない。しかしながらそう考えると、筆者は、この小稿において、社協の何をテーマとして、どこに狙いを定めた考究を展開すれば不特定多数の読者に資することになるのであろうか。

本稿では、地域の固有性や特殊性の影響を比較的受けない、全国いずれの社協経営改革にも不可避的な問題について検討することとする。すなわち、①社協の組織体制（人事構成）の問題、②社協財源の問題を中心に考究し、

社会福祉法が追求する地域福祉の中核的存在としての「社協」のあるべき姿、あるべき方向性について、政策法務したいと考える。

II 社協の組織体制について──「出向」・「天下り」人事の問題を中心に

まずは社協の組織体制ないしは人事構成を概観する。

社会福祉法109条1項は、市区町村社協の構成要件として、「社会福祉を目的とする事業を経営する者」及び「社会福祉に関する活動を行う者」の参加とともに、「社会福祉事業又は更生保護事業を経営する者の過半数が参加する」[4]ことを求めている。これを受けて全国社協が平成4（1992）年に策定した「新・社会福祉協議会基本要項」（以下、「新・基本要項」という）では、市区町村社協の会員（構成員）領域区分として、次の3つに分類する[5]。すなわち、①住民組織、②公私の社会福祉事業関係者及び関連分野の関係者、③その他地域福祉推進に必要な団体である。

①「住民組織」には、㈠地区社会福祉協議会、㈡自治会・町内会等の住民自治組織又は住民会員（地域型コミュニティ）、㈢何らかの福祉サービスに対するニーズをもつ当事者やその家族を構成員とする当事者等組織、㈣実際に福祉活動に取り組む住民等で構成されるボランティア団体などが入る。

②「公私の社会福祉事業関係者及び関連分野の関係者」には、㈠民生委員・児童委員又はその組織、㈡社会福祉施設・社会福祉団体、㈢更生保護事業施設・更生保護事業団体、㈣社会福祉行政機関、㈤保健・医療、教育、労働その他関連分野の機関・団体などが入る。

③「その他地域福祉推進に必要な団体」には、㈠農業共同組合、㈡生活協

---

4 法では、「過半数」となっているが、厚生労働省の定めた「社会福祉法人審査要領」では、社協が社会福祉法人として設立する場合には、「当該市町村又は当該区の区域内において社会福祉事業又は更生保護事業を経営する者の全部が参加することを原則とすること」（第1-1-(1)-エ）と定めている。

5 なお、前述の「市区町村社協経営指針」では、市区町村社協の組織構成について、「地域福祉の推進に参加・協働する地域のあらゆる団体・組織を構成員とし、地域社会の総意を結集することが重要である。構成員は、住民組織、社会福祉に関する活動を行う団体、公私の社会福祉事業者および社会福祉関係団体等、地域福祉推進に必要な地域の主要な諸団体を基本に、地域の実情に応じて考える」としている。

同組合、㈦各企業及びその労働組合、㈣商工会議所、㈺各学校ごとに保護者と教職員によって構成される社会教育関係団体（いわゆるP.T.A）、㈹地域の福祉サービスに取り組むNPO団体（テーマ型コミュニティ）や民間事業者などが入る。

　会員の地位については、厚生労働省が策定した「社会福祉法人定款準則」の記載例に「会員に関する規定は別に定める」とあるように、全国画一的な解釈運用がなされているわけではなく、それぞれの社協の定款によって定めることとなっている[6]。しかるにそれがためか、会員の参加・協力の下で「社団法人的」な公益団体として組織・運用されている市区町村社協は、平成21（2009）年全国社協の調べでは38.1％、すなわち4割にも満たない結果となっているようである[7]。

　社協会員には、上記②㈣にあるように、社会福祉行政機関の職員も参加する。これに対する理由としては、「社会福祉法で社協への参加が求められる社会福祉事業を経営する者のなかには、市町村行政も含まれているからである。さらに、社会福祉法の基本理念である地域福祉を推進するために、当該市町村行政もその一翼を担うことが求められる」からであるとされる[8]。社協の理事会構成員たる理事長や常務理事等役職者は、社協会員（構成員）の中から互選されるが、その役職者にも関係行政庁の職員が就任する点については、それを禁ずる法規が存在しない以上、これを否定すべくもないが、この点については、旧厚生省通達である「社会福祉法人審査基準」（以下、「審査基準」という。）[9]第3-1-(1)に次のような解釈基準が示されている。「関係行政庁の職員が法人の役員となることは法第61条に規定する公私分離の原則に照らし適当でないので、差し控えること。ただし、社会福祉協議会にあっては、役員の総数の5分の1の範囲内で関係行政庁の職員が、その役員とな

---

6 『概説』157頁。
7 『概説』157頁。
8 『概説』156頁。
9 当該基準は、「社会福祉法人の認可について」（平成12年12月1日障第890号・社援第2618号・老発第794号・児発第908号厚生省大臣官房障害保健福祉部長、社会・援護局長、老人保健福祉局長、児童家庭局長連名通知）の「別紙1」として記載されている。なお当該通達の最終改訂は「平成26年5月29日　雇児発529第13号、社援発529第4号、老発529第1号」である。

	第1位		第2位		第3位		第4位		第5位	
会長	学識経験者	846 (49.6)	行政の首長	282 (16.5)	地域福祉推進基礎組織	119 (7.0)	町内会・自治会	113 (6.6)	民生委員・児童委員（協議会）	100 (5.9)
常務理事	学識経験者	243 (30.7)	福祉関係行政職員	219 (27.7)	その他	127 (16.1)	その他の行政職員	85 (10.7)	社会福祉法人	53 (6.7)
事務局長	行政出向・行政OB	960 (56.4)	社協職員	471 (27.6)	その他	247 (14.5)				

注：本表は、『概説』217頁の表を転載した。実数は人数、括弧内数字は割合（％）を示す。なお『概説』の表は、「社会福祉協議会活動実態調査報告2009」（全国社会福祉協議会、2010年）より作成されたものとされる。

っても差し支えないこと」（傍点筆者）と。

　全国社協は、平成22（2010）年に市区町村社協役員の出身母体を調査しているが、それを纏めたのが上記の表である。

　この表からは、次のような特色を見出すことができよう。

　①会長職について「行政の首長」が就任するケースが実数では282名、社協全体の16.5％（2割弱）となっている[10]。自治体の首長が社協会長に就くに至った経緯や背景は、それぞれの社協を取り巻く情勢、まさに「地域の実情」が背景にあったものと推察するが、社協の民間性、住民（コミュニティ）の主体性・主導性、政治的公立中立性、さらには公私協働の観点からは、やはりこれはさらに縮減の方向に改められるべきであると考える。かつて北海道東川町社協に対する補助金交付決定手続に関して、当該社協の評議員も兼任していた町長が条例や規則で定める各種手続・形式を履行せずに社協からの申請額の満額を交付決定した件につき、住民訴訟が提起された。本件訴訟における論点とは、1人の人物が補助金交付者たる行政（＝規制者）と補助金受領者たる社協（＝被規制者）の双方の要職に就くことで、双方事情を知り得るが故に法定手続を省略・軽視したということであるが、本来的にはこのような場合には、利益相反の関係にあるわけであるから自重すべきであると考えられる。しかるに裁判所は、町長が評議員を兼任していた点を積極的に評価し、すなわち、それが故に、社協からの申請内容等諸状況を把握し得る立場にあったとして、かつ実際上、町に損害を発生せしめていないとして、法定手続上の省略は明白な瑕疵ではあるが、それは軽微なものに留まる

---

[10] 全国社協の平成15（2003）年に実施した同様の調査における首長の会長就任率は、約31.5％となっているので、一応は、民間人起用の方向に減少していると考えられる（『概説』164頁）。

ので、本件補助金交付決定には違法性はないと判示した。当該判示に関する評釈は第3章第4節に譲るが、筆者はこれに同調することはできない。

②常務理事については、第1位が「学識経験者」、第2位が「福祉関係行政職員」であり、それぞれの割合は、30.7％と27.7％とほぼ近接している。筆者がここで指摘したい点は、次の2点である。まず1点目は、「学識経験者」の概念についてである。この点に関する詳細は後述④に譲るが、どうもこの分野における「学識経験者」とは、いわゆる学者・研究者あるいは弁護士、公認会計士などの第三者的専門家を意味するのではなく、福祉分野等での行政経験を有する者も、この枠に包摂して実務上は運用しているということである。第2点目は、「福祉関係行政職員」と「その他の行政職員」とを合算すると、全体の38.4％、実に約4割に達する勢いであるということである。これは先に挙げた「審査基準」とどう整合性を保って説明し得るか。ただ筆者の問題意識は、この「4割」が多いか少ないかという点以上に、実際の理事会において、福祉行政分野における政策主体たる行政職員[11]と政策客体たる住民ないし住民組織とで、果たして対等な議論が展開し得るのか。法制度やこれまでの行政慣習をも包含したマネジメントへの理解の程度、さらには情報量や発言力といった点で、そもそも双方には厳然とした立場上の格差が存在するのではないか。すなわち理事会の議事のイニシアティブは、事実上「行政」が掌握してしまっているのではないかという懸念である。「社協」という存在、そしてその経営があくまでも民間性、住民の主体性・主導性を基調とすることが法の理念であるとすると、理事会の人事構成はその経営の方向性に決定的な影響力を及ぼすことは必定であると考える。理事会運営の公正性、透明性を確保することがこの問題に対する重要なアプローチとなろう。具体的には、相応に詳細な理事会の議事録の作成とその原則公開の徹底を図るべきである。

③事務局長に至っては、「行政出向・行政OB」[12]が56.4％と過半数を超え

---

11 思うに、当該行政職員は、理事に就任するほどの人物であろうから、政策立案に対してイニシアティブを持ち得る、およそ課長職以上の管理職級の職員であると思われる。筆者の懸念は、そういった人物と、例えば一民生委員、一自治会長とが実際上、対等な立場で議論が尽せるのかという事実上の力関係の優劣の問題である。

12 一般に「出向」とは、大別するに、行政などの公的部門から民間企業等に移行人事がなされる

ている。第2位は「社協職員」(27.6%) であるが、彼らが事務局「長」として就任するとなると、ある程度の年齢に達した人物であると想像するが、そうするとかつての《社協＝行政の下請け》的な、いまや時代錯誤的な保守思考が染みついている人物が当該職責を担ったとすると、それはほぼ行政の傀儡的な役割しか演じられないのではないかと懸念する。社協の理事会に限ら

場合と、民間企業間で行われる場合とがあり、法解釈学の世界では、前者は憲法・行政法の問題、後者は民法・労働法の問題として、それぞれ論点を異にする。すなわちこの問題を公法学で扱う場合の論点としては、天下りの問題と同様、官民癒着に伴う監督官庁としての行政マネジメント（ガバナンス）の可否、是非の問題、民間企業の経営に対する行政不当介入（悪影響）の問題、そして主権者たる国民からの行政に対する信頼性の失墜の問題等を挙げることができる。他方、民民の出向に関する私法学の関心は、出向させられた人物の労働契約上の問題、労務環境・待遇の是非論に集中する。本稿は、「社協」をターゲットとした政策法務的検討であるので、必然的に公務員の社協への出向人事の問題、すなわち公法学的なアプローチとなる。

　改めて、ここにいう「出向」とは、公務員としての地位・身分を保持したまま民間企業（団体）に移籍することである（清水聡「新制度紹介 公務員の出向について――地方公務員の派遣とその法的問題」月刊公益法人31巻9号（2000年）4頁以下。併せて橋本勇『新版 逐条地方公務員法〈第3次改訂版〉』（学陽書房、2014年）256頁以下も参照されたい。）。公務員の民間への出向については、今日、「公益的法人等への一般職の地方公務員の派遣等に関する法律」（平成12年4月26日法律第50号）に基づく運用がなされている。本法は、商工会議所に派遣された神奈川県茅ケ崎市職員に対する給与等支出の適法性を肯定した原審判断に審理不尽及び理由不備の違法があるとされた事例（最判平成10年4月24日集民188号275頁）を受けて制定された経緯がある。本法は、職員派遣の適正化及びその手続等の透明化、さらには職員の身分取扱い等の明確化を図るため、他方、官民協働による諸政策の推進に伴う地域振興、延いては住民生活の向上を目指す目的で制定された。社協に対する出向人事を可能とする法的根拠・構造は、本法2条1項3号の「特別の法律により設立された法人……で政令で定め」（当該政令の正式名称は、「公益的法人等への一般職の地方公務員の派遣等に関する法律第2条第1項第3号の法人を定める政令」（平成12年12月20日政令第523号）であり、社協については、その第31号の「社会福祉法人」がそれに該当する。）、かつそれを各自治体が「条例」で定めて運用するというものである（法2条本文）。例えば秋田市社協への職員出向については、秋田市公益的法人等への職員の派遣等に関する条例2条1項3号（「公益的法人等への一般職の地方公務員の派遣等に関する法律2条1項3号の法人を定める政令（平成12年政令第523号）で定める法人のうち、規則で定めるもの」）を受けて制定された秋田市公益的法人等への職員の派遣等に関する条例施行規則2条3項1号を根拠になされている。他の自治体についてもほぼ同様の構成となっている。

　さて、次に「天下り」とは、国、地方を問わず公務員が離職して民間企業の、概して高次のポストに再就職することをいう。この「天下り」が公務員の単なる再就職の問題以上に、あるいは彼にも当然のごとく保障されるべき職業選択・移転の自由（日本国憲法22条）の行使の問題以上に、マスコミや世論が過敏に反応する所以は、元来強大な規制権限をもつ側であるところの「行政」から、その担当者ないし関係者がこんどは逆に規制を受ける側に移籍し、かつ民間人として天下った人物の方が監督行政庁の現職担当者よりも、事実上あるいは政治的に立場が上になってしまうという懸念――総じて天下った人物は、直接・間接を問わず現職公務員の元上司ない

ず、合議制の機関のマネジメントにおいては、事務局の果たす役割は非常に重要である。なぜならば、議事の効率性、円滑性、生産性、さらには民主性、公平中立性、透明性は、事務局が準備する資料やデータでほぼ決まってしまうからである。データの改ざんは論外としても、情報をいかに収集し、それをいかなる視点で分析、評価、取り纏めるか、それ次第で当該資料・データ

し先輩に当たることは必定であろう――、さらにはそのような状況を踏まえて、監督行政庁は果たして公正かつ厳正な指導・規制を時宜に応じて毅然と行い得るのかという懸念が払拭できないからに他ならない。天下りは、行政組織の枠を越えた「年功序列」という呪縛が生む問題ある。天下りは、行政組織の活性化、行政官僚の専門・技術的能力ないし人脈などの民間への活用化、官民ネットワークの充実化など、行政・民間企業双方にある一定のメリットを見出すことできる（真渕勝『行政学』（有斐閣、2009年）62頁以下）。しかるに、そのような人的関係を維持することは、実際は何ら法的に不正ないし不誠実なところがなかったとしても、第三者をして不穏・不審を与えてしまう、主権者たる国民から信託委任を受けた行政の国民に対するいわば背任、公共政策のマネジメントレベルでは協働に基づく行政への悪影響というところに最大の元凶が存する。なお、「天下り」に対する問題点に関するその他の指摘については、大橋洋一『対話型行政法学の創造』（弘文堂、1999年）232頁以下に詳しい。天下りは、まさに功罪入り混じる悩ましい問題である。

最後にこの行政から社協への「出向」や「兼務」、あるいは「天下り」に対しては、下記に示す手厳しい批判がある。

社協の組織構造について、「もう1つの問題は役員の構成である。法においては具体的な記述はないが、関係公務員が役員の5分の1以内という条件で認められている。そこでもし関係公務員が例えば10人の理事のうち、会長と常務理事とか、常務理事と事務局長といった重要なポストを占めれば社協を殆ど自由に操縦することが可能となる。これでは役所の出先以外の何物でもない。

社協の法律上の構成員ではない行政が実権を握っている現状にはこうした法律上の不整合ともいうべき問題点が存在するのである。

また近年は国をはじめ都道府県や一定規模以上の市の福祉部局には殆ど例外なく地域福祉課が設置されている。その上、社協が関係公務員やそのOBによって自由に操縦できる組織になれば、地域福祉は全く行政主導による展開となり、法の規定するようなものとは大きく懸け離れることになる。

しかしまことに残念ながら現実の社協は事実上行政の第2福祉部局、または下請け団体だと陰口をたたかれている。こうした現実は何によってもたらされたのか。それは一方で、社協が住民や行政官僚からも信頼されない『地域ボス』集団であったり、『民僚』集団であるために、行政から付け込まれるスキがあるということであり、もう一方では行政と社協の長年のもたれ合い構造からくるものである。

多くの社協は今や全く無計画で、何らの展望をもたないまま、行政からの委託事業漬け状態になっている。開かれた福祉を築く時代に向かって、社協の意思決定構造は根本的に見直されなければならない。」（小國英夫「社会福祉法の構造と社会福祉協議会」立命館人間科学研究1号（2001.3.30）84頁）。

は正反対の結論を語り出す。事務局には資料・データの作成及び公表のあり方に関する透明性及び客観性に対する説明責任が要求されるが、理事においても、資料・データそのものの信憑性・適正性を論議できるだけの法務的、統計学的なスキルを持ち合わせた人物が参画しているかが重要である。

　他方、会長選出について規程上は「理事の互選」とする例がほとんどであるが、議事を円滑に進めるという名目で事務局が会長候補の腹案を提示しそれを理事会において「異議なし！」という追認形式で決定される例が多い。これだと会長は形式上は「互選」であるが、その内実は、事務局（官僚）に実質的な人事権があることとなる。要するに理事会を殺すも活かすも事務局次第なのである。事務局長の人選は、ある意味では会長以上に慎重かつ透明性・公正性を以って選出される手続・形式が立法法務されなければならないと考える。

　④会長や常務理事などの役職者に「学識経験者」を充てる比率が高いのは、社協経営の民間性、公平中立性、専門技術性、客観性を担保するためのことと考えられるが、ただこの「学識経験者」も当該自治体や地域と何ら縁も所縁もない社会福祉分野の専門家という場合、あるいは大学等を定年退職し名誉職的意識の下、もはや実践的な指揮や指導はもはや十分に出来兼ねる人物の場合には、まさに社協運営の実質は、他の理事や事務局が掌握することは容易に想像できる。しかるにその一方で、当該自治体や地域に所縁が深く、かつ実践的スキルを持ち合わせた「学識経験者」をいずれの社協においても確保できるのかというと、大都市圏においてはまだしも、それ以外の、特に弱小自治体となると、現実問題として、これはかなり困難な問題だということも想像に難くない。どこかで妥協せざるを得ない問題ではあるが、そうだからこそ、こういった人事の問題は、過程(プロセス)の透明性・公正性と共に、何人に対しても十分に説得性のある、否、納得してもらえる説明責任能力（執行法務能力）が試される問題なのである。

　なお社協役職者としての「学識経験者」とは、必ずしも学者、研究者あるいは社会福祉や法務の専門家（弁護士や公認会計士など）に限定されていないようである。例えば、横浜市社協理事には、「学識会員」枠で前区長が就いているし[13]、埼玉県の「社会福祉法人の監事の手引き」では、「学識経験を

有する者」として、社会福祉に関する教育・研究を行う者に次いで「社会福祉関係の行政に従事した経験を有する者」と明記されているが[14]、この概念構成についても若干気には掛かる。

⑤最後に表には反映されていないが、いくつかの社協では「顧問」（名誉会長、相談役ともいう場合がある）や「参与」という役職が存在する。この「顧問」等の選出規程には、自治体の首長ないし議会議長及び学識経験者が就くとなっているものも散見され[15]、ここでも行政の参画（関与）の度合いを増す。

以上、今日の社協の人事構成についての特色を纏めたが、総じて社協の組織体制は、社協を取り巻くそれぞれの法規範の構えとは裏腹に、行政の主導性が否めないものと考えられる。これが社協創設当時の情勢であれば、そのような体制もある程度容認せざるを得ないとも考えられるが、社協創設から彼是70年以上が、「地域福祉」の体系化が推進された70年代からも優に半世紀近くが経過しようとする現在においても、上記のような体制を維持している、否、行政に依存せざるを得ないとするならば、この社協の組織体制のあり方については、法が目指す理念に近づけるべく、徹底した評価法務と立法法務、そして何よりも行政及び社協構成員の意識改革は、喫緊の課題であると考える。

社協組織構成に対して法が明確に打ち立てている原則とは、あくまでも公私分離の原則である[16]。そしてこれを受けて「新・基本要項」においては、会員構成にあたっては、「地域社会の総意を結集することが重要である」とし、かつ社協運営の基本原則として、①住民ニーズ基本の原則、②住民活動主体の原則、③民間性の原則、④公私協働の原則、⑤専門性の原則を謳って

---

13 「横浜市社協役員・評議員名簿」(http://www.yokohamashakyo.jp/sisyakyo/meibo.html〔2014.12.1取得〕)。
14 埼玉県福祉部福祉施設監査課編「社会福祉法人の監事の手引き」(2009年3月) (http://www.pref.saitama.lg.jp/uploaded/attachment/206635.pdf〔2014.12.1取得〕)。
15 例えば、京都府の社会福祉法人精華町社会福祉協議会理事・評議員選出等の規程4条には、「顧問は、町長・町議会議長並びに知識経験者とする。」と規定される。また長野県の社会福祉法人須坂市社会福祉協議会定款14条には、「顧問には、須坂市長、市選出県議会議員及び市議会議長並びに前社協会長の職にあるものを委嘱する。」「参与には、市副市長及び市教育長の職にあるものを委嘱する。」とある。
16 『概説』44頁、209頁以下。

いる。そしてそれを受けて「会長は原則として民間人とする」と規定する。「市区町村社協経営指針」には、「市区町村社会福祉協議会は、民間団体としての主体的な経営判断を行い、かつ地域に開かれた組織体制を確立し、公共性と民間性をあわせ持つ地域福祉をすすめる団体として地域住民から信頼される組織づくりをめざす。」「そのために、事業に係る意志決定や事業執行に責任を負う理事会等の役員体制の活性化を図るとともに、あわせて地域住民や様々な団体の参画や協力を得る仕組みをつくる」とある。さらに「審査基準」においても、前述の通り、原則として行政職員の役員就任への自重を求めており、しかるに社協を取り巻く社会的、時代的、あるいは地域特性に鑑み、ある種の特例として「5分の1」基準を設けているのである。この「5分の1」基準に関しては、そこまでは当然のごとく行政職員を投入すべきであると短絡的に積極解釈してはならない。行政や社協といった高度に公益性の高い組織、そしてその運用においては、"違法でなければ何をやってもよい"といった、いわゆる脱法的行為は、社会的に認知されるはずがなく、彼らには、常に法の理念に基づいた高次の適法性が求められるのである。なお「新・基本要項」では、民間人起用を「会長」に限定するが、社協の組織及び運営が公益性の高い民間非営利法人として、住民ニーズに十分に応えるべく住民主体・民間主導で、行政との協働の下、機動性、迅速性、開拓性、臨機応変性に富んだものとなるためには、会長の他、理事長、常務理事、事務局長など、いわゆる要職に当たる人選には、民間人が起用されるべきと考える。無論、彼らが行政の傀儡であってはすべてが水泡に帰すが。

　他方、社協の人事構成に行政からの「出向」や「天下り」が就任するという行政慣習については、行政・社協の双方においてメリットがあるからであると推察する。すなわち行政サイドにおいては、社協の責任領分における現場マネジメントないしは社協経営方針の決定権者ないしは主導者（キーパーソン）に、いわゆる"気心の知れた"かつての同僚が起用されることで、行政が社協マネジメントを掌握、コントロールしやすくなる、否、しやすくしたいとの意図からのことであろう。またそういう人物が社協に入ってもらうことで、行政が今後の自らの政策マネジメントを協議する上でも、行政の現状、内情を熟知している者との交渉となるので、何かと便利かつスムーズに進行するというこ

とだろう。他方、社協側にもメリットは考えられる。それは補助金申請や現場での課題についての相談や解決の際にも、また行政からの専門技術的な指導を仰ぐ上でも、行政とのパイプがあることで話を通しやすくなる[17]。何よりも行政 OB がいる社協からの提案に対しては、かつての部下あるいは後輩である行政の現職担当者も一目置かざるを得ない雰囲気——ある種の"政治力学上"的問題——は、殊、行政と社協に限った事柄ではなく現実問題として存在するだろう。一般には、このような状態は「癒着」の何物でもなく、解釈法学の次元では当然のごとく受け入れ難く、批判的に議論され得べき問題なのではあるが、しかるに、法務（マネジメント）や経営（ガバナンス）の視点にたつ場合には、必ずしも完全否定しきれないところに問題の複雑性・困難性がある。ここでの問題は、このような慣習としての人的緊密性が、結局のところ福祉サービスの受け手である住民（利用者）のメリットに繋がっているのかという点に集約されるように考える。すなわち、社協役職者に行政職員ないし OB が就任したとしても、彼らがこれまで「福祉行政」の現場に永年に亘り携わり、機微たる人々の生活の細部に亘って熟知し、豊富な実務経験に裏付けられた知識とスキル、そして仕事の勘所（バランス感覚）を持っている、そして何よりも周囲からの信頼も高い、そういった人物が、定年後こんどは、「地域福祉」の現場で見守ってくれると考えられるならば、この"天下り"は、まさに言葉の由来の通り、"天"から"下り"し逸材であって、地域が彼を獲得できたとしたら、これはむしろ歓迎されるべき人事ということになろう。今日、福祉の現場においては「措置から契約へ」という標識に下、公私協働が積極的に主張されているが、民間事業者による経営の場合、どうしても採算性を考慮せざるを得ず、また必ずしも当該地域の特性や住民の個性・気質に明るいとは限らないとするならば、地域福祉の要たる「社協」には、行政との強力なパイプ役として一定の人事交流は、ある種の必要悪として認めざるを得ないように考える。要するに、繰り返すが、堅守されなければならない点とは、行政と社協との人的緊密性が、あくまでも福祉の受け手たる住民の権利・利益に還元されることを主眼に置かれているかに尽きるのである。行

---

[17] これらの点については、全国社協の立場からも積極的に認識している（『概説』217 頁）。

政と社協との双方当事者の利益誘導ないし既得権益の温存（保身）、あるいは行政の事務・事業遂行の能率性・効率性に特化されないようにすることである。従ってそのためには、双方当事者が自身の潔白性、公平中立性について、常に説明責任を果たせる状態を保持することが肝要であると考える。

最後に、社協体制の行政との人的緊密性の問題は、Ⅲ3で検討する社協の財源問題——その大半を行政からの補助金に依拠していること——との連関性において、財政民主主義の観点から、あるいは法が要請する社協の位置づけ、すなわち「地域福祉の推進を図ることを目的とする」非営利的民間団体としての主導性、機動性、臨機応変性の観点から看過できない重大な問題へと発展すると考える。

Ⅲ　社協の財源について

1　社協の財源に関する概況とその特色

社会福祉協議会の財源は、①民間財源、②公費財源、③事業収入の三種に大別される[18]。

「民間財源」には、地元住民や福祉関連事業者等から拠出された「会費」、基金等の特定の事業に充当することを目的に受け入れた「寄付金」（一般寄付、指定寄付、香典返し寄付金など）、その他「共同募金配分金」や「基金利子」等がある。

「公費財源」には、国や地方公共団体との協働関係を前提とした公益事業の原資として投入される「補助金」や「委託金」等がある。

「事業収入」には、例えば、平成12（2000）年以降開始された介護保険事業や平成17（2005）年からの障害者自立支援事業等から得られた収入がこれに当たる。

全国社協の調べによる全国の市区町村社協の財政概況を纏めると次のようである。

次頁表から見えてくる特徴を整理すると、以下のようである。

18　『概説』177頁以下。

①まず事業活動収入決算額が平成11年度（112,810円）と平成20年度（263,263円）では、約2.4倍（小数点第2位以下切り上げ。以下同様。）に拡大し、経年推移は増加の一途を辿っている。他方、社協職員数は、平成9年で65,856人であるのに対して、平成21年で126,038人であるから[19]、約2倍に拡大し

市区町村社協の財政状況

(単位：千円)

	11年度		12年度		16年度		20年度	
収　入　の　部								
会　　　　費	3,570	3.2%	3,986	2.5%	4,091	2.3%	5,890	2.2%
寄　附　金	3,560	3.2%	3,862	2.4%	3,332	1.9%	4,516	1.7%
分　担　金					136	0.1%	454	0.2%
経常経費補助金	27,270	24.2%	32,958	20.9%	32,131	18.4%	45,577	17.3%
助　成　金	3,400	3.0%	3,667	2.3%	1,919	1.1%	1,801	0.7%
受　託　金	60,060	53.2%	43,935	27.8%	42,778	24.5%	59,815	22.7%
事　業　収　入	4,140	3.7%	5,720	3.6%	6,883	3.9%	8,537	3.2%
共同募金配分金	4,730	4.2%	5,272	3.3%	5,341	3.1%	6,974	2.6%
負　担　金	700	0.6%	1,199	0.8%	693	0.4%	2,053	0.8%
介　護　保　険			45,214	28.7%	64,267	36.9%	100,889	38.3%
利用料（支援費）					4,704	2.7%	8,404	3.2%
措　置　費					397	0.2%	416	0.2%
運　営　費					965	0.6%	3,349	1.3%
雑　収　入							1,691	0.6%
そ　の　他	5,380	4.8%	11,969	7.6%	6,639	3.8%	12,897	4.9%
事業活動収入計	112,810	100%	157,782	100%	174,276	100%	263,263	100%
支　出　の　部								
人　件　費	59,600	55.1%	81,850	53.9%	106,928	63.3%	171,037	65.6%
事　務　費	5,910	5.5%	6,924	4.6%	12,031	7.1%	16,407	6.3%
事　業　費	34,130	31.6%	41,752	27.5%	33,319	19.7%	47,721	18.3%
分　担　金					288	0.2%	166	0.1%
助　成　金	1,950	1.8%	3,152	2.1%	5,807	3.4%	7,353	2.8%
負　担　金	600	0.6%	831	0.5%	1,145	0.7%	1,479	0.6%
減価償却費			17,362	11.4%			5,223	2.0%
そ　の　他	5,920	5.5%			9,380	5.6%	11,219	4.3%
事業活動支出計	108,110	100%	151,871	100%	168,898	100%	260,605	100%
事業活動収支差額	4,700		5,911		5,378		2,658	

典拠：『概説』275頁。

ている。併せて経常経費補助金も、これに連動する形で約 1.7 倍の増加推移をしている。ここで指摘したい点は、本来的には、収入と補助金は反比例の関係にならないといけないにもかかわらず、社協の財政状況をみるに、収入、職員数（人件費）及び補助金はほぼ正比例の関係にあって、かつ増大の一途を辿っているという点である。補助金とは、後述の通り、ある公益事業（者）の自律を促進することを目指して、その財政的援助をすることなので、補助事業者の収入増大の傾向に対しては、補助金は縮減の方向で年度ごとに見直されなければならないものと考える。補助金行政は補完性の原理の上に成り立つものと考える。

②公的資金である「経常経費補助金」や「受託金」については[20]、全収入

---

19 『概説』274 頁。
20 補助金の定義については、法文上は、確認することができないのであるが、一般には、「公行政主体によって、特定の公共目的の促進のために、私人又は他の行政主体に対して給付される、無償の金銭的給付である」（碓井光明「補助金」雄川一郎・塩野宏・園部逸夫編『現代行政法大系（第 10 巻）財政』（有斐閣、1984 年）225 頁）と定義される。この定義に該当するものとしては、実務上「補助金」の他に、助成金、負担金、給付金等という名称で運用されるが、概念的にこれらは必ずしも明確な区分の下執行されているわけではない（碓井・前掲論文 226 頁）。なおこれらを総称した行政を資金交付行政という。資金交付行政とは、行政が相手方に資金を交付して相手方の活動を援助するものであるので、相手方に一定の利益を授ける行政（給付的授益行政）と解される。故に、伝統的行政法学では、これを非権力行政と位置づけてきた。行政が誰の何に対してどの程度の資金を交付するかについては、相手方の申請の有無にかかわらず、行政と相手方との「合意」（正確には、負担付贈与契約）と解されるのである（碓井・前掲論文 230 頁以下、塩野宏「補助金交付決定をめぐる若干の問題点」（同『法治主義の諸相』（有斐閣、2001 年）所収）175 頁以下）。しかるに国から地方公共団体に交付される補助金については、戦後復興期、高度経済成長期において、度重なる不正受給や不正経理、架空事業のでっち上げなどの不祥事が起きたことを契機に、国は、昭和 30 年に「補助金等に係る予算の執行の適正化に関する法律」（いわゆる「補助金適正化法」。本稿では、以下単に「適正化法」という。）を制定し（このあたりの経過については、市川政彦「注視を浴びる補助金行政」市政 5 巻 7 号（1956 年）89 頁以下、「補助金行政の無駄かくの如し」東洋経済新報 28 年 2 月 28 日特大号 39 頁以下を参照のこと。）、国から地方公共団体に交付される補助金に関しては、不正受給等を防止しあるいはそれに制裁を加えるために、本源的に非権力行政（給付行政）と解される資金交付行政を、権力行政（行政処分）と実務上（立法政策上）の問題として意図的に改め、法治主義の統制下にこれを置いたのである。これに対して、地方公共団体から交付される補助金に関しては、本法の適用外であるが故に、理論上は、従前の通り、給付的授益行政（＝非権力行政）と解される。が、今日の各自治体の補助金行政のあり方を調査するに、そのほとんどの自治体が当該行政を首長の制定する「規則」に基づき、かつ補助金交付に関しては、首長の決定権、修正権、調査権、撤回権、取消権等を容認し、他方、補助金受給者側には、報告義務、返還義務、返還遅滞・懈怠に対する懲罰的加

に対する比率では減少傾向にあるのであるが、その一方で、その金額に着目すると、平成11年度と20年度を比較して、「補助金」については①で指摘した通り約1.7倍に増大しており、「受託金」はほぼ横ばいという状況である。これら数値が示す事柄は、社協の自治体依存性は解消されておらず、また自治体の財政負担軽減も解決に向っていないということである。

③社協の組織及び運営の根幹に係る「人件費」と「事務費」の総計をみると、平成11年度で65,510千円（総支出の60.6％）、12年度で88,774千円（58.5％）、16年度で118,959千円（70.4％）、20年度で187,444千円（71.9％）と、総支出に対してほぼ6～7割を占め、かつその比率は微増傾向にあるが、その金額に着目すると平均1.5倍のペースで常に右肩上がりとなっている。これは社協の事業規模も平均1.4倍のペースで拡大し、かつ職員数も上記①で指摘したように約2倍拡大していることから、社協組織は確実に肥大化しているものと考えられる。

④他方「会費」、「寄付金」、「事業収入」及び「負担金」は、自らの経営努力に直結する——まさに民間性の熟達度が試される——収入であるが、それらの合算を見ると、平成11年度で11,970千円（10.7％）、12年度で14,767千円（9.3％）、16年度で14,999千円（8.5％）、20年度で20,996千円（7.9％）といった状況で、これを平均すると約15,683千円となる。当該収入は、全収入の8.9％、人件費・事務費総計の平均に対しては、実に約14％しか賄えていない状況となる。介護保険等の新規収入を加えても全収入の約4割しか自活できておらず[21]、残りは先に挙げた「経常経費補助金」や「受託金」などの自治体からの公的資金に依拠せざるを得ない状況を呈している。「会費」や「負担金」は、社協構成員がお互いに拠出し合う性質のものとして、

　算金賦課等の義務が一方的かつ強制的に課せられていることからも、実質的には、国と同様、これに処分性を認めた権力行政として運用がなされているように考えられる。なお、我が国の地方公共団体における補助金行政の概況とその特色については、拙稿「〔研究ノート・資料〕わが国における資金交付行政の現状と特質、そしてその課題に関する一考察——解釈法学と政策法学の双方を視野に入れながら(仮題)」神奈川法学48巻1号（2015年）を参照されたい。

21　新規収入を加算すると、平成12年度で59,981千円（38％）、16年度で79,266千円（45.2％）、20年度では121,885千円（46.2％）となる（このうち介護保険収入のみを集計すると、平均70,124千円となり、3カ年度分の全収入の約35.4％を占める）。

「社協として最も基盤となる財源」と位置づけられる[22]。当該収入が各年度平均して全体収入の約 3.2% であるという現状をどう捉えるべきであろうか。社会福祉法（あるいはその前身の社会福祉事業法）が社協を「その区域内における社会福祉を目的とする事業を経営する者及び社会福祉に関する活動を行う者が参加」する「地域福祉の推進を図ることを目的とする団体」と規定して、優に半世紀を超えるが、会費納入率の現実を目の当たりにするに、およそ法が目指す理念と現実の間には相当の乖離（ディスコネクト）が存在するように考える。社協存続に必須的な基盤的財源の大半を独自に確保できずに、他者に依存し続けるという体制（体質？性根？）は、いかなる地域特性や現実的障碍に直面していようとも是認しがたく、早急に市区町村社協の主導性の下（決して厚労省や全国社協などの上からの指導によってではなく）、これまでの執行法務に対する評価法務と意識改革を積極果敢に進めていく必要であると考える[23]。

⑤他方、社協の組織及び運営に充当される自治体からの実質自動的に投入される公的資金（補助金や受託金等）は、社協が介護保険事業を手掛ける以前の平成 11 年度段階では、全体収入の実に 8 割以上を占めていたが、当該事業開始以降、約 35% ダウンの平均 45.3% となっている。しかるに民間事業者としての自営としては、依然として成立し得ない状況と解さざるを得ない。また別のデータによると[24]、昭和 61 年度における補助金収入は、社協

---

22 『概説』178 頁。「新・基本要項」には、「社協の財源確保の基本姿勢は、民間財源を基盤として公費の導入を図る」（傍点筆者）とあるが、これはいわずもがな、公的資金と自主財源を折半しつつ推進していくという趣旨にあらず、あくまでも自主財源確保に向けた鋭意努力の上、それでも不足する部分についてのみ公的資金を投入して補完するという趣旨と解すべきなので、草創期ならまだしも、創設から半世紀以上が経過する今日においても自活の目途すら立っていない状況は看過できないものと考える。

23 社会福祉協議会モデル経理規程では、「寄付金」を「基金等の特定の事業に充当することを目的に受け入れた寄附金をいう。経常経費寄附金収入、施設整備等寄附金収入、長期運営資金借入金元金償還寄附金収入を除く」と定義し、勘定科目においてそれぞれ個別に設定している関係で（http://www.iwate-shakyo.or.jp/cgi_data/news_file/1348626619_1348626619_2.pdf〔2014 年 1 月 26 日取得〕）、本稿における表中の「寄付金」には、社協の組織及び運営に関する基盤的財源である経常経費寄附金収入、施設整備等寄附金収入、長期運営資金借入金元金償還寄附金収入は入っていないものと考えた。これが「その他」に計上されているかは、今回の調査で確認できなかったため、この当該科目については考察の対象から除外している。ただこれを「その他」に算入したとしても、平均 5% 弱上がるだけなので、考察の方向性を揺るがすほどの影響力はない。

24 『概説』177 頁。

財源全体の33.2%であったのに対して、平成20年度では17.3%と、ほぼ半減している。その主たる要因は、介護保険制度導入に伴う介護報酬の増大と解されているが[25]、しかるに上記表の通り、当該制度導入に連動する形で組織（財政）規模も、その金額面では倍増の勢いにあるので、決して社協の行政依存度が解消傾向にあるとはいえない。

⑥社協経営の本体ともいえる「事業収入」の年度平均は、6,320千円で全収入の実に3.6%しかない。これに介護保険事業収入やその他の収入を合算しても平均73,116千円で、これでも全収入の半分もいかない（41.3%）。上記④の会費等を算入して漸く50%に達するといった状況である。

⑦事業費のみの収支差額を計算してみると、平成11年度までは29,990千円、12年度で36,032千円、16年度で26,436千円、20年度で39,184千円のいずれも赤字決算という状況で、これの全体支出に対する割合は、漸次、軽減方向にはあるものの、それでも依然として全体支出の約5分の1を占めている。

⑧「事業活動収支差額」は、ほぼ毎年度平均約4,700千円前後を推移し数字上は、一応採算が取れているかのように見えるが、これは決して企業努力による成果ではなく、行政からの財政支援故の結果にすぎない。むしろ公的資金投入によって、社協が赤字にならないよう調整されているとみるべきであろう。あるいは支援を受けているが故に、社協の収益活動に一定のブレーキがかかってしまっているとも解し得る。

以上、市区町村社協の財政状況について、色々な角度からその特徴を考察したが、総じて考えられることは、社協の組織及び運営に関しては、その創設から半世紀以上が立つ今日においても、未だ国や地方公共団体からの公的資金なくして自立（自律？）できていないということである。平成12年度以降、介護保険事業や障害者自立支援事業などからの「事業収入」は入ることとなったが、しかるに新規事業拡大は、結果的に組織拡大、すなわち人件費増加へと連動し、結果的には行政依存体質の改善には繋がらなかった。

補助金を前提に事業運営がなされるということは、経営者にとって運営資

---

[25] 『概説』177頁。

金については悩まなくてよいということであるので、どうしても資本主義的経営努力はお座なりになろう。そもそも論ではあるが、補助金適正化法にいうところの「適正化」という概念には、国の地方公共団体に対する補助比率を漸次可能な限り縮減し、公共団体の自主財源確保を促す意図が込められている[26]。補助金行政は、補完性の原理の上に成り立つ。一定の期限（ピリオド）を以って・給・付・さ・れ・る・行・政である。決して既得権を形成するものではない。すなわち将来的には、自主財源確保、独立経営（運営）への期待が想定されなければならない。"ゆりかごから墓場まで"補助金ありきという経営方針は、本源的に補助金行政に対する法の精神に反するものと考える。ただこの補助金交付行政に関する問題は、受領者（＝社協）側の問題というよりは、交付者（＝行政）側の問題である。というのは、後述の通り、補助金の交付者と受領者は、双方、およそ対等平等の関係にはないからである[27]。よって補助金交付決定権限を有する行政庁のこれまでの執行法務について厳密かつ的確な指導・監督（評価法務）がなされ、かつその改善（立法法務）が貫徹されればよいと考えるのである。

社協に向けられた地域福祉の実現という法的命題とは、「行政の限界をこえるもの」[28]、「行政にはなじまない地域の特性に応じた独自のサービス提供活動」[29]への期待、「個からのアプローチと地域からのアプローチを統合化させた機能」[30]への期待に他ならない。社協は、決して行政の補完的・代替的存在ではない。ましてや行政の下請け、出先機関であってはならない。あくまでも社協とは、住民主体・主導に基づく地域福祉推進母体である以上、その組織及び運営に関して、自主財源のみで賄えないという現実は、それぞれの自治体や地域の特性や情況とも密接に絡み合う困難性故のことと推察し得

---

26 「問題をはらむ補助金行政の行方—適正化法をめぐる反響」エコノミスト 41 号（1955 年）28 頁。
27 前掲脚注 20 の拙稿を参照されたい。
28 「地域福祉対策の確立とそのすすめ方」（昭和 48〔1973〕年度社会福祉大会第 1 研究委員会）参照。なお『概説』54 頁には、「地域福祉は、保健・医療・福祉などの行政の枠を超えて、地域レベルでの諸サービスの統合化をめざすこと」とあるのも、地域福祉の推進を目指した中核母体たる社協に向けられた法的命題と考えられる。
29 中央社会福祉審議会・地域福祉専門分科会中間報告「地域における民間福祉活動の推進について」（1990 年 1 月）。
30 『概説』8 頁。

るが、この問題は、わが国のコミュニティ、延いてはわが国の直接民主主義的成熟度を考究する上で非常に重要な問題を投げかけているものと考える。

　この問題の端緒には、昭和42年に発せられた行政管理庁勧告（「共同募金に関する勧告」）がある[31]。当該勧告は、社協の人件費や事務費に関して、制度的民間財源たる共同募金収益の使用を禁じたものであった。これは社協にとっての貴重な自主財源の途を奪ったのみならず、社協の行政への依存体質化、下請け化をも促進させた。この点については、地域福祉の発展、コミュニティの再生という観点からも、今後抜本的な見直しがなされるべきであると考える。

　昭和51（1976）年の「市区町村社会福祉協議会のあり方に関する試案」では、社協に対する公費補助のあり方、そして行政との関わり方について次のように述べている。「ことに市町村段階では、公私分離しがたい共同分野が非常に多く考えられる。したがって、地方公共団体は、社協を地域福祉推進上異った機能をもって協働する不可欠のパートナーとして積極的に位置づけ、その機能が十分発揮できるよう、人件費を含む積極的援助を行うことがのぞましい」と。昭和51（1976）年の「試案」の段階では、このように公私分離では捉えられない現実に直面するなかで、社協を行政の事業パートナーとして位置づけつつも、人件費等の積極的援助の必要性を提言するのであるが、果たして、援助者と被援助者はパートナー（partner）になり得るのか。"partner"とは、何らかの目標を達成するための全体企画（プロジェクト）の一部分（part）を担任する者をいうが、それは全体企画（プロジェクト）の権限（責任）者の従属者ではない。それぞれの部分（part）を担任する者には、それぞれの分野（部分）における権能と責任、そして当事者意識（自覚）が具有していなければ、それは"partner"ではない。"partner"通しは、対等な関係性（信頼性）が築かれていなければならない。対等な者通しがそれぞれの立場・視点、専門的スキルを以ってして対話しつつ、ときにぶつかり合いながらもひとつの目標に向かって突き進んでいく。ここに"協働"（パートナーシップ）は生まれるのである。行政が社協に対して「人件費」や「事務費」等、組織存続の根幹に関わる全面保証を行って

---

[31] 『概説』52頁。

いる限り、少なくとも法が志向する住民主体を基調とした地域福祉を推進する中核母体たる社協は完成せず、かつ行政と社協は協働（パートナーシップ）の関係にはならないと考える。他方、社協経営者においても、「初めに補助金ありき」的な経営方針では、地域の声の代弁者として行政と対峙する姿勢が強化されず、地域福祉の真の発展者たり得ないと考える。市民社会における住民の「権利」意識、「自尊心」、「誇り」は、自由意思によってのみ醸成されるのである。この部分の考察をすすめないまま、いかに制度設計を新規にしようとも社協に従来貼られた「行政の下請け」、「第二の行政」というレッテルは払拭できないばかりか、社協の法的理念たる「地域福祉の推進」にも繋がらないものと考える。

　なお最後に、社協に交付される金員のうち、「補助金」としての性格を有するものと、行政からの「委託金」として交付されるものとが混在、不明瞭となっていないだろうか。「補助金」とは、補助金交付を希望する者からの申請を前提に交付決定がなされ、当該団体・組織の維持・存続、運営全般にかかる財源保証として反対給付を受けないで交付される金員である。他方「委託金」とは、行政が本来的に行うべき事務事業をその執行の便宜性、効率性とに鑑みて、行政以外の者に委託して行わせる場合に交付する給付金である[32]。「委託金」は、行政の事務事業の履行（代行）という役務提供を求める対価として交付される金員であるから、「補助金」と異なり相当の反対給付を受ける給付金である[33]。「委託」事業の場合、あくまで事業主体は行政である。他方、「補助金」を原資とする事業の主体は、その受領団体となる。「補助金」は、原則として法人税の課税対象にならないが（法人税法22条2項、法人税基本通達15-2-12）、委託事業は、「請負業」として収益が発生した場合には、当然のことながら法人税の課税対象となる。実費精算方式に基づく契約の場合にも、税務署長の確認という手続を以ってしてはじめて非課税扱いとなるので[34]、補助事業か委託事業かの区別は、税法上非常に重要な問題となる。

32　増島俊之「経験的行政管理論(9)――委託費の実態」自治研究56巻4号45頁。
33　増島・前掲論文46頁。

2 社協経営において行政からの人材投入と財政支援とが合一する問題性について

　社協の財源に関する評価法務ないし立法法務的検討として、もうひとつ見落としてはならない視点は、社協の主たる財源である補助金の交付者たる行政と受領者たる社協との人的緊密性に関わる問題である。すなわち補助金受領者たる社協役職者に、行政からの人材投入がある場合、補助金交付決定に対する客観性、公平中立性あるいは適正性に疑義が生じるのではないか。行政出身の社協役職者が、もし補助金交付決定に対する権限者と親交深き間柄だったとしたら、かつての直属の上司又は大変世話になった先輩だったとしたら、あるいは逆にかつての仇敵であったとしたら、不適切な処理の有無にかかわらず、住民の目にはどう映ることであろうか。対住民（＝主権者）との信頼関係構築（協働の実現）に全く支障を来さないといい切れるか。全体の奉仕者たる公務員（行政）は常に襟を正さなければならない。それは職を辞した後も同様である。地方公務員法33条には「信用失墜行為の禁止」という服務規律が存在するが、そこでの「その職の信用を傷つけ、又は職員の職全体の不名誉となるような行為」とは、「公務員の社会的地位および国民感情と切り離して考えることができないもので」[35]、「具体的にどのような行為が信用失墜行為に該当するかということについては、一般的な基準は立てがたく、健全な社会通念に基づいて個々の場合について判断するほかない。……（すなわち、）……それは任命権者の恣意的な判断を許すものではなく、客観的、社会的に納得される判断でなければならない」（括弧内及び傍点筆者）[36]と解される。この問題は、公務員が何をしたかが問題なのではなく、国民からどう見られているか、いかなる感情を抱かせたかに係っている。先の引用でこの問題は「国民感情」と切り離せないと記されているが、この感情とは、国民が公務員をいわゆる特権官僚とみる「強い反感」と、それとは

---

34 「Q&A NPO 会計マニュアル」（NPO 会計税務専門家ネットワーク、2013）（http://www.npoatpro.org/potal/files/npo-accounting-md201306.pdf〔2014年6月2日〕）31-32頁、藤井賢一郎・鈴木俊昭『社会福祉協議会財務・経営Q&A』（全国社会福祉協議会、2007年）103-104頁。
35 橋本・前掲書642頁。
36 橋本・前掲書650頁。

裏腹にある国民の行政サービスの質と量に対する「大きな期待」という相容れないふたつが混在すると評解される[37]。このことを敷衍するに、公務員は違法でなければ何をやってもよいというものではなく、住民にある種の猜疑心を芽生えさせぬよう、常に適正な行為に身を投ずる、少なくともそれに向けた細心の注意を払うことが求められる。まさにこの問題は、公務に携わる者の品位・品格といった道義的・倫理的レベルまで追求されるのである。一度芽生えた猜疑心は、いつしか失望・諦念あるいは厭悪へと変貌する。そしてこれを社協マネジメントに当てはめるならば、法の目指す住民主体の理念に基づく「地域福祉の推進」の致命傷となり得ることは、多言を要しない。補助金交付決定に関する議会における予算審議（チェック体制）の精緻化を含めた、体制や意識の改革は、協働の時代においては、避けて通ることが許されない課題である。

3　社会福祉協議会の前に立ちはだかる公会計システムの壁

　今日の社協を取り巻く会計処理においては、決算時において精算費目における残額が生じたり、年度当初に立てた事業計画における未執行分などで余剰金が発生した場合、それは精算等返還金として交付者たる行政に返納される。そしてこのことは場合によっては前年度実績に基づいて次年度予算が査定され、申請額を一部削られることもあり得べしということである。しかるにこれでは社協自身、住民主体の地域福祉の推進に向けて自立すべく、自主財源確保に向けた経営努力をしようとするモチベーションが育成されない。そればかりか、社協の行政依存体質の温存、マネジメントのルーティン化、経営努力に向けた意識減退を助長させてしまうように考えられる。余剰金の発生に対しては、経営努力の成果として、年度途中でも行政との協議の上柔軟に使徒変更し、サービス事業のさらなる充溢化に向けた試行が積極的に展開できるように検討が進められるべきであると考える。地方自治法2条14項は、「住民の福祉の増進に努めるとともに、最少の経費で最大の効果を挙げるよう」自治体に課しているが、社協マネジメントにおける余剰金の発生

37　橋本・前掲書642頁。

とは、当該規定の趣旨を汲み取りながらも、合目的的かつ柔献に解釈しなければならないと考える。無論この問題は、地方財政法4条1項の「地方公共団体の経費は、その目的を達成するための必要且つ最少の限度をこえて、これを支出してはならない」、さらには地方自治法233条の2の「各会計年度において決算上剰余金を生じたときは、翌年度の歳入に編入しなければならない」という規定との整合的検討は必須である。しかるにその一方で同条但書には、「ただし、条例の定めるところにより、又は普通地方公共団体の議会の議決により、剰余金の全部又は一部を翌年度に繰り越さないで基金に編入することができる」（傍点筆者）との規定も看過してはならない。いずれにせよ補助金行政ないし公会計システムが社協の民間主導性ないし発展にブレーキをかけることのないよう、あるいは社協も受領した補助金を漫然と消化することのみに傾注することのないよう、社協に与えられた法的使命を念頭に置き、地域福祉のさらなる発展を希求した柔軟な（プラグマティック）立法法務が展開されるべきであると考える。

4　社協の主たる財源たる「補助金」の交付手続に対する法的統制について

(1)　議会による統制の現状と課題について

　一般的な補助金交付は、各部局課において次年度の補助金総額をまず予算化し、それを踏まえて各団体からの申請を担当課が審査し、政治・政策的裁量判断を踏まえて受領者及び交付金額が決定される。しかるに、社協に至っては、交付団体が社協一団体と限定されているので[38]、いわゆる「協議積算」という手法を取り、社協が申請してきた額について市が社協と協議を重ね、そこで合意形成された額を市が予算化し、議会の審議を仰ぐ。

　すると、まず補助金交付決定について、法的に客観性を担保して統制する契機としては、議会の予算審議においてということになる。これは、議会による財政民主主義的観点からの統制に他ならない[39]。わが国の議会における

---

[38] 社会福祉法109条は、「その区域内における社会福祉事業又は更生保護事業を経営する者の過半数が参加するものとする」（傍点筆者）とあるので、同一地域内に複数の社協が設立できない規定となっている（参照、『概説』33頁）。

[39] 資金交付行政に対する行政による自己規制については、その脆弱性は否めない（前掲脚注20の

予算の議決の法的性格とは、通説によれば、法律類似行為と解されるので決して軽々に評価されるべきものではない[40]。交付される資金（補助金）は、いわずもがな、公金（国民・住民からの税金）に他ならない。すると、憲法並びに地方自治法及び地方財政法の要請としての健全かつ民主的な財政運営を確保するためにも、交付されるべき資金の起案（予算案）段階から、補助金の執行手続、執行状況、補助事業者の組織運営・事業遂行過程、事業終了に伴う成果物の検証、効果測定、次年度に向けての課題の抽出に至るまで、民主的な統制の下、厳正に行われなければならない。また資金交付の根拠規定も、立法者意思が積極的に介在されることが理想と考える[41]。しかるに、

拙稿参照）。そして殊に、社協への補助金交付に関しては、前述の通り、行政―社協間に一定の人的緊密性が認められるが故に、さらにその脆弱性は懸念として強まるものと考える。

[40] 手島孝「予算の法理に関する基本的考察――予算の概念・予算の法的性格・予算周辺の法的問題」法政研究41巻（1974年）26頁以下。

[41] 今日の地方公共団体から交付される補助金は、大抵の場合、首長が制定する「規則」に基づいて執行される。他方、これを立法者意思たる「条例」に基づいて執行している例は、管見によれば、実に三重県や京都市など、ごく一部に限られる。無論、「条例」も「規則」も共に民主的プロセスを経て誕生した機関が制定した法規範である。その意味においては、これらに基づく行政は、民主主義ないし法治主義が担保されている。しかるに「条例」の場合、議会という合議制機関によって審議・制定されるが、「規則」は当該自治体の首長（独任制機関）に依るものであるため、解釈法学上あるいは政策法学上は、次のような点を指摘することができる。すなわち、①独任制機関たる首長が制定・改廃する「規則」については、その制定・改廃に対する趣旨・目的、理由・根拠ないしその過程において、どうしても不透明にならざるを得ないこと、②すなわち「規則」の制定・改廃に関して、公開審議を原則とする議会において成立する「条例」と異なり、制定過程に関する住民への周知徹底が不十分となり得ること、③住民との信頼と協力を前提とする公私協働に基づく自治体経営の視点に立つと、上述のような状況は住民からの信頼獲得のために、条例制定の場合以上にパブリックコメント等の仕掛けをしなければならず、これは少なからずコスト増となり得ること、④首長の交代は、即、「規則」改廃という可能性（危険性）が潜在し、このことは合議で成立する「条例」に比して法的安定性の観点から問題を指摘し得ること、⑤④と関連して、補助金行政が政争の具と化す危険性が、「条例」（＝議会審議）以上に濃厚であること、⑥さらに首長は、規則制定権者たる立法者という側面と、ある政策（事業）に対する推進者（反対者）という執政者という側面の両方を併せ持つ以上、一部の補助金行政に関する規則をみるに、「首長の責務」を明षするが、当該規定はほぼ空文と化すと考えられること、以上である。これら首長の「規則」に基づく補助金行政については、市民の目線からして、いかに公平中立性を担保し、かつ透明性を確保し得るか、そしてそれをどう法制度として表現するかが、ここでの最大のネックとなる。従って筆者は、やはり当該行政は、財政民主主義的統制を完成すべく、立法者意思たる「条例」に基づき議会の監視下で適切かつ慎重に執行されるべきであると考える。なお、この地方公共団体の補助金行政の特質と課題については、前掲脚注20の拙稿を参照のこと。

今日の議会による審議体制には重大な問題が潜む。それは補助金交付決定に関する議会の予算審議は、補助金交付に関する申請の目的、背景、受給者要件、内容、手続、形式が、それぞれ審査されるわけだが、当該審査基準は、大いにして審査対象たる「行政」が策定した指針（規則・要綱）に基づいているということである[42]。これでは十分かつ厳格な第三者的評価、統制は一定の限界があるといわざるを得ない。また審議の舞台が議会であるので、どうしても追及の緩急についてはその時々の与野党会派の力関係の影響を直接に受け、すなわち政争の具として政治的駆け引きの材料ともなり兼ねない[43]。他方、すでに執行された補助金について違法・不当の問題提起が住民訴訟等で提起された場合に、議会自ら当該債権を放棄することで住民の訴えの利益を喪失せしめてしまうといった問題もある[44]。

(2) 司法審査の現状と課題について

資金交付行政とは、政策的裁量権の問題であると解される[45]。これが意味するところは、以下の３点ではなかろうか。まず１点目としては、先にも考

---

42 村上武則『給付行政の理論』（有信堂高文社、2002年）189頁。
43 かつて大阪市が行った「大阪人権博物館」や「文楽協会」への補助金の廃止又は減額 "処分"（？）などは、大きく報じられ全国的な政治的論議を巻き起こしている。例えばいくつかの報道をみるに、「リバティおおさか、大阪市の補助金廃止決定」（朝日新聞2012年6月3日）、「大阪人権博物館などの補助継続求める　歴史学４学会が声明」（朝日新聞2012年6月28日）、「リバティ存続を　全国ネット発足」（朝日新聞2012年7月22日）、「文楽への助成金、公演ごとに審査　大阪市が新制度案」（朝日新聞2014年12月20日）、「ふるさと納税を文楽支援に活用　橋下・大阪市長が方針」（朝日新聞2014年12月24日）などがある。
44 このテーマに関する先行業績としては、例えば、阿部泰隆「地方議会による地方公共団体の賠償請求権の放棄は首長のウルトラＣか（上）」自治研究85巻8号16頁（2009年）、阿部泰隆「地方議会による地方公共団体の権利放棄議決再論——学説の検討と立法提案」自治研究85巻11号（2009年）3-35頁、津田和之「住民訴訟と議会による債権放棄」自治研究85巻9号（2009年）91-122頁、木村琢麿「財政法の基礎理論の覚書き——住民訴訟と権利放棄議決の関係を含めて」自治研究86巻5号（2010年）66頁、斎藤誠「KEY WORD 住民訴訟における議会の請求権放棄」法学教室353号（2010年）2頁、石崎誠也「住民訴訟（4号請求）に係る損害賠償請求権等の放棄を定める条例の効力」ジュリスト1420号（2011年）69頁、小川正「（判例研究35）住民訴訟判決と地方議会の放棄議決（上）（下）——最判（二）平成24年4月20日等における『諸般の事情の総合考慮による判断枠組み』等について」自治総研通巻414号（2013年4月号）などがある。
45 碓井光明『要説　住民訴訟と自治体財務〔改訂版〕』（学陽書房、2003年）193頁。

察したように、資金交付の可否、是非の判断は、常に政争の具となり兼ねないということ。2点目は、当該判断とは、まさに公益判断と密接不可分のものであるので、その第一次判断権は行政に存するということ。そして最後に、その理論的帰結として、この問題は司法審査に馴染まないということ、である。すなわち、行政事件訴訟法30条は、「行政庁の裁量処分については、裁量権の範囲をこえ又はその濫用があつた場合に限り、裁判所は、その処分を取り消すことができる」（傍点筆者）と規定し、行政庁の裁量判断（公益判断）については、原則的に、行政にその第一次判断権を立法者意思を以って委ねているのである。裁判所が判断し得べきは、行政の行った公益判断の適正性ではなく、重大かつ明白な不正性のみである[46]。従って本稿のテーマである社協経営の内実や方向性に対して、人事や財政支援という形で関与する行政判断に関しては、司法が深く切り込んで審査するというのは、実際問題としてかなり困難であるといわざるを得ないのである。「補助金の交付が、一般規範や議会の議決に反したり、その動機に不正や歪みがあったり、比例原則・平等原則に明らかに反した過剰と言えるものでない限り、公益性がないとまで言うことはないというのが現時点の多数の見解のようである」[47]と

---

[46] 行政庁の裁量判断に対して司法審査を行う場合の裁判所の判断基準のいくつかを先例から抽出すると、例えば、「全く事実上の根拠に基づかないと認められる場合」（最判昭和29年7月30日民集8巻7号1501頁、同旨のものとして最判昭和32年5月10日民集11巻5号699頁）、「法の目的に反することが明白な場合」（福岡地判昭和29年6月2日行裁例集5巻6号1482頁）、「条理にもとづく一定の限界があ」る場合とか、「純然たる感情的恣意的処分という」場合（福島地判昭和29年6月18日行裁例集5巻6号1495頁）、「著しく正義に反」する場合（名古屋地判昭和29年6月9日行裁例集5巻6号1445頁）、「社会通念上著しく不公平かつ過酷であ」る場合（岡山地判昭和26年5月30日行裁例集2巻7号1132頁）、「社会通念上著しく妥当を欠く場合」（最判昭和32年5月10日民集11巻5号699頁）といったものを見出すことができるが、その他、甚だしく人道に反するとか著しく正義の観念にもとるような場合でなければならないとする裁判例もある（東京地判昭和45年7月2日訟務月報16巻12号1424頁）。なお、いわゆる「日韓高速船訴訟」（山口地裁平成10年6月9日）においては、補助金交付における公益性の有無がまさに争われたケースであったが、裁判所は、補助金交付と住民の利害との因果関係の有無について言及し、結果、行政の裁量権の範囲を非常に限定的に解釈している点、注目に値する。本件に関する注釈として、例えば、伴義聖・大塚康男「はんれい最前線　補助金に揺れた日韓高速船問題に幕―補助金交付は公益上必要がある場合に当たる―最高裁」判例自治280号5頁以下、佐伯祐二「第三セクターに対する補助金交付の適法性」民商法雑誌134巻4・5号705頁以下。また碓井光明「地方公共団体の外郭団体的法人」、『財政法講座3　地方財政の変貌と法』（勁草書房、2005年）所収）325頁以下、328頁以下も併せて参照のこと。

の指摘があるが、当該指摘は、司法判断の現実(限界)を的確に評しているように考える。この点については、政策的ないしは専門技術的な問題にもアプローチできる行政審判制度の可能性も視野に入れつつ積極的な検討をすべきと考える。

それでは以下に社協への補助金交付手続が問題視された裁判例をひとつ紹介したい。かつて北海道東川町の社会福祉協議会に交付された補助金に関して住民訴訟が提起された。争点は、同町が制定した行政手続条例、補助金交付規則、文書管理規則等に規定された手続・形式に基づく審査及び調査が十全になされないまま交付決定がなされたにもかかわらず、裁判所は、町長の当該手続上の瑕疵は軽微なもので、「本件補助金決定を違法ならしめるものではない」とか、「(法が)求めている趣旨を没却するものとまではいうことはでき」(括弧内筆者)ないとして、住民の訴えを退ける判断を下した。以下は、判決文の一部である。

(1)本件補助金申請書の収受及び決済に関する手続及び形式上の不備について
①地裁判決(旭川地裁平成14年1月29日判決・平成12年(行ウ)第6号)
　「原告は、本件補助金決定について、本件補助金申請書は収受されていないし、所定の決裁もなされていない旨主張する。

　確かに、文書管理規則5条1項(2)は、役場に到着した文書は総務課において収受し、当該文書の右下部余白に収受日付印を押印する旨規定するところ、本件補助金申請書は、収受日付印が押印されていないし、また、決裁規程2条(1)に規定する被告の決裁についても、文書管理規則9条に規定する起案文書(同規則別記第6号様式)の作成がなく、本件補助金申請書の余白に『本申請を適当と認め申請額どおり交付決定することを伺います』と記載されているのみで、上記様式の記載事項である起案者、起案年月日、起案の趣旨、決裁年月日、当該申請についての調査に関する事項等は記載されていないのであるから、本件補助金申請の収受及び決裁の手続は、いずれも文書管理規則に反するものといわざるを得ない。

　ただ、そうであるとはいえ、文書管理規則5条が、文書に収受日付印を押印するとした趣旨は、文書収受の有無及びその日時を明らかにすることにより、文書事務の適正かつ円滑な実施を図ることにあるのであるから(同規則1条)、

---

47 滝井繁男『最高裁判所は変わったか』(岩波書店、2009年)114頁。

現に本件補助金申請書が収受されていることが明らかである以上、単に収受日付印が押印されていないというだけで、直ちに本件補助金申請及び当該申請を前提とする本件補助金決定が無効ないし違法ということはできない。

　また、文書管理規則9条が、決裁において起案文書の作成を必要とする趣旨も、決裁の重要性にかんがみ、その意思決定の有無や決裁の経過、職員の関与の有無等を明らかにし、もって、文書事務の適正かつ円滑な実施を図ることにあると解され、本件補助金申請について、当該申請書に決裁権者である被告及び関係職員が押印し、本件補助金決定に係る指令書にも、被告の押印がなされている以上、町長である被告の意思決定の存在や関係職員の関与は明らかといえるのであって、やはりこの点のみから、本件補助金決定を違法とするのは困難である。」

②高裁判決（札幌高裁平成16年7月15日判決・平成14年（行コ）第2号）
　この点に関しては、前記地裁判決とほぼ同文であるので省略する。

(2)本件補助金申請の調査及び審査のあり方に関わる手続及び形式上の不備について

①地裁判決

「原告は、本件補助金申請書には……補助金交付規則3条2項に規定する町長の定める書類（同規則別記様式第2号の事業計画（実績）書、同第4号の事業予算（精算）書）が添付されていない旨主張する。

　確かに、本件補助金申請書には、事業名、事業の目的及びその概要、補助金交付申請額が記載されているのみで、所定の事業計画（実績）書や事業予算（精算）書の添付もない」。

「行政手続条例7条は、行政庁は、申請がその事務所に到達したときは遅滞なく、申請書の記載事項に不備がないこと、申請書に必要な書類が添付されていることなどの審査を開始しなければならない旨を、また、補助金交付規則4条1項も、町長は、補助金等の交付の申請があったときは、当該申請に係る書類等の審査及び必要に応じて行う現地調査等により、当該申請の内容を調査し、補助金等を交付すべきものと認めたときは、速やかに補助金等の交付決定をする旨規定する。

　にもかかわらず被告は、従前から補助の申請がなされた場合には、予算査定の際に実質的な審査を行い、東川町議会において可決された額をそのまま補助申請させて、交付決定をする取扱いをしていたもので、本件補助金申請についても、改めて審査及び調査はしていないというのである。

　確かに、本件補助金申請に関し、東川社協は、平成10年12月15日、東川町保健福祉課に対し、事業内容やその費用見積額、東川社協の歳入歳出等が記載された平成11年度予算要求見積書を提出し、これが関係部局で検討され、平成

11年1月28日には、町長である被告の査定が行われているのであるが（〔証拠略〕）、予算の査定と補助金交付申請に対する審査及び調査はその性質を異にするものであるし、現に補助金交付規則4条1項等は、町長の補助金等の交付申請に対する審査及び調査義務を明記することにより、予算の手続とは別個に町長による実質的な審査及び調査を求めているのであるから、予算の査定の際に実質的な審査をしたからといって、本件補助金交付申請の内容を改めて審査及び調査する必要がないということはできない。

　特に、本件のような団体補助金の交付額の決定に当たっては、補助対象団体の財政力が重要な考慮要素となるのであり、そのため社会福祉法人に対する助成について定めた助成条例3条は、社会福祉法人は、助成を受けようとするときは、申請書に①理由書、②助成を受けようとする事業計画書及びこれに伴う収支予算書に加え、③財産目録及び貸借対照表、④その他町長が必要と認める書類を添えて町長に提出しなければならない旨規定するのであるが、本件補助金申請書に、東川社協の財産目録及び貸借対照表等、東川社協の資産に係る書類は添付されておらず、予算査定の際にも、上記東川社協の歳入歳出に係る書類以外、当該書類は提出されていないにもかかわらず、この点について申請の補正等を求めることもなく、本件補助金決定を行っているのであるから、当該決定に至る手続は、行政手続条例、補助金交付規則に反するものといえる。

　そして、補助金の交付に係る審査及び調査の重要性にかんがみると、これを軽微な手続上の瑕疵ということはできない。」

　他方、本件補助金は、交付決定後に約50万円程度の増額変更申請が社協側からなされているのであるが、当該申請にも「関係書類が一切添付されていなかったのであり」、かつ「東川社協の資産状況に関する書類の提出はなく、加えて補正予算が東川町議会で可決された後に、東川社協において導入するコンピュータシステムの機器やリース期間の変更があったにもかかわらず、本件変更申請書にはこれに係る書類さえ添付されていなかったのであるから、この瑕疵を手続上の軽微なものということはできず、本件変更決定は違法というべきである。」町長（被告）は、「東川町に対し、本件各決定によって東川町が被った損害（金及び）……遅延損害金を賠償する責任を負う」（括弧内筆者）。

　「被告は、東川町としては、その手続に違法があったとしても、東川社協に対する補助には公益上の必要があるのであるから、本件各決定により損害は生じていない旨主張するのであるが、公益上の必要があったといえるかどうかはともかく、違法な決定に基づく交付である以上、これは東川町の損害というべきであって、被告の主張には理由がない。」

②高裁判決

　社協による本件補助金申請は、必ずしも補助金交付規定所定の様式に準拠す

るものではないが、「この点のみをもって本件補助金申請自体を違法ということはできない。」

　行政手続条例及び補助金交付規則は、町長（控訴人）に対して、所定の審査及び調査を義務付けているものの「控訴人は、既に予算査定を行っていたことから、改めて本件補助金申請について実質的な審査及び調査をしていない。」

　「本件補助金申請に関し、東川社協は、平成10年12月15日、東川町保健福祉課に対し、歳出項目、歳出見積額算出の基礎及び内容、予定財源内訳等が記載された平成11年度補助金交付予算見積要求書を提出し、これが関係部局で検討され、平成11年2月8日には、町長である控訴人が東川町の財政状況、補助の必要性等を勘案して予算査定を行っているのであるから、予算の査定と補助金交付申請に対する審査及び調査はその性質を異にするものであるとはいえ、本件補助金申請が予算査定後それほど期間が経過しないうちになされたものであり、本件補助金申請時の東川町の財政状況や補助の必要性が控訴人による予算査定時と異なることを窺わせる事情は存在せず、しかも、本件補助金申請が東川町の当初予算で認められたものと同額であることを考慮すると、控訴人が本件補助金申請の際に、改めて実質的な審査及び調査をしなかったからといって、それにより東川町が不利益を被る恐れもなく、補助金交付規則4条1項等が、町長の補助金等の交付申請に対する審査及び調査義務を明記することにより、予算の手続とは別個に町長による実質的な審査及び調査を求めている趣旨を没却するものとまでいうことはできず、このことを理由に本件補助金決定が違法であるということはできない。」

　社会福祉法人に対する助成について定めた助成条例3条に規定する申請書に添付すべき、①理由書、②事業計画書及びこれに伴う収支予算書、③財産目録及び貸借対照表等が添付されていない点については、「控訴人は、東川社協の評議員会に出席することにより、あるいは社協だよりの閲読等により、東川社協の財産目録の内容等は十分に把握していたのであるから、本件補助金申請書に財産目録及び貸借対照表……が添付されていなくても、東川社協の財産目録の内容等を念頭において本件補助金申請の当否を検討することができたものと認められる。したがって、この点も軽微な手続上の瑕疵というべきであり、本件補助金決定を違法ならしめるものではない。」

　上記各判決に対しては、筆者は一部同調することができない。町長や関係職員は、当該申請に対して各種の条例・規則が定める手続及び形式をいかなる理由や根拠を以って省略あるいは軽視したのか。省略せざるを得ない必然性・緊急性は存在していたのか。そこには社会通念に照らして住民が納得で

きる説明責任が果たせるのか。裁判所は、それらの点を法に照らし合わせて審査・追及しなければならない。裁判所は、本件においては、現実的問題としては、町には一定の損害（不利益）が発生しなかったという結果のみに着眼して、手続・形式上の瑕疵を軽微なものとして町長の当該行為を免責としたが、損害の有無と手続上の瑕疵の有無とは、そもそもの問題として次元を異にする。ましてや町長と社協とは、補助金交付行政を巡っては、交付者と受領者、規制者と被規制者という本来的には利益相反関係にある当事者である。法治主義ないし民主主義が目指す正義とは、近代国家の成立過程を紐解くまでもなく、手続的正義に他ならない。

　他方、町長は、裁判所も認定するように、補助金交付規則及び文書管理規則に違背するのみならず、行政手続条例や社会福祉法人助成条例にも抵触する。しかるに行政内部的な自律的法規範である「規則」を省略するというのと、住民の代表機関であって民主主義の府たる議会が制定した「条例」を省略するというのとでは、本源的に意義を異にする。「規則」も「条例」も、共に民主主義的機関が制定した法規たる定めであるが、しかるに「条例」とは、議会という合議制の機関によって、原則的に公開の審議を経て成立し、かつ行政に対しては法治主義を実現するための他律的規範に他ならない。これに対して「規則」は、首長たる独任制の機関が行政内規として、制定過程を公開することなく成立せしめるものである。その改変に至っても、時宜に応じて、首長の政治・政策的判断のみを以ってして、何ら法的手続統制なくして行われるもので、明らかに「条例」改正とは状況を異にするものである。「規則」は、行政に対しては、自律的規範の域を越えない。本件裁判所が、このような点に何ら言及することなく判決に及んだ点については、およそ三権分立主義、議会制民主主義に対する無理解に他ならず、重大なる誤謬と考える。当該行為を行政処分と解するにしても、あるいは形式的行政行為ないし公法契約と解するにしても、いずれをとっても町長の行った申請に関する手続及び形式の飛躍は、永年に亘る社協との馴れ合いに起因する職務懈怠と解され、住民から不信感を持たれても仕方ない。本件町長のマネジメントは、法治主義（法令遵守）、財政民主主義の観点から、あるいは住民に対する説明責任、住民との信頼関係の維持、協働による行政の構築と発展の観点から

全く以って問題ありと評さざるを得ない。

なお地方自治法242条の２１項４号には、住民訴訟を提起する場合、当該地方公共団体に損害又は損失が発生することを要件としており、これを踏まえて本件地裁判決に対する評釈としては、「交付決定手続に瑕疵があっても、補助金交付に公益上の必要性が認められる場合には、当該地方公共団体に損害は発生していないのではないか（,）……社会福祉協議会が、私企業等とは異なり民間団体ではあっても、地域福祉の担い手として、地方公共団体と一体となって福祉活動を行っており、地域には欠かすことができない団体であることからすれば、仮に交付決定手続に違法性が認められたとしても、公益上の必要性の判断とは別次元で判断すべきであって、補助金支出の必要性が高い本件のような事案では、（地裁判決のように）必ずしも直ちに損害ありと認定すべきではなかったのではないか」（括弧内筆者）との見解がある[48]。確かに公益上の必要性が認められる場合には、当該地方公共団体には損害が発生していないと考えられ、当該判断と交付決定手続の違法性の問題とは別次元の議論ではある。しかるに本件町長は、住民の血税たる税金であるところの補助金を交付するという財政出動に際し、慎重に慎重を重ねて判断しなければならないところ、法規たる性質を有する「条例」や「規則」[49]で定められた交付決定手続を省略してしまっているのであるから、これは町長に権限と責任が存する公益判断に関してダブルチェックをするよう命じた法の趣旨を没却する行為であり、公益性判断そのものを軽んじた行為と考えられる。この点については、地裁の判断は正しい。本件においては、社協からの申請額そのものを何ら厳重にチェックすることなく財政出動を決定しているわけであるから、それは損害が現実に発生したか否かというよりも、逸失利益の発生に対するチェックを怠った、あるいは損害発生に対するリスク・アセス

---

48 佐々木泉顕・宮田康宏「はんれい最前線　社協への金銭ケアは是か非か？―条例に定められた手続によらない補助金交付決定の違法性認めず―裁判所」判例自治268号11頁。
49 本件で問題となった「文書管理規則」は、およそ内容的にはいわゆる行政規則の範疇を超えるものではないので、法規とはいえないが、「補助金交付規則」の方は、補助金支給の有無が申請者の組織及び活動に重大な影響を及ぼし、かつ同町が定めた規定を見る限り、補助事業者として町長からのいろいろな指導や処分に従うことが定められており、また各種の義務も設定されているので、当該規則は、法規命令を解してよいと考える。

メントが杜撰であったという評価以外の何物でもないと考える。もし仮に今般のようなやり方で以前より社協への補助金交付決定がなされてきたとするならば、社協からの申請の積算基準や根拠に不備があり、あるいは不要不急な申請がなされても、それは看過され続けてきたことを意味する。ましてやそれは、出向人事や天下りといった永年に亘る町と社協との馴れ合い、癒着によって、ある種の慣行として先例化されてしまったとするならば、さらに問題の根は深い。この問題は、地方自治法2条14項の「地方公共団体は、その事務を処理するに当つては、住民の福祉の増進に努めるとともに、最少の経費で最大の効果を挙げるようにしなければならない」[50]との法的命題に対する違背性も潜在するかと考えられる。「社協」という法制度自体は、公益性が高いこと、疑う余地はない。しかるに実際に運用されている社協事業が真に公益性の高いものとは限らない。そして社協マネジメントが常に地域住民からのニーズに十分応えられている、焦点の合った(ピント)公益事業を時宜に応じて的確に実施しているかどうかも必ずしも定かではない。だからこそ補助金交付決定者たる首長（所轄行政庁）は、次年度予算を審議する段階で申請内容を鋭意調査・審査し（評価法務）、受領者たる社協側にも常に反省・改善の機会（＝緊張感）を与えなければならないのである。「社協」だから「公益性」が高く、「公益性」が高いから「違法性」があったとしても、必ずしも「損害あり」とは解さないとの評釈は、甚だ雑駁な解釈といわざるを得ない。20世紀モダニズム建築を代表するドイツの建築家ルートヴィヒ・ミース・ファン・デル・ローエ（Ludwig Mies von der Rohe, 27, March 1886-17, August 1969）は、「神は細部に宿る」（God is in the Detail.）と述べたが、「悪魔も細部に宿る」と筆者は考える。いかに大義が揺るぎないものであったとしても、それを実現する手続・形式に瑕疵がある場合には、民主主義国家においては致命的な瑕疵といわざるを得ない。繰り返すが、民主主義国家における正義とは、手続的正義に他ならない。公益性を有する案件に対する補助金交付決定は、交付手続の正当性を以ってはじめて成立するものであり、そ

---

50 本条の主語は「地方公共団体」であり「長」ではない。しかるに「長」がこのテーゼに留意せず執務してよいという道理も存在しない。

れを無視ないしは軽視、あるいは省略することは、相当の緊急性を有する事案以外は、軽々に認められるべきではない。内容の正当性だけでは財政民主主義的観点から問題なしとしない。権限の濫用や体制の腐敗とは、得てして手続・形式の軽視から蔓延ることを肝に銘じなければならない。特に司法府は、裁量権限の問題、政治的・政策的内容を包含する案件に関しては、審査が十分にできないきらいがある点については、すでに先例が物語っている。資金交付行政もまさにそのような政治的・政策的要素を多分に含む案件に他ならないが、そのような案件だからこそ、裁判所は、手続的・形式的審査を重視しなければならないと考える。

Ⅳ　まとめ——社会福祉協議会に対する評価法務、そして立法法務的検討

　以上、社協の人事構成と財源を中心に考究を進めてきたが、社会福祉協議会という法制度を今後さらに発展させるための評価法務的項目を挙げるとすると、以下のようになろう。

　①社協経営人は、社協の組織・運営の維持について公的資金に依存せざるを得ない現実的状況に胡座をかくことなく、社会福祉法がその使命として掲げる「地域福祉の推進を図ることを目的とする団体」であることの前提として、自主財源に基づき、かつ住民主体を基調とした自律的マネジメントの実現を図るべく、一定の期限（ピリオド）を設定した持続可能性を有する具体的・実践的な計画を企図すること。

　②市町村から支出された補助金について、社協は、単に予算消化のみに思考を傾倒することなく、厳正なる効果測定を実施すること。

　③市町村も社協からの補助金申請に対しては、事務的（ルーティーン）と化すことなく、日々変動しつつある市民生活に呼応して、その内容的・手続的な側面に対する査定を十全に行うこと。

　④市町村は、補助金・助成金で成り立っている事業について、その進捗過程における検査を行うこと。

　⑤社協が補助金を主たる原資として存続している以上、その存在は、地方自治法、地方財政法上の監視を免れ得ず、すなわち社協経営とは、地自法上

の監査委員が行う「財政援助団体等監査」の対象となる（地自法199条7項）。またこれとは別に外部監査契約に基づく監査（252条の27）の対象[51]にもなり得る。これら監査には、会計監査と行政監査があるが、これを積極的に実施すべきこと[52]。

⑥社協活動を発展させるべく、彼らのモチベーションを上げる仕掛けを行政としては考慮・検討すること。例えば、住民主体の地域福祉の発展に貢献著しい社協に対しては、自主財源に基づく経営も模索・推進しつつも、さらなる支援策を講じるとか、逆に、行政の下請けと化しているような受動的・消極的な社協には、行政のイニシアティブの下、指導が強化されなければならないと考える。

⑦他方、社協の会長、常務理事、事務局長などの役員人事においては、人物選定の理由（必要性）、必然性、その公正性、適格性について、常に住民に対して説明責任を果たせるよう心掛けること。そしてそのためにも議事録を作成・整備し、いつでも閲覧に供せられるよう準備すること。

最後に、社協の組織及び運営に関する自律性・主体性を考える上で、もうひとつ気に掛かる点を述べておきたい。それは、今日の社協経営が人事と財源においてのみ行政に依存しているのでは決してなく、およそ社協という組織体の維持及び運営に関する、ほぼ全般に亘って、すなわち、その組織編制の仕方、予算の立て方からその執行のあり方、会計処理から税金対策、さらには地域福祉の推進や協働を目指した企画立案・実施の方法に至るまで、厚労省や全国社協が策定した「指針」や「要綱」などに基づいて統制的・画一的に展開されているという点である。

例えばほんの一例を示すに、わが国の社会福祉協議会は、その9割以上が

---

[51] 杉並区や横浜市など、いくつかの自治体で社会福祉協議会の経営状態を外部監査として開始している。例えば杉並区に関しては、http://www2.city.suginami.tokyo.jp/library/file/gaibukansa_2001.pdf〔2014年5月10日取得〕を参照のこと。また横浜市では、外部監査の結果、包括監査人から2012年度に市が社協に交付した補助金について改善点が指摘されている（http://headlines.yahoo.co.jp/hl?a=20140221-00000004-kana-l14〔2014年5月10日取得〕）。

[52] 地方自治法上の監査の制度に関する詳細については、さし当り、村上順・白藤博行・人見剛編著『新基本法コンメンタール　地方自治法』（別冊法学セミナー211号）（日本評論社、2011年）の「監査委員」については222頁以下〔諸坂佐利執筆〕、「外部監査」については480頁以下〔榊原秀訓執筆〕を参照されたい。

社会福祉法人格を取得するが、そういった社会福祉法人としての定款を社協が作成、変更するにあたっては、厚労省がその雛形(モデル)を提示し、その解説まで行っている。それが先にも挙げたが、「社会福祉法人定款準則」である。当該準則は「社会福祉法人の認可について」という厚労省通知[53]に定められている。そしてそれを受けて、全国社協が厚労省と調整を図りつつ作成したのが「法人社協モデル定款」[54]である。また「社会福祉法人会計基準」(旧厚生省、平成12年)やそれに基づいて同省と調整の下策定された全国社協の「社会福祉協議会モデル経理規程」(平成12(2000)年4月)[55]や前掲の「市区町村社協経営指針」といったものも見受けられる。その他、社協の活動原則を定めたものとして全国社協が纏め、提唱したのが前掲「新・社会福祉協議会基本要項」であるが、これを具体化したものが「ふれあいネットワークプラン21」(平成5(1993)年)、「『事業型社協』推進の指針」(平成6(1994)年策定、平成7(1995)年改正)である。これと関連して全国社会福祉協議会・地域福祉推進委員会は、「これからの市区町村社協運営システムのあり方について」(平成12年5月)といった提言も発信している。他方、「社会福祉協議会における第3次ボランティア・市民活動推進5カ年プラン」(平成20(2008)年3月)、そしてその延長上には、「社協ボラセンナビ」が全国社協と全国ボランティア・市民活動振興センターの共作として平成23(2011)年4月に作成されている。この「社協ボラセンナビ」は、社協ボラセンの使命や役割、職員の心構えから接遇の仕方、対応に窮する場合の対策(事例紹介、Q&A)まで詳細に解説している。全国社協の「地域福祉活動計画策定指針」(平成15(2003)年11月)は、都道府県社協をして、「地域福祉活動計画・社協発展強化計画の策定について」(岡山県)などを策定させ、市区町村社協の指導体制を構築する。地域福祉計画関連では、全国社協が主導して策定し

---

53 なお同通知には、社会福祉法人の設置・認可、運営などを指導する「社会福祉法人審査基準」や「社会福祉法人審査要領」も収められている。
54 当該定款は、昭和59(1984)年に策定された後、社会福祉関係8法の改正や社会福祉法の制定に伴って、平成5(1993)年、平成12(2000)年、平成17(2005)年にそれぞれ改訂版が発せられている。
55 なお、当該規程には、地域の実情を踏まえつつの導入と一定の留保が見受けられる(『概要』187頁)。

た「地域福祉活動計画策定指針」（平成15（2003）年11月）、「市区町村社協発展・強化計画策定の手引き」（平成17（2005）年9月）、「地域福祉計画による社会福祉の統合化をめざして」（平成18（2006）年）、「全社協 福祉ビジョン2011 行動指針」（平成22（2010）年12月）といったものがあり、そのいずれもが市区町村社協の教本(バイブル)である。他方、「社会福祉協議会の現状を踏まえ、社協ネットワークのもと、社協職員としてのアイデンティティ確立を図るため」[56]、「社協職員行動原則——私たちがめざす職員像」（平成23（2011）年5月18日策定）といったものまで全国社協は策定している。こういった各論的な分野に関する厚労省の通達としては、「セーフティネット支援対策事業の実施について」[57]といったものもあるが、枚挙に遑がない。

　このように社協の組織及び運営に関する「通達」・「指針」の類は、微に入り細を穿つがごとく綿密に、かつ膨大に策定されているのであるが、上記に示すこれら内規には、当然のことながら法的拘束性は認められず、あくまでも参考意見（情報提供）の域を脱するものではないのであるが、管見によれば、全国いずれの市区町村社協の規約や計画(プラン)などを見ても、若干の表記の違いこそあれ、ほぼ通達等を踏襲する形に納まっており、およそ地域の実情や特殊性を考慮、反映したような足跡を感じ取ることはない。蓋し、社協の生命線であるところの「地域福祉の推進」とは、およそ住民主体に原理に基づく地域住民からの発意高揚、またその一方にある、社協からも住民の意思啓発（コミュニティの再生・活性化）といった積極進取な相互方向の意欲的な取り組みから、すなわちボトムアップ的に湧き上がり生成・発展・成熟化して行くべきなのではないかと率直に考える。すべての社協が形骸化しているとは思わないが、ほとんどの社協の定款、規約が、あるいは計画等プログラムが判で押したかのように近似している状況が散見されるにつけて、それぞれの自治体や地域の課題や実情が異れば、地域福祉の形もそれぞれでよいはずなので、もっと個性的で独創的な社協像（地域福祉像）が発現してもよいよ

56　全国社協のホームページより（http://www.shakyo.or.jp/hp/news/detail.php?s＝1&a＝1003〔2014年9月1日取得〕）。
57　当該通達番号は、「平成17年3月31日　社援発第033102号」で、最終改定は、「平成24年4月5日　社援0405第3号」である。当該通達の概要については、『概説』99頁を参照のこと。

うに思われる。このような社協経営に対する《上からの統治》については、先にも社協の組織体制に関する考究のところで少しく触れたが、わが国の戦後復興と並走している社協草創期においてなら幾分致し方ない部分もあろうかと思う[58]。しかるに、今日、地方分権政策がスタートして20年が経過した状況においては、それぞれの自治体や地域に顕在・潜在する実情や特性、固有性に鑑み、市区町村社協は、法令遵守（コンプライアンス）の精神を踏まえつつも、地域住民や識者と試行錯誤を積み重ねつつ、地域福祉の発展に向けてもっと戦略的かつ独創的に展開しなければならないように考える。ある社協マネジメントの正解は、別の社協でも正解であるとは限らない。答えはひとつではないし、何が正解なのか、それも一律に決められることではない。公私分離を基調とする社協経営とは、住民主体の原理に基づく直接民主主義要素を多分に含んだ制度的表現に他ならず、これは自治行政の理念とも相通ずるものがある。自治行政とは、住民との熟議の中に生成される。失敗を恐れずに、失敗したらまた住民との熟議を交しながら何度も挑戦（チャレンジ）する。自治とは、上からの命に従い統制されたマネジメントでは決してなく、当事者がつねに協議を重ねながら、模索、試行、失敗、反省、改善を繰り返しながら成熟していくもの、徒労に帰すものである。

---

[58] 社協草創期における国や全国社協からの指針等としては、例えば、社会福祉事業法（現社会福祉法）公布以前の昭和25（1950）年に発表された「社会福祉協議会組織の基本要綱及び構想案」（社会福祉協議会準備事務局）の他、「市区町村社会福祉協議会当面の活動方針」（全国社会福祉協議会地域組織推進委員会、昭和32（1957）年）、さらには都道府県社協業務・組織部長研究協議会が市区町村社協強化方策を打ち出すべく策定した「市区町村社協活動強化要項」（昭48（1973）年）などがある。

社会福祉協議会の可能性と課題
―公共性・公共圏に関する議論展開の中で―

井上匡子

Ⅰ　はじめに

　本稿は、社会福祉協議会（以下、社協と略記）が、現実に担い、あるいは担うことが期待されている「公的役割」を公私二元論およびその背景としての公共性論に関する議論の展開の中に位置づけることにより、社協の現代的な意義について検討することを目的としている。

　本書に収められている飯村論文、太田論文、橋本論文においてもそれぞれ冒頭で言及されているように、社協は不思議な団体である。社協は社会福祉法 109 条以下に規程をもち、その機能に関しても法定され、運営に関しても行政による強い関与が前提とされている。また、社協は全国社会福祉協議会（全社協）―都道府県社会福祉協議会・政令指定都市福祉協議会―市区町村社会福祉協議会という形で、行政区分に即して組織されており、外形的にも国・地方公共団体と似た組織である。さらに社会福祉法 109 条の「過半数の参加」という条件により、地域において社会福祉協議会を二団体設立することはできず、地域・地区における唯一の団体[1]として組織されている点は、領域国家から主権国家へという近代主権国家成立の過程を紐解くまでもなく、国家あるいは地方公共団体類似の組織のように見える。しかしながら社協は、国や地方公共団体が設立した組織・団体ではなく、あくまでも民間団体であ

る。なにより社協自身が「民間性」「先駆性」「開拓性」等々を、長年に渡り、常に課題としてきた[2]。

また、実際の活動に関しても、一方で典型的には市区町村社協は、社会福祉を目的とする事業を自ら実施する主体・サービスプロバイダーとしての機能を担っている（社福109条1項1号、110条1項1号）。社協は、他の社会福祉法人やNPO法人など他の社会福祉を目的とする事業を行う私人と同様の事業を展開し、それらと競合関係に立つ場合も多い。他方で社協には、社会福祉事業その他の社会福祉を目的とする事業に関わる主体に対して援助を行う機能（社福109条1項2号）や、連絡・調整の機能（社福109条1項3号）、さらには社会福祉に関する活動への住民の参加のための援助の機能（社福109条1項2号）が期待されている。これら援助や連絡・調整、住民参加の援助などの機能は、サービス提供機能とは明らかに異なる機能である。そこでは、地区の唯一の「公的」な団体としての機能が期待されていると言いうる[3]。

したがって、社協は組織の外形や実質（人事・財政・事業内容など）の点でも、実際に果たし、あるいは果たすことが期待されている機能の点でも、私的な団体の面ともに公的団体としての面をあわせもっている。従来の法的な枠組みでは充分に位置づけることが困難な、その意味で不思議な団体である。しかしながら、この困難さや不思議さが、現実の社協や理念としての社協と

---

[1] 社福109条その区域内における社会福祉を目的とする事業を経営する者及び社会福祉に関する活動を行う者が参加し、かつ、指定都市にあつてはその区域内における地区社会福祉協議会の過半数及び社会福祉事業又は更生保護事業を経営する者の過半数が、指定都市以外の市及び町村にあつてはその区域内における社会福祉事業又は更生保護事業を経営する者の過半数が参加するものとする。

[2] 社協に関しては、本書所収の各論文の他、以下を参照した。和田敏明・山田秀昭編『概説社会福祉協議会2011・2012』（全国社会福祉協議会、2011年）。山口稔『社会福祉協議会理論の形成と発展』（八千代出版、2000年）。社会福祉協議会・塚口伍喜夫・岡部和夫・松沢賢治・明路咲子・川崎順子編『社協再生——社会福祉協議会の現状分析と新たな活路』（中央法規、2010年）。

[3] 参照、永島順子「市区町村社会福祉協議会の課題と可能性——本来機能とサービス供給機能の間で」神奈川大学大学院法学研究論集（2014年）1-32頁。永島は、市社協が現に果たし、あるいは果たすことが期待されている二つの異なる機能を、サービス・プロバイダー機能と本来機能と呼び区別した上で、近年の社会福祉基礎構造改革と称される戦後体制の再構築に当たり、「地域福祉」が社会福祉法に明記され、社協は、それを推進する中核的存在として位置づけられる中で、前者の機能がクローズアップされ、後者が後退しつつあるとしている。

既存の法学の体系・社会認識枠組みとの間で生じている齟齬に由来するものであるなら、逆に、既存の認識枠組みや社会理論としての問題点や現実とのズレを示していると考えることも可能であろう。むしろ、社協を異なる二種の機能をもつ団体として、既存の学的体系の中に押し込めるのではなく、公私二元論批判や公私の再編などの文脈で、積極的に位置づけることにより、公共性をめぐる議論の問題点やその解決の為の道筋を指し示すことつながるのではないだろうか。もちろん、この事は現実の社協の活動がそれ自体として賞賛されるべきものということではないことはない。現在の社協が、地域社会が様々な問題を抱える中で、地域福祉の推進という喫緊の課題を適切に果たしているかどうか、またそのような機能を果たすのにふさわしい社協とはどのような組織であるべきなのかに関しても、検討しなければならない。これらの議論は記述的であると同時に規範的な議論をも必要とする。

　そのような規範的な議論を可能にするためには、公共性・公共圏をめぐる議論や課題を整理する必要がある。以下では、公私二元論および、その背景としての公共性・公共圏に関する議論の流れを整理し、社協を位置づけることにより、出自の点でも大きな特徴をもつ日本の社協のこれからに関しても示唆を得たい。そして同時に、公共性論が陥っている隘路・課題についても摘示したい。現代市民社会論が提示してきた三元モデルに立ちつつ、その理論的問題点を熟議民主主義との関係の中で指摘する。また、現在我が国において、社協の他にも、従来の公私二元論の枠組みを理論的にも実践的にも問いなおす実例として、ドメスティック・バイオレンス（以下DVと略記）をめぐる法的状況、そして消費者団体訴権など消費者法における新しい公益概念に関する議論を挙げうる。これらの二つの例とは異なる社協の現代的な意義についても指摘したい。

II　公共性概念をめぐる議論の多層性と錯綜

1　公私二元論と公共性をめぐる議論

　現代日本において、公共性という概念が社会科学の議論や言論界において中心的な位置を占めるようになったのは、それほど古いことではなく、1980

年代以降、30年程度のことであろう。これは、公共性・公益性・公といった概念それ自体が新しいということではなく、むしろあまりにも当たり前の前提として公私の二元論が、学的方法論にも、またそれぞれの領域の法原理としても組み込まれている結果であろう。

周知のように、法学・政治学・経済学など近代の社会科学は、公私二元論あるいは公私の区分を重要な枠組みとして構成されている。これは、社会科学の諸分野が、この区分にしたがって、たとえば政治学は「公」、経済学は「私」として、それぞれの学の対象や課題が設定されてきたことからも明らかである。特に、法学においては私法と公法として、内部で領域・分野が区切られ、それぞれ異なる法原理を基礎としている。公私二元論を批判する場合にも、このような区分論が依拠している社会構想や、国家観そして、法原理に関しても射程に入れる必要がある。

また、公私二元論または公私の区分論への依拠は、正と善、あるいは権利と価値とを峻別するリベラリズムの法学・政治学において典型である。しかしながら現在展開されている公私二元論批判、あるいは公共性概念への問い直しは、様々な立場からなされている点に留意をする必要がある。コミュニタリアニズムや現代的共和主義は、リベラリズムのアキレス腱である正と善の峻別・正の善に対する優先性に異を唱える立場から、公共性あるいはそれを支える公共哲学の重要性が主張されている。そこでは、「共通善」を志向する共同体や政治的なアリーナや、そこで必要とされる、私的な生活から区別された「公的」な徳性に焦点を当て議論されている。また、リベラリズムと同じ思想的淵源をもつリバタリアンや、ネオ・リベラリズム[4]においては、市場や政府の役割の関係でリベラルとは異なる公共性や公共空間に関する議論が展開されている。これらの諸理論においては、それぞれ異なる社会構想

---

4 ここで、リバタリアニズムとネオ・リベラリズムをリベラリズムの類似性を主張する意図はない。むしろ、この両者を理論的に明確に区別することを可能にする補助線を引くことが、社会理論上非常に重要と考えている。紙幅の関係上、ここで論ずることはできないが、モラリズムに対する距離の点で大きく異なると考えている。たとえ、この両者の具体的な施策としてのアウトプットが事実上類似性を持っていたとしても、また公私協働論などで似たような議論を展開する可能性があるにしても、理論的には区別して整理し、法化論に関する注7の議論とも合わせて検討すべきである。

や主体論・共同体論を持ち、公共性に関する議論が展開されている。

2　公共性をめぐる議論状況

　現在、公共性をめぐる諸議論は、上に見た理論的な背景を含み、錯綜した状況にある[5]。以下、簡単にまとめておく。

(1) 公権力の理論としての公共性論

　リベラリズムに依拠し、公私二元論を前提として、市民的自由・私的自治を原理とする私的領域に対する、正当な公権力の行使のための法形式・枠組み・射程を論ずる。従来からの公共性・公益性・公共の福祉論などに関する、公法学・政治学の伝統的な議論である。当然のことながら、私法の側からも充実した議論が展開されてきた。あるいは、批判的な角度から公益性などについて議論するにしても、公私二元論それ自体への批判は行わない。

(2) 公共哲学

　公共道徳、公徳心、共通善などの涵養を通じて、現在では失われてしまった公共秩序の再建を目指す議論。リベラリズム批判としての共同体主義や、現代共和主義の立場が代表的である。ただし、それぞれが依拠する価値や概念をどのような性質のものとするかにより、その議論の方向性は大きくかわる。共同体主義者は、共同体の共通善を媒介とした社会統合を鍵概念として公共性を論じ、国家以外の共同体である家族や地域などに依拠し、道徳的秩序のあり方と共同体とを目的論的な枠組みにより結びつける。現代共和主義者は、義務論や公徳心、保守主義者は国民文化や民族的なアイデンティティ論に、それぞれ依拠する。

(3) 公私二元論批判から三元論構成へ

　リベラリズム型の公私二元論を批判し、従来の公とは異なる新しい公共性概念・公共圏を提示する。現代市民社会論がその代表である。リベラリズム

---

[5] 江口厚仁「公共性論の現在」（日本社会学会九州研究支部「シンポジウム市民的公共性／公共圏のゆくえ」）法政研究 74 巻 3 号（2007 年）596-607 頁を参考に、まとめた。

の公私概念が、国家と市場をモデルとしていたのとは異なり、非国家的・非市場的領域としての市民社会と市民的公共性の位相を設定している点が特徴である。

(4) 現代市民社会論への批判と批判的公共性論

　リベラリズムの公私二元論及びそれを批判している現代市民社会論が、暗黙のうちに内包している排除・抑圧・差別隠蔽作用・アジェンダ設定権力作用などへの批判を展開する。ジェンダー、エスニシティなど、社会的・文化的マイノリティの視点からの問題提起に着目して、公共性の再定義を要請する。ラディカル・デモクラシー論、脱構築派フェミニズムである。

(5) 熟議民主主義の立場からの公共性・公共圏の再定義

　フォーマルな政治過程だけではなく、インフォーマルな意思決定過程に着目して、そこで展開される熟議を鍵に公共性を再定位することを目的とした議論である。従来からみられる自発的な市民活動やまちづくりの他に、社会福祉、教育やケアリングなど幅ひろい領域で展開されている。

　(1)〜(5)がそれぞれの社会構想に基づく議論展開であるのに対し、(6)と(7)は、議論のサブジェクトによる整理である。したがって、(6)と(7)に関しては、上記(1)〜(5)のそれぞれの立場から議論が展開されている。

(6)公共財の配分に関する議論

　公共財やサービスの耕平で効率的な供給とコスト配分のあり方を巡る議論である。公共財の分配の主体として、政府や市場の機能の比較に基づき、公共財の供給が不可欠な領域の画定や、両者（政府と市場）の境界線の引き直しを論じる。いわゆるポスト福祉国家論の文脈で、リバタリアンとリベラリズムとの間の主要な対立軸となる。また、人権論などとの関係でも、市場と政府の役割や政府の市場への介入を巡って議論が展開されている。

(7) 公私協働論

　ポスト福祉国家・ポスト社会国家論の文脈で、従来の公的規制・国家介入

の府の側面を「官民協働」により解決しようとするアプローチである。公私協働論は、現在様々な国で大きく取り上げられており[6]、行財政改革や行政組織のスリム化の要請を背景として、現実にも推進されている。「公の市場化」を目指して、規制緩和と民営化を進めるリバタリアンやネオ・リベラリズムの指向する方向と、「公の市民社会化」を目指してNPOや市民ボランティアなどとの連携をすすめるリベラリズム（左派）の方向が、必ずしも充分整理されることなく、呉越同舟してしまう可能性[7]に注意しなければならない。

3　社会構想とモデル

これら(1)〜(5)は、多層的あるいは錯綜しているように見えるが、それぞれが独自の社会構想を持ち、それに基づいて議論を展開している。やや図式的ではあるが、全体社会に関するモデルとしてまとめると、以下のようになる。これは、一見すると時期的に古い順に並んでいるように見えるかもしれないが、現在はこれら全てのモデルに基づく社会構想が主張されている点に注意しなければならない。

⑴　古典古代・現代共和主義モデル

　国家（societas civilis）：公／家政（oikos）：私

　古典古代においては、経済活動は家政に含まれており、市場が独立したセ

---

[6] 参照、岡村周一・人見剛編著『世界の公私協働――制度と理論』（日本評論社、2012年）。

[7] これは、上記江口論文にも指摘されているように、1980年代に主としてドイツにおいて活況を呈していたポスト福祉国家論・脱介入主義国家論と連動した「法化論」が孕む問題点として、これまで何度も指摘されてきた点である。しかしながら、現実の公私協働論においては、この点は充分に展開されていなのではないか。例えば、山本隆司は、公私協働は「行政・財政の改革、すなわち、行政組織のスリム化、行政コストの削減、規制緩和、民間活力および市場原理の活用を求める政治の動き」に比して、公私協働は公法学の一般的な理論枠組みを根本から考え直すことを促」し、「行財政改革の動きをより広い視野から評価し、行財政改革の動きに対して一定の条件と限界も課すための、キーワードになる」と論じ、そのための課題の整理をし、憲法原理にまで遡った上で、「公私協働を根拠付けると同時に籤製する法理」を考察している。しかし、上述の「法化論」に関わる論点については、組み込まれていない。山本隆司「日本における公私協働の動向と課題」北海道大学グローバルCOEプログラム「多元分散型統御を目指す新世代法政策学」新世代法政策学研究2号（2010年）277-304頁。

クターとしては捉えられていない。現代共和主義においては、公的な領域として市民的徳を涵養・発揮する場としての国家は、私的な領域である市場や家族とは区別される。「国家の市場化」を目指すネオ・リベラリズムにおいては、公である国家が市場であり、家族もまたその操作の対象になるが、家族が独立した元として機能するかどうかにより、一元論または二元論ということになる。

(2) リベラリズムモデル （国家と市場の分離（19世紀）を前提）
　国家：公／市場（市民社会 buergerliche Gesellshaft）：私／家族：私
　近代市民社会の依拠しているモデルである。領域としては、三つにわかれているが、近代国民国家においては、家族領域は国家の中に組み込まれており、独立した元としては、機能していない。

(3) 現代市民社会論モデル（国家と市場の融合（20世紀）を前提）
　国家・市場／現代市民社会（Zivilgesellschaft）／家族（親密圏）
　元が三つとなっている点、国家と市場の融合を前提として、国家とも市場とも異なる領域として市民社会が構想されている点が特徴である。また、(b)においては、国家の一方的な操作の対象であった家族（近代家族）が、親密圏という形で、独自の意義をもち構想されている点[8]も、重要である。

4　公共性をめぐる議論の多層化と錯綜

　これら公共性をめぐる様々な立場からの議論の状況は、一見すると活況を呈しており、議論が深まっているかのように見えるかもしれない。しかしながら、実際にはこれらの議論はむしろ錯綜しており、具体的な議論の場では噛み合うことなくすれ違っていることも多い。後論に関係する限りで、二

---

8 親密圏と近代家族との相違点や現代的意義については、以下の拙稿を参照のこと。井上匡子「21世紀型（現代型）非対称関係における法の役割」浅倉むつ子ほか編著『講座ジェンダーと法　第1巻』（加除出版、2012年）98-114頁。井上匡子「政治理論におけるジェンダー論の寄与と可能性——公私二元論の再構成と親密圏の現代的意義」辻村・大澤編著『ジェンダー社会科学の可能性1』（岩波書店、2012年）51-76頁。

点を指摘する。

(1) 公開性と共通性のジレンマ

　公共性に関する議論において、本質的とされる二つの要素である「公開性」と「共通性」は、互いに矛盾することが多い。特に、参加資格においては、包摂と排除が同時に進行することにより、両立困難と成ることが多い。というのは、人々に共通なものの内容を設定することにより、コミュニケーションに参加できる人の範囲を画定され、そのことにより自動的にそのコミュニケーションから排除される人を生み出すことになる。このジレンマを近代市民社会は、「共通性」の抽象度を上げることにより、解決しようとしたわけである。

(2) 公法・私法の峻別論の動揺

　典型的には、公私二元論の批判は、法学の世界においては、伝統的な公法・私法の区別の動揺と混淆をもたらしいている。これまでは法学の世界では明確な区別があった民事・刑事・行政・社会福祉といった法領域の垣根が取り払われ、複数の法領域のクロスオーバーが生じている。具体的には、「配偶者からの暴力防止と被害者の保護等に関する法律」、「ストーカー規制法」「児童虐待防止等に関する法律」、「個人情報保護法」などの立法[9]、また懲罰的賠償制度や、修復的司法などである。これらの立法は、それぞれの問題状況に応じて工夫であり、それ自体を否定する趣旨ではないが、基礎とする法原理も、前提とする人間関係の構造も異なる法領域が、交錯する中で、重大な人権が制限される可能性もあり、より根源的な視点からの検討が不可欠である。

　以下では、主として(3)、(4)、(5)の議論を中心に、公共性に関する議論の展開をたどる。

---

[9] 背景として、リスク社会に対する市民社会の側からのセキュリティ確保に関する要請が高まっている点に留意する必要がある。したがって、単純な公的権力の介入論では、問題を整理することができない。

Ⅲ 公共性・公共圏をめぐる議論の展開

1 出発点としてのハバーマスの市民的公共性理論——近代市民社会

　J. ハバーマス[10]は、18世紀から19世紀初頭の国家と市場の分離と、その結果生じた近代市民社会に注目し、近代社会の構造とその転換および市民的公共性の成立と変容について分析してきた。すなわち、もともとは私的領域に起源を持ちながら、政治的に機能するにいたる近代市民社会とそれが体現している市民的公共性[11]（bürgerliche Öffentlichkeit）の成立と経緯と特質を明らかにした。

　ハバーマスによると、近代の市民社会（bürgerliche Gesellschaft）における公共性は、歴史的には市民社会と国家の分離に起因する市民社会の成立以前の身分制的な構造をもつ顕示的公共性とは異なり、平等な私的個人の間に成立する公共性である。それは国家とは区別され、私人間の商品交換の場である市場において成立する。この市場における私的な自由な商品交換の過程は、身分を超えて広がりをもつ。ハーバーマスは、古典古代においては、かけたもの・奪われたものであった私的領域が、国家の統制から離れ、政治的公共性を生み出すに至る過程を、次のように説明している。

　新興ブルジョアジーが、封建制の解体過程で成立した内面の自由を手がかりに私人たちによる小家族からなる私的領域を成立させた。そこは自由・愛・教養という近代の「フマニテート」の圏であった。ブルジョアジー社会の展開にともない、この小家族的私的領域から、財産を契機として「市場（商品交換と社会的労働）」が、教養を契機として「文芸的公共性」が成立する。その後、「文芸的公共性」は、小家族的私的領域で培われた権利に関する経験を手がかりとして、ブルジョアジーが既存の国王の権威に反抗し、その結果政治的公共性へと機能変化した。さらにブルジョアジーは、自らの利

---

10 Habermas, J. *Strukturwandel der Öffentlichkeit: Untersuchungen zu einer Kategorie der Burgerlichen Gesellschaft mit einem Vorwort zur Neuauflage*, Suhrkamp 1962〔細谷貞雄訳『公共性の構造転換』（未来社、1973年）〕.

11 ibid.

害を、絶対主義国家の重商主義統制が撤廃される中で、「公開の論争」により、政治的公共性へと連接し、政治的な公衆・政治的な世論・政党を媒介として、ブルジョアジーは公的領域へと進出した。その後、ブルジョアジーの公的領域への進出は、選挙権の拡大や普通戦況などにより、制度化された。

この過程を析出するのに、ハーバマスが理論的には18世紀の思想家I. カントに依拠して、諸個人がそれぞれの身分を離れて世界公民社会の一員として発言する場としての市民社会、そしてそこでは自由で平等な私人同士の交わりから、理性的な議論を経て出現するとされた市民的公共性は、個人の具体的な属性を抽象化することにより、私人でありながら同時に公民でもありうる人間像を前提とする本質的にリベラルな性格をもつものであった。

2　現代市民社会論——二元論から三元論へ

ハーバマスによれば、その後この市民的公共性がその政治性を喪失するに至る。この市民的公共性をめぐる構造転換は、国家と市場とが相互浸透し始め、近代国家と市場の分離が崩れたことに起因する。その結果社会（ブルジョア社会）の自立性を基盤としていた市民的公共性は、その基盤を失う[12]ことになったからである。

このような事態を受け、ハーバマスは、国家と社会とが融合している現代

---

12 ハーバマスは、言説の公開性と他社との共同性を組織原理とする政治的公共性・市民社会を、自立的な市場の成立を条件として、機能させようとしていた。図式的に言うなら、市民社会と国家の分離の図式を踏襲しつつ、従来はブルジョア社会・経済社会として構想されてきた市民社会に、市場と公論という二つの要素を見出すことにより、市民社会の政治性を取り戻そうとした。つまり、市民的公共性が持っていた政治性の再建を市場的原理の観点から行いうると考えていた。国家や社会のさまざまなグループ・組織に対して公開性の原則を貫徹することにより、福祉国家において操作的なパブリシティーと広告宣伝の対象となっている公衆を、公共的なコミュニケーションによる批判的プロセスの中に参加させること、そして基本権に即してそのような批判の過程を制度的に保障するように憲法を解釈し直すこと、この二つの方途に希望を託していた。

しかしながら、そもそも市民社会公共性・市民社会を市場の合理性に依拠させている限りは、市場の自立性が失われ、合理性を喪失してしまえば、市民社会もまたその自律性を失うことになる。また、市場と市民社会を同一視する新自由主義への対抗軸も失うことになる。

一九八〇年代以降の社会状況の変化とそれにともなう理論布置の変化の中で、このような理論的閉塞状態を脱すべくハーバマスは、国家と市民社会の分離にかえて、システム／生活世界という図式により、現代社会に適合的な市民社会のモデルを構築することを目指した。この点に関しては、注17参照のこと。

の福祉国家・行政国家の時代を前提として、従来の市民的公共性とは違った新たな公共性・公共圏を論ずるために、システム／生活世界という基本図式を提示した。

システム／生活世界という図式に基づき構想されるハバーマスの現代市民社会論（Zivigesellschaft）では、国家と市民社会とがともにシステムの側に属している点が大きな特徴である。生活世界の側に私的領域の典型例とみなされてきた家族のほかに、近代的な公私の二元論ではこうでも詩でもない領域でありながら再政治化された新しい領域を見出し、これを現代市民社会（Zivigesellschaft）と呼んでいる。したがって、ハバーマスの現代市民社会論は、古典古代における Societas Civilis に含まれていた政治性や「政治的に機能する公共性」を、ブルジョア社会＝近代市民社会とは別の方向に引き出そうとする試みと言うことができる。しかもそれらを合理性・行為領域にまで議論を遡る[13]ことにより、行ったものである。

コーエン＝アラート[14]は、ハバーマスの「政治的に機能する公共性」という概念を手がかりとして、システム／生活世界という図式によってハバーマスが描き出した国家と市民社会、市場と市民社会の関係を再考し、現代市民社会論として展開している。彼らの議論の問題設定・出発的は、権利主義的な国家からの脱却と、グローバル化した市場による公的な領域の私化に対する告発であった。

近代市民社会と区別して語られる彼らの現代市民社会論の特徴として、以下の三点をあげることができる。すなわち、第1に市民社会を国家からも市場からも自立した領域として構想していること。彼らは権威主義的な国家に対する民主化運動に理論的着想を得ており、国家からも、またその国家と結びついている市場からも、距離を置いたものとして、市民社会を構想している。この点は近代市民社会論とは大きく異なる点である。近代市民社会論は、

---

13 システム／生活世界という図式は、あくまで合理性概念（道具的合理性・コミュニケーション合理性）の区別に基づく理念的なものであり、それをそのままの形で実体化できないことに注意しなければならない。

14 Cohen J. L. and Arato A. "Politics and the Reconstruction of the Concept of Civil Society," in: Axel Honneth et al.(Hrsg.), *Zwischenbetrachtungen: Im Prozess der Aufklarung, Suhrkamp Verlag*, 1989. Chhen J. L. and Arato A. *Civil societyand Political Theory, MIT Press*, 1992.

国家（Staat）と市民社会（bürgerliche Gesellschaft）の分離と市場の相対的独立を前提として、この市場の独立性を基盤としていたからである。近代市民社会論が、市民社会と国家の分離と市場の相対的自立性を前提としていたのとは異なり、かれらは上述のようにハバーマスの生活世界／システムという図式に拠っているのが特徴的である。従って、現代市民社会論においては、市場は市民社会の領域にではなくシステムの側に含まれることになる。現代市民社会論は、市民社会と国家の分離の解消・社会国家の成立という状況の中で構想されたものだからである。しかしながらこれは、システムとしての国家や市場を否定したり、市民社会がそれらの機能を代替したりすることを主張しているわけではない点には注意が必要である。その意味で、現代市民社会論を三元モデルと呼ぶことができる。

第2に、近代市民社会においては個人をその基本的な単位としていたが、現代市民社会論においては基本的な要素は個人ではなくさまざまなグループ・コミニュティ・集団に求められている。現代市民社会は、個々人の集まり・交渉の場ではなく、自由な諸個人により作られるさまざまな団体の集合体と考えられている。

このことは、個人主義の否定を意味してはいない点に注意しなければならない。彼らは個人主義そのものを否定することはないし、権利主義としての個人を軽視することもない。ただし、個人がアトム化し、断片化することの問題性が強く意識されるなかで、各種の団体・アソシエーションの活動が重要視されることになる。

彼らが構想する市民社会では、個人に替わってさまざまな集団が構成要素となり、そのような集団からなる多元的な空間を、国家とも市場とも異なる第三の領域としている。したがってそこでは、近代的な公領域と私的領域の峻別論はあてはまらない。家族や地域の共同体などの従来は私的領域に属していた団体や、協会や文化に関わる団体・スポーツクラブなどの非政治的な団体、あるいは市民運動のグループなども含めたさまざまな広範な団体が市民社会の要素として、想定されている。

第3に、新しい社会運動への高い評価を特徴として挙げる事ができる。新しい社会運動とは、先進諸国の高度成長期の繁栄とその文化的矛盾を背景と

して、1970年代に台頭した一連の社会運動[15]である。それらにおいては、労働運動のような伝統的な社会運動のカテゴリーには還元できない多様な集団が主体となり、多面的な活動が展開された。それらの運動においては、環境やフェミニズムなどポスト物質主義・ポスト産業主義的な価値を標榜されることが多かった。また、そこでの主体は、予め作られた同質的な集団ではなく、社会関係の中で言説の力により編成されていったという点で、それまでの社会運動とは、一線を画するものであった。さらに、これに加えて彼らの議論は東欧革命にも大きな影響を受けている。東欧革命は権力の掌握へ、すなわち革命という運動が国家へと帰結しなかったという点で、これまでの革命とは全く性格の異なるものであった。彼らは東欧革命がポスト革命的、すなわち「自己限定的」革命であった点に注目している。この社会運動における自己限定は、多元性をその本質とする彼らの現代市民社会論にとって非常に重要なものであった。なぜなら、一定の政治性を持って活動する社会運動がそれ自体権力を握り、国家となることは、市民社会が多元性を失うことにつながるからである。彼らは東欧革命から学んだ「自己限定的」あるいは「自己限定的政治」の理念を社会運動に対する評価にも応用し、さまざまな「自己限定的な」社会運動から構成される多元的な市民社会を構想している。

　以上のような特徴を持つコーエン＝アラートの現代市民社会論では、ハバーマスによりながら、市民社会と国家の二元モデルとは違った国家と市場と市民社会との三元モデルとして構想され、国家や市場とは距離をとった市民社会が、新しい公共性創出の場として想定されている。言うまでもなくそこでは近代社会が前提としてた公的領域と私的領域との二元論・二元モデルは有効性を失っている。

3　現代市民社会批判と批判的公共性——フェミニズムによる公私二元論批判

　以上の特徴をもつ現代市民社会論は、同じく公私二元論批判を展開している第二波フェミニズムから、重要な批判を受けている。現代市民社会論は、

---

15 理論的な影響だけではなく、それらの実践から社会像についての着想を得ている点が重要である。なお、新しい社会運動については、数多くの紹介・評価があるが、Touraine, A. 1973 Production de la societe, Paris を参照のこと。

第二波フェミニズムの運動や理論に影響を受けたこともあり、共通点を持っている。その中でも、ともに両者が近代の公私二元論を批判し、現代福祉国家を前提とした公私の再編を目指している点は重要である。両者はともに公的領域の再定義という課題に取り組んでいるからである。すなわち、現代市民社会論は、環境活動・フェミニズム運動・反核運動などに触発されながら、前提で見たように、国家と市場とは距離を取った市民社会という領域を構想することにより、公共圏・公共性の新しいあり方を模索している。他方、周知のように第二期のフェミニズムは、"The Personal is Political" というスローガンをその出発点としていたが、このスローガンは、それまでの公と私の境界設定を端的な形で問題化することを意図していた。すなわち、性差に関する本質的な特性論によって、性的役割分業が正当化されることにより、公共圏の問題・公共の関心事からは排除されてきた家事労働や育児、あるいは介護などをめぐる問題を、公共的な政治的な討論の場に、持ち出すことを企図したものであった。さらに、家族やパートナーとの関係などの私の領域のあり方を問題化することにより、反照的に公的領域を問題化し、それまでとは違った公共性・公共圏を構築することが可能になった。この点で、現代市民社会論とフェミニズムとは、同じ課題に取り組んでいると言うことができる。

　これは、公共圏への法的制度的な排除や差別が解消する中で、依然として残っている非制度的な排除や差別の構造に対する問題化である。この課題は、「何が公共的な事柄なのか」、また逆に「公共的な事柄ではないこととは何か」、つまり「公と私の境界線はどこにあるのか」を問題化し、公共的なものを再検討・再定義することにより行われなければならない。"The Personal is Political" という第二期フェミニズムのスローガンは、まさにこの課題（公共性の再定義）の存在とその重要性を、きわめて戦闘的な形であらわしたものにほかならない。この第二期フェミニズムのスローガンは、このような形で、とらえなおされるべきであり、現在もその重要性は少しも失われていない。

　このように、近代の公私二元論を批判し、公的領域を再定義しつつ公私の再編を目指しているフェミニズムと現代市民社会論であるが、両者には公共圏のあり方に関して重大な相違点がある。N. フレイザー[16] は、公的領域と私的領域の再定義と新しい公共圏の創出という主張に関してはこれを評価し

つつ、単一で包括的な公共圏に替えて、内部に複数の中間的な公共件を含む多元的公共性・公共圏（a multiplicity of publics）をよりふさわしいものとして構想している。またそこにおいては、公共圏内部の関係についての議論だけでなく、複数の公共圏どうしの関係の検討へと議論を展開しなければならず、さらに、そのような多元的公共圏では人々が二つ以上の公共圏に属することにより、文化間のコミュニケーションを促すことが重要であると指摘している。フレイザーは、平等主義的で他文化状況にある現代市民社会における公共生活は、単一で包括的な公共圏では、不可能であると批判する。単一の包括的な公共圏という構想は、文化多元主義や社会的平等を消滅させることになるからである。というのも、公共圏は、討議を媒介にして意見の形成を行うための舞台・装置であるだけでなく、社会的にアイデンティティーを形成するための舞台であるからである。そのために単一的で包括的な公共圏に換えてフレイザーは、その内部に対抗的な公共圏を含む多元的な公共性を提示するのである。

　これは、熟議民主主義（deliberative democracy）概念を用いて、インフォーマルな意見形成過程に注目し[17]、市民的公共性とは違った新しい公共性をもう一度下から組み上げ、単一の公共性を創出しようとするハーバーマスの議論に対する批判である。同時に、コーエン＝アラートの現代市民社会論には公共圏の流動化・多様化のためのメカニズムへの視線が希薄であることへの批判ともなっている。三元モデルをとる現代市民社会論は、国家と市場との相互浸透を前提とし、新しい公共性の創出の場としての市民社会をその双方と距離を保つと構想しているが、それだけで多層的な市民社会の領域が確保されるわけではないことは言うまでもない。これは、現代市民社会論がフ

---

16 Fraser, N. *Unruly Practics: Power, Discourse and gender in Contemporary Social Theory*, Moneapolis, Mineapolis Univ. Press 1989. Fraser, N "Rethinking the Public Sphere: A Contribution to the Critique of Actually Existing Democracy," *in: C.Colboun（ed.）, Habermas and the Public Sphere*, MIT Press 1992. Fraser, N. *Justice Interruptus: A Critical Reflections On the "Postsocialist" Condition*, New York & London, Routledge 1997.

17 Habermas, J. *Strukturwandel der Offentlichkeit: Untersuchungen zu einer Kategorie der Burgerlichen Gesellschaft mit einem Vorwort zur Neuauflage*, Suhrkamp 1990. Habermas, J. *Faktizitaete und Geltung: Beitrage zur Diskurstheorie des Rechts und des Democratischen Rechtsstaats*, Suhrkamp 1992.

ェミニズムの確信の一つである隠された権力関係を問題にする視覚を欠いていることに対する批判である。従って、フェミニズムは市民社会の多元性・多層性を維持するための重要な視角を提供していると言うことができる。

　フェミニズムは、何が公共的な事柄なのかを問い、公共領域と私的領域との境界を再設定することにより、公共圏を流動化し多様化すると同時に、私的とされた領域における隠された権力関係を明らかにしてきた。そしてまた、それまで隠されてきた権力関係が明らかになることにより、また新たに公共圏が定義され、公と私の境界が引き直される[18]ことになる。

　また、現代市民社会論では、市民社会の要素である各種のグループや団体相互の関係についての問題については、十分に取り上げられているわけではない。また、市民社会の側からシステムへの働きかけに関しても、具体的な形で展開されていない。市民社会という新しい領域と新しい公共性の創出の可能性の提示という課題に急なあまり、これらの課題が相対的に副次的なものとなっているためと考えられる。しかしながら、これらの点は多元的な市民社会を構成する場合には最も重要な課題の一つであることは言うまでもない。第二波フェミニズムの出発点であった"The Personal is Political"という標語は、何か公共的な事柄であるかを再定式化するという形で、現代社会に適合的なし方でもう一度理論化されなくてはならない。これは社会理論としてのフェミニズムにとって、最も重要な課題の一つであろう。公と私の全否定としてとらえられがちなこのスローガンは、その境界設定が固定的であるために本来は公共的な事柄とすべきイシューが、隠されていることへの批判として、とらえ直されるべきである。その意味では、公私二元論の批判ではなく、公私概念の再編成と称した方が、良い適切かもしれない。そしてそれにたいする処方箋もまた、公と私の区分そのものの否定ではなく、その境界線を流動化し、公共圏を多元化することに求められることになる。

　また、男性との平等を求めて出発したフェミニズムは、DVに典型的にみ

---

[18] フレイザーは、この実例として、DVの例を挙げている。すなわち、従来はほとんどの人たちがこの問題をごく少数の異性カップルの間の私的な問題と見なしてきた。これに対しフェミニストたちは男性支配の社会によく見られるものであるという考え方を広めていった。その結果、緊張した議論・討議を経て、DVを共通の関心事とすることに成功した。

られる私的領域における権力関係を問題化することを主要な課題として公私二元論批判を展開し、それを社会制度の分析にも応用した。すなわち、近代市民社会においては、権力から自由で、誰もが自分の善を追求しうる領域である市場（商品交換の場）においても、家父長制（性に即した権力・役割の不均衡な配分をもたらす規範の相対）的な不平等な権力関係があることを批判した。

　そして、公私の領域に関しては、従来は公的な領域である国家や市場における権力関係が、家族などの再生産の領域にも問題を引き起こすと考えられていた。事態はむしろ逆であり、家族などにおける非対称的な関係のあり方や意識が、国家や市場、そして雇用の場などにおける不平等や権力関係に深く関わっていることが指摘された。したがって、公私それぞれの領域において別々に問題を設定しても解決には結びつかず、区分を越境・横断した形での問題の捉え直しがもとめられたのである。

　このような公私二元論批判は、公私の二元論に基づく近代法を根源的に問い直す。近代法が前提としている合理的で抽象的な人間が、家事や育児等の再生産労働から免れている男性をモデルにしているという事実をあぶりだし、新たな人間像や新しい権利・平等観を提示するに至っている。

　さらに、フェミニズムによる公私二元論批判のもう一つの特徴は、「私」領域への注目と評価である。新たな「私」領域の意義や可能性を明確にするために、新しい「私」領域を親密圏と呼び、近代市民社会論における「私的領域」とは区別する。親密圏とは、具体的な他者（名前で呼び合う他者）の具体的な生活（生命）についての互いの関心と配慮を媒介とする関係からなる。そのような具体的な配慮の中から、それぞれの生に関するニーズが立ち上がる。このようなインフォーマルな、そして当事者間に権力差があることが前提と成るケアの現場におけるニーズを汲み取りシステムにつなげていくことが、必要とされた。

　親密圏への注目は、伝統的には家族が担ってきた家事・育児や介護などの機能が国家や市場にとって不可欠の要素であるという主張と、それにもかかわらず公私二元論の中で不可視化されてきたことへの批判を前提としている。しかしながら、これらの機能を伝統的な家族が担えばよいという議論も、反対に単にこれらの機能を家族の外に外化（社会化・市場化など）すればよい

という議論もともに取り得ない。それらの機能をジェンダーの視点で捉らえ直した上で、現代社会に適合的な形で、再定式化していくことを求めているのである。

親密圏には、リベラリズムモデルにおいて私的領域と呼ばれていた市場との区別だけではなく、家族を単位とする近代的プライバシー概念との違いを明確に示すねらいがある。近代的プライバシー概念は、国家権力との関係で家族、より正確には婚姻家族を単位としていたのに対し、ジェンダー論における親密圏が想定している単位は個人であり、また婚姻家族は相対化される。

そして、ジェンダー論では、具体的生（命）に関わるニーズの解釈を通じた親密圏の批判的なポテンシャリティと、公的領域への働きかけにも注目している。そこから公的領域を再定義されるからである。これは、かつては家庭内の個人的な事とされていた DV が、国際的な動きや民間グループによる具体的なアドヴォケイト活動を通じて、重大な人権侵害であり、公的に対応すべき問題として認識され、立法（配偶者からの暴力および被害者の保護等に関する法律）されたプロセスに典型的に示されている。

IV　まとめにかえて
──三元モデルの問題点と熟議民主主義への展開と社協の現代的意義

1　現代日本における公私概念のゆらぎ──消費者法と DV 法

公共性・公共圏をめぐるいささか抽象的で錯綜した議論の流れを追ってきた。視線をもう一度現実世界に戻し、本書のテーマである社協を含め、現在日本において現実に推移している公私概念のゆらぎの実例である消費者法分野での動きと、DV をめぐる動きを簡単に紹介し、稿を閉じたい。これら三つの例は、全体社会の中での位置づけを異にしており、当然のことながらゆらぎ方も異なる。

かねてより、消費者法[19]は財産法の一分野として、消費者の少額多数者被

19　参照、井上匡子「消費者法と消費者団体の役割──理論と現実」井上匡子編『日本と中国の消費者──紛争解決を通じた規範形成』（トレンドシェア、2011 年）18-29 頁。千葉恵美子・長谷部由起子・鈴木将文編『集団的消費者利益の実現と法の役割』（商事法務、2014 年）。

害を救済するために、消費者保護の観点から、機能してきた。しかし、日本の消費者政策の基本政策・方針を規定していた消費者保護基本法（1968年制定）が、2004年に消費者基本法へ改正されるなかで、大きく事情が代わった。これまで、消費者問題の発生と、それらへの対処・対応を通じて、整備され、消費者保護基本法の中で体現されてきた消費者行政の理念が、「消費者の保護」から「自立支援」へと大きく転換された。また、2006年の消費者契約法の改正によって適格消費者団体による差止請求制度が制度化されたのち、その対象が2008年には特定商取引法および景品表示法に、2013年には不当表示を対象として食品表示法に広がった。さらに、消費者裁判手続き特例法により新たに集合的消費者被害回復制度が導入された。これらの制度改革の過程で、集団的被害概念から集団的利益概念へとパラダイム・シフトが起こっている。従来の個別消費者の私的な少額の被害の単純な集合・集積だけではなく、被害者や損害の特定が難しい場合も含めて、「不特定」「多数」の消費者の利益を広く「集団的消費者利益」と定義し、その特徴を分析するとともに、その態様に応じた権利実現システムの構築を求めて、誰にどのような権利や権限を認めるかも含めて、検討がなされている。集団的利益は、公的利益と私益（個人的利益）の二元論とは異なる発想で構築され、また適格消費者団体という私的団体に訴権を認めることを通じて、法実現のための法規範の役割分担に関しても、ダイナミックな理論構成が取られている。

　すなわち、個人的な私益を観念しづらい領域も含めて、個別利益に還元されない公益としての取引秩序の維持からもたらされる利益や、市場関係が国家によるコントロールとは別の力により維持される法規範の構成など、従来の私法・公法の峻別を超えた形で検討される中で、新しい公益概念が提示されている。

　また、DVをめぐる法的対応（DV防止法）においては、被害者の安全を確保するために、保護命令制度を新設し、民事と刑事がクロス・オーバーする形で制度が設計されている[20]。DVに関してより重要な点は、既に本文の中で指摘したように、DV防止法の制定をめぐる動きが、これまでの公私概念

20　ただし、我が国の法制度において、この制度が実効性をもって居るかどうかという点については、大きな疑問がある。詳しくは、拙稿を参照のこと。

を大きく変更するいわゆる「アジェンダ設定」として機能[21]していること点が、より重要であろう。

2 三元モデルの課題と熟慮民主主義への展開の中で

さて、これら二つの例と本書のテーマである社協が地域福祉の担い手として、現に担っている、あるいは担うことが期待されている公共性は、いかなる特徴をもつのか。また、それは公共性に関する議論にどのような意義をもつのであろうか。

国家と市場の融合の観点からリベラリズムの公私二元論を批判し、国家とも市場とも異なる領域としての公共圏、そしてそれを支える公共性概念を提唱した現代市民社会論も、またその公共圏がもつ排除的機能を批判して対抗的公共性概念を提示したフェミニズムもまた、実は共通の困難を抱えている。公的領域と私的領域[22]（親密圏）、そしてそれらから相対的に区別される第三の領域としての新しい公的領域を提示したとしても、いかにしてそのような公共圏を創出するのか、そしてよしんば公共圏が創出したとして、いかにしてそれを機能させるのかという点については、両者はともに有効なツールを持ち合わせていない。

近年、理論的だけではなく実践的な観点でも注目されている熟議民主主義[23]は、これらの点に積極的に寄与するものとして評価することができる。

---

21 詳しくは、下記拙稿を参考のこと。井上匡子「DV対策立法の現状と理論的問題」11-28頁、「民事手続における民間団体の役割」205-211頁（いずれも、法執行研究会編『法はDV被害者を救えるか――法分野協働と国際比較（JLF叢書Vol. 21）』（商事法務、2013年）所収）。また、DV防止法の制定過程に関しては、下記を参照のこと。DV法を改正しよう全国ネットワーク編著『女性たちが変えたDV法』（新水社、2006年）。

22 私的領域として想定している具体的な内容が、法律の世界とそれ以外では、大きくずれている点については、以下の拙稿を参照のこと。「政治理論におけるジェンダー論の寄与と可能性――公私二元論の再構成と親密圏の現代的意義」辻村みよ子＝大沢真理編著『ジェンダー社会科学の可能性1』（岩波書店、2012年）51-76頁。

23 田村哲樹『熟議の理由――民主主義の政治理論』（勁草書房、2008年）。山田陽「山田陽「熟議民主主義と『公共圏』」相関社会科学19号（2010年）。Dryzek, John S. *Deliberative Democracy and Beyond*, New Heven: Yale University Press, 2000. また、熟議民主主義に対する非常に興味深い批判として、橋本努「可謬主義と熟成主義の立法過程論」井上達夫編『立法学のフロンティア1』（ナカニシヤ出版、2014年）150-168頁。

そこでは、熟議というツールを用い、市民の参加を最初の一歩として誘引することに、制度的・実践的な関心を注いでいる。そして、投票の典型的に見られる一過性の意思決定やその表明ではなく、熟議というインフォーマルな過程におけるコミュニケーションによってそれぞれの考えが変容する可能性や、意見を表明できる場を確保すること、あるいは、人びとのまだ熟していない意見や解釈を、意思決定過程のなかにインプットしていくことに、焦点をあてている。人々の必ずしも熟していない意見に参加と承認という意義を与えることをにより、熟議の場において熟していく過程に関心を注いでいる。

言い換えるなら、熟慮民主主義においては、具体的な公共性や公共圏を作り出す契機に着目している。冒頭で簡単に紹介した社協が期待されている私的団体としての福祉サービスのプロバイダー機能を超えた諸機能、社会福祉事業その他の社会福祉を目的とする事業に関わる主体に対して援助機能、連絡・調整の機能、さらには社会福祉に関する活動への住民の参加のための援助の機能は、この公共性・公共圏を作り出し、運営していく為の機能として位置づけることができる。

社協が地域に唯一の団体として担うことが期待されている「公的な役割」をこのように位置づけるならば、社協は、他の福祉サービスの供給主体である私的な社会福祉法人やNPOを広い意味で支援する中間支援団体としての機能を強化すべきであろう。また、サービス・プロバイダー機能に関しても、他の私的団体とは異なり、それらと徒に競合関係に立つのではなく、市場ベースに乗りにくいなどの理由で事業展開が難しい地域や困難ケースを対象とすること、そしてそれらの事業の中で得られた様々な問題を地域福祉の促進のための制度設計に役立てるなどのアンテナ機能（システムとのフィードバック作用）を果たすべきであろう[24]。

---

[24] 本稿では、紙幅の関係から「住民参加の促進」については、議論することができなかったが、熟議民主主義との関係からすると、非常に重要である。社協の期待されている機能は、住民の参加を促進しつつ、地域福祉の促進という具体的なテーマに沿って、熟議の場を設定しつつ、活動を構成する社協の機能は、熟議民主主義の側にも非常によいモデルを提示することになる。もちろん、そのためには、社協設立次には強く意識されていたコミュニティ・オーガニゼーション機能との関係も含め、住民参加の概念それ自体の精査など、熟議民主主義の主張とフィードバックの中で、クリアしなければならない論点がのこされている。

市区町村社会福祉協議会インタビュー調査
―本来目指すべき役割とは―

和　秀俊

Ⅰ　はじめに

　近年の地域課題は、定年退職後に地域生活者になれない高齢者、ひきこもりやニートの若者、ゴミ屋敷で生活する一人暮らし高齢者、日本の生活文化になじめない外国籍住民などの社会的孤立の問題をはじめ、子どもや高齢者の虐待、多重債務、ホームレス、若者や高齢者の自殺の増加など複雑化・多様化している。特に様々な要因が輻輳化している生活困窮者への支援は、「地域に住む当事者や住民が自分たちの課題について知り、自ら解決を図るための行動をとるように、コミュニティワーカーと呼ばれる専門性をもった人が側面から支援する」(森本 2013) という従来の地域福祉援助技術であるコミュニティワークだけでは対応が困難な場面が増えてきている。そのため、「問題を抱えた１人ひとりの住民に個別相談に対応しながらも、仲間づくりや当事者組織づくりのような集団活動支援や地域社会の団体・組織をとりまとめる支援、組織間の連絡・調整やネットワーク形成まで、幅広い知識と地域全体を見る眼を併せもって行う総合的な方法体系」であるコミュニティ・ソーシャルワークは、重要な地域福祉援助技術の１つとなっている（加山 2013）。コミュニティ・ソーシャルワークは、1982 年に発表されたバークレイ報告の中で注目され、イギリスから導入された概念である。同報告による

と、コミュニティ・ソーシャルワークとは、個別援助（カウンセリング）から計画策定（社会的ケア計画）やサービス運営までの方法を統合化したもの、つまり直接援助技術であるケースワークやグループワーク、間接援助技術であるコミュニティワークを総合的に進める総合的援助である（野田 2004）。

わが国においては、1990年に生活支援事業研究会（座長：大橋謙策）の報告書「生活支援地域福祉事業（仮称）の基本的考え方について」の中で、複雑化・多様化し従来の対応だけでは十分な支援ができない近年の地域課題に対して、コミュニティ・ソーシャルワークの必要性を指摘している。そのような中、現在の地域福祉の潮流は、市町村社会福祉協議会に対し、「個別支援を目的とするコミュニティ・ソーシャルワークの担い手」として、具体的には以下の機能や役割を求めている。つまり、今、市町村社協には、地域住民から、身近な相談窓口に寄せられる「既存の制度の枠組みだけでは、必ずしも解決できない多様な個別ニーズ」にこたえるために、フォーマルサービスやインフォーマルサポートなどの地域の社会資源を活用した個別支援を行うことが期待されているのである。しかし、先述したように、コミュニティ・ソーシャルワークとは、地域住民の個別ニーズに対する個別支援だけではなく、ケースワーク、グループワーク、コミュニティワークを組み合わせて、個人や地域の生活問題を総合的に援助するソーシャルワークの方法であることから、市町村社協に期待されている地域住民の個別支援という役割や機能は、本来のコミュニティ・ソーシャルワークの一部分にすぎない。

また、地域の社会資源を活用して地域住民の個別ニーズを援助するという個別支援は、地域包括支援センターのソーシャルワーカーや福祉事務所のケースワーカーをはじめとした地域を基盤としたソーシャルワークの担い手が従来から取り組んでおり、市町村社協が主に担う役割・機能ではなく、ましてや市町村社協の専門性、独自性とも言い難い。市町村社協の専門性、独自性は、新・社会福祉協議会基本要項にも掲げられているように、「地域福祉の専門的な推進組織として、組織化・調査・研究・開発・情報等に関する活動」、つまりコミュニティワークである（金井 2003、和田 2008、明路 2010）。コミュニティワークとは、「一定の地域社会で生じる地域住民の生活問題を地域社会自らが主体的・組織的・計画的に解決していけるよう、コミュニテ

ィ・ワーカーが（地域住民に対して：筆者加筆）側面的援助を行う過程およびその方法・技術」である。その過程とは、「①活動主体の組織化、②問題把握、③計画策定、④計画実施、⑤評価であり、その具体的な技術は、調査、集団討議、情報収集・提供、計画立案、連絡調整、資源動員・配分、世論形成、圧力行動など」としている（加納2002）。つまり、コミュニティワークは、調査や住民懇談会、サロン活動などを通して地域ニーズを把握し、地域住民が主体的に地域ニーズに取り組むこと（住民主体形成）を通して、地域住民の問題解決能力を高める支援をする。そして、市町村社協が中間支援組織（黒子）として機能しながら、関係諸機関との連絡調整やソーシャル・アクションによる交渉をはかり、政策立案や事業化によって地域ニーズを解決するという方法である。したがって、コミュニティ・ソーシャルワークにおいて、市町村社協が担うべき役割は、地域住民の個別支援に活用するフォーマルサービスやインフォーマルサポートなどの地域の社会資源をコミュニティワークによって整備することではないだろうか。そして、コミュニティワークの主な担い手である市町村社協と地域住民の個別支援の主な担い手である地域包括支援センターや福祉事務所などが、それぞれの機関に所属するソーシャルワーカーやコーディネーターを介し連携することによって、コミュニティ・ソーシャルワークを進めていくことができると思われる。したがって、複雑化・多様化してきている近年の地域課題の解決に向けて期待されているコミュニティ・ソーシャルワークを展開する上で、コミュニティワークの主な担い手としての市町村社協の役割と機能は重要である。

　そのような中、現在の市町村社協は、コミュニティ・ソーシャルワークにおいて地域住民の個別支援の主な担い手として期待され、その役割を果たそうと悪戦苦闘、試行錯誤を繰り返しながら取り組んでいる。しかし、従来から社協はコミュニティワークを最も独自の活動として取り組んできており、今日のごとく個別支援を中心とした地域福祉の潮流で推し進められていくと、市町村社協に求められる本来の専門性、独自性に基づいた役割が見失われてしまう可能性がある。それによって市町村社協の役割が曖昧なものとなってしまうと、行政や地域包括支援センター、福祉専門機関、NPOなどとの関係が不明確となり、それぞれが連携・協働することによって個別ニーズや地

域ニーズに対応することが困難となるであろう。したがって、コミュニティ・ソーシャルワークを展開していくために、改めて市町村社協の専門性や独自性としてのコミュニティワークを問い直し、本来目指すべき市町村社協の役割や機能を検討する必要があると思われる。

しかし、コミュニティ・ソーシャルワークの展開において、コミュニティワークの視点から市町村社協に求められる本来の役割や機能を検討した調査研究はほとんど見当たらない。そこで本研究では、市町村社協を5つのタイプ（調査対象①～⑤）に分け、主にそれぞれの特徴を持つ市町村社協の職員を対象としてインタビュー調査を行い、市町村社協のコミュニティワークにおける現状と課題について検討することにした。同時に、行政職員やNPO職員、地域住民を対象にインタビュー調査を行い、行政や地域住民の立場から見た社協についても併せて検討することにした。以上のインタビューを踏まえ、市町村社協が目指すべき役割を示したいと考えている。

Ⅱ 調査方法

本調査は、市町村社協の専門性、独自性としてのコミュニティワークの視点から、市町村社協の役割や機能を検討するために、共同研究者（法学、行政学、地域福祉）と検討したうえで、市町村社協を以下のように5つのタイプに分け、調査対象を7つに類型化した（表1）。

市町村社協の1つ目のタイプは、東日本大震災という未曾有の被害によっ

表1　調査対象

①東日本大震災によって本来の役割を発揮できたと思われる社協（A市社協）
②本土の潮流に左右されずに取り組んでいる離島の社協（B町社協）
③地方都市で地道に活動している社協（C市社協）
④コミュニティワークを先駆的に取り組んでいる社協（D市社協）
⑤コミュニティ・ソーシャルワークを先駆的に取り組んでいるE市社協を地域住民の立場から見る団体F
⑥社協をNPOの立場から見る団体G
⑦社協を行政の立場から見るH市役所

て地域社会が究極の困難状況に陥ったからこそ本来の社協の役割を発揮できたのではないかという想定のもと、「東日本大震災によって本来の役割を発揮できたと思われる社協」とした。次に、本土から離れた島にある社協は、コミュニティ・ソーシャルワークによる個別支援が市町村社協の役割とする近年の地域福祉の潮流に影響されづらいと考えられ、市町村社協が果たすべき本来の役割を担って取り組んでいるのではないかと想定し、「本土の潮流に左右されずに取り組んでいる離島の社協」を2つ目のタイプとした。3つ目は、全国にある市町村社協の平均的な取り組みを検討するために、首都圏でもなく先進的な地域でもない「地方都市で地道に活動している社協」とした。そして、コミュニティワークの視点から市町村社協の目指すべき役割や機能を検討するためには、先駆的にコミュニティワークを取り組んでいる市町村社協の活動を分析する必要性から「コミュニティワークを先駆的に取り組んでいる社協」を4つ目のタイプとした。さらに、5つ目は、近年の地域課題の解決に必要とされているコミュニティ・ソーシャルワークを展開するにあたって市町村社協に求められる役割や機能を検討するには、コミュニティ・ソーシャルワークを先駆的に取り組んでいる社協を対象として分析する必要があるため、「コミュニティ・ソーシャルワークを先駆的に取り組んでいる社協」とした。

　また、5つのタイプの市町村社協の取り組みについて、社協職員という内部者の意見や視点だけでは一方的な捉え方となってしまうため、地域住民やNPO、行政などの外部者の視点から見ることによって、より客観的、多角的に捉えることでき、リアルな現状を理解することができる。したがって、全てのタイプの社協がある地域ではないが、幾つかの地域において、地域住民やNPO、行政の立場から当該地域の市町村社協について語ってもらうこととした。まず、「東日本大震災によって本来の役割を発揮できたと思われる社協」は、外部のNPOと密接に連携して発災直後から取り組んできたことから、内部者に近い外部者の視点で社協を捉えることできると想定してNPOを調査対象とした。また、「コミュニティ・ソーシャルワークを先駆的に取り組んでいる社協」が活動している地域の住民に意見を聞くことは、当該地域の市町村社協によるコミュニティ・ソーシャルワークを提供される側

から、日本におけるコミュニティ・ソーシャルワークの現状や課題、そして市町村社協の役割や機能を検討することができることから地域住民を対象とした。そして、80年代以降ホームヘルプサービスやデイサービスなどの事業を行う「事業型社協」が増加し、それによって社協本来の役割、機能であるコミュニティワークが弱体化してきていると指摘されている。そこで、事業を行っていない市町村社協の取り組みを検討することによって、社協に求められる本来の役割や機能が分析することができると想定される。また、市町村社協は、市町村行政と密接に連携して日々の地域福祉活動を行っているため、市町村社協の日常的な活動を分析するには、内部者に近い外部者としての行政の視点が必要となってくる。したがって、市町村社協が事業を行っていない地域の行政職員を対象とすることにした。

以上の結果、表1に示しているように調査対象を7つに類型化することになった。

そして、インタビューガイドは、コミュニティワークの視点から市町村社協の役割や機能を検討するために、先述したコミュニティワークの定義を参考にして、共同研究者（法学、行政学、地域福祉）と検討した結果、以下の8項目となった（表2）。

7類型の調査対象に8項目のインタビューガイドを用いて、以下のように

表2 インタビューガイド

①「住民主体」の成功事例を教えてください。
②中間支援組織としての成功事例を教えてください。
③地域住民、利用者の立場で、行政に訴えた事例があれば教えてください。
④地域住民を巻き込んで、行政と交渉した事例があれば教えてください。
⑤事業を展開する際に、どのようにコミュニティワークを意識して行ってきたか教えてください。
⑥理想とするコミュニティワークを教えてください。
⑦コミュニティワーカーを養成するには何が必要であると思うか教えてください。
⑧中間支援組織としての社協において、「住民主体」でコミュニティワークを進めていくうえでの現状と課題、展望を教えてください。

※調査対象とインタビューガイドは、共同研究者（法学、行政学、地域福祉）と内的妥当性によって検討した。

インタビュー調査を行った。まず、市区町村社協（A市〜D市社協）の職員を対象に、インタビューガイド（表2）をもとに1〜2時間の半構造化面接を行った。くわえて、A市ではNPO（団体G）の職員に、E市で市民活動（団体F）を行っている地域住民、また、市社協が事業を行っていないH市の行政職員には、NPOや地域住民、行政から見た社協の現状や課題について、非構造化面接によってできるだけ自由に語ってもらった。調査期間は2014年2〜10月である。なお調査結果においては、インタビュー調査の際に頂いた資料を参考にして補足している。

III　調査結果・考察

1　A市社協

(1)　結果

(a)　福祉教育を通した地域課題の意識化と社協への理解

　A市社会福祉協議会（以下、社協）は、東日本大震災で大きな被害を受けた自治体の社協だが、震災以前から近年の社協不要論に対する社協の生き残り作戦として、以下のことを取り組んできた。平成17年から市内の各地区において住民懇談会を開催し、津波被害を想定した講話を行い、「この地域は地震が起きた際には津波に備えなければならない」ということが地域課題であることを地域住民に意識してもらうために、災害、特に津波対策に関する福祉教育を行ってきた。「社協は黒子であるとよく言われているが、黒子だけでなく時には主役になることが必要である」という。地域住民に地域の課題を意識してもらう（地域課題の意識化）とともに、「社協が主役となり、地域住民に社協の活動を理解してもらうことを通じて、社協への会費を増やすことにも繋がるのではないか」という考えを持っている。特に、「なかなか理解してもらえないで厄介なのだが、町内会から会費を出してもらえるように働きかけ」て、できるだけ多くの町内会に社協の活動を理解してもらう努力をしてきた。

(b) 地域課題の解決に向けた環境整備

　A市社協は、来るであろう将来の災害に向けて、行政や大学に対しても津波を想定した備えの必要性を説明し、関連諸機関と連絡調整をしながら、災害が起きた際に社協と行政、大学が協力関係をもつための組織間協定を結ぶ準備を行った。社協単独で動くのではなく、「後ろ盾がない（理由ない）仕事はしない」という信念のもと、根拠として残るように書類を作成し確実に進めていった。そして、災害のフォーラムや訓練を共同で行うことによって、災害に対して備えてきた。このように、社協が積極的に津波対策という地域課題に対して関連諸機関との連絡調整を行い、地域課題のために環境整備を行うことは重要な役割であるという。

(c) NPOのコーディネート

　震災直後、多くの自治体の社協は、NPOやボランティアの受け入れに対して慎重な姿勢をとっていた。しかし、A市社協は、全国から集まるNPOやボランティアに門戸を開いた。当時関わったNPOやボランティアからすると、「社協はNPOやボランティアを全て受け入れなかった」という不満があるようだが、社協は専門的な判断のもとNPOやボランティアを受け入れてきた。そして、当時の社協の限られたマンパワーを考え、NPOと相談のうえ連絡協議会を作り、そこにNPOとボランティアのマネジメントを任せることにした。当時NPO連絡協議会の事務局の中心として関わっていた団体Fの職員は、「ボランティア活動について、社協はNPO連絡協議会に丸投げした」と思っているようであるが、A市社協としては、コミュニティワーカーとして以下のような専門性を発揮した。NPO等の支援団体側からの要望に沿い、情報共有の必要性を認識して、連絡協議会は主体をNPO側に運営を任せ、地元の方々も協力する状況下をつくりながら、毎日実施される協議体を側面から支援する形となった。その結果、社協の思惑通り、地元住民を中心としてNPO同士が協力し合いNPOが横並びとなり、それぞれのNPOが思いや特徴を発揮させられるようにうまくマネジメントすることができたと考えられる。現在、A市社協は、NPO連絡協議会の後身である中間支援型NPO（団体F）と連携して、A市の地域福祉に取り組めていない。

というのも、団体Fが中間支援型NPOというよりも、まちづくり系NPOに変化してきていることが理由であるという。

　また、住民からすれば、見ず知らずの全国から集まってきたNPOやボランティアが、地域に入り込んでくることは、地域住民にとってあまり良く思わず、トラブルの原因ともなっている。そこで、A市社協の職員は、毎朝地域を回り、どのようなNPOやボランティアが地域に来るか、事前に自治会長をはじめとした地域住民に伝え、スムーズにボランティア活動ができるように配慮してきた。こうした連絡調整は、住民懇談会や社協への会費徴収などの取り組みを通して築いてきた町内会や自治会、地域住民との信頼関係と社協への理解があるからこそ、順調に進めることができた。

　このように、A市社協は「黒子」に徹して、NPO連絡協議会という中間支援組織の創設や、地域住民の理解をはかるという環境整備を行うことによって、NPOがスムーズに活動ができるように、総合的なコーディネートを行なった。「このことは特別なことではなく、普段から社協がやっていることを行ったに過ぎない」という。

　また、今後NPOが特定の地域で継続的に活動ができるように、個人ではなく町内会単位で紹介し、そして将来的に助成金等を獲得できるために団体間、組織間をマッチングするなどの「つなぎ役」としても取り組んだ。今後起こり得る地域課題を想定し、これらのネットワーキングによって地域の課題解決に繋がるという考えで、これらのマッチングをしているという。

(d) ボランティア主体から住民主体へ

　震災直後からしばらくの間は、NPOやボランティアに頼らざるを得ないが、徐々に自分たちの地域のことは自分たちでも取り組めるように移行させる必要がある。そこで、発災2か月後の5月からまとまりのある町内会や自治会において、側溝の泥かきだけでなく住民同士が話をできるように配慮し、復旧作業をボランティア主体から住民主体へと移行できるように進めた。

(e) 行政に対する高い交渉力

　東日本大震災の前から、行政に対して、高齢者や障害者など限られた分野

で活動する他の社会福祉法人とは異なり、社協はすべての分野のことがわかり地域の社会福祉法人を包含することができる組織であることを示し、また何か実施する際には、「よろずや」であり黒子としての社協が行政の下支えをし、行政を前面に押し出すことを行ってきた。そのため、社協に対する行政からの評価が高く、災害対策に向けた行政、社協、大学との連携協定の締結準備をスムーズに進めることができた。

(f) 地域ニーズの把握不足

以上見てきたように、A市社協は、将来的な地域ニーズや課題を想定のもと、住民懇談会を活用して地域課題の意識化や社協への理解を促し、また関連諸機関との連絡調整を行い、地域課題を解決するための環境整備を行ってきた。さらに、NPOやボランティアのコーディネート、地域住民が主体的に地域課題に取り組むように働きかけ、また行政に対する高い交渉力によって地域福祉を推進している。このように、震災前から震災後まで、社協に期待されるコミュニティワークを展開してきた。しかし、ここで課題として挙げられるのが、社協職員の経験知に依存して、これらのコミュニティワークが行われてきた点である。その結果、今回の震災で、観光客や外国人、妊婦など援護が必要な被害者が想定よりも多く出て、それに対する支援ができなかったことを反省している。また、障害者に対する支援もほとんどできなかったという。このように、住民懇談会やフィールドワークから隠れた地域ニーズの把握ができていなかった点は、A市社協の課題といえよう。

(g) 未来を見据えた事業展開〜次世代のコミュニティワーカーの育成〜

10年、20年後の地域課題を想定してコミュニティワークを展開するために、まず市内に民協（民生委員児童委員協議会）が16ヵ所あるため、行政に活動単位を10地区に編成するように要請した。そして、それぞれの地区に地域福祉コーディネーターを配置するために、10名の地域福祉コーディネーターを復興計画に入れた。地域福祉コーディネーターには、地域によって特色が異なるためニーズや課題も様々であり、「逃げるな、自分のせいにする、色々と意見があって当然という意識を持つように」とコミュニティワー

カーとしてのスキルとマインドを教育している。そして、地域福祉コーディネーターをマネジメントしている職員と地域福祉コーディネーター全員で毎週2時間の意見交換会を実施することによって、次世代のコミュニティワーカーを養成している。また、震災前と震災直後における地域ニーズの把握が課題となっていたことから、地域福祉コーディネーターを中心に、それぞれの地区のニーズ把握に努めている。

> ※地域福祉コーディネーターは、社協のコミュニティワーカーの中でも地域においてさらに高度な福祉活動のコーディネーションができるように期待され、配置が事業化されている。

(h) 地域福祉マネジメントにおけるプロデュース力

住民懇談会などを通した地域ニーズの把握であるが、社協単独の住民座談会では地域住民の参加が少ないため、現在、行政の企画部と連携して実施している。住民座談会では、市内の沿岸部においては生きがい対策、内陸部であれば新住民の受け入れに困惑しているという課題が出てきている。そこで、まちづくり系の複数の行政部署と連携して、沿岸部の生きがい対策として「桜並木プロジェクト」などを行っている。このように、地域ニーズの把握や課題解決に向けて、新たなアイデアやアプローチの方法を作り出し、より多くの関係諸機関や社会資源と連携して取り組んでいる。

また、市内の大きな仮設住宅で医療機関が中心となった地域包括ケアを実施しているが、居住者がかかえている問題は複合化、重度化しており、医療機関だけの支援では限界がある。そこで、仮設住宅の地域包括ケアにおける居住者の生活を支援するために、従来の地域包括ケアにおいてほとんど見えていなかった社協の機能や役割について、医療機関をはじめ関係諸機関に提案し、有機的に連携できるように交渉している。

以上見てきたように、A市社協のプロデュース力は、住民懇談会を活用した住民自身による地域課題の意識化や社協への理解促進、社協、行政、大学の3者間協定の締結による地域課題を解決するための環境整備、地元住民をトップに置いたNPO中間支援組織の創設、地域住民自らが主体的に地域課題に取り組むための「きっかけ」づくり、さらに地域福祉をスムーズに推進

させるための行政に対する高い交渉力、次世代を担うコミュニティワーカーの養成などのかたちで発揮されている。

このように、A市社協は、地域福祉マネジメントにおけるコーディネート力もさることながら、地域課題を政策に繋げるようなプロデュース力にも長けているといえよう。

(2) 考察

A市社協は、福祉教育による地域住民の地域課題の意識化や、社協に求められる先駆的、開拓的なセンス、行政との交渉や連絡・調整、事業化や政策立案に繋がるようなプロデュース能力、つまりソーシャル・アクションの能力が高い。ここでいうソーシャル・アクションとは、行政と対立関係による従来型のそれではなく、行政とうまく関係を築きながら、事業化や制度化に繋げていくという新しい形のソーシャル・アクションである。また、地域の社会福祉法人の中で、社協だけが「その地域で社会福祉事業を営む者の過半数をもって組織する」という過半数規定を持っており、社協が中心となって地域全体の社会福祉の水準を高めるために、地域の社会福祉の運営管理を行うことを自覚し、地域福祉マネジメントにおけるコーディネートやプロデュースによるソーシャル・アドミニストレーション（社会福祉の運営管理）の能力も長けている。社協がソーシャル・アドミニストレーション機能を積極的に推進することを期待されていることからも（塚口2010）、ソーシャル・アドミニストレーションは、地域福祉マネジメントにおける重要な社協の役割であり、社協固有の専門性であるといえよう。また、今後のA市における地域福祉推進のことを考え、上記のようなコミュニティワークを展開することができる次世代の担い手を育成している点も高く評価できる。

しかし、次のような幾つかの課題も見えてきた。まず、住民懇談会を通して、社協側の意見を地域住民に時間をかけて伝えてきたが、必ずしも地域のニーズを丁寧に把握してきたとは言えないと思われる。また、東日本大震災の時には、地域住民やNPO等との連絡調整を「黒子」に徹して行い、地域住民やNPOが主体的に活動できるように配慮しながら、理想的な中間支援組織の役割を担ったことは確かだが、平時である現在においては、中間支

組織としてあまり機能していないように思われる。地域のキーパーソンの発掘や住民主体の働きかけはある程度できていると思われるが、地域の課題やニーズの解決に住民が主体的に関わるための取り組みはできているとは言えない。

今後は、すでに取り組んでいる部分もあるが、各地区担当の地域福祉コーディネーターによって地域の課題やニーズを丁寧に把握し、その解決に向けて地域住民を巻き込む展開が必要である。そのためには、従来からの町内会、自治会との連携と併せて、有事において連携した中間支援型NPOと今後も継続して連携できるように努めることも求められる。

2　B町社協

(1) 結果

(a) どこも対応できないことを担う社協

　B町社協の活動は、社会情勢の変革と社会資源の乏しい中で、コミュニティワークなどの地域福祉を中心とする本来の社協分野と、児童・障害者・高齢者等の幅広い層を対象とした介護サービス等（以下、福祉サービス）を提供する事業分野の2面性をもっている。これは、事業分野において高齢者福祉サービスを中心に実施していた当時、「他の社会福祉法人等と同じサービスであれば、行政から多くの補助金をもらい運営している社協はいらないのではないか」ということがきっかけでもあった。そこで、B町社協は「何とかしなければならない」という意識のもと、他の社会福祉法人や民間組織が提供する福祉サービスとの差別化を図る努力をしてきた。社協は地域住民の声（ニーズ）を直接聞くことができる「よろずや窓口」であり、地域の特性を踏まえ、創意工夫した独自性のある事業を展開することができる組織である。これまでもB町社協は、地域資源で不足している分野（障害福祉サービス等の他の民間団体が取り組んでいない事業）や公的制度では対応できない分野、つまりどこでも対応できない福祉サービスを担ってきた経緯がある。B町においても、現在、独居高齢者や障害者、認知症高齢者の増加に伴い、権利擁護事業の重要性や必要性が高まり、社協の果たすべき役割が増しているが、人的体制を含めた全体的な基盤がまだまだ弱い状況にあるという。

また、B町は農業を主産業とし勤勉な住民性であるが、「何か困ったことや問題があれば、すぐに行政に頼ってしまう依存体質」がある。そこで、社協は地域の現場を知っているという強みや地域の問題をすぐに感知できるセンサー能力を生かし、行政では対応できない問題や課題を積極的に担っている。B町社協のモットーは、全国的なモデルとして全社協（全国社会福祉協議会）に評価されるのではなく地域住民に評価してもらい、理想としては、地域住民に「社協があるから行政はいらないよねと言わせたい」という言葉に集約されている。

(b) 住民座談会や支え合い会議を通した地域ニーズの把握

住民、特に高齢者は、「もともと困っていることに慣れているため、地域で生じている問題を問題であると認識しづらい」という。そこで住民座談会や支え合い会議（見守り活動関係）によって、まずは自分の地域の課題に気付いてもらい、そしてボランティア（お互いが支え合う）意識を高めるきっかけづくりを行っている。住民座談会は、集落の要請に応じて実施しているが、集落ごとに温度差がある。B町社協は、約半年かけて各集落を回り、住民座談会や支え合い会議を通して地域ニーズを把握してきたという自負がある。地域ニーズの中には、島独自の課題も幾つか見られ、その1つに自殺率の高さが挙げられる。しかし、ここで把握したニーズを分析し、社協の事業やサービスにまで展開できていないのが現状である。

(c) ボランティアによるニーズ把握から生まれた独自事業

住民がやりがいを感じ、継続的に参加できるボランティア活動の場が少ない中で、認知症予防・脳の健康維持を目的とした「シニアはつらつ教室（脳トレ）事業」に関わる人材を開拓するため、講習会によって学習サポーターのボランティア養成を行っている。そして、学習サポーターの中から社協が開催する各種講習会にも参加してもらい、新たな事業展開を進めている。その一つに「生活支援サポーター（協力会員）」を養成し、修了者を中心に懇談会の定期開催やニーズ調査を行い、介護保険や各種公的サービス等では対応困難な生活課題に対し、住民主体の独自事業として、生活支援サポーター

が支援する「生活支援サービス事業（あぐネット）」を行うこととなった。
　※「あぐネット」＝"あぐ"は、友達や仲間を意味する方言

(d) 高い行政との連絡・調整力

　B町社協は、行政（保健福祉課）や地域包括支援センターとの連携がうまくとれており、地域福祉を推進していくうえで、行政の多様な関係課と連携した事業推進が期待できる。また、地域住民の声（＝地域の課題）を拾って行政につなげることも得意である。このように、行政との連絡・調整する能力は高いが、行政に必要な施策や事業を提案したり交渉するソーシャル・アクションや、それらを通して地域福祉の推進をプロデュースする、つまり「まちのプロデューサー」となるところまでは至っていない。

(2) 考察

　以上みてきたように、B町社協は、住民懇談会や支え合い会議の開催によって、自殺予防など離島独特の課題も含めて、地域ニーズを丁寧に把握している。しかし、地域ニーズを分析し、新たな事業やサービスの提案までは展開できていないと思われる。そのような中、地域のキーパーソンを丁寧に発掘しながら、地域の課題やニーズの解決に、少しずつだが地域住民を巻き込むことができている。また、養成したボランティアによってニーズ調査を行い、その結果を幾つかの独自事業にまで繋げられている。塚口も論じているように、地域ニーズに基づいて事業計画を立て、その地域の独自事業を展開することが、それぞれの社協の特色を出していくものであり、地域福祉を担う社協として必要である（塚口 2010）。また「コミュニティワークにとって基盤となる地域社会の構造的変動に対応しなければ、その方法も技法も効力を持たない」という指摘もある（牧里 2014）。したがって、現代社会や各地域の特徴、地域ニーズを把握し分析することによって、コミュニティワークを展開することができるコミュニティワーカーの養成が必要である。そのためには、コミュニティワーカーの社会福祉調査の能力や技術をさらに向上させることも重要であろう。

　また、B町社協は、地域住民との関係づくりや行政との連絡・調整する能

力は高いが、行政と交渉するソーシャル・アクションや地域福祉を推進することをプロデュースするところまでは至っていない。したがって、今後は、丁寧に把握した地域ニーズや丁寧に作ってきた地域住民や行政、関係諸機関との関係をもとに行政と交渉し、地域福祉の推進を総合的にマネジメントやプロデュースすることが求められる。そのためには、ソーシャル・アクションとソーシャル・アドミニストレーションの力を向上させ、コミュニティワークに取り組む必要があろう。

3　C市社協

(1) 結果

(a) 地区社協との連携

C市は9ブロック40地区あるが、これまでは地区住民の福祉力向上のため、事業担当者が各事業を通じて地区の課題解決につなげる支援を行っていた。しかし、平成24年から地区ごとに地区担当者を配置するようになった。そして、年3回地区社協連絡会を開催し、地区のニーズや課題を把握するとともに解決に向けた支援に努めている。また、民生委員の定例会や行政が実施するタウンミーティング等に参加し、情報収集等を行っている。そして、地区社協による働きかけによって、地区住民の地域福祉力の向上に繋げてきている。

(b) 先駆的な事業を行う社協

「地域福祉デザイン塾」によって、地区で自慢できる物の発掘やニーズ把握を行い、その結果を独自事業に繋げている。その1つとして、共同募金の財源と市社協会費を見守り活動、「安心カード」、「徘徊SOS」などの地域住民による見守り活動等に生かしている。このような「先駆的な事業こそ社協が行い、行政はその結果を受けて公的サービスとして広く展開していくべきである」という。地域住民からのニーズを受け、委託事業として行政に提案したこともある。

(c) 公共性が高い民間組織としての社協

地域住民から見て、「社協は公共性が高い民間組織であるからこそ安心感があり、社協の独自性の1つである」という。地域住民は何か困りごとや問題があれば安心できる社協に相談し、地域住民の個別な課題やニーズに丁寧に対応してもらっている。

(2) 考察

地区社協や民生児童委員の活動、タウンミーティング、C市独自の活動などを通して地域ニーズを把握し、その結果をもとに幾つかの先駆的な独自事業を展開しているというが、事業内容を見ると全国どこでも展開されている事業であるため、必ずしも地域ニーズや課題に即して展開されているとは言えないのではないだろうか。実際、地域ニーズに基づいて、その地域の独自性のある活動を行う社協は多くなく、市町村社協の自主企画事業は縮小してきているという。その原因として、コミュニティワークによる客観的な分析に基づいた事業計画を立てていないことが指摘されている（塚口2010）。

また、地域住民の個別的な課題やニーズには丁寧に対応しているが、それを地域ニーズとして捉え、コミュニティワークに繋げられていないと思われる。そのような中、地区社協の働きかけによって、少しずつ地域住民が主体的に地域課題に取り組みつつあるようである。

今後は、把握した地域ニーズをもとにC市独自の事業を展開し、さらに地域住民が主体的に地域ニーズに取り組むコミュニティワークに繋げていくことが必要である。

4　D市社協

(1) 結果

(a) 計画的なコミュニティワーク

D市社協は、阪神淡路大震災を経験してコミュニティの重要さを再認識した。D市社協は震災を契機に「ブロック推進体制構築・福祉コミュニティ推進期」（平成9年～平成12年）、「計画活動推進期（サロン事業展開期）」（平成13年～平成16年）、「日常生活圏域（小学校区）総合化事業展開期」（平成17年～

平成21年)、「地域支援と個別支援の総合化展開期」(平成22年～平成24年)と計画的にコミュニティワークを実施している。

　阪神淡路大震災後、D市は平成8 (1996) 年に市内を7地区(ブロック)に行政区割りを行ったが、D市社協はその区割りにしたがって、平成8 (1996) から11 (1999) 年にかけて、7地区(ブロック)にコミュニティワーカーを配置した。また、D市社協は平成8年から、従来なかった住民主体の「地区ネットワーク会議」を設け、この会議に専門機関や事業者も参加し、地域の福祉課題について協議、連携する場をつくった。しかし、D市には行政がこの地区ネットワーク会議とは別に、小学校区単位で「まちづくり協議会」という組織をつくっており、住民にとってはこの協議会の方が身近な地域課題を話し合う場としては受け入れやすかった。また、7地区(ブロック)では具体的な課題解決を考えるには広すぎることもあって、地区ネットワーク会議は平成17年から市内20の概ね小学校区域を単位とした「校区ネットワーク会議」へと移行した。この会議は、校区の様々な地域福祉関係者が協議でき、そして地域住民の中でも特に福祉当事者が参加し発言しやすい場となっているのが特徴である。

　また、平成10年からは「福祉コミュニティ支援事業」、平成12年から「ふれあいいきいきサロン支援事業」、平成17年から「小規模多機能ケア」を開始し、福祉コミュニティ形成の拠点づくりに取り組んでいる。

(b)　エリアに応じた役割分担と連携

　地域ごとに生活課題が異なっているため、現行の支援の仕組みには限界が生じており、課題に応じた柔軟なエリア設定を図る必要性が出てきた。また、ニーズ調査の結果、生活課題の多様化・複雑化が急速に進んだこともあり、一律の支援の仕組みには不具合が生じていることが明らかになった。そこで、課題の内容に応じて支援のエリアを「より身近なエリア(見守りと災害時等緊急支援エリア)」、「地域協働のエリア(地域の協働による支援のエリア)」、「7地区のエリア(情報連携・情報受発信のエリア)」、「市のエリア(セーフティネットのエリア)」の4つに区分し、それぞれのエリア単位で「地域ささえあい会議」(より身近なエリア)、「校区ネットワーク会議」(地域協働のエリア)、

「市セーフティネット連絡会」(7地区のエリア)、「市セーフティネット会議」(セーフティネットのエリア)を組織し、そのエリアに応じて役割分担や連携することとなった。しかし現状では、上記4つの会議は「取り組みが始まったところで、それぞれの会議が十分機能し連携できているとは言えない」ということであった。

(c) 見守りや相談体制の強化による早期のニーズキャッチ

制度の狭間にある人やサービス利用拒否の人も含んだ「制度の枠にとらわれない支援」のために、生活課題を早期発見するための見守りや相談体制を強化している。また、そこでキャッチしたニーズを解決につなぐ「地域ささえあい拠点」づくりにも取り組んでいる。さらに、これらの活動を生かしながら、災害時要援護者支援にも取り組み、日常的な見守り活動の充実・強化を図っている。

具体的には、自治会、サロン、ミニデイ、民生児童委員、民間事業者、社協等が連携し、地域住民の「ちょっとした気がかりなこと」を見逃さず、早期のニーズキャッチや見守りを行っている。そして、そのニーズキャッチされた情報を集約し、地域住民と関係機関が共有し合うために、自治会や民生児童委員が中心となった「地域ささえあい会議」を開催している。同会議は、「相談機能」、「情報受発信機能」、「学習機能」、「地域活動支援機能」、「協働機能」、「コーディネート機能」、「ケア機能」を併せ持つ、上記の「校区ネットワーク会議」と連携することによって、地域住民と関係機関が協働で地域課題を解決する活動につながっていく。

近隣での生活課題の発見は地域住民に依存するところであり、それらを担う人びとは自治会、民生委員のほかに、近隣の人たちである。日常生活圏域については、必ずしも、相談拠点と支え合い活動拠点とが連動してはいないが、日常生活圏域において、相談機能、情報発信機能、学習機能、地域活動機能を併せ持つことは理想ではある。重要なことは、住民が見つけてきた生活ニーズをケア機能やコーディネート機能を併せ持つ社協職員が地域住民と協働し、地域活動を展開していくことを目指すことである。そのために行っている場が、これも上記の「地域ささえ合い会議」であり、住民による早期

発見に基づき、地域住民と社協職員が協働して問題解決の方法をさぐり出す場となっている。

(d) 社協職員と地域住民が一体となった取り組み

　平成 17 年から「小規模多機能ケア拠点」を、平成 19 年からは「福祉総合相談窓口」を社協職員と地域住民が協働で始めることとなった。「小規模多機能ケア拠点」は、より身近な生活圏の中でデイサービスなどの介護サービスを提供するだけでなく、ケア拠点（民家型デイサービス）が、介護サービス利用者だけでなく地域住民の交流の場となり、地域住民が地域の福祉・介護について考えたり、お互いに見守り、支え合う関係づくりの場を目的としている。これらの取り組みの核となるのは、ケア拠点における運営委員会である。運営委員会での話し合いにより、近隣住民むけに認知症サポーター養成講座を行い、近隣住民へ認知症への理解・啓発を進め、身近な生活課題について、相互理解を深め、お互いに協力し支えあえる関係性を育んでいる。その結果、日頃からケア拠点に集う人たちについても専門的なケアでなく、見守り、支えあえるネットワークが構築されている。

　「福祉総合相談窓口」は気軽に地域住民が集い日常的な相談ごとを持ち寄り、一緒に考える場となっている。地域で解決できることは地域で解決し、専門的な対応が必要な問題については、福祉の専門機関につないでいる。また、普遍的で課題解決していく必要がある事案を「ネットワーク会議」において話し合い、さらに行政等専門機関も交えて市域全体の課題として検討していく事案を「市セーフティネット会議」に上げて協議しているという。

　社協地域担当（コミュニティワーカー）が各地区に分散しているので、同一案件や同時に関わる必要のあるケースにおいてタイムリーに情報共有するには限界があり、最近では IT 化についても検討している。

　自治会、民生児童委員、ボランティアなどのほかに社会福祉関連団体や事業者、各種地域ケア拠点が参加している「校区ネットワーク会議」は、ケアに関する専門職を地域住民が活動する場に引き入れながら、地域住民と専門職が生活の場で協働して福祉当事者を支え合うあり方を協議できる場となることを期待されており、そのような場となるように支援することが、地区担

当のコミュニティワーカーの重要な役割となっている。

(e) 社協各部門間の連携

　支援を必要とする人々を支えるためには、社協の各部門が別々に行動するのではなく、情報の共有や具体的な活動面で連携・協力することが重要である。そこで、D市社協は社協職員が部門の壁を越え、地域で支援を必要とする人々を支えるために協力し合う環境・関係づくり、つまり「社協総合化」に取り組むこととした。まず社協の各部門がお互いの役割や機能、日頃の活動内容を確認し合い、次に各部門の職員が協働して一つの事業に取り組むことで、「社協総合化」を試みている。

　具体的には、社協の各部門の職員が地域住民と協力して「福祉総合相談窓口」をつくり、社協職員が相談員として継続的に関わっている。各部門の職員が一つの事業に一緒に取り組むことで、異なる職種の職員の考え方や行動の仕方を学び合い、日常業務の上でも情報を共有し、意見を交換し合うこともできる。また、各部門の職員が関わることによって、各部門で培った専門的なノウハウを総合的に活かすことができるし、業務で築いたネットワークを通して専門機関につなぐこともできる。このように、「福祉総合相談窓口」は、身近で気軽に様々な相談に対応することになるため、社協の総合力を試される場であるといえよう。

(f) 総合的な見守り体制づくり

　見守り支援体制づくりは、誰もが地域で安全で安心に暮らし続けることを目指しており、この体制づくりは災害時などの要援護者支援にもつながる。平常時から地域住民が互いに顔見知りであることは、災害時に支援を必要とする人が安全に避難できる体制づくりの前提でもある。平成19年から「自治会・地域見守りネットワーク支援事業」を小学校区よりも狭い自治会の範囲で、平成20年からは「身近な地域の認知症サポーター養成事業」を老人クラブで実施し、平成22年からはコープ、ヤクルト、新聞店、コンビニ、郵便局などによって「事業所による見守り支援」を開始した。それぞれの活動が地域の中でつながり合う総合的な見守り体制づくりに取り組んでいる。

(g) 制度の枠にとらわれない個別支援体制づくり

現行の制度では対応できない「制度の狭間にある人」への支援のために、既存の制度枠を超えた支援が必要となっている。そのため、平成20年から始まった「くらしサポーター事業」などの独自事業で制度の狭間にある人の支援に取り組んでいる。また、平成21年には、個別支援の解決を図る「地域福祉コーディネーター」を配置した。地域福祉コーディネーターは、既存の制度枠をこえ、個別支援から地域支援活動への発展、さらに「市セーフティネット会議」などを通して、新たな政策・制度づくりの展開を図ろうというものである。

(h) 新たな政策・制度につながるコミュニティワーク

自治会や民生児童委員、まちづくり協議会や当事者などがごく身近な隣近所で情報共有する場である「地域ささえあい会議」は、地域の福祉課題や身近な見守り・支援の方策を検討する場として位置付けられる。そして、「校区ネットワーク会議」において地域の福祉課題を抽出し、身近な地域で解決が困難な福祉課題については、行政や社会福祉協議会、各種専門機関などが市全体で話し合う「市セーフティネット会議」に上げ検討し、新たな政策や制度づくりに取り組んでいる。

また、社協の理事会や評議委員会とは別に、毎月1回の頻度で「福祉のラウンドテーブル」を実施している。ここでは、社協職員は事務局に徹し、肩書をはずした市民が運営委員となり、「地域住民が自由な発言ができる場」づくりを行っている。このラウンドテーブルは、「戦略的に行政を動かすソーシャル・アクション」として、重要なコミュニティワークの方法となっている。

(i) コミュニティワーカーの質向上の必要性

現在、D市社協には7名のコミュニティワーカーがいるが、コミュニティワーカーとしての専門性や力量にばらつきがあり、コミュニティワーカーの質の向上が課題となっている。ある研究助成を活用し、大学と連携して「コミュニティワーカー養成」に取り組んできたが、専門性の向上のためにはよ

り良い研修内容や方法を検討する必要があるという。定期的に事例検討を通したコミュニティワークの研修会を実施し、コミュニティワーカーの質の向上に取り組んでいる。

H市行政職員によると、「今の社協は、組織をマネジメントする力も地域全体をマネジメントするという視点もないのではないか」と行政から見た社協の現状を指摘し、その原因として「社協職員は、現場における個別ケースに対応したり現場に出ることは好きであるが、組織マネジメントや市内の地域福祉全体をマネジメントする管理職の立場になることはあまり望まず、最悪はそのような立場になるとやめてしまう」と指摘している。そこで、H市では、社協職員に対してマネジメントやプロデュース能力を備えたコミュニティワーカーを目指すために、社協からH市保健福祉課へ出向させ、行政の仕事の中で組織マネジメントや地域福祉マネジメントができる人材を養成している。それに対して、D市社協の職員によると、「行政手法は社協の中でも十分に学ぶことができ、また役所の行政手法では今の社協の組織マネジメントは難しい。むしろ民間企業やNPO等に学ぶことが必要である」という。

(j) コミュニティワーカーに必要な能力とは

コミュニティワーカーの理想は、「地域で困っている人を地域の人たちと一緒に支援する地域づくり」に集約できよう。そうしたコミュニティワークを実現するためには、「ニーズを埋め戻ししない」こと、「住民から雇われているワーカーである」という自覚、住民の力を使うではなく「ワーカーを使える住民を育てる」という発想が重要になる。そのためには、当事者の声を大事にし、福祉学習の徹底化とプログラム化が重要であり、また1つの事例において地域住民と「大変なことを乗り越え共有する」ことによって信頼関係を築いていくことが求められてくる。

地域住民との信頼関係を築くには、ワーカーは、まず事例においてどのように「住民主体」を確保すべきかを「見極める」ことから出発する必要がある。そこで、D市社協では、定期的な研修による事例検討を通して、「見極める」能力を培うことに取り組んでいる。また、「住民主体」によるコミュ

ニティワークは長い時間がかかるため、ワーカー自身で答えを出すのではなく、地域住民が自分たちで話し合ってより良い答えを出せるように、情報提供とともに住民の力を「信じること」が重要である。そのためには、ワーカーは地域住民と話し合いを重ね、コミュニケーションを通じ解決を見出していく「あきらめない」姿勢が求められているという。地域住民と話し合いを重ねるためには、「話し合いの場づくり」が重要で、メンバーが固定化を避け多くの地域住民に参加してもらえるように、誰でも楽しめるような「開放的な場」や、地域住民と対等な関係で話し合いができるような場づくりのスキルとして、ファシリテーション能力や演出力（プロデュース力）も必要になってくる。

現在の課題として、地域住民には「本当の意味での『住民主体』が伝わっていない」ため、地域住民には、事例の記録化やキーワード化を通して、「住民主体」の捉え方を伝えることが必要だという。また、コミュニティワーカーも、社協の他の部署と同様に定期的な異動の対象となるため、3年程度の在籍ではワーカーとしてのマインドやスキルを深めることが難しい現状もある。

(2) 考察

以上みてきたように、D市社協は、阪神淡路大震災を契機に計画的にコミュニティワークを展開し、各部門の職員が一緒になって、総合的な見守り・ささえあい体制づくりを共通目標とし、先述の4つのエリアに応じた役割分担と連携事業に取り組んでいる。そして、それぞれのエリアで地域住民と関係機関が協議できる場を設け、地域住民と社協職員（中心は地域担当のコミュニティワーカー）が一体となり「福祉総合相談窓口」や「地域ささえあい会議」を通じ、早期にニーズを把握し支援につなげている。また身近な地域で解決できない課題については、市全体で話し合える「市セーフティネット会議」において専門的なサポートや公的な支援を協議し、さらには制度の枠にとらわれない個別支援体制や新たな政策や制度づくりにも取り組んでいる。また、住民主体のラウンドテーブルと協働した「戦略的なソーシャル・アクション」（ラウンドテーブル型ソーシャル・アクション）によって、行政への働

きかけも行っている。

　このように、D市社協は、各部門が協働して社協全体が中間支援組織として機能し、行政や関連機関と役割分担し連携しながら、地域ニーズの把握から地域住民との話し合いの場づくりや福祉教育を通した住民主体形成、さらには「戦略的なソーシャル・アクション」による政策立案まで取り組む理想的かつ先駆的なコミュニティワークを計画的に実施している。そして、このようなコミュニティワークを基盤として、「制度の狭間にある人」への支援のためにコミュニティ・ソーシャルワークを行っている。このような地域支援活動こそが、中間支援組織としての社協に求められる専門性であると思われる。

　D市社協のコミュニティワーカーは、あきらめない姿勢で住民の力を信じ、コミュニティワークを進める上で重要な見極める力やファシリテーション能力、プロデュース力を持ち専門性が高い。しかし、人事異動などによって、このような専門性の高いコミュニティワークができる人材が限られてしまうことが課題となっている。コミュニティワーカー養成のために、コミュニティワークの記録化や事例検討の方法についての研究と実践は進んできているものの（藤井 2006）、今後コミュニティワークを評価する方法の開発が必要となってくる（原田 2005）。D市社協では、すでに事例検討による研修に取り組んでいるが、今後は、現在行われているコミュニティワークの評価やワーカーに求められる能力を養成する方法を検討し、その結果を踏まえた研修プログラムを開発することが必要だと思われる。それによって、異動があっても一定の水準をもったコミュニティワーカーを養成することができるのではないだろうか。

　同時に、社協には経営能力や地域福祉を全体的にマネジメントできる人材が不足していることが課題となっている。松澤は、野村総合研究所『キーパーソンの育成や確保の実態に関するアンケート調査』（2006 年 11 月）の結果から、一般企業においても「プロデューサー型人材」（経営幹部・技術リーダー・営業マネジメントリーダー）が減少傾向であることを指摘している。そして、「社協の組織理念や活動理念を深く理解し、事業や組織経営に関するマネジメント能力の高い人材」を社協におけるプロデューサー型人材と位置付

け、「現在の社協にはプロデューサー型人材という概念が不十分もしくは欠如している」という（松澤2010）。今後社協職員には、プロデューサー型人材の重要性と必要性を意識させ、中間支援組織の担い手となる人材を数多く養成することが求められると思われる。

5　社協を地域住民の立場から見る団体F

(1)　結果

(a)　受け身となっているボランティア

　E市の地域住民は、制度の狭間に置かれている人たちに対しコミュニティ・ソーシャルワークを先駆的に実践しているE市社協の様々なプロジェクトにおいて、ボランティアとして活躍している。E市は住民自治意識が高く、市民活動やボランティア活動に熱心な地域住民が多いため、E市社協におけるコミュニティ・ソーシャルワークの主な担い手となっている。しかし、E市において市民活動（団体F）を行っている地域住民によると、「社協は、体制を十分に整えず対応をしているため、社協スタッフの献身とボランティアに依存し、かなり無理をして制度の枠をこえた先駆的な取り組みをしているのではないか」と指摘する。そのため、「ボランティアも受け身となり、社協に『使われている』というストレスを溜めていく傾向がある」という。確かに輻輳的な要因をかかえる生活困窮者が象徴するように、従来のコミュニティワークの限界をこえ、ますます増えるプロジェクトや専門性も求められる個別支援に対して、高齢化が進んでいる現在のボランティアだけでは対応しきれず、「ボランティア土壌は広がらず余裕がなくなり、次世代のボランティアの育成もままならないようだ」という。7地区14名（1地区につき2名）のコミュニティ・ソーシャルワーカー（以下、CSW）が、住民の目の前で地域の問題解決の方法を見せながら地域住民と一緒に取り組むというOJT（On-the-Job Training）の手法がとられているため、ボランティア養成に時間がかかり、増加し続ける個別ニーズに対応しきれなくなってきているのかもしれない。

　また、CSWが主催している各種の地域会議によって、関係諸機関と個別ニーズや地域ニーズを共有し、それらを解決するための様々なプロジェクト

が開発されているが、それらの主な担い手は、CSWと地域住民であるボランティアである。ニーズによっては、社協やボランティアではなく行政や地域包括支援センターが対応した方がよいケースもあり、社協、行政、地域包括支援センター、ボランティアがそれぞれ担うべき役割が曖昧となっている印象もうける。

(b) 市民にはまだ権威的に見える社協

E市で市民活動をしている地域住民から見ると、「社協は行政に近い権威的存在で、親近感をもてない面もあるのではないか」という。そのため、「地域住民も社協もそれぞれをもっと知りあい親密になってつながるべきで、フラットな関係になり理解し合うことが必要ではないか」と指摘する。このように、「住民主体」の原則に基づき常に住民の側に立って取り組んできたはずの社協に対して、地域住民が過剰に権威を感じてしまうのは、社協と地域住民の相互理解が不足していることに原因があると思われる。社協とは何か、社協はどのような機能や役割を担うのかについて、より多くの地域住民に今まで以上にわかりやすく周知させる工夫が必要となる。まず社協を知ってもらうことで、相互理解の第一歩を踏み出すことができると思われる。

(c) 多様な組織と「緩やかに」つながりきれていない社協

社協は地域と行政をつなぐ中間支援組織としての役割を担っているが、同時に、市民活動や中間支援を担っている色々な分野のNPO法人・公益的法人などと今以上につながる必要がある。E市のある地域住民は、「社協も他の中間支援組織と密につながっていないと『隙間』が出てくる」と指摘する。つまり、社協だけでは、E市全体の中間支援組織としての役割を担うことは難しいことを示している。社協は、E市に限ったことではないが、従来から福祉関連のボランティアや施設・団体を主な対象としてネットワークを広げてきた。そのため、福祉以外の環境問題やまちづくり、国際関係などのボランティアや団体とは関わりが少ないことは否めない。今後は社協と市民主体の中間支援組織が直接一緒に話し合い、相互理解を深め、相互に協働していくことが求められよう。そのような中、「E市の様々な分野の中間支援組織

のネットワークに、社協も参加し、協働しはじめている」という。

　従来の市民活動は「自分たちのミッションには熱心だが、広がりをもって展開するのが苦手のようである。しかし、現代の諸課題は複雑で色々なファクターが絡んでいるものが多い。諸課題の解決には、色々なミッションを持った団体とのネットワークによる対応が不可欠である」という。そうした問題をお互いクリアするためには、「市民活動がお互いに『ゆるやかに』、またある意味『いいかげん』につながりながらフラットでオープンなネットワークを形成し、お互いの持ち味を活かした対応で、諸課題を解決していく事業スタイルが展望できるのではないか」、「様々な問題が流動的に生じる現代社会において、柔軟に対応できる新しいスタイルの中間支援組織となることができるのではないか」と指摘する。また、「ネットワーキングの力は、上から目線ではなく、フラットでオープンな協働により発揮できるものである。そのためには、関係者が納得して活動に関われる『組織マネジメント』が不可欠」という。

　そして、「現状は、社協はせっかく色々な団体とつながっているのに、社協から他の団体や個人へといった上からの『組織化』になっているため、それぞれの団体の持ち味を活かしきれておらず、ある限界を示しているともいえる」という。また「社協は、フラットなネットワークづくりに弱い」と指摘する。社協は多様な地域の課題に柔軟に対応するために、様々な分野の市民活動と「緩やかに」つながり、それぞれの組織の特徴を生かすことができる「フラットでオープンなネットワーク」づくりと「組織マネジメント」ができる中間支援組織としての役割が必要となってくる。

(2) 考察

　以上みてきたように、E市社協はCSWと地域住民が中心となり、先駆的にコミュニティ・ソーシャルワークに取り組んでいる。しかし、社協は人員体制が整わない中で、複雑・多様な課題に取り組んでおり、社協が過重負担にならないか危惧される。また小地域活動や様々なプロジェクトには、ボランティアが数多く担っているため、地域住民から見て、「次世代育成ができていないことによるボランティアの高齢化や、社協に使われているという負

担感から生じるストレスも相まって限界が来ているのでは」との指摘があるように、「社協のマネジメント力のあり方」の問題も浮き彫りとなった。

確かに専門性の高い支援が求められる個別ケースが増加してきており、OJT的にボランティアを養成しているもののマンパワーは十分とは言えず、対応が難しくなってきている。このことは、既にバークレイ報告において、インフォーマルケアに過度に期待を寄せているコミュニティ・ソーシャルワークの問題として挙げられていることである (Hadley, R et al. 1987)。日本においてもそのことが課題となることが指摘されている (草平 2003、加納 2013)。バークレイ報告などで言われている本来のコミュニティ・ソーシャルワークとは、コミュニティワークによって地域社会における福祉基盤を築きながらソーシャルワークを展開する援助方法である。しかし、現在の日本では個別支援に偏ったソーシャルワークが展開されていることや、現在の日本における地域福祉関連の制度・政策及び（本来それを裏付ける）研究者の捉え方が「個別支援」に偏りがちであり、さらに社協にそのことを主要な機能として果たすことを求めていることも、地域を基盤とした個別支援がコミュニティ・ソーシャルワークであると捉えられてしまっている原因であると思われる。これらにより、個別ニーズや地域ニーズに対して、行政、社協、地域包括支援センター、ボランティアなどがお互いにどのような役割を担いながら地域福祉の基盤を築いていくか、その関係が曖昧となってしまい、結果的にボランティアへの負担が増加してきている。

そのような中、「地域福祉援助」という新しい考え方は、「地域を基盤としたソーシャルワーク」とコミュニティワークなどによる「地域福祉の基盤づくり」の2つの概念が相互補完の関係として一体的にとらえられて展開する実践概念であるという（岩間・原田 2012）。これこそが、本来のコミュニティ・ソーシャルワークの捉え方であり、地域福祉の担い手である社協や地域住民が、この相互補完の関係のなかで自身の役割を考えていくことが求められてくる。この相互補完は、従来のコミュニティワークがコミュニティ・ソーシャルワークを展開するために地域社会における基盤を築く（小野 2000、草平 2003）、つまりコミュニティワークによってソーシャルワークに必要である豊富な社会資源が開発される（牧里 2014）という関係性である。市町村

社協が従来からコミュニティワークを独自の活動として進めてきていることから、コミュニティワークによって地域の社会資源の開発・整備し、コミュニティ・ソーシャルワークを展開するために地域の福祉基盤を築くことが市町村社協の重要な役割であるといえよう。

　以上のことから、今後はコミュニティワークによって次世代を担うより多くのボランティアを養成し、コミュニティ・ソーシャルワークの基盤整備を行うことが重要である。そのためには、社協ボランティアセンターが中心となって、より多くの地域住民に社協の役割や機能を周知させ、年代別、活動年数のニーズ・課題に応じて取り組む必要があり（和 2013）、地域住民のニーズに合わせて社会参加や社会貢献を専門的に支援できるコミュニティワーカーも求められてくる（牧里 2014）。そして、ボランティアの負担を軽減するためにも、行政と社協、地域包括支援センターなどの関係諸機関とボランティアが担う役割を明確にしつつ連携し、それに基づいてコミュニティ・ソーシャルワークに取り組むことが必要であろう。そのためには、社協は様々な分野の組織や団体、他の専門機関などと「緩やかに」つながり、それぞれの組織の特徴を生かすことができる「フラットでオープンなネットワーク」づくりに取り組み、現代社会の流動的かつ多様な課題に柔軟に対応することができる中間支援組織となることも求められる。

　バウマンが指摘するように、現代社会は個人がバラバラに動き回る液体のような社会、つまり「リキッド・モダニティ」である（Bauman 2000）。このような流動的な現代社会において生じる、ホームレス、自殺、外国籍住民、刑務所からの出所者、犯罪被害者など、従来の法制度で対応できない「制度の狭間の」地域社会の課題に対して、社協は「緩やかな」中間支援組織として、市民主体の中間支援組織や様々な組織、機関などと「フラットでオープンなネットワーク」によって柔軟に連携し、課題解決に向けて取り組まなければならない。そのためには、社協が地域福祉全体をマネジメントすることができる力を向上させることが重要となると思われる。

　また社協は、「住民主体」の原則のもと行政に対して地域社会・住民が必要とする政策やサービスを提起・交渉の役割を担っていかなければならないと思われる。そのためには、ソーシャル・アクションによって、行政に対し

て社協の立場や率直な意見を示していく必要があろう。それによって、社協、行政、地域包括支援センター、ボランティアがそれぞれ担うべき役割が明確となり、ボランティアへの過度な負担も減っていく道がひらけてくるのではないだろうか。

Ⅳ　結論

　以上見てきたように、コミュニティワークを先駆的に取り組んでいる社協であるD市社協を除いて、他の社協は、コミュニティワークを部分的には取り組んでいるものの、調査や住民懇談会などを通して地域ニーズを把握・分析し、福祉教育によって地域住民が主体的に地域ニーズに向き合い、地域住民の問題解決能力を高める取り組みは必ずしも十分でないことがわかった。市町村社協がこうした課題に積極的に取り組むには、先駆的・開拓的センス、交渉力、コーディネート力、プロデュース力を生かし、市町村社協が中間支援組織（黒子）として機能しながら、行政や中間支援型NPOなどの関係諸機関との連絡調整やソーシャル・アクションによる交渉をはかり、社会資源の開発地域、事業化、政策立案によってニーズを解決するという一連のコミュニティワークが欠かせないが、そうした展開ができているとはいえなかった。

　また、今日の地域福祉の潮流であるコミュニティ・ソーシャルワークのもつ限界とコミュニティワークの必要性も見えてきた。今後継続的にコミュニティ・ソーシャルワークを展開するためにも、福祉教育を中心としたコミュニティワークによる住民主体の地域の基盤づくりが必要と言えよう。以上のような課題を通して、地域の中間支援組織としての市町村社協の機能を構想したい。

　阪神淡路大震災や東日本大震災という深刻な状況に直面したことによって、当該地域の社協は、地域福祉を推進するために総合的なコーディネートやプロデュースを行う中間支援組織（黒子）として、地域ニーズの解決に向けた事業化や政策立案までつながるコミュニティワークに取り組んでいる。このようなコミュニティワークは、市町村社協が本来持っている役割や期待され

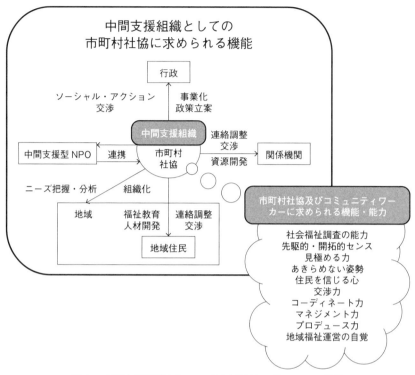

図1　中間支援組織としての市町村社協の求められる機能

る専門性、独自性であり、それらの機能を発揮することによって、震災時の対応や震災後のコミュニティの再構築に取り組むことが可能になる。それらを通して、地域ニーズの解決に向けた「戦略的なソーシャル・アクション」のための実行プログラムを組み立て、事業化や政策立案に繋がるように計画的にコミュニティワークに取り組むことこそが市町村社協が目指すべき役割である。図1でその全体像を筆者なりに描いてみたが、全国の市町村社協は、このようなコミュニティワークを実践できるワーカーを養成するために、行政や多様な中間支援組織と連携して取り組むことが必要であると思われる。

　本研究は、限られた数の市町村社協や地域住民、NPO、行政を対象とした調査であるため、一定の方向性を示すにとどまったことに留意する必要がある。今後の課題として、より多くの市町村社協や地域住民、行政などを対

象とした調査を進め、その結果を分析していく必要があろう。また、本研究の結果をもとに、市町村社協や行政の職員、地域住民などと活発な議論をすることによって、日本においてコミュニティ・ソーシャルワークを展開するために、市町村社協や行政、企業、NPO、地域住民などの目指すべき役割を検討していきたいと考えている。

※本研究は、JSPS科学研究費助成事業基盤研究(C)「地域福祉における社会福祉協議会の意義と問題点――公私の役割分担の再構築に向けて」(課題番号：23530071 研究代表者：橋本宏子)、およびJSPS科学研究費助成事業挑戦的萌芽研究「日常生活自立支援事業に関する研究――利用者の自己決定とコミュニティワークからの考察」(課題番号：22590145 研究代表者：飯村史恵)の助成を受け、A市社協、B町社協、C市社協、D市社協、団体F、団体G、H市役所の協力のもと行われた。本調査にご協力頂いた皆様に心より感謝申し上げます。

［参考文献］
明路咲子（2010）「市町村社会福祉協議会が進める組織化活動の評価――Community Workの展開」塚口伍喜夫＝岡部和夫＝松澤賢治ほか編『社協再生――社会福祉協議会の現状分析と新たな活路』中央法規
藤井博志（2006）「コミュニティワーク実践の分析と記録化の視点」『日本の地域福祉』20、p. 31-42
Hadley, R et al. (1987) A Community social worker's handbook, Tavistock（＝小田兼三、清水隆則監訳（1993）『コミュニティ・ソーシャルワークハンドブック――地域福祉を進める技術』川島書店）
原田正樹（2005）「コミュニティワークを地域住民の力へ――コミュニティワークの発展とこれからの戦略」『地域福祉研究』No. 33、p. 32-41
金井敏（2003）「専門性の再考と人材確保戦略」山本主税＝川上富雄編著『地域福祉新時代の社会福祉協議会』中央法規
加納恵子（2000）「コミュニティワーク」山縣文治＝柏女霊峰編『社会福祉用語辞典』ミネルヴァ書房、p. 106
加納恵子（2013）「排除型社会と過剰包摂――寄り添い型支援事業の地域福祉的意味――」『地域福祉研究』No. 41、p. 52-62
和秀俊（2013）「社協ボランティアセンターに求められる役割――ボランティア活動者調査から――」『立教大学コミュニティ福祉学部紀要』第15号、p. 51-74
加山弾（2013）「コミュニティワーカーとは誰のこと？」牧里毎治＝杉岡直人＝森本佳樹編『ビギナーズ地域福祉』有斐閣

川上富雄（2003）「地域福祉推進機関としての社会福祉協議会の専門性」山本主税＝川上富雄編著『地域福祉新時代の社会福祉協議会』中央法規
草平武志（2003）「コミュニティソーシャルワークの展開と社会福祉協議会」山本主税＝川上富雄編著『地域福祉新時代の社会福祉協議会』中央法規
牧里毎治（2014）「コミュニティワーク研究の展望」『ソーシャルワーク研究』40(1)、p. 5-14
森本佳樹（2013）「地域福祉実践とは何か」牧里毎治＝杉岡直人＝森本佳樹編『ビギナーズ地域福祉』有斐閣
野田秀孝（2004）「地域での自立生活支援とコミュニティ・ソーシャルワーク」濱野一郎＝野口定久＝柴田謙治編『コミュニティワークの理論と実践を学ぶ』みらい
大橋謙策（2000）「社会福祉における自己実現サービスとコミュニティソーシャルワークの視点」大橋謙策＝千葉和夫＝手島陸久ほか編『コミュニティソーシャルワークと自己実現サービス』万葉舎
大橋謙策（2005）「コミュニティソーシャルワークの機能と必要性」『地域福祉研究』33、p. 12
小野敏明（2000）「コミュニティソーシャルワークの技法」大橋謙策＝千葉和夫＝手島陸久ほか編『コミュニティソーシャルワークと自己実現サービス』万葉舎
塚口伍喜夫（2010）「序章」塚口伍喜夫＝岡部和夫＝松澤賢治ほか編『社協再生──社会福祉協議会の現状分析と新たな活路』中央法規
塚口伍喜夫（2010）「社会福祉協議会職員に訴える──第12回全国社協職員のつどい」記念講演から──」塚口伍喜夫＝岡部和夫＝松澤賢治ほか編『社協再生──社会福祉協議会の現状分析と新たな活路』中央法規
和田敏明（2008）「社会福祉協議会の基本理解とこれからの社会福祉協議会」新版・社会福祉学習双書編集委員会編『08新版・社会福祉学習双書　社会福祉協議会活動論』全国社会福祉協議会

編者・著者一覧

[編著者]

橋本宏子　神奈川大学名誉教授

「社会保障法における事例研究の試み　第一部　事例研究への視角」神奈川法学 45 巻 1 号（2012 年）197-275 頁、「福祉をめぐる状況と展望」日本社会保障法学会編『講座　社会保障法第 3 巻』（法律文化社、2001 年）3-29 頁

飯村史恵　立教大学コミュニティ福祉学部准教授

「福祉サービス利用者への記録開示に関する一考察」福祉情報研究第 7 号（2011 年）46-59 頁、「日常生活に存在する権利」坂田周一監修『新・コミュニティ福祉学入門』（有斐閣、2013 年）47-55 頁

井上匡子　神奈川大学法学部教授

「親密圏における暴力としての DV と被害者の法的評価の課題」法執行研究会編『法は DV 被害者を救えるか──法分野協働と国際比較 JLF 叢書 Vol. 21』（商事法務、2013 年）66-89 頁、「政治理論におけるジェンダー論の寄与と可能性──公私二元論の再構成と親密圏の現代的意義」辻村みよ子＝大沢真理編著『ジェンダー社会科学の可能性 1』（岩波書店、2012 年）51-76 頁

[著者]

太田匡彦　東京大学法学部教授

「社会保障の財源調達──社会保障の構造を踏まえた法的議論のために」フィナンシャル・レビュー 113 号（2013 年）60-78 頁、「対象としての社会保障──社会保障法学における政策論のために」岩村正彦＝菊池馨実責任編集『社会保障法研究創刊第 1 号』（2011 年）165-271 頁

嘉藤　亮　神奈川大学法学部准教授

「機関訴訟・情報公開訴訟」大浜啓吉編『自治体訴訟』（早稲田大学出版　2013 年）157-173 頁、269-284 頁、「アメリカ行政法における「救済」観念の基層」神奈川法学 44 巻 1 号（2011 年）95-140 頁

諸坂佐利　神奈川大学法学部准教授

「フリッツ・フライナーの自治行政論」兼子仁先生古稀記念論文集『転換期の自治体法学』（勁草書房、2007 年）237-272 頁、「東京電力福島第一原子力発電所事故の賠償責任者の範囲（賠償財源調達）について」日本財政法学会編『東日本大震災後の財源調達と法の諸相　財政法叢書 29』（全国会計職員協会、2013 年）43-74 頁

和　秀俊　田園調布学園大学人間福祉学部講師

「個の時代における男性退職者の『つながり』の形成──アソシエーション型地域スポーツクラブを通して地域の生活者へ」園田恭一＝西村昌記編著『ソーシャル・インクルージョンの社会福祉──新しい〈つながり〉を求めて』（ミネルヴァ書房、2008 年）163-189 頁、和秀俊＝三田泰雅＝遠藤伸太郎「地域愛着感尺度の開発──高年男性の地域活動参加要因を解明するために」地域福祉研究　公 No. 2（通算 No. 42）（2014 年）102-109 頁

神奈川大学法学研究所叢書30
社会福祉協議会の実態と展望——法学・社会福祉学の観点から

2015年3月30日　第1版第1刷発行

編著者――橋本宏子・飯村史恵・井上匡子
発行者――串崎　浩
発行所――株式会社　日本評論社
　　　　〒170-8474　東京都豊島区南大塚3-12-4
　　　　電話　03-3987-8621（販売）-8592（編集）
　　　　FAX　03-3987-8690（販売）-8596（編集）
　　　　振替　00100-3-16
　　　　http://www.nippyo.co.jp/
印刷所――平文社
製本所――松岳社

© 2015 H. HASHIMOTO, F. IIMURA, M. INOUE
装幀／レフ・デザイン工房
ISBN 978-4-535-52091-2　　　　　　　　　　Printed in Japan

JCOPY〈(社)出版者著作権管理機構　委託出版物〉
本書の無断複写は著作権法上での例外を除き禁じられています。複写される場合は、そのつど事前に、(社)出版者著作権管理機構（電話 03-3513-6969、FAX 03-3513-6979、e-mail: info@jcopy.or.jp）の許諾を得てください。また、本書を代行業者等の第三者に依頼してスキャニング等の行為によりデジタル化することは、個人の家庭内の利用であっても、一切認められておりません。

新基本法コンメンタール
労働基準法・労働契約法
――平成24年通常国会の労働契約法改正に対応

西谷 敏・野田 進・和田 肇／編

労働基準法と労働契約法の2法を逐条解説。重要な関連法の概説も
あわせて収録する。2012年法改正の動向も反映した最新版！

◆ISBN978-4-535-40249-2／B5判／本体4,600円+税

新基本法コンメンタール 地方自治法
――地域主権改革関連3法・第2次一括法による改正まで対応

村上 順・白藤博行・人見 剛／編

この分野を代表する研究者による信頼のコンメンタール最新版。2011年
「地域主権改革関連3法」「第2次一括法」による法改正にいち早く対応。

◆ISBN978-4-535-40247-8／B5判／本体4,700円+税

ホームレス障害者――彼らを路上に追いやるもの

鈴木文治／著　　◆ISBN978-4-535-56309-4／四六判／本体1,800円+税

ホームレスの3割以上に障害があるといわれている。彼らを支える
社会のあり方を、障害児教育と教会での支援活動を通して考える。

生活保護リアル

みわ よしこ／著　　◆ISBN978-4-535-58646-8／四六判／本体1,400円+税

増え続ける生活保護受給者。生活保護制度をやさしく解説するとともに、
受給者や生活保護に係わる人々の「ありのまま」の姿を描く。

加害者臨床

廣井亮一／編　　◆ISBN978-4-535-56311-7／A5判／本体2,600円+税

非行、児童虐待、いじめ、DV、ハラスメント……加害者への心理的
アプローチを通じ、被害の拡大をふせぐ様々な試みを概説する。

🎓日本評論社　　　　　　　http://www.nippyo.co.jp/